그리스인 이야기
2

CIVILISATION GRECQUE
by ANDRE BONNARD
Copyright © LES EDITIONS DE L'AIRE, VEVEY, 1957
Korean Translation Copyright © CUM LIBRO CO., 2011
All rights reserved.

This Korean edition was published by arrangement with
LES EDITIONS DE L'AIRE (Vevey, Switzerland)
through Bestun Korea Agency Co., Seoul

이 책의 한국어판 저작권은 베스툰 코리아 에이전시를 통한
저작권자와의 독점계약으로 도서출판 책과함께에 있습니다.
저작권법에 의해 한국 내에서 보호를 받는 저작물이므로 무단전재와 무단복제를 금합니다.

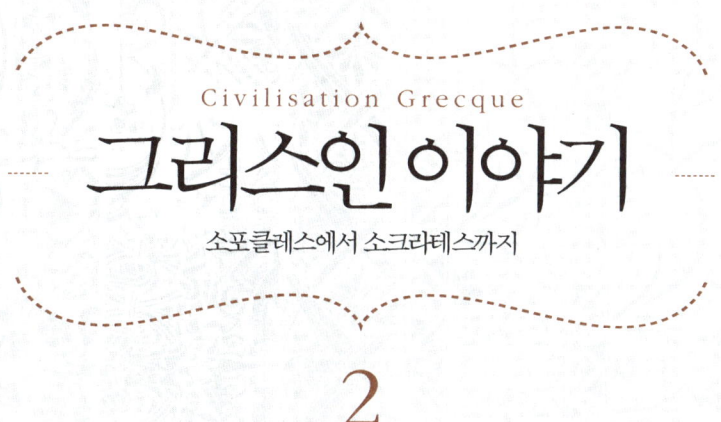

그리스인 이야기

Civilisation Grecque

소포클레스에서 소크라테스까지

2

앙드레 보나르 지음 | 양영란 옮김 | 강대진 감수

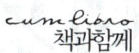
책과함께

차례

chapter 1 　안티고네의 약속 · 9
chapter 2 　돌을 조각하고 청동을 주조하다 · · · · · · · · · · · · · 57
chapter 3 　과학의 탄생: 탈레스, 데모크리토스 · · · · · · · · · 105
chapter 4 　소포클레스와 오이디푸스: 운명에 화답하기 · · · · 149
chapter 5 　핀다로스, 시인들의 왕자, 왕자들의 시인 · · · · · · 207
chapter 6 　구대륙 탐험에 나선 헤로도토스 · · · · · · · · · · · · 249
chapter 7 　인본주의 의학의 꽃, 힙포크라테스 · · · · · · · · · · 295
chapter 8 　아리스토파네스의 웃음 · · · · · · · · · · · · · · · · · · 347
chapter 9 　지는 해 · 399
chapter 10 　소크라테스라는 수수께끼 · · · · · · · · · · · · · · · 433

고대 그리스사 연표 · 490
참고문헌 · 492
찾아보기 · 497

1권 차례

chapter 1 그리스 문명의 탄생

chapter 2 《일리아스》와 호메로스의 휴머니즘

chapter 3 오뒷세우스와 바다

chapter 4 아르킬로코스, 시인과 시민

chapter 5 열 번째 뮤즈, 삽포

chapter 6 솔론과 민주주의

chapter 7 노예와 여자

chapter 8 신과 인간

chapter 9 비극 : 아이스퀼로스, 운명 그리고 정의

chapter 10 시민 페리클레스

3권 차례

chapter 1 쇠락과 새로운 발견, 에우리피데스의 비극 《메데이아》

chapter 2 《아울리스의 이피게네이아》에 나타난 비극성

chapter 3 비극 《박카이》

chapter 4 투퀴디데스와 도시국가들 간의 전쟁

chapter 5 데모스테네스와 도시국가 시대의 몰락

chapter 6 플라톤의 정치적 대망

chapter 7 플라톤식 아름다움과 환상

chapter 8 아리스토텔레스와 생명체

chapter 9 알렉산드로스의 천재성 또는 우애에 관하여

chapter 10 질서라는 탈을 쓴 무질서, 두 명의 프톨레마이오스

chapter 11 책의 전성시대, 알렉산드리아: 도서관과 박물관

chapter 12 알렉산드리아의 과학: 아리스타르코스의 천문학

chapter 13 지리학: 퓌테아스와 에라토스테네스

chapter 14 의학: 아르키메데스, 헤론, 그리고 증기기관에 관하여

chapter 15 시로의 회귀: 칼리마코스, 로도스의 아폴로니오스가 쓴 《아르고나우티카》

chapter 16 테오크리토스의 낙원

chapter 17 다른 형태의 도피: 헤론다스와 사실주의 풍자 희극, 그리스의 소설 《다프니스와 클로에》

chapter 18 에피쿠로스와 인간의 구원

일러두기

1. 그리스의 옛 지명은 '헬라스'이나 표제에는 현대 독자들을 위해 '그리스'로 표기했으며, 본문에서는 문맥에 따라 적절하게 썼다.
2. 본문에 나오는 인명은 원 발음에 가깝게 표기했다(예: 오디세우스→오뒷세우스, 투키디데스→투퀴디데스, 히포크라테스→힙포크라테스). 지명의 표기는 고대 명칭을 따랐다(예: 아테네→아테나이, 아티카→앗티케). 다만 현재 통용되는 발음과 현저히 다른 경우에는 괄호 안에 병기했대예: 쉬라쿠사이(시라쿠사), 아이티오피아(에티오피아)].
3. 저술의 인용에서는 원문의 지명을 싣고 괄호 안에 현재 지명을 넣었다. 예: 포이니케(페니키아), 네일로스 강(나일 강)
4. 각 장의 소제목과 본문 말미의 연표는 원서에 없는 내용을 덧붙였음을 밝혀둔다.

chapter 1

안티고네의 약속

거룩한 성수나 멸균 처리된 밍밍한 물로는 비극을 쓸 수 없다. 진부한 표현이긴 하지만, 비극은 눈물과 피로 쓴다.

비극의 세계는 아테나이의 시인들이 지난 2세기 동안 농부이자 어부였던 아테나이인들이 겪은 험한 현실을 그들 자신을 위해 부분적으로 각색한 세계라고 말할 수 있다. 솔론이 활동하던 무렵, 아테나이 시민들은 에우파트리다이(문자 그대로는 고귀하게 태어난 사람을 의미하며, 주로 아테나이의 귀족 계급을 가리킨다—옮긴이)의 지배를 받다가 부자들의 지배를 받게 되었는데, 귀족과 부자, 이 두 세력 모두 일반 대중들에게는 급작스러운 운명만큼이나 버거운 짐이었다. 귀족이나 부자들에게 땅과 권리를 빼앗긴 사람들은 까딱하면 도시 밖으로 쫓겨나 목숨을 잃거나 비참함 속에서 구차스럽게 연명해야 하는 망명 생활이나 노예 생활의 나락으로 떨어질 판이었다.

그 후 기원전 5세기 초, 비극이 두 번째로 부흥할 무렵, 메디아인들과 페르시아인들을 비롯하여 이름을 일일이 열거할 수도 없이 많은 종족들이 아테나이를 침입했다. 침략자들은 먹을 양식을 구하기 위해서 또는 단지 파괴를 위한 파괴를 위해 저장해둔 곡식을 약탈하고 가축 떼를 도륙했으며, 작은 마을들은 물론 제법 규모가 큰 촌락들까지 불태웠다. 올리브나무를 밑동까지 잘라버렸으며, 신들의 제단을 엎어버리고 이들의 조각상을 부숴버렸다. 그야말로 신성 모독적인 재앙이었다.

아테나이 주민들은 처음엔 지속적인 노력을 통해서, 그 뒤로는 강력하고 갑작스러운 힘을 발휘하여 억압자 에우파트리다이들을 몰아냈으며, 아시아에서 몰려온 침략자들을 물리쳤다. 이들은 자신들을 짓밟으려고 위협하는 세력들로부터 주권을 되찾았으며, 이들이 자랑스럽게 여기는 민주적 평등권과 아울러 도시국가와 도시국가에 속하는 영역 내에서의 자유와 독립을 지켜냈다.

아테나이의 민중들이 죽음과 맞서서 승리를 쟁취한 이 영웅적인 시대의 기억, 투쟁을 벌이고 신들의 도움을 받아 승리로 이끈 기억은 앗티케의 모든 비극 속에, 비록 희미한 그림자에 지나지 않을지라도 지속적으로 남아 있었다.

사실 비극이란 아테나이 민중들을 민주주의(당시 민주주의라고 하는 것이 편협하기 이를 데 없었다고 하더라도)와 시민 자유의 옹호자로 만들어 준 역사의 압력에 그들이 시적인 언어로 기록한 응답이라고 할 수 있다.

비극: 한계를 초월하려는 영웅의 투쟁

최초이자 가장 위대한 두 명의 비극 시인은 귀족 계급이나 상층 부르주아지 계급에 속한다. 그런 거야 아무래도 좋다. 귀족이나 부자이기에 앞서 두 사람은 천재적인 시인이었으며, 도시를 위해 일하는 아테나이의 시민이었다. 아테나이 공동체에 속한다는 소속감이야말로 두 시인을 다른 사람들과 이어주는 가장 단단한 끈이었다. 두 사람은 화산 구덩이에 신들이 지펴놓은 불기둥에 버금가는 시적 영감이 마음속에서 활활 타오르는 것을 느꼈다. 이들의 예술은 이 불 같은 원천을 다스리고, 사나운 불길을 시민들의 삶에 풍성한 결실을 맺게 해주는 자양분 같은 태양빛으로 바꾸어주었다.

소포클레스가 처음으로 연극을 접할 무렵, 그러니까 살라미스 해전과 플라타이아이 전투를 치른 지 10여 년이 지났을 때, 메디아인들에게 거둔 승리에서 비롯된 강력한 상승 기류가 도시 전체에 흘렀다. 그것은 정복과 새로운 창조의 움직임이었다. 비극이라는 관점에서 보자면, 자유로운 인간들의 교육이야말로 시인 본연의 임무였다. 비극은 원칙적으로 상당히 교육적인 장르다. 그렇다고 해서 비극이 현학적인 투로 잘난 척을 하는 경우는 없다. 합창단의 노래나 합창대장의 설명 또는 인물들의 연설보다는 행동의 재현을 통해서 비극 시인들은 자신이 하고 싶은 이야기를 전달한다.

시인이 관객에게 보여주는 극적인 투쟁 장면은 인간 본성이 지니는 힘의 확장, 초월, 인간을 영웅으로 끌어올리는 투쟁을 담고 있으며, 이는 비극의 고유한 주제이기도 하다. 비극의 주인공, 비극의 영웅은 음속을 뚫고 나아가려는 대담한 조종사에 비유할 만하다. 하지만 영웅은 음속이라는 벽에 부딪혀 부서지고 만다. 영웅이 추락했다고 해서 우리가 그를 비난할 까닭은 전혀 없다. 시인은 영웅을 비난하지 않는다. 영웅의 추락은 우리를 위한 것이기 때문이다. 영웅의 죽음을 보며 우리는 보이지 않는 불꽃의 장벽, 황금의 장벽을 뚜렷이 깨닫게 된다. 바로 그 장벽 너머를 거처로 삼는 신들은 인간을 넘어서려는 인간의 도약을 갑작스럽게 막아버린다. 따라서 영웅의 죽음은 비극적이지 않다. 우리는 모두 죽는다. 비극적인 것은, 우리 인간의 현실에서, 소포클레스와 그와 동시대를 산 인간들의 경험 속에서 단호한 태도를 보이는 신들의 존재다. 신들은 인간의 초월, 영웅으로 피어나려는 인간을 방해하는 것으로 보인다. 하지만 모든 비극들은 하나같이 이제까지 듣도 보도 못한 용기 있는 행동을 통해 스스로를 넘어서려는 인간, 장애물에 부딪힘으로써 미지의 세계와 대면해 위대함의 새로운 차원을 열려는 인간들을 보여준다. 이를 통해 인간의 야심은 한층 더 단단해진다. 장애물의 존재를 인식하면서도, 대다수 인간들의 척후를 자처하면서 스스로를 뛰어넘으려는 영웅은 인류의 수호신이자 인도자다. 영웅의 행동 덕분에 인류의 한계가 드러난다. 하지만 '정탐된' 한계는 더 이상 한계가 될 수 없다. 물론 그 때문에 생명을 잃을 수도 있다. 그런데 이제야 비로소 알려진 한계를 뒤로 물러서게 한 것이 방금 장애물에 부딪힌 바로 그자가 아닐 수도 있지 않을까? 이미 관객의 마음속에서는 희망으로 변한 영웅의 죽음이 역사상의 다른 사회에서라면 처음부터 또다시 되풀이될지 어떻게 알겠는가? 그런 일이 몇 번이고 반복해서 일어나지 말란 법이 없다는 말이다.

일단 음속의 벽을 넘어선 영웅 앞에는 또 다른 어떤 벽이 가로막고 있을 것이다. 그렇지만 연속되는 시련을 통해서 인간 조건이라고 하

극장에서 연극을 관람하는 관객들. 범아테나이 제식용 단지. 앤더슨-비올레 소장 사진.

는 좁디좁은 감옥은 차츰 넓어질 것이다. 그리고 마침내 문을 활짝 열게 될 것이다. 그렇게 되기까지는 영웅의 승리와 죽음이 담보가 된다. 비극은 항상 지속되고 변화하는 인간 세상의 미래를 다루며, 이를 표현하고 변화시킨다.

대부분의 비극은 두려움과 희망 사이에서 갈팡질팡하는 인간의 모습을 보여주면서 끝난다. 끝이 난다고? 아니, 그 어떤 위대한 비극도 완전히 끝나는 법은 없다. 모든 비극은 마지막까지도 열려 있다. 새로운 별들을 향해 열린 광대한 하늘을 어떤 약속들이 유성처럼 관통한다. 비극은 존재하는 동안, 곧 그 비극을 태어나게 한 조건들을 털어내고 다른 사회에서 여러 형태로 변신해가는 동안 새로운 의미를 부여받기도 하고 눈부신 아름다움으로 빛나기도 하며, 그 위대함으로 우리의 마음을 요동치게 만들기도 한다. 모름지기 걸작으로 불리는 작품들의 영속성은 이런 식으로 설명된다(그렇다고들 말한다). 그러한 비극들이 약속했거나 슬쩍 운만 떼었던 새로운 사회는 우리가 사는 미래에 의해서 현실로 구현된다.

안티고네와 크레온, 대립되는 가치의 충돌

단연 비극의 여왕으로 꼽히는 《안티고네》는 우리가 고대부터 간직하고 있는 모든 비극들 중에서도 가장 많은 약속을 담고 있다. 과거의 언어로 우리에게 가장 현대적인 가르침을 주는 작품도 바로 《안티고네》다. 제대로 감상하기에 가장 어려운 작품이기도 하다.

우선 줄거리부터 살펴보자.

극은 에테오클레스와 폴뤼네이케스, 즉 오이디푸스의 합법적인 후

계자이면서 원수처럼 지내는 이들 두 형제가 테바이에서 벌어진 싸움에서 서로를 죽인 다음 날의 이야기로 시작된다.

에테오클레스는 조국의 땅을 수호했으며, 폴뤼네이케스는 외부 세력의 도움을 얻어 자신의 권리를 주장했다. 그랬기 때문에 폴뤼네이케스는 반역자로 몰리게 되었다.

결국 두 형제의 외삼촌인 크레온이 피로 얼룩진 왕위를 이어받는다. 크레온은 원칙의 사나이로, 처음엔 곧은 사람으로 보인다. 하지만 권좌에 오르자 오로지 자신의 힘으로 그 자리에 올라왔다고 생각하면서 매우 편협한 사람의 면모를 드러낸다. 폴뤼네이케스의 반란으로 흔들린 국가의 권위를 회복하고, 편이 갈려 동요하는 민심을 다스려 질서를 되찾기 위해, 크레온은 왕좌에 오르자마자 칙령을 발표했다. 애국자 에테오클레스에게는 성대한 장례식을 허락하는 반면, 반역자 폴뤼네이케스의 시체는 짐승의 밥이 되도록 한다는 내용이었다. 칙령을 어기는 자는 사형에 처해진다.

하지만 안티고네는 밤중에 몰래 폴뤼네이케스의 장례를 치러주기로 결심한다. 신앙심과 형제애가 그렇게 하라고 안티고네를 종용한 것이다. 불행한 두 형제를 두고 안티고네는 누가 옳고 누가 그르다는 구분을 하지 않는다. 두 형제의 죽음 앞에 선 안티고네의 마음속에서는 애틋한 형제애가 샘솟았다. 크레온의 금지 명령에도 불구하고 안티고네는 폴뤼네이케스의 시신을 매장한다. 시신을 묻은 안티고네는 이제 죽음이 자신을 기다리고 있다는 것을 잘 알고 있다. 그리고 그 죽음은 "아름다운 범죄 후에 찾아오는…… 아름다운 죽음"이 될 것이다.

믿음이 용솟음치는 가운데 안티고네는 자매인 이스메네를 자신의 고귀한 계획에 끌어들이려고 한다. 하지만 이스메네는 미친 짓이라고 일축한다. 우리는 보잘것없는 여자들에 불과하니, 권력에 복종해야 한다는 것이었다. 이스메네는 무모하기 짝이 없는 계획을 포기하라고 안티고네를 설득한다. 하지만 난관에 부딪힐수록 안티고네의 결심은 더욱 굳건해진다. 이처럼 소포클레스의 작품에서 등장인물들은 스스로를 잘 알고 있다. 그래서 자신들이 가담하는 행위나 거부하는 행위와 관련하여 그들의 쟁점이 무엇인지를 명확하게 드러내 보임으로써 관객들에게 자신들을 알린다. 안티고네는 마음속으로 이스메네를 내치며 경멸한다. 장례 의식을 진행하는 도중 안티고네는 크레온 왕이 폴뤼네이케스의 시신 주변에 배치해둔 병사에게 체포된다. 그리고 양손이 묶인 채 크레온 왕 앞으로 끌려간다. 안티고네는 외삼촌 앞에서 자신의 행동을 변호한다. 신들의 법, "글자로 쓰이지 않은 법", 영원한 법, 양심을 지배하는 법, 정신 나간 왕이 제멋대로 정한 법보다 더 높은 법에 복종했노라고 항변하는 것이다.

안티고네의 저항으로, 자신이 지배하는 도시의 복지를 위해 멸사봉공하는 국가수반이라는 크레온 왕의 가면은 벗겨진다. 우리는 이미 지역 유지들로 구성된 합창단이 놀라는 가운데 그가 얼마나 우스꽝스럽게 행동했는지 보았다. 안티고네는 으스대는 왕을 점점 더 궁지로 몰고 간다. 왕은 안티고네를 사형시킬 것을 명하고, 어처구니없게도 한층 더 적극적으로 이스메네까지 사형하라고 명령한다. 관객은 이미 넋이 빠진 이스메네가 궁에서 방황하는 광경을 지켜보았다. 그 이스메네가 이제 자기 언니와 같이 죽고 싶어한다. 안티고네의 발밑에 꿇어앉은 이스메네는 제발 자기도 함께 죽게 해달라고 애원한다. 그렇지만 안티고네는 여동생의 때늦은 데다 의미 없는 희생을 매

몰차게 거절한다. 이스메네는 그처럼 영광스러운 죽음을 맞을 자격이 없다는 것이 이유였다. 더구나 안티고네는 단 한 번도 이스메네에게 함께 죽자거나 자신을 위해서 죽어달라고 요청한 적이 없으며, 다만 사랑하는 오빠의 주검을 함께 묻어주자는 제안을 했을 뿐이었다. 영웅적인 두 자매는 한순간도 진정으로 서로의 마음속으로 들어가서 만나지 못한다. 두 자매는 소모적인 얄궂은 어긋남 속에서 서로를 스쳐갈 뿐이다.

  소모적이지만 매우 풍성한 장면이다. 안티고네와 이스메네가 함께 등장하는 이 장면은, 소포클레스가 비슷한 갈등 속에서 어떻게 서로 다른 인물을 창조해나가는지를 보여줄 뿐 아니라, 두 자매가 전염성이 강한 사랑이라는 덕목을 극명한 방식으로 보여준다는 점에서 매우 중요하다.

  그런데 여기서, 모든 것이 치명적인 죽음을 향해 달려가고 있는 이 비극의 가장 암울한 대목에서, 놀라운 파란이 전개된다. 그리스 비극에서 최초로 시도되는 이 파란은 우리에게 잠시 숨 돌릴 틈과 희망을 주는 것처럼 보인다. 이와 동시에 이 반전은 마지막에 크레온 왕을 거꾸러뜨릴 마지막 한 수를 예비한다. 그뿐만이 아니다. 우리는 마음속에서 안티고네와 크레온을 화해시킬 준비를 하게 된다…….

  하이몬이 그의 아버지인 왕 앞에 나타나 안티고네를 사면해달라고 청하는 것이다.

  크레온의 아들 하이몬은 안티고네를 사랑한다. 두 젊은이는 약혼한 사이다. 다시금 사랑이 전염성을 행사하려는 판이다. 그런데 놀랍게도 하이몬은 사랑의 이름으로 안티고네를 살려달라고 요청하러 나타난 것이 아니다. 하이몬은 이름값을 하는 남자에게 어울릴 법한 품위 있는 언어, 즉 감정의 언어가 아닌 법을 중시하는 이성의 언어로 말한다. 그는 아버지 크레온 왕에게 신중하면서도 정중하게 말한다. 그는 자신이 사랑하는 아버지, 그런데 지금 잠시 이성을 잃었다고 판단되는 아버지에게 신의 법을 상기시키는 동시에, 아버지가 이끄는 국가의 이익과 떼어놓고 생각할 수 없는 진정한 이익이 무엇인지 설득한다. 하이몬은 절대 크레온 왕의 마음을 감상적으로 만들려고 하지 않으며, 오직 그를 설득하고자 할 뿐이다. 하이몬은 만일 약혼녀의 목숨이나 자신의 목숨을 구걸한다면, 부끄러워서 얼굴을 붉혔을 것이 틀림없다. 그는 그렇게 하지 않고 오로지 아버지를 위해서, 정의를 위해서 발언할 뿐이다. 하이몬에게 남성적인 효심보다 더 아름다운 것은 없다. 이 장면은 놀라운 준엄함으로 돋보인다. 사랑의 감정을 쏟아내고, 이를 대사 속에 녹여내는 데 치중하는 현대극이라면 이 상황을 감상적으로 접근했겠지만, 고대의 시인은 감상이라는 손쉬운 해결책을 거부한다. 그러기는커녕 아버지 앞에 선 하이몬의 입에서 행여 사랑에 대한 암시가 한마디라도 튀어나올까 봐 노심초사한다. 하이몬이 안티고네에 대한 자신의 감정을 감추기 위해서 그러는 건 아니다. 만일 그가 아버지에게 공동체의 이익보다 자신의 감정을 앞세우는 남자라면, 그런 남자는 도대체 어떻게 봐야 한단 말인가? 하지만 명예를 중시하는 그는 자신의 열정을 자제하고 이성의 소리만을 입 밖으로 토해낸다.

한편 토론을 하듯 평온한 어조로 시작된 이 장면은 하이몬이 스스로에게 부과하는 제약으로 인해 억누를 수 없는 폭력으로 발전해간다. 명예를 지키기 위해 감정을 한껏 억누르고 있는 그에게 아버지라는 작자가 명예도 모른다고 비난하는 순간, 그가 어떻게 이 같은 불의에 항거하지 않을 수 있겠는가? 그처럼 열정을 억누른 것이 헛수고였음을 알게 된 그가 어떻게 분노하지 않을 수 있단 말인가? 하이몬은 폭발한다. 이 장면의 마지막에서 하이몬이 내뱉는 대사는 그의 사랑과 명예심을 고스란히 드러낸다. 한편 크레온 왕의 분노는 그 자신이 불의 속에서 허우적거리고 있음을 알려줄 뿐 아니라 아들에게 집착하는 아버지의 모습을 보여준다. 아들에 대한 집착, 아들은 언제까지고 아버지의 소유물로 남아 있어야 한다는 식의 부성애는 그를 괴롭힌다. 집착할수록 자신의 권위에 도전하는 아들의 예기치 못한 반항, 알지 못하는 사랑의 힘에 의해 조종되고 있는 것 같은 그 반항을 받아들일 수 없다. 아들에 대한 크레온의 진노는 그가 제정신이 아님을 드러낼 뿐 아니라, 곧 신들이 그에게 들이댈 공격에 대해서 완전히 무방비 상태임을 암시한다. 그에게는 심장이 아직 남아 있다. 심장이라니, 이 얼마나 공격하기 쉬운 표적인가 말이다.

두 남자의 대립은 결국 크레온이 결심을 더욱 굳히는 것으로 마무리된다. 우리는 다시 한 번 안티고네가 살아날 가망이 없음을 알게 된다. 크레온은 안티고네의 사형을 확정한다. 반면 이스메네는 살려주기로 한다. 안티고네에게는 사형 중에서도 가장 잔인한 형벌을 명한다. 산 채로 동굴 속에 가두라는 것이었다.

죽음이 그 어느 때보다도 확실해진 이 시점에서, 안티고네라는 인물은 우리에게 좀 더 명확한 방식으로 자신의 극적 효율성을 엿보게 한다. 극이 시작될 때부터 안티고네는 한 줄기 빛으로 우리 앞에 제시되었다. 안티고네는 말하자면 인간 존재가 완전히 어둠 속으로 떨어져버리지 않을 것임을 보장해주는 담보였다. 하이몬의 등장에 앞서, 합창단 노인들이 보여주는 내키지 않는 동의도, 이스메네의 격앙도 안티고네라는 빛이 가혹한 도시의 헐벗은 광장에서 헛되이 타오른 것이 아님을 장담해주기에는 역부족이었다. 크레온의 의지만으로 이 빛을 끌 수 있다면, 인류는 야만성이라는 암흑세계의 나락으로 떨어지고 말 것이다. 과연 우리 안에서 이 비극은 이 같은 암흑을 향해서 치닫고 있는가? 그렇다, 적어도 하이몬이 등장하기 전에는 그랬다. 그로 인해서 극의 흐름이 새로운 국면을 맞이하기 전까지는 안티고네의 죽음은 무미건조한 의미를 지녔을 뿐이었다. 환희를 약속하는 듯하더니 결국 그 환희의 약속은 거두어진 것이었다. 안티고네가 죽건 살건 우리에게 영원히 기억되기 위해서는 안티고네의 불꽃이 또 다른 곳에서 점화되어야 한다. 노인들의 합창이나 이스메네의 가냘픈 솟구침은, 아름답긴 하지만 절망을 거둬가지는 못한다. 오직 불타는 듯한 하이몬의 열기만이 우리에게 안티고네를 살릴 수 있다는 희망을 준다. 하이몬은 사랑이라는 말을 단 한 번도 언급하지 않으면서도 사랑하는 여인과 정의, 신들에 대한 충직함으로 말미암아, 사랑의 전염성, 세상과 우리의 삶을 이끌어가는 저항할 수 없는 사랑의 힘을 확인시켜준다. 아, 에로스…….

합창단은 에로스의 위력을 잘 알고 있다. 합창단은 하이몬의 마음 속에 에로스가 깃들어 있음을 읽을 수 있다. 이 어슴푸레한 빛(새벽빛인지 석양빛인지 우리는 아직 알 수 없다) 가운데에서, 우리는 '무적의 에로스'를 찬양하는 합창단과 함께, 우리를 고양시키는 진실을 찾아 더듬거리며 앞으로 나아간다.

이제 안티고네는 마지막으로 우리 앞에 모습을 보인다. 감시병들은 맹목적인 이 지상에서의 죽음이 예정된 곳으로 안티고네를 데려간다. 우리는 이 장면에서 안티고네가 마지막 투쟁을 벌이는 모습을

경비병들에게 끌려가는 안티고네. 기원전 5세기 후반 무렵에 제작된 단지의 부분. 앤더슨-비올레 소장 사진.

지켜본다. 그것은 우리들 각자에게 약속되어 있는 투쟁이기도 하다. 모처럼 자부심이라는 갑옷을 벗어놓은 안티고네는 홀로 맨몸으로 벽에 기대 선다. 기가 막힐 정도로 잘 어울리는 장면이다. 운명이 인질로 잡은 자들을 일렬로 늘어놓는 벽.

여주인공이 생을 마감하는 고통과, 그녀의 마음을 헤아리기보다는 비판하려 드는 노인들 앞에서 고독의 쓸쓸함을 노래하는 안티고네의 탄식 장면, 이 근사한 절구는 그리스 비극의 전통적인 주제 중 하나를 보여준다. 죽기 전에 주인공이 산 자들에게 작별을 고하며, 마지막으로 소중한 태양빛에 대한 사랑을 토로하는 것은 자연스러울 뿐 아니라 정당하다. 이 대목에서 주인공은 강점과 약점을 두루 지닌 그 모습 그대로 자신을 죽음으로 몰아가는 전지전능한 운명과 일대일로 맞서야 하기 때문이다.

일부 비평가들은 이 장면에 등장하는 애끓는 듯한 노래가 안티고네의 성격과 잘 맞아떨어지지 않는다고 평했다. 나는 그렇게 생각하지 않는다. 안티고네 위로 내리꽂히는 잔인한 죽음의 빛 속에서 우리는 마침내 안티고네의 깊은 속마음을 보게 된다. 안티고네라고 하는 존재의 열쇠가 이 장면에서 드러나는 것이다. 우리는 비로소 지독한 안티고네, 투쟁에서도 지독하고 자신에게도 지독한 안티고네, 태어날 때부터 투사의 낙인을 안고 나왔으므로 지독할 수밖에 없는 안티고네가 자신의 비밀과 하나가 되어, 고독 속에서 무한히 부드러워지는 모습을 보게 된다. 안티고네는 태양이 주는 기쁨을 사랑하며, 시냇물과 나무들을 사랑한다. 안티고네는 또한 가족들을 사랑한다. 부모님을 사랑하며, 그녀가 결코 가질 수 없는 아이들을 사랑한다. 그 누구하고도 바꿀 수 없는 오빠. 안티고네가 사랑 그 자체가 아니라

면, 어떻게 오빠를 위해서 죽을 수 있단 말인가?

비극에 으레 등장하는 주제, 즉 삶에 대한 전적인 사랑이 아니고서는 어느 누구도 죽을 힘을 발휘하지 못한다는 주제를 소포클레스는 안티고네라고 하는 인물을 통해 찬란하게 빛나는 진실로 보여주고 있는 것이다.

안티고네가 생을 마감하는 이 순간, 누구도 이 여인의 목숨을 구해줄 수 없다. 아무도 그렇게 할 수 없다. 오직 신들만이 예외다.

인간들은 대립되는 열정의 충돌로 말미암아 도저히 풀리지 않는 운명의 소용돌이를 만들었다. 안티고네가 그 소용돌이를 만든 첫 번째 장본인이다. 안티고네는 이렇게 짜인 운명에 의해 인간답게, 제일 먼저 희생된다.

그러나 예언자 테이레시아스의 입을 통해서 이제까지 침묵하고 있던 신들의 음성이 들린다. 신들이 갑자기 입을 열기 시작하는 것이다.

비극의 끝까지 맞닿은 신들의 침묵, 깊은 우물처럼 인간의 다툼과 외침을 끌어안고 있던 침묵, 그 침묵이 갑자기 울림이 되어 말을 하기 시작한다. 침묵은 명쾌하게 울린다. 머지않아 또다시 인간의 외침에 묻혀버리게 될지라도, 반쯤 열린 신들의 침묵은 인간의 지혜가 선택해야 할 유일한 길을 가리킨다. 신의 음성은 순간적으로 명료하고 또렷하게 울린다. 하지만 이 말이 지니는 투명성이란 미동도 하지 않으면서 이미 천둥을 예고하고 있는, 납처럼 무겁게 드리운 하늘의 빛이다. 우리는 크레온이 그 목소리를 들을 수도, 듣지 못할 수도, 그래서 안티고네의 사면을 명령할 수도, 그렇지 않을 수도 있음을 알고 있다. 아니, 그가 신의 음성을 듣는다고 해도 안티고네를 구하기에는 이미 늦었음을 알고 있다. 비극적인 갈등의 끝이 늘 그렇듯이, 인간과 운명은 결승점을 100미터쯤 남겨두고는, 한껏 고조된 의지와 불끈 솟은 근육을 무기로 전속력으로 질주한다. 테이레시아스의 장면을 포함하여 합창단이 부르는 두 곡의 노래는 통곡과 희망의 양 기둥을 이룬다. 두 기둥이 지니는 정반대되는 의미는, 파국을 눈앞에 둔 바로 이 극적인 순간에 이러지도 저러지도 못하는 난감한 심정을 고스란히 드러낸다.

갑자기 망설임의 순간은 막을 내린다. 인간이 "너무 늦었다"는 낭패감에 부딪히게 되기 때문이다. 불행은 거대한 파도처럼 우리를 덮친다. 무명의 전령이 안티고네가 목을 맸다고 우리에게 전한다. 전령은 베일이 안티고네의 고운 목을 졸랐으며, 아들은 자기 아버지의 얼굴에 침을 뱉었다고 전한다. 하이몬이 크레온을 향해서 빼어든 칼이 결국 하이몬 자신을 향했으며, 그의 심장에서 뿜어져 나온 피가 목을 맨 안티고네의 얼굴 위에 뿌려졌다고도 전한다. 이쯤 되면 불행 정도가 아니라 공포가 우리를 엄습하며, 완전히 압도한다. 그리스 비극은 공포가 인생의 영원한 모습임을 모르지 않는다. 공포는 단호하게 극을 휘어잡고 지탱하는 버팀목이다.

이제 크레온이 죽은 아들의 시체를 양팔에 안고 다시 나타난다. 그는 고통을 외치며, 자신이 저지른 죄를 고한다. 그의 뒤로 문이 하나 열린다. 또 하나의 시체, 또 하나의 죽음이 등 뒤에서 그를 노려보고 있다. 그의 아내이자 하이몬의 어머니 에우뤼디케마저 그의 불찰로 목숨을 끊은 것이다. 그를 원망하고, 그의 가슴을 후비는 두 시체 사이에서 크레온은 한낱 가엾은 피조물, 한순간의 판단 착오로 인해 엉엉 우는 불쌍한 남자에 불과하다. 그는 자신이 사랑했지만 결국 자신이 죽이고 만 사람들의 죽음 앞에서 자신에게도 죽음을 달라고 애원

한다. 아, 죽음이 이번엔 나를 데려가주기를! 하지만 죽음은 응답이 없다.

  우리 눈앞에 펼쳐진 세상이 온통 피와 눈물범벅인 바로 그 순간, 우리가 숨죽이고 지켜보았던 인간의 형상들이 유령으로 변해버린 그 순간, 동굴에서 자신의 베일로 목을 맨 안티고네를 잊으려야 잊을 수 없는 그 순간, 이렇게 공포가 첩첩으로 쌓인 바로 그 순간에 도저히 이해할 수 없는 환희가 우리를 휘감는다. 안티고네가 우리 안에서 살아나면서 밝은 빛을 발한다. 안티고네는 눈을 멀게 하고 가슴을 태워버리는 진실이다.

  이와 동시에 신들의 노여움을 샀지만 도저히 비난할 수 없는 크레온도 또 다른 형제처럼 우리 가슴속에서 빛을 발하기 시작한다. 무릎 꿇은 아비와 우리 사이에 놓인 축 늘어진 하이몬의 주검은 온유함과 연민의 호수처럼 우리의 비난으로부터 크레온을 보호한다.

닮은꼴 성격, 상반된 영혼

이제는 이해하는 일이 남았다. 이해해야 할 필요를 느끼는 건 반드시 지성만이 지니는 강박관념은 아니다. 오장육부까지 심하게 요동치는 우리의 감수성 또한 이 비극의 의미가 무엇인지를 알아야 하겠다고 아우성친다. 시인은 안티고네와 크레온이 던지는 질문에 답하라고 우리를 닦달한다.

  《안티고네》는 가치관의 문제를 제기한다. 그래서 비평가들은 이 작품을 특정 사상을 담은 문제극으로 축소하고, 등장인물 각각이 특정 가치를 상징하는 것으로 간주하려는 유혹을 느낄 것이다. 그렇지만

《안티고네》를 원칙의 갈등으로만 보는 것은 그릇된 판단이다. 또 추상적인 것에서 출발하여 구체적인 것에 도달하는 식으로 그의 작품을 읽는 것 역시 시인의 창작 과정과 정반대되는 태도일 것이다. 《안티고네》는 원칙의 경연장이 아니다. 《안티고네》에서는 어디까지나 실존의 갈등, 개성이 강하고 각자 다르게 생긴 인간들, 개인들의 갈등이 작열한다. 비극의 주인공들은 피와 살을 가진 견고한 존재들로 비친다. 우리가 나중에 가서 비로소 관념적인 요소들을 투영해볼 수 있는 것도 바로 이 견고함(기하학적 의미에서의 견고함), 이 밀도 덕분이다.

그러므로 우리는 소포클레스의 이 작품이 지닌 의미를 파악하기 위해서라면 등장인물들, 상처를 주면서도 설득력 있는 그들의 실존으로부터 출발해야 한다. 그 와중에 행여 이 작품이 우리에게 주는 쾌감의 질을 망각하는 우를 범해서는 안 될 것이다.

게다가 비극의 의미를 파악한답시고, 아무리 비중이 큰 인물이라고 할지라도 그 인물만 따로 떼어내서 생각하는 일도 피해야 할 것이다. 위대한 시인이라면 어떤 한 인물만 편애하지는 않는 법이다. 우리는 시인의 존재를 통해서 그가 창조한 각각의 인물에 연결되며, 그 인물들 속으로 들어갈 수 있다. 그리하여 처음엔 생소하고 삐걱거리는 것처럼 느껴지지만 곧 한목소리를 내는 영혼들의 언어를 듣게 된다. 시인의 목소리였던 그 목소리는 곧 우리의 목소리가 된다. 모든 시인들 중에서도 비극 시인은 자신 안에서 또 우리 안에서 싸움을 벌이는 자식들, 그렇지만 결국 시인 자신이자 우리의 모습이기 때문에 사랑할 수밖에 없는 그 자식들의 불협화음을 통해서만 목소리를 들려준다. 불협화음이 조화로운 화음이 되기까지는 시간이 걸린다. 고통스럽지만 감미롭게 우리의 감수성을 건드리고, 이어서 피와 살을 통해서 우리를 이해시키는 식으로 느리게 진행된다.

안티고네와 크레온은 비수를 쥐고 싸운다. 어째서 두 사람의 대결은 그토록 광폭해져야만 하는가? 그들만큼 다르면서 동시에 닮은 사람이 일찍이 존재한 적이 없었기 때문이다. 동일한 성격을 지닌 정반대의 영혼. 타협할 줄 모르는 결연한 의지. 원하는 것을 얻으려는 투지에 불타는 사람이라면 반드시 필요한 불관용과 가차 없음으로 무장한 의지.

"굽힐 줄 모르는 강인한 성격은 영락없이 그 아버지에 그 딸"이라고, 합창단은 안티고네에 대해서 말한다.

안티고네는 "타협할 줄 모르며", 잔인하고 꾸밈없다. 또한 아버지 오이디푸스가 자신의 두 눈을 찌를 정도로 지독했던 것처럼, 딸 또한 스스로 목을 맬 정도로 지독하며, 두 사람 모두 남에게도 지독하다.

하지만 오이디푸스의 딸은 크레온의 조카이기도 하다. 두 사람이 저마다 도달하려는 고귀함의 반열에서, 똑같은 실존적 경직성이 이들을 날카롭게 맞서게 만든다.

"꼬장꼬장한 정신에 뻣뻣한 성격"을 가졌다고, 크레온은 조카 안티고네에 대해서 말한다. 그는 조카딸을 정의하는 그 말이 바로 그 자신을 정의하는 말이라는 사실을 알지 못한다. 그렇기 때문에 제일 단단하리라고 생각하는 불에 한창 달궈진 쇠가 제일 쉽게 부러지는 것처럼, 꼬장꼬장한 정신의 소유자들이 제일 먼저 꺾어지게 마련이라고 떠들어댄다. 하지만 이렇듯 안티고네가 처한 위험에 대해서 말하는 것이야말로 그 자신이 겪을 수도 있는 위험을 묘사하는 것이다. 우리는 예언자 테이레시아스의 경고로 충격을 받은 나머지 극한까지 치달았던 크레온의 의지가 거의 일격에 꺾이고 마는 광경을 목격하게 된다.

　다른 사람, 특히 그들에게 호의적인 사람들에 대해서, 안티고네와 크레온은 똑같은 방어 기제를 발동한다. 그들을 구해주려는 애정의 몸짓을 거칠게 뿌리치는 것이다. 가령, 이스메네와 마주한 안티고네, 하이몬과 마주한 크레온은 모두 정면 대결의 대칭적인 이미지를 보여주고 있다. 두 사람은 폭력적인 분위기 속에서 자신들의 도약을 붙들어매려는 자들을 가차 없이 짓밟음으로써 고독한 고귀함이라는 악마들을 한껏 북돋운다. 두 사람에게서는 그들의 마음을 돌려놓으려고 시도하거나, 다시금 생각해볼 것을 권유하는 자들에 대한 고집스럽고 경멸적인 분노가 느껴진다. 두 사람은 직선으로 곧게 뻗은 길을 달려갈 뿐이다. 두 사람의 판단이 틀렸는지 또는 맞았는지 따위는 전혀 중요하지 않다. 우리에게 중요한 것은, 그리고 우리를 설득할 수 있는 것은 두 사람 각자가 스스로에게 보여주는 충절심이다. 크레온은 안티고네만큼이나 자신의 원칙에 충실한 사람이다. 만일 그가 자신을 사랑하는 사람, 자신에게 충고하는 사람에게는 뜻을 굽히는 자라면, 운명의 끝까지 가보겠다는 다짐은 쉽사리 저버리게 될 것이다. 사실 두 사람 각자가 고집스럽게 세우려고 하는 세상은 그 정도의 대가를 치르지 않고서는 건설할 수 없다. 조금이라도 의지를 꺾는 순간 세상은 와르르 무너지고 만다. 크레온이 뜻을 굽히게 되면, 그와 더불어 그가 우리에게 약속한 안정된 세상은 그 자리에서 무너져 내리게 된다.

　그렇기 때문에 안티고네와 크레온은 자신을 사랑하는 사람들을 증오한다. 반드시 이루어야 할 일로부터 자신들의 주의를 다른 곳으로 돌려놓으며, 그들이 계획하는 사업에 동참하기를 거부하는 사랑은 그들이 보기에 사랑이 아니며, 사랑이라는 이름으로 불릴 자격이 없다.

"말로만 사랑하는 것은 사랑하는 것이 아니다"라고 안티고네는 이스메네에게 일침을 가한다.

그뿐 아니다.

"너의 그 말은 나의 증오심을 고취시킨다"고도 덧붙인다.

그들과 함께하지 않는 자들은 그들에게 반대하는 자들이다. 크레온이 하이몬에게 말한다.

"적들에게 그들이 우리에게 행한 악을 되돌려주고, 우리를 아끼는 자들을 영예롭게 하며 아끼기 위함이 아니라면, 아들들이 다 무슨 소용이란 말이냐!"

한 사람은 자기 아들에게, 또 한 사람은 자기 동생에게 "전부를 주지 않을 거면 아무것도 주지 말 것"을 강요한다. 자신이 택한 절대적인 선택을 남에게도 요구하는 것이다. 안티고네의 성격은 절대로 크레온보다 덜 '독재적'이라고 할 수 없다.

한마디로 말해서, 똑같은 광신주의가 두 사람을 사로잡고 있다. 고정관념이 두 사람을 떠나지 않는다. 각자 자신들이 세운 유일한 목표에 사로잡힌 나머지, 나머지 것들에 대해서는 맹목적이 될 수밖에 없다. 안티고네에게는 오빠 폴뤼네이케스의 매장, 크레온에게는 위협받는 왕위만이 유일한 관심사다. 이 유일한 관심사를 위해서라면 두 사람은 기꺼이 모든 것을 내어줄 준비가 되어 있다. 다른 모든 소중한 것들은 얼마든지 희생할 각오가 되어 있다. 그것이 비록 목숨일지라도 말이다. 각자가 쥐고 있는 이 유일한 패, 그들에게는 지고의 선인 이 패를 위해서 두 사람은 전부를 건다. 희열에 차서. 광신자라면 누구나 도박을 즐기는 자라고 할 수 있다. 이들은 패배와 승리가 동

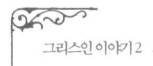

시에 달려 있는 결정적인 한 방이 주는 짜릿함을 잘 알고 있다.

크레온과 안티고네의 상반되는 분노로 인해 우리는 매 순간마다 겨우 종이 한 장의 두께에 목숨이 달려 있는 긴박감을 맛보게 된다. 우리의 존재는 그들의 존재와 마찬가지로, 이데올로기가 아닌 팽팽하게 맞선 열정을 위해 집중된다. 그럼으로써 두 사람과 똑같이 죽음과의 싸움에 임하여 원칙 준수에 대한 갈망, 목숨의 위협 따위는 과감하게 무시하는 대범함을 맛보며, 참여하는 삶을 통해 두 배의 불안감과 두 배의 기쁨을 우리 것으로 만든다.

모름지기 모든 고귀함은 배타적이다. 안티고네, 크레온의 광신적인 태도는 두 사람의 심리에 깃들어 있는 모호한 부분을 설명해준다. 비평가들은 안티고네가 그토록 까맣게 하이몬을 잊는다는 것이 가능한지에 대해 의문을 제기해왔다. 안티고네가 하이몬이 처한 비극적인 입장을 모르는 척하고, 약혼자의 이름을 단 한 번도 언급하지 않은 채 오로지 자신의 비극만을 향해서 뚜벅뚜벅 걸어간다는 건 있을 수 없는 일이라고 비평가들은 입을 모은다. 마음 약한 사람들은 이같은 평가를 확신하면서, 소포클레스가 이스메네의 입을 빌려 말하는 다음과 같은 구절이야말로 안티고네의 대사가 되어야 한다고 주장하기도 한다.

"오, 사랑하는 하이몬, 당신 아버지는 정말로 당신을 모욕하는군요!"

이 '사랑하는 하이몬' 이야말로 안티고네가 스스로에게 부과한 참을 수 없는 엄격함을 약화시키며, 따라서 관객의 심금을 울리는 여주인공으로 만들어준다는 것이다.

하지만 안티고네를 심금을 울리는 여주인공으로 만들기 위해서 소포클레스의 대본을 고쳐야 한단 말인가? 안티고네가 하이몬에 대해 침묵으로 일관했다는 것이 그토록 이해하기 어렵고, 심지어 충격적이기까지 하단 말인가? 사실 안티고네의 침묵은 사랑하는 사람, 하이몬의 사랑이 약속해주는 기쁨을 망각했기 때문이 아니다. 안티고네가 결혼식도 올리지 못하고, 아이에게 젖을 물려보지도 못하고 이 세상을 하직해야 하는 신세에 대해 통곡하는 장면이 이를 입증한다. 죽음이 다가오면서 느끼는 삶에 대한 사랑과 삶으로 인한 기쁨을 노래하는 아름다운 구절들을 통해서 우리의 마음도 '감동적인' 언어로 충만해지지 않을까? 이 순간에도, 아니 크레온과 대결을 벌이는 중이기 때문에 더더욱 안티고네가 하이몬을 애타게 부르지 않는다면, 안티고네의 침묵은 그녀가 오로지 오빠의 불행에만 온 정신을 집중하며, 그녀의 예민한 몸에서 나오는 모든 힘을 오직 형제애를 위해 쏟아 붓고 있기 때문이라고 설명할 수 있다. 안티고네는 오로지 형제의 우애만을 고집한다. 폴뤼네이케스를 향한 순수한 사랑으로부터 그녀의 관심을 돌려놓을 수 있는 다른 모든 감정은 밖으로 내동댕이 친다. 아니 적어도 그녀의 행동에 아무런 영향을 끼치지 못한 채 마음속 깊은 곳으로 밀어넣는다.

  안티고네의 이 같은 성격은 크레온이 지닌 모호함까지도 속 시원하게 설명해준다. 크레온은 머리가 좋은 사람이다. 그는 자신이 세운 목표, 즉 질서 속에서 통치한다는 목표 앞에서 확실한 입장을 고수한다. 크레온은 아들과 아내를 사랑하며 자신이 통치하는 도시를 사랑한다. 그 사랑이란 것이 자신의 즐거움과 명예로부터 나오는 것이며, 그의 소유로 만들 수 있는 이익을 얻기 위한 이기적인 사랑일지는 모르나, 어쨌든 그는 자신의 방식으로 그것들을 사랑한다. 가정과 국가에 군림하는 꽤 그럴듯한 독재자로서 말이다. 비극의 종말은 크레온이 그에게 의존하는 사람들에 대해서 얼마나 강한 애착을 보였는지를 알려준다.

  그렇다면 이렇게 똑똑하고, 삶이 그에게 제공하는 값진 것들을 충분히 만끽하기로 단단히 마음먹은 남자가 권력을 행사함에 있어서 어떻게 그다지도 편협한 태도를 취하게 되었는지 궁금하지 않을 수 없다. 어째서 그는 아들이 나열하는 수많은 이유들 가운데 단 하나도 듣지 않으며, 모든 사람의 의견을 무시하고 독단적으로 군림한다면 추락을 면치 못할 것이라고 예고하는 목소리에 귀를 막아버렸단 말인가? 이 암흑 같은 모호함 속에서 분명한 것은 아무것도 없다. 크레온은 안티고네처럼 자신이 선택한 행동에 전적으로 몸을 던지는 사람이었다. 반란과 무질서에 대항해서 싸우기로 결심한 그는 한눈팔지 않고 자신이 선택한 싸움을 끝까지 밀고 나간다. 비록 그로 인하여 죽음을 맞이하게 될지라도 개의치 않는다. 그는 막무가내로 맹목적이며 고정관념에 사로잡힌 사람이다. 폴뤼네이케스의 주검과 안티고네를 통해서 벌하기로 결심한 항거의 기운을 전혀 당치도 않은 곳에서 발견하는 것이야말로 좋은 예다. 그는 말하자면 스스로 만들어낸 유령이라고 할 수 있는 항거의 움직임을 도처에서 감지하며, 이에 맞서 싸워야 한다고 다짐한다. 크레온은 안티고네뿐만 아니라 안티고네를 잡아서 그의 앞으로 데려온 병사에게서도 항거의 기미를 느끼며, 그 병사가 적에게 매수되었다고 추측한다. 더욱 기가 막히게도 한없이 부드러운 심성을 가진 이스메네까지 공모자라고 생각한다. 주춤거리는 합창단마저도 그의 눈에는 반역자로 보인다. 반역자, 그의 가족과 도시에 반대하는 음모와 결탁한 욕심 많은

예언자 테이레시아스가 근엄하게 경고하지 않았던가! 그의 성격으로 인한 광신주의가 빚어낸 결정은 주변에 그의 요새를 구축한다. 상상의 요새 속에 갇힌 그는 자신이 그곳의 주인이라고 믿지만, 사실 그는 유폐되어 있는 것이나 마찬가지다. 그 요새는 아들을 향한 사랑도, 상식도, 연민도, 아니 지극히 단순한 상황 인식마저도 뚫고 들어오지 못하는 곳이다. 누가 과연 이 상태, 크레온이 스스로를 가두고 있는 이 희한한 포위 상태를 타개할 수 있을 것인가? 그의 광적인 태도는 스스로를 고독으로 몰아갔으며, 그리하여 그는 모든 이들의 표적이 되었다. 그를 구하려는 사람들마저도 그는 적으로 여기기에 이르렀던 것이다.

"자, 궁수들처럼 나를 겨냥해보거라. 모두 나를 겨냥하란 말이다……."

비극이 끝나갈 무렵, 크레온에게나 안티고네에게나 커다란 위협이 다가온다. 그것은 바로 고독, 절대성에 사로잡힌 영혼들에게 학교가 되기도 하고 함정이 되기도 하는 고독이다.

하지만 칼 같은 성격을 지닌 안티고네와 크레온이 맛보는 고독은 형태는 같을지언정 전혀 닮지 않았다.

더구나 이렇게 닮은꼴의 성격으로부터는 광신적인 태도와 맞서 싸울 만한 것을 전혀 끌어낼 수가 없다. 투쟁을 벌이는 영혼들에게는 불관용이야말로 가장 필수적이고 효과적인 무기다.

그런데 성격 외에도 투쟁에서 매우 중요하며 사람됨됨이를 결정하는 것이 있는데, 바로 영혼의 품격이다. 안티고네와 크레온의 의지가 서로 충돌하는 가운데 놀랍게도 닮은 성격이 드러난다. 이와 동시에 두 사람의 영혼이 너무도 상반되기 때문에 우리는 잠시나마 두 사람

이 닮았다고 생각했던 데 대해서 놀라게 된다. 요컨대 성격의 윤곽이 유사한 것과 비례해서 영혼의 윤곽은 완전히 다르다. 이 본질적인 차이 덕분에 안티고네는 외로운 죽음을 맞으면서도 고독하지 않을 수 있는 반면, 살아 있는 크레온은 평생 고독의 멍에로부터 벗어나지 못한다.

이렇듯 두 등장인물에게서는 팽팽하게 맞서지만 완전히 반대 방향을 향해 치닫는 의지가 엿보인다. 동등하게 굳건하면서 전혀 반대되는 의지.

안티고네, 개인의 양심의 상징

안티고네에게서는 사랑으로 한껏 고양된 영혼이 느껴진다. 안티고네는 겉은 뻣뻣하지만 내면은 한없이 부드러운 연인의 내밀함과 불꽃 같은 열정으로 충만해 있다. 이것은 마음 깊은 곳에서 솟아나오는 부드러움이며, 타오르는 사랑, 거의 부조리에 가까운 사랑이다. 그 사랑은 안티고네라는 여자를 만들어냈으며, 안티고네의 마음속에 기꺼이 스스로를 희생하겠다는 격한 감정을, 폭발적인 에너지를 불어넣었다. 안티고네에게 타협하지 않는 단호함과 경멸심을 불어넣은 것도 바로 그 사랑이다. 사랑은 부드러움을 단호함으로 변모시키며, 사랑하는 상대를 향한 겸허한 봉사 정신을 사랑의 대상이 아닌 나머지 것들에 대해서는 경멸과 멸시로 바꾸어놓기 때문이다. 사랑은 또한 증오가 되기도 한다. 안티고네는 자신의 마음속 깊은 곳에서 솟아오르는 사랑이 이끄는 곳으로 함께 가기를 거부하는 모든 사람들을 증오한다. 다정한 이스메네를 대하는 안티고네의 태도가 이를 고스란히 드러낸다.

 그녀가 사랑했으나 이제는 죽은 사람들, 살아 있는 그녀가 여전히 사랑하며 아직 살아 있는 사람들, 그녀가 항상 "내 사람, 나의 사랑하는 사람들"이라고 부르는 그 사람들이야말로 안티고네 영혼의 당당한 주인들이다. 그 사람들 중에서도 특히 "사랑하는 오빠", 지상에서 평화를 누릴 권리를 박탈당하고, 사랑하는 사람들의 애통도 받지 못하며, 주검마저 짐승 밥으로 내어주어야 하는, 그녀 영혼의 "사랑하는 보물"은 그녀가 모든 것을 바치는 주인 중의 주인, 그녀에게 죽음마저도 받아들이도록 하며, 그나마도 수동적으로 감내하는 것이 아니라 희열 속에서, 눈물을 동반한 기쁨으로, 고통마저 노래로 변할 정도로 강렬한 감정의 소용돌이 속에서 기꺼이 끌어안도록 하는 주인이다.

 무릇 모든 열정이 그렇듯이, 이 사랑은 안티고네의 내면에서 굶주린 불길처럼 활활 타오른다. 이 불길 속에서 다른 모든 사랑은, 단 하나의 강렬한 사랑의 불꽃 주변에서 빛을 잃은 채 한 줌의 재로 타버린다. 가장 확실하고 가장 분명하게 입증된 아버지와 어머니의 사랑, 끝내 남편이 되어줄 수 없었던 하이몬과의 사랑, 하이몬과의 사이에서 태어나지 못한 자식들의 사랑. 이 모든 사랑들을 잊고, 그 사랑들 때문에 비통해하며, 이 사랑들이 자신의 마음을 부드럽게 만들어주었음을 다시금 확인하는 순간, 안티고네는 이제 그것들을 부정해야만 한다. 오직 하나의 사랑, 오빠를 향한 단 하나의 사랑만이 그녀의 영혼을 가득 채우고 있다. 그래서 한 명뿐인 오빠, 다른 누구로도 대체할 수 없는 오빠에게 죽음을 통해서 다가가면서 어느 누구에게도 나누어주지 않은 자신의 마음을 오롯이 바치려 한다. 절대적인 열정,

절대적인 열정의 무조건적인 독재가 유난히 돋보이는 구절이 우리의 시선을 끈다. 그런데 많은 근대 작가들은 이를 제대로 이해하지 못했으며, 괴테 같은 일부 작가들은 그것이 소포클레스가 쓴 구절이 아니라고 주장하기도 했다. 바로 안티고네가 자신이 오빠를 위해서 한 일은 남편을 위해서도 자식을 위해서도 결코 하지 않았을 것이라고 강력하게 주장하는 대목이다. 왜 그럴까? 왜냐하면, 안티고네에 따르면, 오빠란 부모님이 돌아가시고 나면, 다른 누구도 대체할 수 없는 유일한 사람이 되기 때문이다. 이 대목에 주의를 기울일 필요가 있다. 그러니까 여기엔 그저 심적인 궤변 외에 다른 것이라고는 없다. 영혼이 제일 먼저 끌리는 것을 합리화하려는 의례적인 시도(그리스 정신에서는 자주 나타나는 시도)일 뿐이라는 말이다. 상궤를 벗어난 이 같은 언어에서 안티고네를 방황하게 만들고 유일한 사랑의 대상을 위한 것이 아니라면 모든 것을 부정하게 만드는 극단적인 열정이 백일하에 드러나는 것이다.

안티고네에게는 오빠가 전부다. 안티고네는 끝없는 사랑에 매달리듯 오빠에게 매달린다. 안티고네는 죽음 속에서도 오빠를 따라간다. 사랑이 지속되는 한 오빠와 안티고네는 떨어질 수 없다.

"오빠를 위해서 죽는 건 나한텐 아름다운 일이지……. 사랑하는 오빠, 나는 오빠 곁에서 휴식을 취할 수 있어. 내 사랑…… 땅속에서도 나는 영원히 오빠 곁에 누워 있을 거야."

안티고네의 행위는 머리나 이성, 합리적인 원칙에 의해서 움직이는 것이 아니다. 안티고네는 언제나 마음이 시키는 대로 따르며, 감정이 한껏 고양된 상태에서 죽음 속으로 뛰어든다. 이스메네는 처음부터 그 점을 지적한다.

"얼음같이 찬 죽음을 맞으려 하는 불타오르는 심장."

또 이런 말도 한다.

"그대 이제 떠나려 하는군요. 이 정신 나간, 소중한, 사랑에만 충실한 자매여."

하지만 안티고네의 성격을 가장 잘 묘사하는 것은 바로 안티고네의 입에서 나오는 대사다. 그녀는 폴뤼네이케스를 조국의 적으로 증오하기를 거부하며 다음과 같이 말한다.

"나는 증오를 나누어 갖기 위해서 태어난 게 아니에요. 나는 사랑을 나누어 갖기 위해서 태어났어요."

이것이야말로 타고난 연인, 사랑에 아무런 조건도 달지 않고, 아무런 제한도 두지 않는 연인의 심성이 아니겠는가……. 그런데 그리스어 표현의 강도는 번역을 통해서 제대로 전달하기가 쉽지 않다. "나는 태어났다"고 안티고네가 말한다. 이는 곧 이것이 나의 천성이다, 나의 존재다, 라는 말과 다르지 않다. 태어났는데 사랑을 나누어 갖기 위해서 태어났다. 이것은 사랑을 주고 사랑을 받기 위해서 태어났다, 사랑을 통한 교감 속에서 살기 위해 태어났다는 말이다.

하지만 여기서 오해해서는 곤란하다. 안티고네의 행위는 신들이 지시를 내리기도 전에 타고난 천성에 의해 이미 결정되었다. 안티고네에게 사랑은 최우선이다. 태어나기를 그렇게 태어났다. 오빠를 사랑하지 않았다면, 안티고네는 자기 안에 깃들어 있는 신들의 법칙, 비록 성문화되어 있지는 않으나 영원한 그 법칙, 오빠를 구하라고 지시하는 그 법칙을 깨닫지 못했을 것이다. 이 법칙을 안티고네는 외부로부터 받아들인 것이 아니다. 이 법칙은 안티고네 자신의 마음이 정한 법칙이기도 하다. 우리는 다른 건 몰라도 적어도 마음에서 우러나오는 사랑의 힘으로 안티고네가 신의 의중을 알게 되었다고, 신의 영적인 준엄한 요구를 간파하게 되었다고 말할 수 있다. 이때의 사랑은 육체의 사랑이라고 할 수 있다. 어쨌든 주검에 대한 사랑이기 때문이다. 오빠의 주검을 애틋하게 여기는 마음을 통해서 안티고네는 인간의 의지에 저항할 힘, 전적으로 신의 뜻에 순종할 힘을 얻는다.

그러니 사랑이 마음을 열어주는 힘을 지녔음을, 마음을 비옥하고 풍성하게 만들어주는 힘을 지녔음을 인정하자. 안티고네에게 고통을 선사하는 것이 에로스다. 그리고 모든 에로스가 그렇듯이, 독점적이고 질투심 많은 에로스가 안티고네를 충동질하여 오빠를 향한 사랑을 제외하고는 다른 아무것에도 마음을 열지 못하게 했다면, 안티고네로 하여금 소포클레스의 세계에서 가장 지고한 현실, 즉 신의 말씀을 잉태하게 만드는 것도 바로 그 에로스가 아니겠는가. 안티고네는 신의 말씀을 잉태하고, 눈부신 단호함으로 이 세상에 전파한다. 사랑 속에서 이 황홀한 과실을 잉태하고 숙성시킨 안티고네에게 죽음은 아무것도 아니다. 안티고네는 말한다.

"신들의 법칙이란 오늘 만들어진 것도, 어제 만들어진 것도 아니고, 언제나 그렇게 있어왔지……. 내가 때 이른 죽음을 맞는다고 하더라도 난 알아. 그 죽음이 나한테는 이득이라는 걸……. 죽음은 그다지 중요하지 않은 고통일 뿐이지. 내 어머니의 아들을 무덤도 없이 버려두는 것이야말로 불행이지……. 나머지는 아무래도 상관없어."

신의 법칙을 증언하고, 자신의 목숨을 희생하며, 오빠를 사랑하는 일은 서로 분리될 수 없다.

이것이 사랑 속에 있는 안티고네의 운명이다. 안티고네는 그 운명이 부여하는 죽음을 감내한다. 안티고네는 이것이 무모함을 알고

있다고 하더라도, 그 무모함 속에서 존재의 중심을 겨냥하는 혜안을, 사랑이 가장 고귀한 영혼들에게 전해주는 메시지를 놓치지 않는다.

그렇기 때문에 위에서 인용한 대목, 사실 거의 이해하기 어려운 그 대목처럼 놀라운 구절이 등장할 수 있다. "나는 증오를 나누어 갖기 위해서 태어난 것이 아니에요. 나는 사랑을 나누어 갖기 위해서 태어났어요."

나는 앞에서 이 구절이 안티고네를 정의한다고 말했고, 다른 사람들도 진저리가 날 정도로 그렇게 말해왔다. 그런데 안티고네를 정의하되, 안티고네 자신의 능력을 넘어서는 정의라고 덧붙여야 한다. 솔직히 안티고네의 행동이 항상 그 정의에 들어맞지는 않기 때문이다. 안티고네는 거의 예언적이라고 할 수 있는 이 말에 충실하면서도 때로는 이를 거역한다. 이 말은 안티고네의 미래에서, 안티고네 스스로를 넘어서는 곳에서, 그러니까 안티고네의 깊은 심성, 아니 안티고네에게 닥치게 될, 그녀 자신도 알지 못하는 운명에서 끄집어낸 선언이기도 하다. 비극적인 갈등이 가하는 폭력에 의해서 시인에게서 끄집어낸 말이기도 하다. 시인이 창조한 이 인물은 이 대목에서 창조자인 시인마저도 넘어선다. 세월마저도 넘어선다……

크레온, 국가 권력의 상징

안티고네에게 모든 것은 사랑이거나 사랑이 된다. 반면 크레온에게 모든 것은 이기심이다. 나는 이 말을 고전적인 의미로 사용한다. 자신에 대한 사랑, 즉 이기심 말이다.

확실히 크레온은 아내와 아들, 백성들을 사랑한다. 하지만 그가 이들을 사랑하는 것은 그들이 그의 힘을 입증하고 그를 위해 봉사하기 때문이다. 요컨대 그의 자아를 충족시키는 도구이자 이유이기 때문이다. 다시 말해서 그는 이들을 사랑하는 것이 아니다. 그는 이들의 행복 따위에는 아무런 관심도 없으며, 오로지 이들을 잃게 될 때에만 상처를 입을 뿐이다. 그는 이들의 실존에 접근조차 할 수 없다. 그는 자신 외에는 아무도 이해하지 못하고, 오직 자신에게만 관심이 있을 뿐이지만, 그나마도 정확하게 들여다보지 못한다.

크레온에게 사랑이란 사랑은 모조리 닫혀 있다. 그의 앞에 펼쳐지는가 하면 어느새 닫힌다. 자매를 향한 이스메네의 사랑, 안티고네를 향한 하이몬의 사랑. 크레온에게 사랑이란 남녀간의 성관계를 제외하면, 이성의 결여에 불과하다. 누군가가 그에게 아들의 약혼녀를 정말로 죽게 만들 참인지 물었을 때, 그가 어찌나 상스럽게 대답하는지, 사랑에 대해서는 아무것도 모르는 사람임이 고스란히 드러난다.

"그 아이는 씨를 뿌릴 수 있는 다른 밭을 얼마든지 찾을 수 있을 것이오."

이렇듯 그는 사랑을 전혀 알지 못하며, 따라서 자신의 아들도 이해하지 못한다.

크레온은 사랑을 증오하고 경멸한다. 그는 사랑을 두려워한다. 그는 다른 사람을 향해서, 세상을 향해서 자신의 마음을 열게 만드는 그 사랑을 무서워한다. 크레온은 너무도 권력 지향적인 사람이다. 사실 이 점에서 그는 우리 모두가 처할 수도 있는 위험을 보여준다고 할 수 있다. 그 결과 권력은 무기력으로 변한다. 권력의 속성을 모두 동원해서 벌이는 크레온의 행동이 결국 무기력한 독재자의 행동이었

음이 드러나는 것이다. 크레온이라고 하는 인간은 자기 안에 고유한 진실함을 지니고 있다. 하지만 사랑에 저항하는 성격이 지니는 천성적인 불모성이 그가 지닌 진실함마저 불모로 만든다. 폴뤼네이케스의 배반과 안티고네의 반발로 인해 위협받는 도시를 방어하기 위해 그는 잠시 자신의 능력을 넘어서는 대상에 헌신한다. 공공질서를 유지하기 위해 그가 벌이는 투쟁, 그가 아들 하이몬을 포함하여 무정부주의자라고 부르는 자들과 벌이는 투쟁에서, 크레온은 처음엔 우리를 설득할 수 있는 모든 이유를 가지고 있었다. 우리는 공동체가 극단적인 위험에 처했을 경우, 안티고네와 같이 규칙을 어기는 무리들로부터 공동체를 보호할 필요가 있음을 잘 알고 있다. 크레온이 백성들 앞에서 보여주는 정치적 신념에는 손톱만큼의 위선도 끼어들 여지가 없다는 사실도 잘 알고 있다. 하지만 눈곱만큼의 사랑도 없다는 사실 또한 모르지 않는다. 크레온의 본성은, 그의 원칙에 입각해서 볼 때, 불임성이다. 그가 정직하게 드러내 보이는 모든 진실은, 이 저주받은 땅에서 머리로 받아들이는 진실이며, 공허한 진실이다.

 크레온이 위험에 처한 도시 생각에 분노로 몸을 떨 때, 그는 혹시 분노가 아닌 두려움, 자신을 위한 두려움 때문에 그러는 게 아닐까? 이 위대한 왕의 본질은 따지고 보면 두려움이다. 무기력과 연결되는 두려움. 두려움에 사로잡혀 점점 더 고립되어가는 크레온은 주변에 온통 적들과 음모가 판을 친다고 생각한다. 더구나 도시 전체가 노인들의 목소리를 빌려 똑 부러지게 그렇게 말한다. 두려움이 그로 하여금 이러한 경고들을 거스르도록 부추긴다. 신들이 그에게 말한다. 두려움이 그를 무시무시한 신성 모독으로 이끌 것이다, 라고. 이는 그가 테이레시아스의 신들이 적들 편으로 돌아선 건 아닌지 의심하기 때문이라는 것이다. 극이 진행되어감에 따라 그가 권좌에 오르던 날 그의 백성들과 자신 사이에 드리운 이상주의의 막, 허약하기 이를 데 없는 인위적인 그 장막은 점점 자취를 감추게 된다. 연속적으로 일어나는 사건들은 그가 자신에게도 감추고 있던 속마음을 고스란히 드러내도록 종용한다. 이제 배신자들의 처벌을 요구하는 것은 더 이상 도시가 아니다. 그의 자아 속에서 점점 걷잡을 수 없을 정도로 부풀어 오르는 두려움이 그렇게 하라고 재촉한다. 사랑의 힘이라고 하는 받아들일 수 없는 진실의 베일 속에 몸을 감추게 된 그의 자아는 두려움에 질린 참모습으로 인간과 신에 맞선다. 공동체의 모범적인 수호자로 자처했던 크레온은 이제 우리 앞에 순수한 개인의 모습으로 벌거벗겨진다.

우리와 닮아 미워할 수 없는

오로지 자신의 권력, 그가 아는 유일한 대상인 권력, 그 권력이 자신에게 주는 강점만을 사랑했던(이를 과연 사랑이라고 불러도 좋은지는 모르겠지만), 크레온은 결국 고독 속으로 떨어진다. 아들, 아내, 권력, 그는 모든 것을 한꺼번에 잃는다. 이제 그는 자신의 그림자에 불과하다. 그가 기만적인 권력으로 공연히 부풀렸던 그의 자아는 납작하게 쪼그라들었다. 아무도, 심지어 합창단조차도 안티고네가 산 채로 죽음을 당하게 될 무덤으로 천천히 발길을 옮기는 그의 운명에 눈물을 보이지 않는다. 하지만 안티고네의 비장한 고독은 겉보기에만 외로울 뿐이다. 안티고네의 고독은 인간이라고 하는 모든 피조물이 생의 마지막 투쟁에서 보여주는 불가피한 고독이다. 그것은 영혼의 고독이 아니다. 안티고네는 이 순간 자신보다 먼저 죽은 이들을 가슴속에 새기고 있다. 사랑하는 오빠와 함께하고 있는 것이다. 사랑은 안티고네를 완전한 신성과 하나가 되도록 이끈다. 반면 시인의 천재성이 탄생시킨 모든 고통 받는 인물들, 그 인물들에게로 향하는 연민의 한가운데에서 크레온은 가장 참담한 고독을 맛보아야 한다. 자신이 독차지하고 있다고 떠들어댔던 신들은 가차 없이 그를 내치고, 그가 손안에 넣었다고 생각했던 도시도 그를 버렸으며, 쓸데없이 비대해진 그의 자아의 제물로 끔찍하게 희생당한 아들과 아내의 죽음마저도 그의 가슴을 따뜻하게 데워주고 마음의 양식이 되어주기는커녕 차디찬 주검에 불과하다. 크레온의 눈은 여전히 그들을 자신의 소유물로만 바라보기 때문이다.

하지만 공포심을 조장하는 인물인 동시에 참담하기 그지없는 상황에 봉착한 크레온, 이를테면 인간이 저지를 수 있는 기막힌 실수의 상징이라고 할 수 있는 크레온을 시인은 우리 각자의 마음속에 각인시킨다. 이는 준엄한 경고라기보다는 어처구니없는 사고를 친 형제를 향한 측은지심에 가깝다. 비극이 진행되는 동안 내내, 그리고 특히 팽팽한 긴장감이 감도는 이 마지막 순간에 크레온은 우리 안에서 우리의 일부로 자리 잡는다. 그는 물론 가볍지 않은 죄를 저지른 죄인이다. 하지만 그렇고 그런 몇몇 추상적인 원칙에 의거해서 그를 손가락질하기엔 그가 저지른 실수가 우리가 늘 저지르는 실수와 너무나 닮은꼴이다. 크레온은 우리가 늘 경험하는 비극적인 일상의 일부다. 그는 자신의 방식대로, 아니 자신의 위치에서 옳았으며, 마땅히 해야 할 일을 했다. 그렇기 때문에 소포클레스는 그 과실, 즉 분열되어 있는 우리의 인간성과 그 인간성과 더불어 살아가야 하는 세계에 대한 뼈저린 인식을 안겨준다.

따라서 우리는 안티고네이면서 동시에 크레온이며, 두 사람이 겪는 갈등인 것이다. 바로 이 점이 소포클레스의 천재성과 예술이 지닌 가장 뚜렷한 특징 중 하나다. 그는 너무도 은밀한 방식으로 우리를 등장인물 각각의 삶에 동참하게 한다. 그리하여 그 인물들이 우리 앞에 등장해서 자신의 속마음을 털어놓는 순간에 우리는 그들에게 공감하고 동조할 수밖에 없다. 그들 각자가 우리 마음속에 기거하면서 말을 걸어오기 때문이다. 그러니까 우리는 그들 속에서 우리의 목소리를 듣고 우리의 삶을 발견한다.

소포클레스는 이 사람은 틀렸고, 저 사람이 맞다고 대놓고 말하지 않는다. 그런 저급한 부류의 작가가 아니다. 그는 자신이 창조한 등장인물들을 너무나 사랑한다. 그렇기 때문에 등장인물들은 저마다 모두 옳다. 우리는 마치 현실 속의 인물을 대하듯이 그들 각자의 입장을 지지하며, 우리 자신의 경험에 입각해서 그들의 진실을 체험한다. 젊은 파수꾼마저도 입을 여는 순간, 안티고네를 체포함으로써 자신의 목숨을 부지할 수 있음에 안도하면서도 그녀를 죽일 것이 뻔한 폭군에게 안티고네를 넘겨주어야 하는 처지를 곤혹스러워한다. 우리는 마음속으로 이 순진한 젊은이를 이해하고 그의 처신이 옳다고 여긴다. 목숨을 부지하려고 자기 임무를 수행하는 것이 잘못은 아니지 않은가. 젊은이의 입장이었다면 우리도 얼마든지 그렇게 행동했을 것이다. 자신의 본성에 충실하게 사는 것은 인간 본성의 중요한 특성이며, 그는 이 특성에 충실했을 뿐이다. 그는 우리 모두가 발 딛고 사는 현실에 충실했다. 또한 변덕스러운 이스메네도 안티고네처럼 남성적인 여자와는 정반대되는 성격을 가졌다는 지극히 단순한 이유만으로도, 또한 연약한 가운데에서 슬기롭고, 필요한 경우라면 안티고네만큼 강해질 수 있으며, 갑작스럽지만 자기 한 몸을 희생하겠다는 결심을 할 수 있는 인물이라는 점에서 존재 이유를 부여받는다.

안티고네가 비극의 정점에서, 타고난 본성으로 도달할 수 있는 순수한 영웅주의의 정점에서 천번 만번 옳고, 그렇기 때문에 우리에게 설득력 있는 존재로 다가온다면, 크레온 또한 그에 못지않게 안티고네에 대항해서 옳다. 그는 정치라고 하는 차원에서, 전쟁 중인 도시국가라는 상황에서, 현실적으로 옳다. 극의 흐름상 권력자로서 그의 개인적인 욕심과 국가의 장래를 혼동하였다는 이유로 크레온을 비난하는 입장에 설 수밖에 없다고 할지라도, 우리는 인간적으로 그에게 완전히 등을 돌릴 수 없다. 그가 저지른 실수는 지극히 자연스럽고, 통치라는 정치적 행위에 뒤따르게 마련인 것이라 우리는 그 실수가 인간 본성의 일부임을 부인할 수 없다. 더구나 우리는 안티고네와 같이 자기가 원하는 방향으로 입김을 불 수 있는 영향력 있는 사람들의 무정부주의적인 태도로 인해 위험에 빠진 공동체에서는 권력자의 모든 결정은 얼마든지 정당화될 수 있음을 잘 알고 있다. 우리는 또한 드러내놓고 말하지는 않지만, 공동체를 지키는 것은, 불행하게도 크레온 같은 사람들이라는 사실도 잘 알고 있다. 크레온 같은 사람들은 그러한 일을 하기 위해서 태어났다. 때문에 그럭저럭 자신에게 부과된 임무를 수행한다. 이들은 공동체에서 오점을 남기는 일도 서슴지 않으며 기꺼이 목숨까지도 바친다. 사실 그 같은 고약한 실수에 노출되는 기술자들은 거의 찾아볼 수 없다. 실수를 통해서 크레온 같은 자들은 자신의 본성에 충실할 수 있다. 이들의 본성은 고귀하다기보다는 저급하다. 알다시피 나라를 위기에서 구하는 것은 고상한 생각

이 아니라 거칠고 상스러운 행동이 아니겠는가. 행동과 저급함이 이런 식으로 연결되는 경우를 우리는 인간 조건의 필수적인 요소, 우리를 가장 짓누르는 인간 본성의 일부로 파악한다. 우리는 안티고네의 활활 타오르는 불꽃이 되기에 앞서서 크레온의 묵직한 흙으로 빚어졌다. 그렇지 않다고 저항해본들 무슨 소용이 있겠는가? 비극 작품을 감상하는 즐거움 가운데 가장 은밀하게 감추어져 있는 부분, 작가가 예술적 기량과 애정을 가장 발휘해야 하는 부분은 바로 이 같은 통찰력 있는 연민이 담긴 대목이다. 즉 우리는 '심술궂은' 등장인물에게 연민을 느끼고 있음을 고백하게 된다. '심술궂은' 등장인물들을 마음 밖으로 내치는 일이야 식은 죽 먹기다. 하지만 예술적인 진실과 우리가 느끼는 쾌감이란 그렇게 단순하지 않으며, 이를 얻기 위해서는 응분의 대가를 치러야 한다. 우리는 속마음을 고백해야 하는 것이다.

대립하는 가치들의 화해와 조화로운 삶

이렇듯 소포클레스는 우리의 존재 깊숙한 곳에 잠들어 있는 형상들을 일깨운다. 그는 꾹 다문 우리의 입을 열게 만든다. 그는 우리의 말 못하는 복잡한 의식 세계를 밝은 빛 가운데로 이끈다. 우리 안에서 갈피를 잡지 못하고 방황하다가 수치심 때문에 제풀에 어둠 속으로 사그라진 모든 것이 비로소 모습을 드러낸다. 등장인물들 간의 갈등은 우리들 각자가 느끼는 갈등이며 우리를 위험으로 몰아가는 갈등이다. 갈등이 대미를 장식할 때 우리는 심하게 동요한다. 그와 동시에 우리는 우리 삶의 가능태로서 제대로 파헤쳐지지 않은 채 남아 있

던 풍요로움이 비로소 눈앞에 드러나는 광경을 보며 기쁨으로 전율한다. 시인이 우리에게 보여주는 것은 바로 이 가능태라고 하는 보물이기 때문이다. 우리 앞에 전개되는 것은 우리의 미래, 있음직한 일이다. 이 있음직한 일들은 우선 전투라고 하는 예외적 상황과 무질서 속에서 펼쳐진다. 하지만 비극 시인 소포클레스가 우리의 내면적인 삶이 지니는 무질서를 환하게 조명하는 것은 결국 그것으로부터 질서를 이끌어내기 위해서다. 비극적인 갈등으로부터 그는 우리의 풍요로운 감정들의 단순한 나열을 뛰어넘는 즐거움, 즉 이것들을 적절한 위치에 배치하고 이것들로부터 가치를 이끌어내는 기쁨을 맛보게 해준다. 우리를 갈기갈기 찢어놓는 비극적인 주제를 서로 대립시키면서도 인간을 풍요로운 존재로 만들어주는 감정들 가운데 그 어느 것도 쉽사리 포기하지 않는다. 시인은 우리에게 모든 것을 낱낱이 보여준다. 동시에 새로운 세계로, 새로운 전투로 이끄는 마술적인 음악으로 우리를 매혹한다.

 비극 작품《안티고네》는 그러므로 우리 인간 존재가 안고 있는 무수히 많은 형상들 사이에서 균형을 잡아준다. 그 균형 속에서 우리 주변에 놓인 사물들의 총체를 비추는 거울이라고 할 수 있는 우리의 내면세계는 스스로를 지탱하고 설명된다. 비극적인 내용 전개와 그것으로부터 얻는 기쁨은 등장인물 각자가 상징하는 서로 대립하는 가치들을 조화로운 가운데 조정하고 화해시킨다. 어떤 관점에서 보느냐에 따라 조금 더 중요하거나 덜 중요하고 더 광범위하거나 편협해질 수는 있겠지만, 그럼에도 모두 나름대로 소중한 가치들이다. 그것들은 시인의 예술적 재능에 의해 극한까지 대립하고 지독하게 시련을 겪다가 마침내 제자리를 찾고 서열화된다. 그 결과 우리는 인생

의 복합성, 인간 존재와 그 존재의 단일성, 의미가 지니는 풍요로움이 주는 기쁨을 순차적으로 또는 동시다발적으로 맛보게 된다. 모든 것이 전체를 이루는 가운데 풍요로움 속에서 우리의 삶을 포착하며, 그 삶에 방향성을 부여하는 기쁨을 누릴 수 있다는 말이다.

요컨대 비극 작품은 가치의 제안, 아니 가치 있는 삶의 방식의 제안이며, 모색으로서 우리 안에서 아슬아슬하게 균형을 잡아준다. 크레온과 안티고네, 이 두 인물은 서로 대립하면서 의지하며 결국 포개지는 인간 삶의 양면 같은 존재들이다.

크레온을 통해 우리는 모든 생각의 집결지로서의 국가, 모든 행동의 명령자로서의 국가가 최우선권을 가지는 질서와 만난다. 크레온이 통치하는 도시국가는 그곳에 사는 사람들에게 의무를 강제하며, 살아 있는 시민들의 행동이 죽은 자들의 운명을 결정한다. 폴뤼네이케스를 기념하는 것은 에테오클레스를 배신하는 것이라고 크레온은 말한다. 크레온은 신들을 믿는다. 하지만 그가 믿는 신들은 시민의 도리라고 하는 질서에 한 치의 오차도 없이 복종한다. 그가 믿는 신들은 인간들과 마찬가지로 국가를 위해 봉사해야 한다. 크레온은 국가의 안전 보장을 최우선 기능으로 여기지 않으며, 따라서 반역자에게 벌을 내리기를 주저하는 신들에게는 마음을 열지 않는다. 테이레시아스가 그에게 그가 믿는 신의 목소리와는 다른 소리를 들려주자, 그는 신성 모독도 서슴지 않는다. 신들과 사제들은 말하자면 공무원이거나 그렇지 않거나 둘 중 하나다. 그의 신들은 이를테면 국유화된 신들(역사에서 그런 경우는 비일비재하다)이다. 국유화된 신들은 국경을 수호한다. 이들은 국경을 경비하다 숨져가는 병사들을 기린다. 반면 국가의 최고 권위자들인 신들, 국유화된 신들에 의해서 수호되는 질

서를 거부하는 자들에게는 가차 없이 벌을 내린다. 그게 폴뤼네이케스든 안티고네든 상관없이.

크레온에게 질서의 극한은 파시즘이다.

모든 것이 국가에 귀속된다고 믿는 크레온의 세계에 비해서 안티고네의 우주는 훨씬 광대하다. 크레온은 인간과 신은 물론 모든 정신적인 가치까지도 정치적, 국가적 질서에 복속시킨다. 반면 안티고네는 국가의 권리를 무시하지는 않지만 이를 제한한다. 인간이 공표한 법, 국가의 이름으로 말하는 인간에 의해 만들어진 법은 양심이라는 영원한 법에 우선할 수 없다고 안티고네는 말한다. 안티고네는 결코 인간의 법에 반대하지 않지만, 그보다 더 우월한 현실, 자신이 오빠에게 보이는 사랑 속에서 그 모습을 드러내는 또 다른 현실이 존재함을 믿어 의심치 않는다. 책이나 사제의 중재 없이 (성문화되지 않은 법) 자신의 양심에 즉각적으로 새겨진 이 현실에 정치적 질서가 복종해야 한다고, 그녀에게 그 같은 각성의 계기를 만들어준 상황에 서라면 적어도 그래야만 한다고 안티고네는 분명하게 말한다.

양심은 절대적인 요소다. 선과 악의 구분, 정치적 질서가 정의하는 구분은 양심 앞에서 사라져버린다. 진노한 크레온이 묻는다.

"선한 인간이 죄인과 똑같은 운명을 맞아야 한다는 말이냐?"

안티고네는 분명하게 대답한다.

"당신의 국경이라는 것이 죽은 자들에게도 과연 의미가 있는지 어느 누가 안단 말입니까?"

이 점은 매우 주목할 만하다. 안티고네는 크레온에게 그녀를 죽일 권리가 있음을 부정하지 않기 때문이다. 자유의지에 따라 선택한 죽음을 통해서 자신이 상징하는 정신적인 질서가 정치적 질서보다 높은 곳에 위치하고 있음을 보여주는 것으로 만족할 따름이다. 그 이상도 이하도 아니다. 안티고네는 자신의 영혼 속에서 하나의 현실을 간파했으며, 그 현실이 목숨보다 더 우월한 것임을 죽음으로 증명해 보인다.

　이렇듯 크레온의 질서가 안티고네를 부정하고 그녀를 무력화시키려고 하는 반면, 안티고네는 크레온을 부정하지 않는다. 크레온이 곧 국가라는 그의 존재의 정당성에 문제를 제기하지 않는다. 안티고네는 우리가 우리 자신의 일부임을 인정한 크레온을 우리에게서 앗아가지 않는다. 안티고네는 그를 무력화시키는 것과는 전혀 반대되는 행동을 택한다. 그를 그의 원래 위치에 놓는다. 아니 오히려 원래보다 더 높은 위치로 끌어올린다. 그 때문에 비극이 전개되고 차츰 결말을 드러내는 과정에서, 우리가 간직하고자 하는 본성은 전혀 질식당하거나 내쳐지지 않는다. 다만 적절하게 조정되고 조화를 찾아가면서 우리는 말할 수 없는 희열을 맛보게 된다. 다른 등장인물들에 의해서 대변되는 몇몇 부수적이지만 한결같이 진실하며 소중한 가치들의 대립으로 더욱 입체감을 얻게 되는 안티고네-크레온의 갈등은 궁극적으로 선혈 낭자한 자살과 절망에도 불구하고, 우리가 이 인물들과 맺고 있는 그 어떤 관계의 파괴도 초래하지 않는다. 모든 등장인물들은 현실성을 획득하며, 삶의 원칙으로서, 조화 속에서 시인의 천재성과 그의 선택을 받은 피조물 안티고네의 숭고함에 복종한다. 안티고네는 모두로부터 버림받았거나 모두로부터 격리되었으나, 결국 모두로부터 여왕이자 지고하고 숭고한 진실의 주인으로 추앙받는다.

　비극이 우리 마음에 깃들게 해주는 조화 속에서, 안티고네가 크레

온에게 거두는 승리, 안티고네가 추구하는 진실의 확신성보다 더 우리의 마음을 기쁨으로 충만하게 해주는 것은 없다.

안티고네가 자유라면, 크레온은 운명이다. 이것이야말로 소포클레스의 비극이 지니는 궁극적인 의미이며, 그로 인해서 우리가 맛보는 기쁨의 중추라고 할 수 있다.

안티고네는 우리의 영혼을 노예로 만들려는 완력으로부터 자유로운 영혼을 지켜주는 보루다.

안티고네는 사랑의 약속을 통해서 자유를 구가하는 자유로운 영혼이다. 우리는 비극의 매 순간마다 무한한 자유를 향해 도약하는 안티고네와 하나가 된다. 안티고네는 본질적으로 무정부주의적인 인물로 비친다. 실제로 안티고네는 그 같은 품성을 지녔으며, 이 점에 대해서 크레온의 판단은 틀리지 않았다. 적어도 권력이 도처에서 군림하며 아무런 제재도 받지 않는 사회에서는 그렇다. 이는 결국 안티고네가 무정부주의적인 사회의 무정부주의적인 인물이라는 말과 다르지 않다. 역사상의 모든 사회에서 개인의 자유는 항상 국가의 권력과 충돌해왔다. 공동체는 반드시 필요하며, 사회를 이루고 사는 것은 우리의 숙명이다. 크레온은 이를 설득력 있게 대변한다. 그 자신이 바로 공공질서가 요구하는 엄격하고 때로는 불쾌하기까지 한 모든 것의 현현이다.

개인의 자유가 꽃피는 사회에 대한 약속

안티고네가 나고 자란 역사적 사회에서, 그리고 현재의 우리가 살아가는 사회에서, 안티고네는 죽어야 하는 운명이다. 하지만 만일 이

죽음이 안티고네가 말했듯이, 그녀가 추구해온 본질적인 자유에의 요구가 마침내 우주를 지배하는 은밀한 법칙에 의해 허락되었다는 의미만을 지닌다면, 그녀의 죽음을 통해서 우리가 맛보는 희열감은 설명하기 어려울 것이다. 안티고네의 죽음은 단순히 그녀의 존재 방식이 우리에게로 전해졌음을 의미하지 않는다. 그 죽음은 안티고네가 부수고자 했던 숙명의 질서에 대항해서 우리를 해방시켜주는 원칙으로 작용한다. 안티고네의 죽음은 크레온의 질서에 대한 질타다. 모든 국가적 질서에 대한 질타가 아니라 우리들 개개인의 자유로운 숨결을 억압하는 질서를 종용하는 국가에 대한 질타다. 크레온 덕분에 우리는 그럭저럭 시민은 공동체의 운명에 연대의식을 가져야 하며, 공동체는 시민에 대해서 권리를 지니고 있으며, 시민은 그 공동체가 필요로 하는 가치를 수호해야 할 의무가 있으며, 때에 따라서는 공동체를 위해 목숨(영혼이 아니라 목숨이다!)을 바칠 수도 있음을 알게 되었다. 우리는 또한 안티고네 덕분에 자신의 의무를 소홀히 하는 국가에서라면, 개인은 무제한적인 혁명적 권력을 소유할 수 있으며, 거기에 우주를 지배하는 은밀한 법칙이 합세하게 된다는 것도 알게 되었다. 더구나 영혼의 폭발적인 힘은 자유를 위한 도약을 제재당하게 되면, 자신을 옥죄는 숙명을 파괴하려는 경향이 있으며, 그것은 단순한 파괴 행위로 그치는 것이 아니라 새로운 세상을 창조해낸다. 기존의 사회, 비극적인 억압의 힘이 여전히 지배하는 사회는 안티고네 같은 개인들을 짓밟아버리기에 여념이 없겠으나, 안티고네 같은 인물들의 존재는 새로운 사회에 대한 요구와 언약이 된다. 인간의 자유에 어울리는 사회, 국가는 최소한의 역할로 만족하며 오로지 개인의 자유의 수호자로서 기능하는 사회, 우리 마음속에서 이미 그렇게 했듯이 역사 속에서도 화해한 크레온과 안티고네의 균형 잡힌 관계를 통해서 합리적이고 정당한 공동체 내에서 개인의 자유가 꽃피는 사회.

  비극을 감상하는 기쁨은 이 같은 언약 속에 깊이 뿌리를 내리고 있다. 가장 뛰어난 비극 작품들은 이 같은 기쁨을 내포하고 있으며, 이를 명시적으로 보여준다. 그런 작품들 중에서도 《안티고네》는 단연 최고다.

  비극이 우리에게 선사하는 희열은 따라서 서로 대립하던 갈등, 연극에 의해서 수면 위로 부상한 갈등, 우리의 양심의 빛에 의해서 정화되고 평온해진 갈등의 해소 이상이다. 그 기쁨은 새로운 긴장도 선사한다. 비극의 희열감은 우리 안에서 대립하던 활기찬 힘들을 시인이 약속한 새로운 세계의 정복과 향유를 위해 똘똘 뭉친 에너지로 바꾸어놓는다.

  안티고네의 죽음을 보여주는 이 놀라운 이야기, 크레온이 아들의 주검 앞에서 무너지는 이 이야기, 목을 매고 죽은 젊은 여자의 참담한 모습과 크레온의 발가벗은 절망을 보면서 우리가 더할 수 없는 희열을 느끼는 이 순간, 하나의 확신이 우리를 관통한다. 바로 우리 자신에 대한 격렬한 신뢰가 운명에 맞서기 위해 분연히 일어난다. 우리는 비극의 한가운데서 인간적인 새로운 세계, 안티고네가 더 이상 고통 받지 않을 세계, 크레온이 더 이상 참담해하지 않아도 좋을 세계가 시작되고 있음을 알게 된다. 인간은 이제까지 자신을 분열시키던 검을 들고 운명과 동등한 위치에서 맞서 싸움으로써 비극적인 힘을 무찌를 것이기 때문이다.

올림피아 풍경. S. 보티에 사진.

chapter 2

돌을 조각하고
청동을 주조하다

그리스 사람들은 시인이자 타고난 조각가였다. 그리스인들은 대리석과 청동을 가지고 그들이 상상하던 신의 천 가지 만 가지 얼굴을 보여주는 남자와 여자의 영예로운 형상을 빚어냈다. 하지만 조각가로서 그리스인들이 벌인 그 대단한 모험에 대해 정당한 평가를 내리기란 매우 어려운 일이다. 믿을 만한 자료가 태부족이기 때문이다.

그리스 문명의 이러저러한 면모를 연구하는 입장에서 우리 자신이 극복해야 할 무지함에 대해서는 아무리 강조해도 지나치지 않다.

로마, 런던, 파리의 박물관들, 아니 전 세계의 고대 문명 박물관들은 수많은 조각상을 보유하고 있다. 그런데 처음엔 이 조각상들의 엄청난 양에 놀라고, 그다음엔 그 엄청난 양에도 불구하고 빠진 것들이 너무 많아 다시 한 번 놀라게 된다. 박물관을 찾은 관람객들은 근사하고 말없는 조각상들을 찬찬히 살핀다. 조각상들이 무어라고 말을 걸어주기를 기다리는 것이다. 전시실을 옮겨 다니는 동안 관람객의 시선을 잡아끄는 것은 사실상 아무것도 없다. 그만큼 독창적인 스타일을 찾아보기 어렵다. 이는 박물관에 모아놓은 조각상들이 원래 기능, 즉 시민들에게 신의 모습을 보여준다고 하는 그 기능을 이미 오래전에 상실했기 때문만은 아니다. 이렇게 된 데에는 특히 박물관이라는 한 장소에 모아놓은 조각상들이 헬레니즘 시대의 모방품에 불과하다는 사실이 크게 작용했을 것이다. 스무 번도 넘게 복사되어 원작의 모습이 왜곡될 대로 왜곡된 졸작들인 것이다. 고전적인 걸작품의 서투른 이 모사품들에 대해서, 어린 시절 학교에서 사용하던 교과서들은 진품이 아니며 전혀 설득력이 없다고 우리 귀에 못이 박히도록 주장해왔다. 드문 경우지만 예외도 물론 있다. 상고 시대에 만들어진 입상이나 저부조 등은 서툴기는 하지만 그래도 작품을 구상한 자의 창의적인 손놀림에 의해서 탄생했다. 반면 고전시대(기원전 4~5세기)의 경우, 입상이나 정면 박공의 부조, 프리즈 등을 제외하면, 원작자의 손으로 만들어진 작품은 프락시텔레스가 남긴 '헤르메스'가 유일하다. 게다가 당시 사람들은 '헤르메스'에 대해서 프락시텔레스의 조각 스타일이 제대로 드러난 모범적인 작품이라고는 평가하지 않았다. 한편 파르테논 신전 정면 박공의 입상들이나 부조들은 페이디아스의 고전예술의 전형으로 여겨지는데, 이들 중 상당수가 안개 낀 런던의 박물관에 감금되어 빛을 잃어가고 있다. 하지만 페이디아스가 끌과 정으로 대리석을 쪼아서 근엄하고 고귀한 올림포스 신들, 아테나이의 법관, 기사, 젊은 처녀들의 형상을 다듬어낸 것은 런던의 잔뜩 내려앉은 잿빛 하늘 아래에 진열해놓기 위해서가 아니었음은 두말할 필요도 없다.

이상이 고대 그리스 조각에 대한 지식을 얻기 위해 우리가 사용할 수 있는 자료들이 얼마나 한심하고 실망스러운 상태인지를 간략하게 정리한 내용이다. 여기에 한 가지를 덧붙여야 하는데, 이 점 역시 우리에게 그릇된 인식을 심어주는 데 적잖이 기여했다. 고대 조각 분야에서 활동하던 작가들은 석재 조각가가 아니라 청동 조각가들이었다는 사실이다. 특히 기원전 5세기에 활동한 뮈론과 폴뤼클레이토스, 기원전 4세기에 활동한 뤼시포스 등 고전시대의 세 거장들은 모두 청동 조각 전문가들이다. 그런데 이들이 직접 제작한 작품은 아쉽게도 단 한 점도 전해지지 않는다. 유명 박물관에 가보면 대리석 작품들만 잔뜩 쌓여 있고, 청동 작품을 보기 어려운 것은, 이 작품들이 고대 말기에 이미 사라져버렸기 때문이다. 우리는 훗날 만들어진 복제품을 통해서만 이들 거장들의 작품을 접할 수 있다. 그나마도 원래 작품과는 다른 재질로 제작된 모조품들이다. 그리스 문명의 황금기에 이어진 세기들은 이들 청동 작품 원본들을 보관하기보다는 녹여서 종이나 화폐, 심지어 무기 같은 다른 물건들을 만드는 편을 선호했다.

그리스 조형 예술에 대한 우리의 무지(회화에 대해서는 더 말할 나위가 없다)가 어느 정도인지, 그로 인해 우리의 연구가 얼마나 제한을 받는지 알기 위해서라도 간략하게나마 이 같은 사전 지식은 반드시 필요하다. 우리는 앞으로도 절대로, 아니 거의 절대로 원본을 접할 수 없을 것이다. 언제나 한 손 건너, 아니 한 손 정도가 아니라 세 번, 네 번 손을 건너 복제된 작품들로 만족해야 할 형편이다.

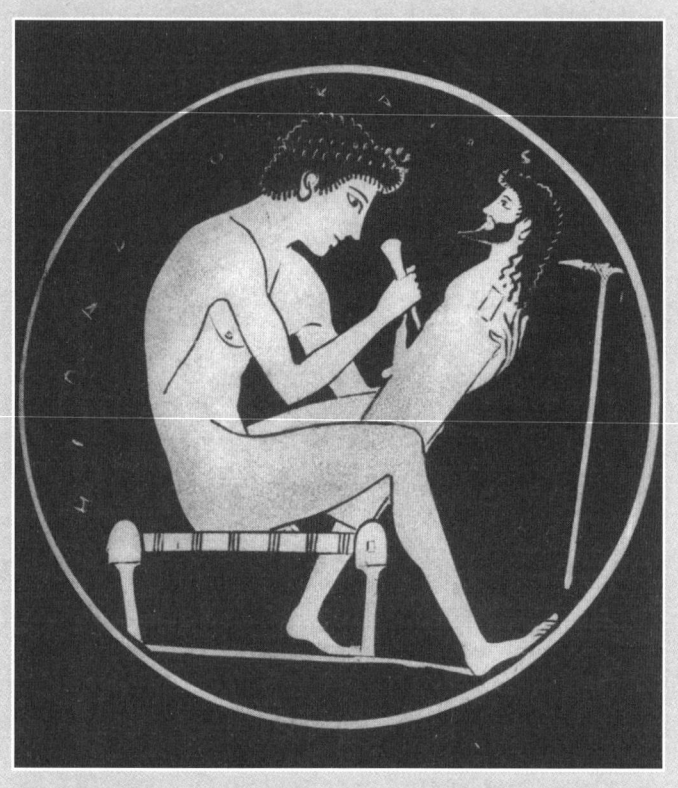

나무를 다루는 조각가. 기원전 5세기경에 제작된 잔의 부분. 뷔데 사진.

나무로 신들의 형상을 깎다

그런데 첫눈에 보기엔 모든 것이 아주 단순해 보인다. 그리스 민족은 완전히 돌로 이루어진 땅의 자손들이다. 그러니 그리스 예술가들이 이 땅에서 조각하기에 가장 아름다운 자재, 즉 대리석을 파내서 언제까지고 두고두고 볼 수 있도록 영원불멸의 신들의 형상을 만들었다는 건 지극히 자연스러워 보인다.

하지만 실제로 일이 전개된 방식은 이러한 단순성과는 거리가 멀어도 한참 멀다. 아직 원시 상태에 머물러 있던 원시 그리스인들의 원시 그리스 조각은 무엇을 보여주고 있는가? 아무것도 보여주지 않는다. 왜냐하면 우리는 기원전 8~9세기 무렵에 만들어진 작품을 하나도 입수하지 못하고 있기 때문이다. 이 무렵 예술가들은 대리석과 같이 단단한 석재도 무른 석재도 쓰지 않았다. 이들은 나무를 잘라 조각했다. 돌을 조각하기 위해서는 나무를 조각할 줄 알아야 했다. 그리스인들은 말하자면 오랫동안 학습했다. 여러 세대에 걸친 점진적이고도 장기적인 교육이었다. 우선 예술가가 재현하고자 하는 현실에 눈을 맞추어야 했다. 무엇보다도 예술가의 첫 번째 연장, 즉 손을 훈련시키는 일이 필요했다.

원시 그리스 예술가는 후계자들이 석재를 다루게 되리라고는 예상하지 못하고 우선 농부들처럼 목재를 쪼아댔다. 그는 자신이 경배하는 무서운 신들의 형상을 거칠게나마 나무로 표현했다. 신들에게 인간의 얼굴을 선사하는 것은, 신들을 몰아내는 것, 알지 못하는 것을 아는 것으로 바꿔놓음으로써 신들이 지닌 저주스러운 무시무시한 힘을 빼앗아버리는 것이라고 할 수 있다.

하지만 그러기 위해서도 예술가에게는 훈련이 필요했다. 예술가는 사회가 제공하는 직업 훈련이라는 테두리 안에서 그것을 충족시킬 수 있었다. 사회적 환경은 예술가에게 모험을 감행하도록 부추겼으며, 예술가로서의 소명의식이 그에게 온갖 위험이 도사리고 있는 그 일에 몸을 던질 것을 요구했다. 예술가는 주변에서 다듬지 않은 돌, 이를테면 물신을 경배하는 동안 감히 신성을 표현하고자 시도했으며, 그의 시도는 인간의 형상을 통해서 나타났다. 예술가는 많은 시에서 인간적인 행동을 하는 것으로 표현된 신들에게 인간 남자와 여자의 형태를 부여했다. 이렇듯 "신화는 단순히 그리스 예술의 병기창일 뿐 아니라, 그리스 예술을 기른 젖줄"이기도 했다.

기원전 5세기와 그 이후에도 아테나이에서 가장 유서 깊은 성소였으며 페르시아 전쟁 때 불탄 것을 후에 재건한 에레크테움 신전에서는 오래전(그야말로 옛날 옛적에)에 나무로 조각된 아테네 여신의 입상을 볼 수 있었다. 사람들은 그것을 보고 하늘에서 뚝 떨어진 것 같다고 여겼다. 여신은 나무 조각 이미지에서 떨어져 나와 아테나이인들의 요청이 있으면 이따금씩 신전에 와서 머물렀다. 아테나이 시민들은 신전에 여신을 모심으로써 여신이 지닌 권력을 소유할 수 있다고 믿었다.

오래된 성소들은 그처럼 나무로 된 상들을 보유하고 있었으며, 사람들은 이것이 하늘에서 떨어진 것이라고 믿었다. 하지만 그 나무 조각들에 붙여진 명칭으로 볼 때, 막연하게나마 그것들이 사람의 손으로 조각된 것임을 알고 있었던 것 같다. 그리스인들은 이 목조 조각을 가리켜 크소아논이라고 불렀다. 어원적으로 보자면, 이전 시대에 물신 역할을 했던 다듬지 않은 돌과 대립되는 의미에서의 '작업된 조각'을 뜻한다. 고대의 한 역사가는 크소아논에 대해서 두 눈은 감고 있으며, 양팔은 옆구리에 붙이고 있다고 묘사했다. 파우사니아스 시대(서기 2세기)까지만 하더라도 일부 신전에서는 여전히 이 나무 조각들을 경배했다. 나무 조각들은 신성한 것으로 대접받았으며, 정성스러운 보살핌을 받았다. 백색이나 주홍색으로 칠해진 크소아논은 때로는 온갖 종류의 의상까지도 보유하고 있었다. 의심 많은 자들은 이를 비웃었으며, 단순한 자들은 이를 경배했다.

그리스 예술은 그 기원에서부터 고전시대에 이르기까지의 예술을 훑어볼 때 온갖 종류의 역경과 장애물로 점철된 매우 긴 여정이라고 표현할 수 있다. 역경과 장애물이라고 하면 아마도 기술적인 장애, 즉 눈과 손의 훈련으로 인한 장애가 가장 크다고 할 것이다. 하지만 이외에도 당시 예술가의 머릿속을 꽉 채우고 있던 신앙심과 주술적인 미신들도 빼놓을 수 없다. 미켈란젤로가 말했듯이 "우리는 손이 아닌 머리로 그림을 그린다. 그러니 자유로운 머리를 가지지 못한 사람은 수치심을 느낄 수밖에 없다." 예술가들은 이러한 장애물들과 싸우면서 작품을 창조해낸다. 장애물을 하나씩 극복할 때마다 예술가는 가치 있는 작품을 남기게 된다.

신을 재현하는 것을 자신의 임무로 삼았던 예술가는 신성에 대한 존중과 신과 대면해야 하는 인간의 대담성을 결합시키려고 노력했다. 이를 가리켜 그리스 비극은 각각 아이도스와 휘브리스라고 한다.

따라서 신앙심은 장애인 동시에 장애를 극복하기 위한 창작 의지를 부추기는 촉매였다.

우리는 이제부터 긴 여정을 시작할 것이다. 얼마 안 되는 원래 작품들의 도움을 받아, 그 긴 여정이 보여주는 방향성을 정확하게 탐색해나가면서, 우리 나름대로의 방식을 통해 간략하게 뒤따라가 보고

자 한다. 그리스 예술은 그 근원에서부터 철저하게 사실적이었다. 이 예술은 고전주의로 개화기를 맞았다. 그런데 도대체 사실주의니 고전주의니 하는 이 용어, 너무도 자주 왜곡되는 이 용어의 진정한 의미는 무엇일까? 아마도 그 의미를 밝혀내는 일이야말로 지금부터 이어지는 글의 목적이 아닐까 싶다.

그리스 최초의 조각, '사모스의 헤라'

크소아논에서 출발해보자. 예술가는 크소아논을 만들기 위해 곧게 뻗은 통나무를 선택한다. 그는 이 나무기둥을 인간의 키보다 약간 큰 덩어리로 자른다("신은 인간보다 더 크다."). 예술가는 통나무의 둥그런 부분에, 양팔을 몸 옆으로 드리우고 양 다리는 수직으로 세운 채 옷을 입거나 부동자세로 서 있으면서, 전체적으로 엄격한 대칭을 이루는 형상을 조각한다. 인간 골격을 이루는 주요 관절 따위는 대략적으로만 표시한다. 남성 신의 몸에서 생식기는 뚜렷하게 표시된다. 반면 여성 신의 경우, 가슴은 옷 속에 보일 듯 말 듯 표현된다.

그다음 단계에서(여기서 단계라고 하면, 나무라고 하는 자재와 씨름하는 과정을 통해서 좀 더 유연해지고 단단해진 손의 훈련 단계를 말한다) 그리스 사람들은 무른 돌, 즉 석회석을 공략한다. 그러니까 이 무렵은 기원전 6세기 중반 정도에 해당한다. 이미 서사시의 전성기는 지난 때였다. 하지만 사람들에게 아주 잊힌 건 아니었다. 사람들은 축제 때가 되면 여전히 《일리아스》와 《오뒷세이아》를 암송했다. 서정시는 노래와 결합하여 형식으로서의 아름다움을 완성시켜나갔다. 그렇지만 조각은 이제 겨우 걸음마 단계에서 멈칫거리고 있었다. 그만큼 이 분야에서의 투쟁은 만만치 않았다. 눈과 손, 손과 생각, 생각과 재료 간의 대결은 결코 쉬운 일이 아니었다.

이번엔 '사모스의 헤라'(루브르 박물관 소장)를 보자. 이 작품은 그리스에서 발견된 최초의 조각 중 하나다. 기원전 560년경에 제작된 것으로 추정된다. 물론 이 작품은 크소아논은 아니다. 유감스럽게도 우리는 크소아논을 소장하고 있지 않다. 하지만 이 조각상은 어느 모로 보나 통나무 조각의 스타일을 그대로 재현하고 있다. 전체적으로 둥근 형태로 이루어져 있고 받침석도 둥그런 형태를 유지하고 있다. 이는 무수히 많은 주름으로 이루어진 여신의 튜닉을 발끝까지 길게 늘어뜨렸기 때문에 가능한 형태다. 여신을 감싸고 있는 어깨부터 발끝까지(두상은 사라져버렸다) 늘어지는 옷은 통나무의 형태를 그대로 간직하고 있으며, 따라서 여인의 몸은 거의 드러나지 않는다. 몸의 아랫부분은 원통형을 이루고 있어 옷 속에 들어 있을 다리의 윤곽을 짐작할 수 없다. 허리나 허벅지 또한 전혀 표현되지 않았다. 복부는 거의 완전히 납작하다. 상체 쪽으로 올라가보면, 옷 밑으로 가슴이 약간 부풀어 올라 있다. 등 부분은 훨씬 정교하다. 이로써 우리는 조각가의 눈에 척추가 보이기 시작했음을 짐작할 수 있다. 조각가는 또한 허리 부근의 휘어진 부분을 인식하고 이를 재현했다. 반면 허벅지와 다리는 앞에서나 뒤에서나 마치 거들 속에 들어 있는 한 덩어리처럼 전혀 드러나지 않지만, 우리는 다리의 존재를 짐작할 수 있다.

맨 아래로 내려오면, 여신의 긴 튜닉 밖으로 두 발과 열 개의 발가락이 가지런하게 모습을 드러낸다. 헤라 여신을 숭배하던 조각가는 꼼꼼하게 숫자를 세는 인물이었던 것이다.

'사모스의 헤라' 여신은 신적인 존재를 재현한 것이라기보다는 살

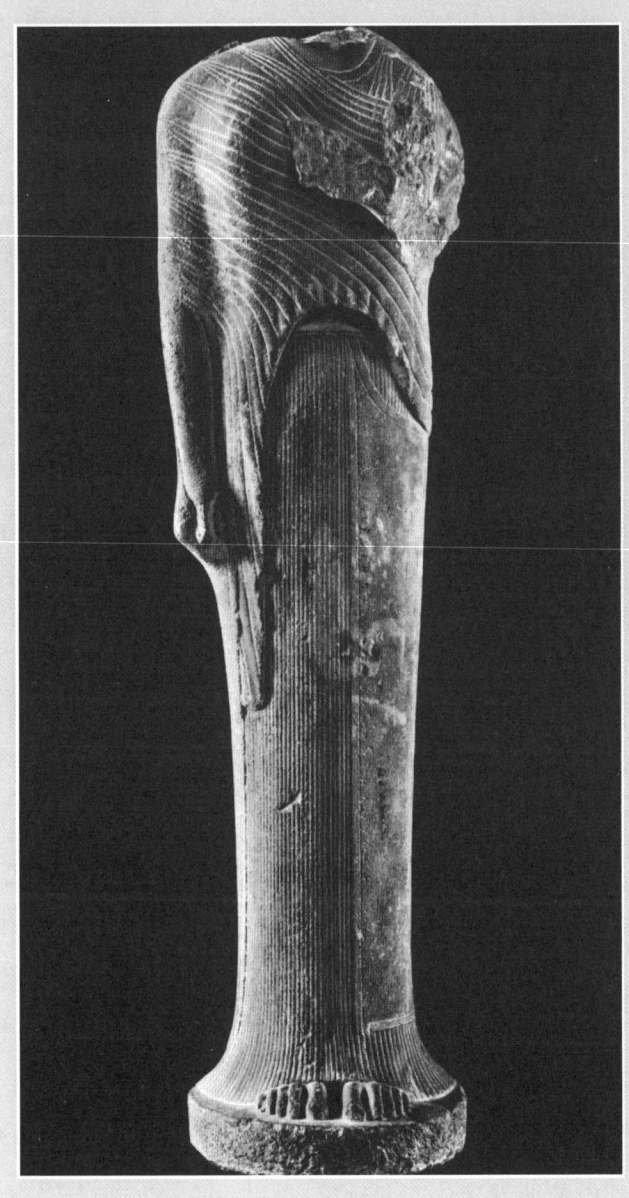

사모스의 헤라, 기원전 560년경, 앤더슨-비올레 소장 사진.

아 있는 통나무 조각이 여인이 된 것처럼 보인다. 그런데 사실 신은 '재현'될 수 없다. 세심한 마음을 가진 사람들에게 신을 암시할 수 있을 뿐이다. '사모스의 헤라' 여신상은 키가 커지면서 생동적이 되는 나무의 생존 방식을 차용했다. 나무가 하늘을 향해 자라듯이, 조각상은 삶을 향해 솟아오른다. 이 조각상을 보고 있노라면 그 어떤 결핍도 느껴지지 않는다. 새로 태어나는 생명처럼 장엄하고 눈부시다. 냉정한 머리를 가진 비평가만이 조각가의 눈이 아직 여신의 손에는 미치지 못하고 있으며, 그렇기 때문에 손은 여전히 기형적인 형태로 남아 있다고 지적할 것이다. 그 지적은 백번 맞는 말이다.

벌거벗은 남자의 입상, 쿠로스

발굴 작업 덕분에 우리는 기원전 6세기부터 만들어진 상당수의 고대 조각 원작들을 볼 수 있게 되었다. 제작자들은 고대가 저물어갈 무렵 알렉산드리아나 로마 사람들이 약탈해갔거나 원래의 형태를 왜곡시키며 재생산했던 고전시대의 걸작품들이 누렸던 유명세를 타지는 못했다. 이 고대의 조각상들은 조각 예술의 '거장들'에 의해서 제작된 것은 아니었다. 하지만 이것들이 지니는 무명성은 오히려 우리에게는 행운이다.

청년이나 여인(남성 신 또는 여성 신)의 입상이 발견된 장소의 이름으로 기억되는 이 익명의 예술가들은 그들 생전에는 페이디아스나 프락시텔레스만큼 위대한 예술가들이었다. 이들은 새로운 시도를 할 때마다 우리로서는 상상하기 어려운 장애와 싸워야 했다. 그들은 기꺼이 그들의 선배들이 오랜 시간에 걸쳐 힘들게 성취한 위업의 연장

선에 자신을 던짐으로써 그 어려움을 극복했다. 예술 창작의 집단성이라고 하는 특성이 여기에서 고스란히 드러난다. 이들은 물론 선배들이 투자한 노력에 매번 새로운 노력을 더해서 자기만의 고유한 천재성을 유감없이 발휘했다. 상고 시대의 예술은 고전기 예술을 위한 준비 과정이었다는 식의 논란의 여지가 많은 역사적 관점에서 보자면, 이들이 남긴 작품들은 상당히 미약하고 서투르게 보일 수도 있다. 하지만 이들 작품 각각을 독창성이라는 관점에서 본다면, 유난히도 대범한 특성, 정감이 가면서도 정신을 고양시키는 개성이 단번에 드러난다. 이 작품들이 소화시킨 전통의 무게마저도 작가들이 새로이 정복한 신천지가 힘차게 용틀임하는 것을 막지는 못한다. 새로운 정복은 사실 예술가들의 전유물이 아니다. 그것은 자신들이 섬기는 신들을 창조해냄으로써 스스로에 대해서, 그리고 자신들이 지닌 힘에 대해서 분명하게 자각하도록 이끄는 그리스 민족 전체의 것이다.

상고 시대 그리스 예술은 가장 본질적인 두 가지 유형으로 나누어진다. 벌거벗은 남자의 입상인 쿠로스와 옷을 입은 여자 입상 코레, 이렇게 두 부류다.

쿠로스는 첫째 젊음으로 충만한 신을 의미한다. 고고학자들은 대다수의 쿠로스를 아폴론이라고 명명했다. 하지만 아폴론이 아니라 헤르메스라고 해도 별반 상관없을 것이다. 아니, 젊은 시절의 제우스라고 한들 또 어떻단 말인가. 쿠로스는 승리를 거둔 운동선수들의 이미지가 될 수도 있다. 운동으로 아름답게 다듬어진 남자와 올륌포스 산에 사는 신은 지척지간이다. 하늘은 땅의 이미지에 따라 빚어졌다. 호메로스는 영웅들이 "신들과 닮았다"고 했는데, 이는 위대한 업적을 이룬 영웅들을 기리는 말도 되지만, 올륌피아, 델포이 또는 다른 곳에서 벌어지는 운동 제전에 이름을 빌려주는 여러 신들을 기리는 말도 된다. 언젠가 우리는 그들 중의 몇몇이 분명 뼈와 살로 이루어진 몸뚱이로 경기장을 달리는 광경을 보지 않았던가? 신들이 격투기 훈련으로 단련된 청년들의 아름다운 몸과 같은 모습으로 표현되는 것은 지극히 자연스러운 일이다.

쿠로스를 조각하면서 그리스 예술가들은 인체에 대해서 배웠다. 체육관에서 그리스 청년들은 거의 옷을 벗은 차림으로 운동을 했다. 그러니 그곳에 가서 그들이 몸을 움직이는 모습을 지켜보면, 그것이 바로 인체 학습이었다. 바로 이 같은 관습에서 우리는 이제 막 태동한 조각이 그토록 빨리 발전할 수 있었던 이유, 또 그렇게 해서 만들어진 작품들이 사실주의적 특성을 띨 수밖에 없는 이유를 찾을 수 있다. 성소에 우뚝 서 있는 벌거벗은 남자의 상을 바라보는 그리스인이라면 누구나 달리기 경주를 통해서 우승자의 몸에서 불끈거리는 근육의 움직임을 보았음에 틀림없다.

기원전 6세기 무렵만 하더라도 조각가들은 근육의 움직임을 정확하게 알지 못했다. 조각가들은 걸음마를 배우듯이 조금씩 근육에 대해서 배워갔다. 상당 기간 동안 움직이는 육체는 감히 재현하려고 시도하지 못했다. 그들의 조각에서는 왼쪽이건 오른쪽이건 아무런 움직임도 나타나지 않았다. 심지어 고개조차 까딱하는 법이 없었다. 해부학은 이제 겨우 시작 단계였다.

얼굴에서는 몇 가지 개별적인 특성이 나타났다. 가령 약간 튀어나온 눈은 언제라도 묵직한 눈꺼풀을 박차고 나올 것 같다. 만일 이 눈을 따로 떼어놓고 본다면, 상당히 사나워 보일 수도 있다. 너무도 주의를 집중한 나머지 잔뜩 긴장하고 있는 것처럼 보인다는 말이다. 그러니 이 무서운 눈을 미소 짓고 있는 입과 어떻게 일치시켜야 한단 말인가? 아니, 그 미소는 도대체 무얼 의미하는지부터 생각해봐야 할 것이다. 고대 예술사 전문가들은 이 미소에 대해서 오래도록 논쟁을 벌였다. 어떤 이들은 상고 시대 미술에 나타나는 미소는 단순히 기술적인 서투름 때문이라고 설명한다. 굳게 다물고 있는 입보다는 미소 짓고 있는 입이 훨씬 표현하기 쉽다는 것이다. 그런데 이런 말을 믿을 사람이 과연 있을까? 그런가 하면 어떤 이들은 이 미소가 '예방' 차원의 미소라고 주장한다. 미소를 통해서 귀신을 쫓아내고 불행을 예방한다는 것이다. 하지만 훨씬 간단한 설명이 있다. 일찍이 호메로스가 신들에 대해서 "웃음이 끊이지 않는다"고 표현했던 것처럼, 기쁨으로 충만한 신, 그래서 미소를 머금고 있는 신을 재현한 것이라는 설명이다. 요컨대 상고 시대 조각에서 나타나는 미소는 복자(福者)들의 특권인 영원히 사는 기쁨의 반영인 것이다.

쿠로스는 어깨는 떡 벌어진 반면 허리는 아주 날씬하다. 엉덩이는 너무 조여 있어 흘러내리는 듯하다. 배는 납작하다. 조각가는 맨들맨들한 면에 배꼽을 상징하는 구멍만 하나 찍어놓았을 뿐, 사실상 복부라고 하는 부위를 거의 무시한 셈이다. 뚜렷하게 표현된 두 개의 흉부 근육이 가슴 근육 전체를 대신한다. 반면 겨드랑이 부분의 주름은 세세하게 표현되어 있다.

양팔은 몸통에 딱 붙은 채 수직으로 매달려 있다. 두 주먹을 불끈 쥔 듯 굳게 닫힌 양손은 허벅지가 시작되는 부분에 닿아 있다. 차려 자세로 에너지를 모으고 있다고나 할까.

양 다리는 동등하게 몸의 무게를 지탱한다. 조각상은 걷는 모습을 형상화하지 않았다. 하지만 한 다리는 다른 다리보다 약간 앞으로 나

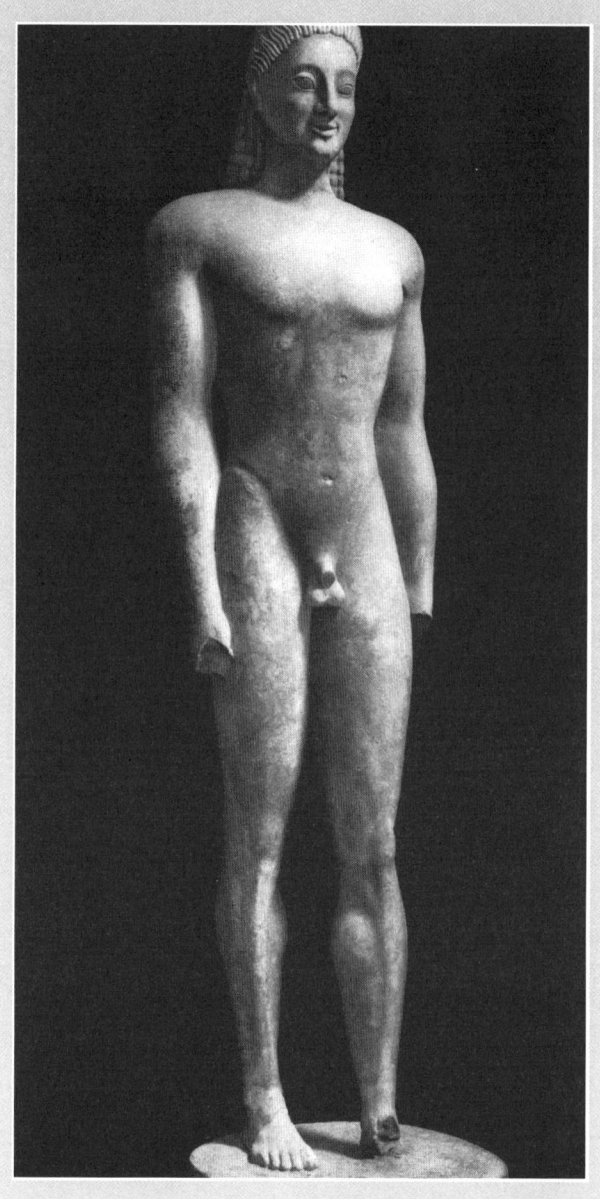

고대 쿠로스. 기원전 5세기 중엽. 앤더슨-비올레 소장 사진.

와 있다. 앞으로 나와 있는 다리는 항상 왼쪽 다리다. 여기서 우리는 이집트 조각이 그리스 조각에 미친 영향의 단서를 발견할 수 있다. 이집트 예술에서는 어디까지나 제례적인 의미에서 왼쪽 다리가 앞으로 나와 있다. 그러나 그리스에서는 그 같은 이유로 설명되지 않는다. 또 한쪽 다리를 조금 내밀었다고 해서, 이미 완벽하게 대칭을 이루고 있는 몸의 균형이 이동하는 것도 아니다.

쿠로스를 관찰하면 할수록 우리는 그 조각으로부터 뿜어져 나오는 놀라운 힘에 압도당하게 된다. 튼튼한 다리, 길게 뻗어 올라가다가 어깨라고 하는 단단한 울타리 근처에서 슬며시 넓어지는 좁은 몸통. 어깨 위에 붙은 머리는 자신이 지닌 힘에 만족한 듯 기쁨의 미소를 짓는다. 그 힘에서는 어떤 매력이 풍겨 나온다. 일부 벌거벗은 남자 조각상은 위엄을 느끼게 할 뿐 아니라 꿈을 꾸게 만든다. 이 조각들의 근육에서는 거의 관능에 가까운 부드러움이 느껴진다.

하지만 힘과 매력, 이 모든 것은 실제 현실이라기보다 하나의 약속에 가깝다. 움직임이라고는 전혀 없으며, 아무런 몸짓도 보여주지 않는 이 조각상들은 걸음조차 떼어놓지 않는 부동자세로 일관하기 때문이다.

고대 예술은 하나의 법칙을 따르고 있다. 전문가들은 그것을 정면성의 법칙이라고 부른다. 이 법칙은 이집트 예술 전반에 나타나며, 그리스 예술은 500년경이 되어서야 비로소 이 법칙에서 탈피했다.

조각상의 몸을 정수리 꼭대기에서 코, 목, 배꼽, 치골을 지나는 수직선으로 이등분해보라. 이등분된 몸은 엄격한 대칭을 이루고 있으며, 왼쪽 다리만 예외다. 다시 한 번 말하지만, 이 왼쪽 다리는 신체 근육에 그 어떤 반향도 일으키지 않는다. 왼쪽 다리는 그러므로 걸음을 걸으려는 신호라고 해석할 수 있지만, 애석하게도 몸이 따라주지 않는다. 아닌 게 아니라 발걸음을 옮기려는 순간 엉덩이와 무릎, 어깨가 유지해온 균형은 깨져버릴 것이다. 따라서 몸 전체는 마치 부동의 그물에 갇힌 것처럼 요지부동일 수밖에 없다. 몸은 말하자면 부동 속에 유폐되어 있다. 걷고 싶은 마음은 있지만 실제로 몸을 움직이지는 않는다. 여기에는 굉장한 기술적 어려움이 반영되어 있는 것이 아닐까? 돌이나 청동을 마치 살아 있는 활성물질처럼 걷게 하려면 어떻게 해야 하는가? 그런데 이 같은 기술적 어려움이 혹시 다른 종류의 장애를 반영하는 것은 아닐까? 가령 종교적 제약 같은 것 말이다. 조각가는 차마 자신이 재현하려는 신의 심기를 불쾌하게 할 수는 없다. 모름지기 신이란 어쩔 수 없이 부동자세를 취했을 때보다 스스로 부동자세를 택했을 때 한층 더 신답게 보이지 않을까? 어떻게 경망스럽게도 신을 움직이게 만든단 말인가? 신에게 걸으라고 명령을 내리다니, 이는 신이 누리는 지고한 자유를 침해하는 것이다. 그러니까 움직임을 재현하는 데 따르는 기술적 어려움은 예술가가 자신이 재현하려는 신에 대해서 지니고 있는 경외심에 뿌리를 내리고 있다고 볼 수 있다.

그렇지만 이 같은 어려움은 고전시대 예술에 이르면 뮈론의 천재성에 힘입어 곧 극복된다.

한 가지 덧붙이자면, 솔직히 조각상이 걸음을 걷지 않는다고 해서 뭔가가 부족하다거나 결여되었다는 느낌은 들지 않는다. 조각가의 솜씨에 힘입어 우리는 벌거벗은 남자-신의 조각 앞에서 그의 권능을 온전히 느낄 수 있다. 우리는 넘치는 에너지로 한껏 고무된 신을 느낀다. 우리는 그 신이 함축하고 있는 미래, 신이 우리에게 제시할 미래에 대한 듬직한 약속으로 신이 묵직하다고 느낀다. 하긴 신은 언제나 예측이 불가능하다. 신이니까.

옷을 입은 여자의 입상, 코레

벌거벗은 남자상 쿠로스에 옷을 입은 여인상 코레가 화답한다. 남자는 벗고, 여자는 주름 잡힌 옷을 걸쳤다. 신이자 운동선수는 만면에 웃음을 머금고 희희낙락하며, 여인 또는 여신은 동방의 매력이 배어나오는 여러 가지 선명한 색채가 뒤섞인 옷을 입고서 눈부신 자태를 뽐낸다. 발견된 코레는 열네 개인데, 페르시아 전쟁이 일어나기 몇 해 전쯤 아시아에서 건너와 아테나이의 아크로폴리스에 세워졌다. 기원전 480년(살라미스 해전이 일어난 해) 타지인들에 의해서 전복된 이 입상들을 고향으로 돌아온 아테나이인들이 정성스럽게 매장했다. 한 구덩이에 촘촘하게 눕혀져 매장된 이들 여인상들은 말하자면 성벽을 받치고 바닥을 높이는 매립토 역할을 했다. 당시만 해도 빨간색, 황토색, 파란색 등의 선명하고 명랑한 색채들이 여인상의 머리카락이며 아름다운 의복 등에 조화롭게 배치되었다. 이는 예술가가 조각을 살아 있는 사람처럼 꾸미고 싶어서였다기보다 단순히 눈에 띄는 색채를 통해서 석재를 돋보이게 하려는 의도로 해석할 수 있다. 이 소녀들의 조각상으로 인해 그리스인들은 절대 조각상에 색을 입히는 천박한 취향을 가진 적이 없으며, 오로지 대리석의 백색(그리고 눈동자 없는 퀭한 눈)만이 예술의 평온함을 제대로 표현할 수 있다는 주장은 보기 좋게 한 방 먹은 꼴이 되었다. 오히려 예술이란 평온하기보다는 야만스럽고 유쾌했다는 표현이 훨씬 잘 어울린다.

아테나이의 아크로폴리스 언덕에서 발견된 이오니아의 코레. 기원전 520년경. 뷔데 사진.

땅속에 매장되었다가 발굴된 이 젊은 여성의 조각상들은 우리에게 많은 이야기를 들려준다. 이 여인상들은 그리스에서 해가 뜨는 곳, 어느 날 취할 듯한 풍성함 속에서 모든 예술이 동시다발적으로 피어난 곳인 이오니아에서 태어났다. 다른 곳에서 수입되었든 모방되었든, 앗티케에서 엄격한 기준에 따라 아름답게 다듬어진 이들 여인상은 황토색 또는 보랏빛이 감도는 머리카락과 형형색색의 보석, 불규칙한 주름이 우아하게 발목까지 덮는 얇은 리넨 튜닉으로 치장한 채 아크로폴리스에 자리를 잡았다. 이따금씩 두꺼운 양모 숄을 걸친 여인상도 눈에 띄었다. 여하튼 이 모든 것은 예기치 않았던 부드러움과 변덕스러움으로 채색되어 있었다. 튜닉과 숄이라는 이중의 의복 밑에서 여인의 몸이 드러난다. 하지만 앗티케의 조각가는 풍성하고 섬세한 여자의 몸보다는 남자 몸의 근육에 훨씬 더 조예가 깊었다. 그래서인지 이오니아 여인들은 남자들과 같은 자세를 취하고 있다. 여인들의 다리는 이제 막 발걸음을 내딛으려는 듯하다. 골반은 남자 동료들의 골반만큼이나 좁다. 가슴은 조각마다 약간씩 다르게 표현되고 있는데, 대체로 양쪽 가슴 사이가 매우 벌어져 있는 가운데 옷의 주름 밑에서 예기치 않았던 효과를 낸다. 한편 어깨는 여인의 어깨답지 않게 운동선수처럼 각지게 떡 벌어져 있다! 그러고 보면 코레는 여장을 한 쿠로스 수준이라고 해도 과언이 아니다. 연극에서 아직 청초한 맛이 가시지 않은 미소년들이 안티고네나 이피게네이아 같은 여자 주인공을 연기하는 것과 비슷한 이치다. 여인들은 즐거운 표정을 짓고 있다. 소위 상고 시대적이라고 하는 미소, 그러니까 엷지만 장난기와 만족감이 배어나는 미소를 머금고 있으며, 약간의 유머까지 덧붙여져 있다. 이들이 걸친 의복과 머리 모양, 치장 등이 썩 마음에 드는 눈치다. 이 여인들의 미소는 그런 느낌을 준다. 무리에서 돋보이려고 한 여자는 입을 비죽 내밀고 있다. 삐쳐 있다는 말이다.

　이 여인상들은 예술가들의 인내심 많은 학교, 아니 이들의 극성스러운 경쟁심을 보여준다. 조금이라도 닮은 여인상은 하나도 없다. 예술가 각자는 재미난 차이점들을 도입한 것이다. 우선 여인들의 옷차림만 해도 그렇다. 어떤 여인상은 주름이 풍성한 이오니아식 튜닉 위에 바느질도 안 되어 있는 커다란 사각의 양털 조각을 걸쳤다. 양털 조각이 의복이 되기 위해서는 어깨 부분에 두 개의 핀, 허리 부분에 하나의 끈만 첨가하면 된다. 그런가 하면 튜닉 대신 발을 덮는 긴 외투를 입은 여인상도 있다. 또 주름이 별로 없어서 몸에 거의 달라붙는 튜닉을 걸친 여인상도 눈에 띈다. 그러니 아크로폴리스 박물관에 모여 있는 이들 여인상을 보면, 패션쇼에 나가기 위해 모델들이 모여 서 있는 광경이 떠오른다. 같은 쇼에 나가되 옷은 각자 마음대로 골랐다고나 할까.

　하지만 그것은 절대 우연이 아니다. 예술가의 선택이 낳은 결과다. 옷을 입은 여인상, 즉 코레에서 예술가의 관심사는 여인의 인체라기보다 복합적인 주름 연구였던 것이다. 의복의 주름은 천의 종류가 무엇인지, 어떤 스타일의 화장을 했는지, 몸의 어느 부분에 주름이 놓이게 되는지 등에 따라 그 형태가 무궁무진하다. 어쨌거나 주름의 역할은 몸을 가리면서 동시에 몸의 형태를 드러내 보이는 것이다. 그리스 조각에서 의복은, 남자가 그것을 입는 경우, 또는 여자가 그것을 벗는 경우 아름다움을 표현하는 기막힌 수단이 된다. 그리스 예술가는 훗날 뛰어난 솜씨로 이를 활용한다. 옷을 입은 여인상이 제작될 무렵에는 예술가가 아직 연습 단계에 머물러 있었다. 그럼에도 이 조

각들은 우리를 즐겁게 해주며, 그것으로 미루어 예술가 자신도 작품을 만들면서 즐거웠으리라고 짐작할 수 있다.

여기서 그리스 의상은 대체로 현재 우리가 입는 의상과는 상당히 다른 방식으로 봉합되었음을 상기할 필요가 있다. 튜닉은 예외적으로 소매 부분을 봉합했다. 하긴 소매라고 해도 굉장히 넓어서 팔이 그대로 드러나 보였다. 반면 현대 의상들은 몸에 딱 맞게 재단되어, 어깨와 엉덩이를 중심으로 봉합된다. 그리스 의상은 몸에 맞게 재단되지 않고, 헐렁하게 주름이 잡히는 형태였다. 그러니 그런 옷과 몸이 결합하는 수백 가지 방식, 튜닉과 외투의 어깨와 가슴 부분에 주름 잡기, 그것들을 다리 아래까지 늘어뜨리기, 허리에 띠를 묶어 주름을 둘로 나누기, 사방팔방으로 주름이 퍼지게 하기 등 이런 다양한 방식을 표현하려니 얼마나 어려웠겠는가! 팔다리 중의 하나 또는 신체의 일부분을 움직이게 되면 주름의 방향은 당연히 바뀐다. 그런데 이 같은 어려움에도 불구하고 여인상을 조각하는 조각가들은 새로운 창조적 발견을 하고 있다는 자부심을 가지고 기쁘게 맞섰다.

가장 아름다운 인간으로 재현한 신의 이미지

이렇듯 기원전 6세기경에 활약한 조각가들의 예술 활동은 인간의 신체 정복이라고 하는 원대한 목표를 향해 수렴했다. 근육이 확연하게 드러나는 벌거벗은 인체, 가벼운 의복 또는 묵직한 의복 안에 감춰져 있으면서 옷을 통해서 드러나거나 암시되는 우아한 여인의 몸이 모두 이들의 탐구 대상이었다.

인간이라고 하는 피조물을 점점 더 확고한 방식으로, 곧 살집과 더불어 살아 있는 모습처럼 표현하게 되었다는 것은 매우 중요한 의미를 지닌다. 더구나 조각가들은 자신들이 끊임없는 열정을 기울여 파헤쳐가는 인체를 신의 몸이라고 간주했으므로 그 의미는 한층 더 증폭된다. 남자와 여자의 몸, 그것은 신에 대한 가장 나은 재현, 신의 가장 정확한 이미지였다. 결국 그 같은 이미지를 조각하면서 그리스 예술가들은 그리스 민족이 섬기는 신들에게 생명을 불어넣었다고 말할 수 있다.

그리스 조각가들은 말하자면 시인들과 같은 방향으로 진행했다. 같은 방향으로 진행했으되 그들보다 더 멀리까지 갔다. 또한 학자들과도 같은 방향으로 갔으나, 자연의 법칙의 일부를 찾아낸 그들보다는 덜 멀리 갔다고 보아야 한다. 여하튼 조각가들도 신을 조각하면서 그들 나름대로 세계를 설명했다.

그렇다면 그들은 과연 어떤 설명을 제시했을까? 이 설명은 신에 대한 인간의 설명이다. 남자와 여자의 몸보다 더 적절하게, 눈에 보이지는 않으나 의심할 여지가 없는 신의 존재를 보여주는 형태는 없다. 그리스 사람들은 이집트와 앗쉬리아의 조각에 대해서 잘 알고 있었다. 하지만 그리스 사람들은 꿈에라도 암소 머리를 한 여자나 재칼 머리를 한 남자를 자신들이 섬기는 신의 형상으로 생각하지 않았다. 신화 차원에서는 비록 언어적인 몇몇 장치나 일화, 아니 등장인물(가령 아이스퀼로스의 비극에서 등에게 괴롭힘을 당하는 암송아지 이오)들까지 차용했을망정 조각을 통해서 그것들을 그대로 재현한다는 건 있을 수 없는 일이었다. 조각가의 끌과 정은 애초부터 이처럼 괴물 같은 형상은 제쳐놓았다. 파르테논 신전의 소간벽(小間壁)에 세워져 이방인들의 성난 공격을 상징하는 켄타우로스처럼 자연의 힘과 밀착되어 있

는 존재들만 예외였다.

그리스 사람들에게 신은 벌거벗은 소박한 젊은 청년, 아름답게 치장하고 상냥한 표정을 짓는 젊은 처녀였다.

(우리는 코레가 여신을 상징하는 것이 아니라 여신을 경배하는 여인들을 재현한다는 주장에는 신경 쓰지 않으려고 한다. 여신을 경배하는 여인들의 상은 일반적으로 아크로폴리스에 세워졌던 오란테스, 즉 기도하는 여인상이었다. 추측하건대, 기도하는 여인상이라고 해서 축성 정도가 덜하다거나, 신성이 덜 아로새겨진 것은 아니다. 따라서 기도하는 여인들도 여신이라고 볼 수 있다.)

자, 이렇게 되면 이제 규칙을 도출할 수 있다. 이를테면 '가장 아름다운 것은 신에게로' 정도로 요약될 수 있는 규칙이다. 이 세상에서 젊은 청년의 벗은 몸이나 곱게 수놓아진 천으로 만든 의복을 걸친 여자의 우아함보다 더 아름다운 것이 도대체 어디에 있단 말인가? 그러니 이것이 인간들이 신에게 바친 것이며, 인간들이 신을 보는 방식이었다. 신들이란 바로 이런 존재였다. 신을 표현하기 위해서 환하게 빛나는 대리석 외에 다른 언어란 있을 수 없었다(쿠로스의 경우, 코레도 마찬가지지만, 머리카락과 눈, 입술 부위에는 색을 입혔다). 이보다 더 깨끗한 언어란 있을 수 없고, 이보다 더 정확한 해석도 있을 수 없었다. 벌거벗은 남자상은 바로 대리석으로 된 언어였으며, 그 언어는 신을 가리켰다.

완벽한 대응, 완벽하고 균형 잡힌 비례를 겸비한 인체의 아름다움은 훗날 예술가들에 의해서 숫자로 환원되기도 한다. 엄격하면서 부드러운 선에서 배어나오는 온화함과 단호함을 지닌 인체의 아름다움은 경직된 가운데 너무도 감동적이고 강력하며, 신체에는 물론 영혼에까지도 막강한 설득력을 불러일으킨다. 이 아름다움은 그리스인들이 재현한 청소년기의 환한 젊음으로, 현재를 사는 우리에게도 영원불멸을 일깨워준다. 이것이 바로 영원불멸의 신에게 인간이 가장 아름다운 것을 바친다고 하는 의미다. 인간은 이렇듯 가시적인 육체를 지닌 상큼한 선남선녀들을 신들이 살고 있는 하늘을 향해 일으켜 세움으로써 살아 있는 모든 날이면 날마다 그들에게 아름다움을 바치는 것이다.

하지만 이들 신들은 대부분의 경우 이름조차 남기지 않은 무명의 조각가 개인의 작품으로만 그치지 않는다. 이들은 도시를 지켜주는 신이며, 그 조각을 세우기로 결정하고 조각가에게 주문을 넣은 시민들의 신이기도 하다. 이들 신들은 도시의 신이면서 때로는 델포이, 올륌피아 같은 곳에서는 그리스 공동체 전체를 지켜주는 수호신이기도 했다.

시민정신에 입각한 이들 조각들은 시민들에게 호소한다는 이유만으로도 매우 인기 있었고, 모든 그리스인들에게 공통적으로 영향력을 지닌다는 점에서 민족적인 조각이라고 할 수 있다. 이 조각 예술은 조각가 개인이 신을 보는 관점을 표현한다기보다 자유시민 공동체가 품고 있는 신에 대한 이미지를 표현한다고 보아야 한다. 이 인간의 형상을 한 신, 신에 버금가는 남자상, 눈에 띄게 치장한 여자상, 기도하는 여인-여신, 여자로 치장한 여신 등 도시국가가 주인 또는 공동체 생활의 동반자로 간주하는 이 모호한 형상들, 인간과 신의 교묘한 혼합인 이 형상들은 그리스 땅에서 이루어진 가장 대담한 시도 중의 하나라고 볼 수 있다. 신성이 이처럼 인간성과 분리되지 않은 경우는 찾아보기 힘들다. 이들 조각상들은 인간을 통해서 신을, 신을 통해서 인간을 표현한다. 인간이 신에 대해서 더 이상 어떻게 말할

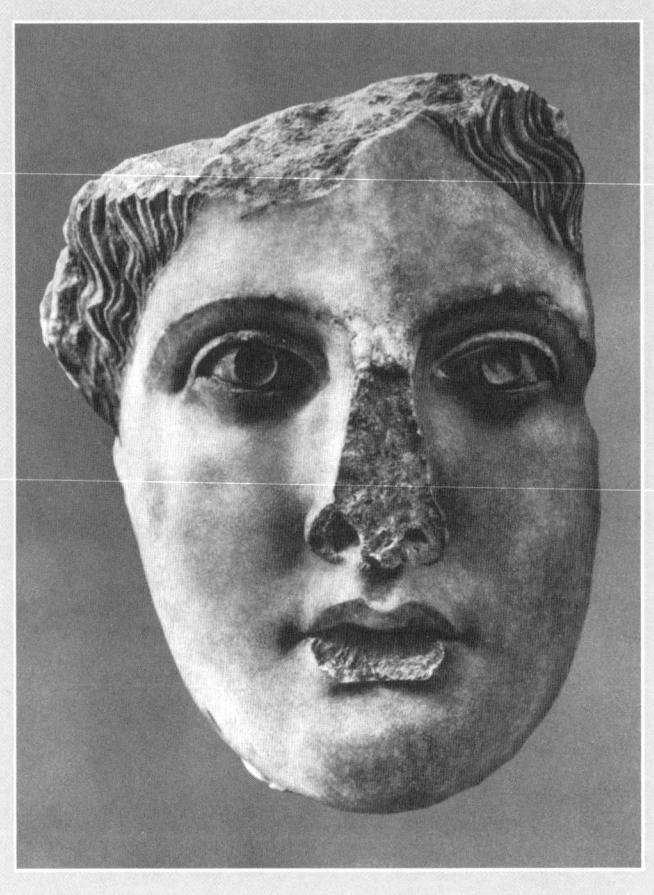

크뤼셀레판티노스(그리스어에서 금을 뜻하는 크뤼소스와 상아를 뜻하는 엘레판티노스의 합성어-옮긴이)상의 두상.
대리석 복제품. 앤더슨-비올레 소장 사진.

수 있단 말인가! 인간이 감히 어떻게 자신들의 모습, 고유하지만 시들어버릴 운명에 놓인 그 모습이 지닌 아름다움을 신에게서 박탈할 수 있단 말인가? 인간은 그렇게 할 수 없다. 그래서 불멸의 존재인 신에게 그 아름다움을 한 치의 오차도 없이 돌려준다. 비록 표현 능력을 완전히 갖추지 못했지만 말이다.

신을 향한 인간의 사랑과 인간의 몸에 대한 사랑, 이것이 바로 석조 조각가의 창조력을 이끄는 이중의 방향타다.

여기에다 진리에 대한 무한한 사랑도 덧붙여야 한다. 인체의 골격과 근육에 대한 지식을 나날이 키워가는 조각가의 의지를 반드시 고려해야 하는 것이다. 조각가는 인체를 재현함에 있어서 항상 어제보다 발전된 지식으로 정확성을 기하려고 노력했다. 이것이야말로 조각가가 신에게 바치는 첫째가는 봉헌물이었다. 조각가는 자신에게 주어진 임무를 수행하면서 이루어가는 발전을 아낌없이 신에게 바친 셈이다.

부동자세에 움직임을 부여한 조각가, 뮈론

그런데 과연 누가 이 인간-신에게 움직임을 선사할 것인가? 누가 그를 걷게 함으로써 그의 몸을 가득 채운 에너지를 발산시켜줄 것인가?

그리스 조각에 관한 몇 쪽 안 되는 이 짧은 글, 그리스 미술사를 대체하겠다는 야심 따위는 아예 가져볼 수도 없는 이 글에서는 조각에서 움직임이 태어나게 되는 과정을 빠짐없이 조목조목 짚어보기란 불가능하다. 자료도 부족할 뿐 아니라, 그런 식으로 진화가 이루어진 것도 아니다. 자연에서도 이따금씩 그렇지만 예술에서는 대수롭지 않아 보이는 몇몇 시도가 있는 듯 마는 듯하다가 어느 날 갑작스럽게 새로운 것이 태어나곤 하기 때문이다.

뮈론의 '원반 던지는 사람'을 보자. 이 작품은 기원전 5세기 무렵(기원전 450년보다 약간 앞선 것으로 추정)에 만들어졌다. 먼저, 이 작품은 신이 아닌 인간을 재현했다는 점을 지적하는 것이 좋을 듯하다. 조각에 움직임을 줄 수 있다고 생각했던 뮈론은 인간이 할 수 있는 최상의 움직임을 선택했다. 신이 아닌 운동선수를 택한 것이다. 신은 그 후로도 상당 기간 부동인 채로 남아 있었다. 신에 대한 예술가의 경외심이 그렇게 하는 편을 택하도록 했기 때문이다. 그다음으로는, 조각 작품의 세세한 분석에 들어가기에 앞서 고대부터 백 번도 넘게 복제된 이 유명한 작품의 원작은 유감스럽게도 어디에서도 볼 수 없다는 사실을 지적해두고 싶다. 그런대로 신뢰할 만한 복제품들을 가지고 근대인들은 청동 복제품(뮈론의 원작은 청동으로 제작되었다)을 만들었으며, 이 복제품은 로마의 국립박물관(Museo delle Terme)에 소장되어 있다. 따라서 이 복제품을 가지고 뮈론의 예술에 대해서 왈가왈부하는 것은 근거 없는 억측이 될 수도 있다.

하지만 정면성의 법칙이 아무런 저항 없이 예술계를 지배하던 시대에 교육을 받은 이 조각가가 극단적으로 대담무쌍한 작품을 시도했다는 것은 분명하다. 뮈론보다 앞서서 저부조와 소형 청동 입상, 몇몇 예외적인 조각상들에서 정면성의 법칙은 이미 다소간 흔들리고 있음이 관찰되었다. 그러나 이 같은 법칙 위반 현상은 극히 예외적일 뿐이었다. 가령, '송아지를 들고 가는 사람'을 보면 양팔은 더 이상 몸통 옆에 붙어 있지 않으며 움직임이 느껴진다. 어깨에 걸친 송아지의 다리를 단단히 쥐기 위해서 들어올린 양팔에서 불끈 솟아오른 근육을 볼 수 있다. 하지만 몸의 다른 부위는 여전히 부동자세를 취하고 있으며, 따라서 어깨를 누르는 무거운 무게에 완전히 무심해 보일 정도다. 반면 '원반 던지는 사람'은 운동선수의 몸 전체가 휘어진 동작을 취하고 있다. 이로 인해 몸의 한끝에서 다른 끝으로 불꽃이 관통하는 듯한 느낌을 자아낸다. 격렬한 움직임으로 자칫 균형을 잃을 수도 있는 그를 지탱해주기 위해 바닥을 단단하게 움켜쥐고 있는 왼쪽 발가락들, 금방이라도 쥐고 있는 원반을 던져 그 무게를 덜어내려는 듯한 오른팔은 물론, 가만히 있는 왼팔과 오른 다리까지도 모두 움직임에 가담하고 있는 것처럼 보인다. 운동선수는 몸 전체를 이 동작에 집중시키고 있으며, 그로 인해 그의 몸을 불안정성 속으로 빨려 들어가는 것 같다. 움직임이 아닌 것은 모두 균형을 잡아주기 위한 평형추 역할을 하며, 운동선수인 주인공이 마치 그물의 보이지 않는 사슬 역할을 함으로써 대립되는 덩어리들 사이의 균형을 유지해주지 못한다면, 이 조각은 곧 쓰러질 것이 뻔하다.

 뮈론은 그의 작품 '원반 던지는 사람'과 더불어 우리를 행동의 세계로 안내한다. 그가 안내하는 세계에서는 불현듯 움직임이 최고의 권위로 지배하며, 인간은 균형에 의해서 지탱되는 힘에 취한다. 이런 점에서 뮈론은 조각술의 창시자라고 할 수 있다. 그와 동시대인인 아이스퀼로스가 연극에 있어서 행위의 창시자인 것처럼 말이다. 두 사람은 각자 인간의 힘의 한계를 탐험한다. 조각가가 움직임에 있어서 균형의 법칙을 존중하지 않으면, 조각상은 쓰러지고 만다. 원반이 양손에서 빠져나간 직후 운동선수가 경기장 바닥에 쓰러지는 것과 같은 이치다.

요컨대 '원반 던지는 사람'은 우리에게 움직임을 보여준다. 그렇다고 해서 이 조각을 보면서 운동선수의 사진을 보는 것 같다고 생각할 수 있을까? 때때로 그렇게 주장하는 사람들이 있었지만, 내가 보기에 그건 잘못된 생각이다. 만일 그것이 즉석사진이라면 우리는 움직임을 포착할 수 없을 것이다. 우리의 눈은 사진기 렌즈가 아니다. '원반 던지는 사람'은 순차적으로 일어나는 일련의 움직임의 종합을 우리에게 제시하는 셈이다. 그러니 물체를 던지는 한 사람을 감광판에 고정시키는 것과는 전혀 다르다. 만일 그렇게 한다면 그것은 행진 광경을 포착하겠다면서 한 다리를 공중에 들고서 가만히 서 있는 남자들의 무리를 보여주는 사진과 다르지 않다. 살아 있는 존재의 움직임은 시간 속에서 연속적으로 이어지는 순간들의 결합을 통해서만 조각으로 포착될 수 있다. 조각은 본질적으로 무생물적인 소재를 가지고 이루어지는 것이기 때문이다.

그러므로 움직임의 달인은 시간의 달인이기도 하다.

고대에 만들어진 아폴론상들은 두 발을 바닥에 굳건하게 딛고 서 있다. 말하자면 시간의 밖에 서 있는 것이다. 이 조각상은 영원히 그 자세를 유지할 수 있었다. '원반 던지는 사람'은 보기에 따라서는 즉석사진의 이미지라고 할 수도 있다. 서로가 서로에게 의지하는 청동 조각의 모든 평면은 결국 행동의 각기 다른 순간을 보여준다고 할 수 있기 때문이다. 뮈론의 눈도 그렇게 보았고, 고대에 경기장에 모여들었던 관람객들의 눈도 그렇게 보았다. 뮈론이 구사하고 있는 사실주의는 조각가가 예술 작품 속에 관찰된 현실을 포개놓았다는 의미에서 이미 고전시대적이라고 할 수 있다. 이 작품은 순간을 포착한다는 의미 외에도 개인의 잠재력과 그것의 변화까지도 포착하는 기능을 지니고 있다.

'원반 던지는 사람'의 단계에서 우리는 이미 인체 골격과 근육의 움직임에 대한 정확한 지식에 토대를 둔 조각가의 사실주의가 단순한 현실 복사가 아님을 알 수 있다. 대상은 재생되기에 앞서 조각가에 의해 다시 한 번 성찰되고 해석되었기 때문이다.

뿐만 아니라, 조각의 형상이 현실에서 통용되는 원칙과는 다른 방식으로 단순화되고 양식화되었다는 사실은 이미 고전주의적인 규범에 따를 만반의 태세를 갖추었음을 예고한다.

고전주의: 인간이라는 피조물과 진리에 대한 애정

조각에서 사실주의란 조각가가 객관적인 현실로서 재현하고자 하는 몸에 대한 지식을 의미한다. 그리스 미술은 기원전 6세기경에 이 같은 지식을 추구했으며, 이를 보유하고 있었다. 당시의 특징인 근육 표현의 불충분은 현재의 우리에게는 오히려 단순화된 양식으로 받아들여진다. 인간이라는 피조물과 진리에 대한 조각가들의 애정은 그들의 작품에서 다른 모든 부족을 상쇄하고도 남을 만큼 강력한 힘으로 나타난다.

조각가들이 추구하던 지식은 개인에 관한 지식과는 거리가 멀었음을 짚고 넘어가야겠다. 조각가들이 개별적인 인간의 초상을 조각으로 남기려 했다면, 그건 어디까지나 예외에 불과했다.

기원전 5세기, 특히 후반부의 조각들은 이처럼 열정적인 사실주의에 굳건하게 뿌리를 내렸다. 고전주의는 고대의 사실주의를 수액 삼아 활력을 얻고, 이를 자양분 삼아 발전해나갔다.

인체에 대한 사실적인 지식(근육과 이를 지탱하는 골격은 물론이거니와, 시간이 더 흐른 뒤에는 인체의 굴곡을 강조하는 의복에 대한 지식으로도 확대된다)을 습득하게 되자, 객관적으로 알려진 이 인간, 즉 시민들에게 남신 또는 여신, 운동선수로 소개된 이 인간을 변형시키거나, 경우에 따라서는 수정하는 것도 가능해졌다. 이 인간에게 필요한 덕목을 부여해서 시민 공동체에 하나의 모델을 제시한다는 이유에서였다. 조각가 자신이 그가 관찰하는 객관적인 현실 속에서 스스로 선택을 할 수 있고, 선택을 해야 한다는 사실을 깨닫게 된 순간 그는 이미 고전주의를 향해 전진하기 시작한 것이다. 아니 그는 이미 고전주의자였다.

이제 예술가는 각종 특징과 형태, 자세 등을 선택하고, 이를 재구성하는 단계에 접어들었다. 진정한 사실주의에 입각한 선택, 이는 벌써 고전주의적이라고 할 수 있다. 하지만 이 같은 선택은 어떤 기준에 따라 이루어지는가? 모름지기 아름다움이 그 기준이었을 것이다. 하지만 이 대답은 너무 모호할뿐더러 불충분하다. 이 문제에 관해서라면 우리는 황금률을 언급한 바 있다. 황금률이란 나뭇잎 또는 인체(인간도 자연의 일부다) 같은 자연의 비율이나 형태에서 두루 발견되는 객관적인 법칙을 가리킨다. 이런 생각은 제법 흥미롭다. 이 생각은 그리스의 고전주의와 다른 것들은 제쳐두고라도, 이보다 2500년이나 앞선 중국의 고전주의를 동시에 설명해주는 막강한 이점을 지니고 있다고들 말한다. 하지만 나는 개인적으로 자연을 의인화하는 데에는 상당히 거부감을 느낀다. 자연이 객관적인 법칙에 따라 인체의 가장 조화로운 비례를 찾아준다는 이 의인화 현상은 고전주의 시대에 다시 그 모습을 드러낸다. 꽤 그럴듯한 상상력의 산물이지만, 도가 지나친 신비주의적 발상이 아닐 수 없다. 인간이 자연이 정해준

비례를 가지고 태어난다면, 인간은 누구나 조화롭고 고전주의적인 기준에 따라 아름다워야 마땅하다.

 이 법칙은 사회의 필요에 의해 고안되었다(취향은 필요에 부응한다)고 하는 편이 훨씬 설득력 있지 않을까? 그리스에 관한 한 고전 시대 당시의 아름다움이란 그리스 민족이 생존을 위해서, 더 나은 삶을 위해서 벌이는 일상의 투쟁과 분리될 수 없었다고 말하는 것이 사물의 본성에 좀 더 정확하고 충실한 해석이 아닐까? 그 같은 투쟁은 건장하고 용기 있는 사람들을 필요로 한다. 다시 말해서, 그리스 예술가들은 사회에서 이미 해체될 위기에 놓인 것과 앞으로 지속적으로 존재하게 될 것 사이에서 선택을 해야 했다. 예술가들은 삶의 의미 면에서 부상하는 것을 택했다. 예술가들이 선택한 사실주의는 매우 건설적이었다. 고전주의란 활기찬 사회에서 살고자 하는 예술이 따르는 법칙과 다르지 않다. 인간과 신의 에너지는 근육질을 요하는 모든 행위에 적합하도록 만들어진 신체를 통해서 발현된다. 용기는 무표정한 얼굴을 통해서 드러난다. 이 같은 무표정은 대부분 기술 부족에서 기인하지만, 인간이 자신의 개인적인 열망을 제어하는 능력의 표현이기도 하다. 즉 영혼이 지닌 힘, 한때는 신만이 소유했던 완벽한 평온함의 상징이기도 하다. 얼굴에서 나타나는 고전주의적 무표정은 그러므로 상고 시대적인 미소와 일맥상통하는 면이 있다. 이 미소는 살아 있는 것에 대한 천진한 기쁨을 표현한다. 여전히 투쟁으로 점철되고 지극히 전투적이었던 시기에 무표정은 열정과 욕망에 대한 의지의 지배를 나타내며, 오로지 시민 공동체를 위한 인간의 봉헌처럼 여겨진다.

 이 새로운 시기는 또한 훨씬 인간적이었다. 신성의 영향력이 더 이상 사회 전반을 좌지우지하지 않았다. 이 시기에는 신을 인간의 형태로 재현하기보다 인간을 신의 지위로 고양시키는 데 힘썼다.

고전주의 시대의 조각 작품 가운데 인간의 모습에서 인간으로서의 본분 또는 신으로서의 본분을 다한 자들이 누리는 고귀한 자부심이 느껴지지 않는 작품은 단 한 점도 없다.

사실주의에 토대를 둔 그리스의 고전주의는 이제 인본주의와 밀접하게 연결되기 시작한다. 그리스의 고전주의는 새로이 부상하는 계급, 즉 용기 있게 싸워 페르시아 전쟁에서 승리를 거둔 전사 계급의 표현이며, 자신들의 가치에 합당한 이속을 챙긴 승자 계급의 표현이다. 고전주의는 전투의 귀결이며, 언제고 다시 전투에 뛰어들 준비가 되어 있다. 이 말을 고전주의 조각상을 관류하는 힘이 난폭한 동작에서 나오기 때문이라고 이해해서는 안 된다. 이 조각상들이 지닌 힘은 어디까지나 부동적이며 휴식을 취하고 있다. '요란스러운 몸짓'을 동반하는 힘이란 그저 그 몸짓에 의해서 결정되는 하나의 행동만을 가능하게 한다. 고전주의 조각상의 힘은 이와 반대로 결정적이지 않다는 데에서 찾을 수 있다. 고전주의 조각은 언젠가 상황이 요구한다면 사나운 급류로 변할 수 있는 힘의 저수지, 평온한 호수라고 할 수 있다. 파르테논 신전을 장식하고 있는 페이디아스의 입상들, 아니 그 입상들의 몇 조각 파편들이 우리에게 보여주는 것도 바로 이 점이다.

가장 이상적인 인체 비율의 탄생

이제 몇 가지 예를 들어보자. 폴뤼클레이토스가 활동했던 시기는 그리스 예술의 결정적인 시기 중의 하나로 꼽는다. 그는 사실주의적인 완벽함의 정점에 위치하고 있으며, 따라서 고전주의적인 인본주의의 정점에 위치한다고도 말할 수 있다.

폴뤼클레이토스보다 앞서서 뮈론은 움직임을 재현하고자 시도했다. 그것은 오늘날 우리의 눈에 즉석사진과 같은 움직임으로 보인다. 뮈론의 '원반 던지는 사람'은 거장의 솜씨를 유감없이 드러낸다. 하지만 빼어난 솜씨는 퇴색하고 즉석사진적인 순발력은 오래 지속되지 못하는 법이다. 폴뤼클레이토스는 '창을 든 청년(도뤼포로스)'을 비롯하여 그의 대표 작품들에서 인물들을 걷게 하지 않으면서도 지속적인 걸음걸이를 보는 듯한 환상을 선사했다.

현재 '창을 든 청년'의 원작은 남아 있지 않다. 폴뤼클레이토스는 원래 청동 조각가였다. 그는 청동 조각에서 단연 고대 최고의 작가였다. 오늘날 우리가 볼 수 있는 것은 대리석으로 만든 복제물뿐이다. 유감스럽기 짝이 없는 대리석들이다!

한마디만 해두자. 왼쪽 어깨에 창을 걸친 이 벌거벗은 청년은 걷고 있는 것처럼 보인다. 그는 체중을 앞으로 내민 오른쪽 다리 하나만으로 지탱하고 있다. 반면 약간 뒤로 처진 왼쪽 다리는 발바닥만 살짝 바닥에 닿아 있을 뿐이다. 이 자세는 상고 시대적인 대칭과는 완전히 결별하고 있음을 보여준다. 양쪽 어깨, 양쪽 엉덩이, 양쪽 무릎을 이어주는 선들은 수평적이지 않다. 뿐만 아니라 서로 대조를 이루기도 한다. 낮은 쪽 무릎, 낮게 위치한 왼쪽 엉덩이에 높은 쪽 어깨가 대응하며, 역도 성립한다. 인간의 신체가 전적으로 새로운 리듬감을 얻게 된 것이다. 뼈와 근육으로 단단하게 빚어진 인간의 신체는 어쩐지(복제품 중에서 그래도 가장 덜 왜곡되었다는 평가를 받는 나폴리판 복제품의 경우) 다소 무겁게 느껴진다. 하지만 이 몸은 이와는 전혀 반대되는 효과를

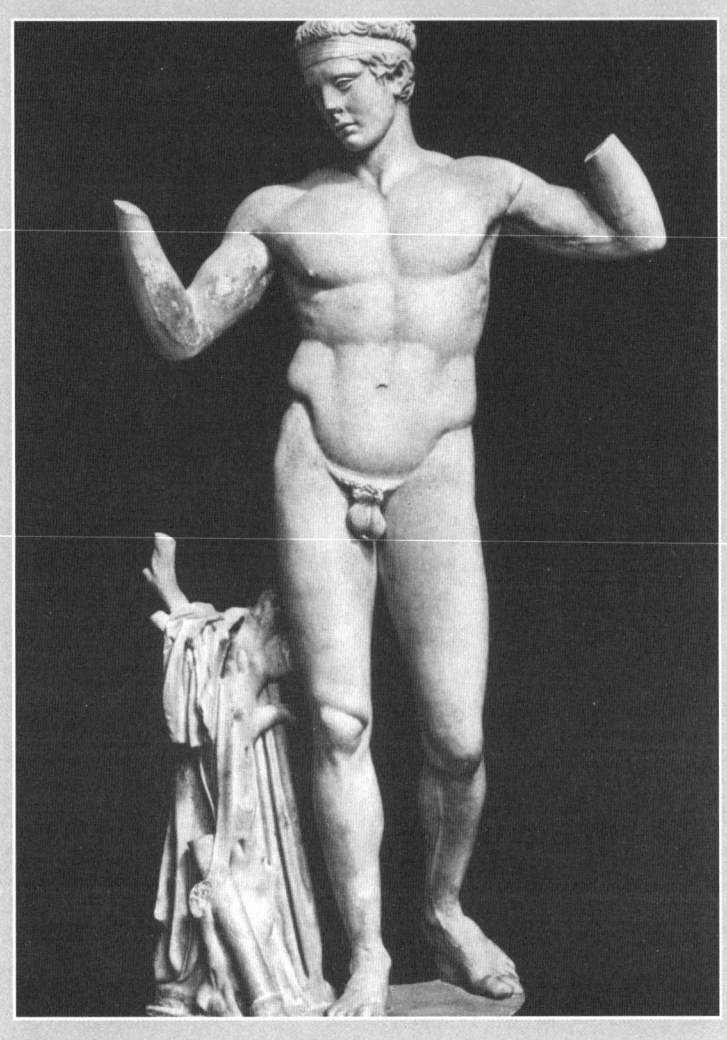

폴뤼클레이토스가 제작한 승리의 관을 쓴 운동선수.
기원전 445년에서 420년 사이에 제작된 원본의 고대 복제품.
앤더슨-비올레 소장 사진.

내는 대칭 속에 놓임으로써 걷고 있는 듯한 허구적인 동작에 유연성과 단호함을 부여한다. 폴뤼클레이토스의 다른 작품들, 가령 '승리의 머리띠를 맨 청년(디아두메노스)'(이마에 승리를 상징하는 머리띠를 두른 운동선수)의 경우, 마찬가지로 방금 전혀 반대되는 효과라고 언급한 그 리듬감을 보여주고 있다. 하지만 애초부터 위를 향해 들어올린 두 팔이 '창을 든 청년'에서 나타나는 육중함을 덜어주며, 원래 조각이 지니고 있는 것으로 보이는 무게를 줄여주는 차이점이 있다.

'창을 든 청년'은 운명에 대한 두려움으로부터 해방된 인간, 자연스럽게 세계의 주인이 된 인간의 도도한 힘을 보여준다. 조각의 비례는 수치로도 설명될 수 있다. 폴뤼클레이토스는 손바닥(손바닥의 폭)을 단위로 하여 신체의 각 부위와 이들 각 부위 사이의 관계를 계산했다. 각각의 길이가 손바닥 몇 개에 해당하는지, 신체 각 부위의 관계가 어떤 숫자로 환원되는지는 전혀 중요하지 않다. 중요한 건 그가 그렇게 해서 걸작품을 탄생시켰다는 사실이다. 폴뤼클레이토스는 틀림없이 퓌타고라스로부터 배웠을 텐데, 인간의 구조에서 숫자가 가지는 중요성을 인식하고 있었으며, 그래서 이를 열심히 연구했다. 그는 "걸작품이란 머리카락 한 가닥의 차이까지 찾아낼 만큼의 수많은 계산의 결과"라고 말했다. 바로 그렇기 때문에 그리스 사람들은 이 작품을 가리켜 자랑스럽게 '교본'이라고 불렀던 것이다!

'창을 든 청년'은 인간이 스스로에게 부여한 가장 아름다운 이미지 중의 하나다. 사실적이면서도 매력을 발산하는 고전적인 이미지, 신체적, 정신적 힘으로 자신만만한 고대 그리스 사람의 이미지다. 낙관적인(솔직히 이 말은 그다지 아름답지 못하다. 나는 개인적으로 '떠오르는'이라는 말을 선호한다) 이 이미지에서는 미래에 도래하게 될 인간 사회의 모습이 자연스럽게, 별다른 노력 없이도 물씬 풍긴다. 권력에 도달하기 위하여 요지부동(이 신념은 지나친 감이 없지 않다)의 신념으로 급상승하는 사회 계층의 이미지도 담겨 있다. 이상주의 미학이 주장하는 것보다 훨씬 더 객관적인 동시에 훨씬 더 주관적이며 자연스러운 아름다움이 느껴진다. 자연이라고 하는 객관적인 세계와 분리할 수 없으며, 사실주의에 의해 오히려 자연에 밀착하는 이 아름다움은 인간의 필요를 충족시킬 때에만 아름다움으로 비칠 수 있다. 이 이미지는 또한 자신들이 쌓아올린 부가 위협을 받게 된다면 언제라도 달려 나가 싸울 준비가 되어 있는 효율적인 민족의 이미지이기도 하다.

하지만 아직은 청년이 왼쪽 어깨에 올려놓은 창을 사용할 필요가 없다.

신들을 조각하는 거장, 페이디아스

"예술에는 완벽의 정도가 있으며, 이는 자연에 성숙한 정도가 있는 것과 같은 이치다"라고 라브뤼에르는 말했다. 페이디아스의 천재성은 정확하게 이 성숙 지점에 위치한다. 그렇기 때문에 그의 예술은 상고 시대 예술에 비해서 훨씬 이해하기 어렵다. 다시금 일종의 원시인, 그러니까 고전주의 이전 시대 사람이 되어버린 것이다.

페이디아스는 신들을 인류와 매우 가까운 형상으로 조각했다. 하지만 그는 그저 아름답기만 한 인간으로 신을 표현하는 데 만족하지 않았다. 그는 인간의 형태에서 출발해서 영웅적인 모습을 가진 신, 올림포스 산의 주인으로서 전혀 손색없는 신의 모습에 도달했다. 그는 이들 신들에게(그보다 훨씬 앞서서 비극 시인 아이스퀼로스가 그랬듯이),

완벽하고 소박한 지혜와 선의를 부여했다. 이 완벽함을 그는 그가 바라는 조화로운 사회가 수여하는 선물처럼 인간들에게도 부여했다.

이것이 바로 페이디아스 예술이 지니는 본질적인 특성이다.

이 점은 그의 작품을 통해서 직접 드러나기보다 아쉽게도 기록을 통해서 확인된다. 세월에 의해서라기보다 인간에 의해서 더 많이 훼손된 박공의 주제를 알기 위해서, 우리가 의지할 것이라고는 한 여행자가 남긴 데생밖에 없다. 바로 자크 카레의 데생이다. 이 데생들은 파르테논 신전을 무너뜨린 베네치아 폭탄 폭발 사건(1687년 오스만투르크와 전쟁 중이던 베네치아 공국은 투르크군이 화약고로 사용하던 파르테논 신전에 폭탄을 던졌는데, 이로 인해 특히 신전의 신상 봉안소가 심각하게 파손되었다 ―옮긴이)이 일어나기 몇 해 전에 그려졌고, 여전히 보상되지 않은 엘긴 경의 수치스러운 약탈 사건(콘스탄티노플 주재 영국 대사였던 엘긴 경은 1801~1802년 사이에 파르테논 신전의 대리석 프리즈 조각들을 런던으로 보냈으며, 이 약탈품들은 1816년 대영 박물관의 소유가 되었다 ―옮긴이)보다도 몇 해 앞선다. 총 92개의 소간벽 중에서 그럭저럭 웬만한 상태로 남아 있는 것은 겨우 18개에 지나지 않는다는 점도 유념해야 한다.

페이디아스의 예술은(우리가 너무 많은 것을 상상하지만 않는다면) 인류에게 신적인 형태들을 선사했다는 데에서도 그 의미를 찾을 수 있다. 인간과 싸우며 무지막지하게 인간을 짓밟는 켄타우로스의 맹렬함, 프리즈를 장식하는 젊은 아테나이 여인들의 우아함, 박공의 가장자리에서 태양이 솟아오르기를 기다리는 신들의 평화롭고 조용한 부동성, 이 모든 것이 똑같은 언어를 구사한다.

페이디아스는 존재하는 것을 보여주고, 사물들을 원래 모습 그대로 보여주고자 했다. 이 세계에는 예를 들어 인간과 말의 결합처럼 거칠고 맹렬한 힘이 존재하는가 하면, 돈 많은 기사들이나 의연한 승마 자세를 보여주는 기사들, 인간과 가깝게 지내는 평온한 남자 신이나 아름다운 주름이 잔뜩 잡힌 얇은 천으로 복부를 반쯤은 가리고 반쯤은 그대로 드러낸 여신들 외에도 무수히 많은 것들이 존재한다. 페이디아스에 따르면, 이 모든 것이 같은 언어를 구사한다. 사실주의(그리스 사람들은 사실주의라고 하는 추상적인 단어는 알지 못했다)가 그것을 요구하기 때문이 아니라, 자연 속에 원래 그렇게 존재하기 때문이다. 인간은 자연 속에서 존재한다. 그러므로 인간은 항상 자연과 밀접한 관계를 맺을 수밖에 없다. 인간의 특권은 자연이 지닌 힘과 아름다움을 표현할 수 있고, 이를 지배하기를 원하며 이를 변화시키려는 데에 있다. 그는 각자가 자신의 주인이 되어야 한다고, 자신의 야만성을 길들여 신들이 이 지상에, 우리 자신 안에 임하도록 하는 것만이 인간이 이룩해야 할 최초이자 유일한 진보라고 암시한다. 페이디아스는 정의와 선의를 통해서 행복의 이미지라고 할 수 있는 평정심에 도달하고자 한다.

　페이디아스가 빚어낸 신들도 역시 자연 속에 존재한다. 신들은 초자연적인 존재가 아니라 자연적인 존재들이다. 그렇기 때문에 인간의 완성본이라고 할 수 있는 이들 신들은 프리즈 가장자리 부근에서 슬그머니 인간들 틈에 끼어든다. 이는 인간들로부터 경배를 받기 위해서일 뿐 아니라 인간들이 벌이는 대중적인 축제에 끼고 싶어서다. 페이디아스는 신전에 최초로 신화 대신에 대중적인 축제(이른바 '기술 공예' 축제)를 재현한 장본인이기도 하다. 프리즈에 새겨진 신들의 집합체 중에서 가장 특징적인 신은 헤파이스토스와 아테네 여신, 즉 불을 다루는 기술의 신과 근면의 여신으로, 아테나이 시민들이 마음속에 가장 소중하게 모시는 신이다. 페이디아스는 두 신을 나란히 새겨 넣었다. 두 신은 하루 일과를 마친 소박한 노동자들처럼 사이좋게 대화를 나누고 있는 것처럼 보인다. 이들 신들에게서는 그 어떤 초자연적인 분위기도 느껴지지 않는다. 그저 뛰어난 솜씨로 묘사된 인간의 모습이 있을 뿐이다.

가령 무심하게 어머니의 가슴에 기대어 배를 깔고 엎드린 아프로디테처럼 박공에 새겨진 일련의 인물들 앞에서 우리는 어쩌면 종교적 경외심에 가까운 감정을 느낄지도 모른다. 그렇다면 한 가지만은 알아두자. 가슴을 덮은 천이 부풀어 올라 보일 정도로, 아니 천 밖으로 가슴이 삐져나올 정도로 풍만한 이 두 여인의 모습을 통해서 알 수 있는 사실은 기원전 5세기 무렵 그리스 사람들의 종교적 감정은 정신과 육체를 분리하지 않았다는 것이다. 페이디아스는 동시대인들이 느끼는 것을 그대로 표현했다.

신들은 프리즈에서도 박공에서도 보인다. 그만큼 고대에 신들은 인간의 마음을 꽉 채우고 있었다. 그들의 존재는 인간의 삶을 환하게 비춰준다. 특히 프리즈에 재현되어 있는 시민들의 축제 때면, 오늘날 크리스마스 때가 되면 광장마다 크리스마스트리가 불을 밝히듯이, 한층 환하게 빛났다.

대중적인 이미지를 갖게 된 신들

페이디아스는 파르테논 신전의 대리석 입상을 세운 천재적 조각가로서만 명성을 떨친 것이 아니다. 그는 독립적인 신상을 몇 개 제작했다. 파우사니아스는 그를 가리켜 "신을 만드는 사람"이라고 부르기

도 했다. 그가 만든 신들 중에서 두 개만 언급하겠다. 우선 렘노스의 아테네. 이 입상은 원래 청동으로 제작되었다. 하지만 지금은 조각난 대리석 복제품으로만 전해지고 있다. 고대에 만들어진 이 복제품조차도 불행 탓인지 어리석음 탓인지 머리 부분은 볼로냐에, 몸통 부분은 드레스덴에 있다. 이 작품은 페이디아스가 초창기에 제작한 것으로, 페르시아 전쟁이 막바지로 치닫던 무렵, 아테나이 식민자들이 렘노스로 출발하기에 앞서 여신에게 봉헌되었다. 여신은 전사의 모습으로 재현되지 않았다. 방패도 없고 머리에 투구도 쓰고 있지 않다. 방패는 내려놓고, 투구는 손에 들었으며, 왼쪽으로 자리를 옮긴 창은 무기라기보다 팔을 걸치는 지지대 역할을 할 뿐이다. 여신은 전쟁이라는 노역 중에 잠시 휴식을 취하는 모습이다. 긴장을 풀고 평화를 음미할 태세인 것이다!

  전체적으로 고불거리고 아주 젊어 보이는 아름다운 머릿결(그래서 상당히 오랜 기간 소녀의 머리로 간주되어왔다), 자신만만한 표정은 평화를 사랑하는 페이디아스(당시 그는 아르고스의 작업실에서 막 조각 공부를 마친 상태였다)의 마음을 고스란히 보여준다. 평화란 그가 보기에 그리스 민족의 용기와 지혜의 산물이었다.

  이쯤에서 고대인들이 페이디아스의 걸작이라고 평가한 작품, 즉 '올륌피아의 제우스'에 대해 몇 마디만 덧붙이고, 그에 대한 기나긴 연구를 마무리하려 한다.

  이 작품은 금과 상아로 제작되었다. 금과 상아로 제작된 조각상은 도시가 신에게 바치는 봉헌물로서, 고대 내내 존재해왔다. 일반적으로 이러한 영광은 거대한 조각품에만 할애되었다. 상아는 얼굴과 팔, 맨발의 백색을 강조하려는 목적으로 사용되었다. 한편 의복은 금을 비롯하여 금분을 다루는 염색가들이 만들어낼 수 있는 다른 여러 색채로 표현되었다.

  올림피아에 세워진 국립 신전을 위해 제작된 이 제우스상 역시 당연히 소실되었다. 상아와 금 외에도 흑단이나 귀금속 같은 귀중한 소재들이 왕관 장식 등을 위해 풍부하게 사용되었다. 앉은 자세를 표현한 이 조각상은 높이가 12미터이며, 받침대까지 치면 14미터나 된다. 예사롭지 않은 규모와 지나치게 사치스러운 소재 때문에 약간의 두려움이 느껴지는 것도 사실이다. 더구나 이러한 조각상들이 신전 내부에 이중으로 도열한 열주들과 기념비, 그것들을 장식한 값비싼 천들이 드리워진 가운데에 자리 잡고 있었음을 상상해보라. 제우스상이 과하다 싶을 만큼 화려하고 찬란한 치장을 한 것으로 보아 페이디아스가 마음속으로 생각하는 신의 위대함을 구현한 것임에 틀림없다. 동양적인 분위기가 물씬 풍기는 이 장식과 더불어 제우스는 그리스 민족 전체의 소중한 우상으로서의 모습을 드러낸다.

  하지만 고대 작가들의 말대로라면, 이 작품의 독특한 아름다움은 부를 덕지덕지 발라놓은 듯한 지나친 치장과 너그러움, 선함이 배어 있는 얼굴 표정 사이의 대조에서 찾아야 한다.

  보스턴 박물관에 있는 두상은 이러한 특징을 고스란히 답습하고 있다.

  조각에서 드러나는 제우스 신은 더 이상《일리아스》에 등장하는 무서운 신, 눈썹 한 번 찡그리면 올림포스 산은 물론 온 세상을 벌벌 떨게 만드는 그 제우스가 아니다. 조각 속의 제우스는 신들과 인간들의 아버지, 아니 아버지이기만 한 것이 아니라 인간들에게 호의를 베푸는 독지가이기도 하다.

대리석으로 만들어진 제우스의 두상(이른바 보스턴 제우스).
기원전 437년에서 432년 사이에 페이디아스가 올림피아에 세운 크뤼셀레판티노스상에서
영감을 얻어 제작된 것으로 추정된다. 대리석 복제품은 기원전 4세기경에 제작.
르샤의 《고대 그리스 조각》(아세트, 파리)에 실린 사진.

서기 1세기경에 활동했으며, 올륌피아에 놓였던 원본을 감상하는 행운을 누린 문필가 디온 크뤼소스토모스는 이 조각을 기독교의 언어를 예고하는 다음과 같은 방식으로 묘사했다. "그는 평화의 신이었다. 무한히 온화하며 존재와 생명, 모든 재화를 베풀어주는 공동의 아버지이며 모든 인간의 구원자이고 수호신이었다."

그러니 페이디아스는 그의 조각상을 통해서 제우스의 대중적인 이미지, 다시 말해서 전지전능하고 호사스러운 신으로서의 이미지와 당시 소크라테스나 페리클레스가 가졌음직한 가장 지고한 이미지, 즉 섭리와 선의의 신으로서의 이미지를 결합하려고 했음에 틀림없다. 이 같은 지고한 이미지는 온화하고 부성애 넘치는 듯한 얼굴 표정에서 드러난다.

참고로 고대인들은 이 문제에 대해서 페이디아스가 "종교적인 것을 첨가했다"고 평했음을 지적하고 싶다. 현대 고고학자들은 페이디아스가 제작한 제우스상이 턱수염을 기른 예수의 모습을 만들어낸 기독교 예술가들에게 본보기가 되었다고 평가한다.

이 문제에 관해서라면 혹시 약간의 '소설'이 가미된 것은 아닌지 의심스러운 것이 사실이다.

어쨌든 '신을 만드는 사람'이 빚어낸 제우스의 얼굴을 통해서 우리는 모름지기 위대한 작품이란(작품이 태어날 때 통용되던 진리에 입각해서 만들어지기만 했다면) 세기를 거듭하면서 꾸준히 새로운 의미를 부여받게 된다는 사실을 확인할 수 있다.

우리에게 전달되어 많은 이야기를 들려주는 것은 바로 이 당대의 진리, 그러니까 고전적 사실주의가 아니겠는가.

chapter 3

과학의 탄생 : 탈레스, 데모크리토스

인류의 역사에서는 마치 폭발처럼 갑작스럽게 새로운 형태의 행동이나 사고가 나타나는 순간이 있다. 아시아 대륙에 위치한 그리스, 그러니까 이오니아에서 기원전 7세기 말 무렵에 탈레스와 그를 따르는 학파와 더불어 과학, 즉 합리적인 과학 지식이 출현한 것도 그런 식이었다.

책에서 흔히 말하듯이, 과학의 탄생, 최초의 학자들과 철학자들의 등장은 대단히 눈길을 끌 만한 일이었다는 표현을 쓸 수도 있겠으나, 그렇다고 해서 깜짝 놀랄 일도, 기적적인 일도 아니었다(그리스어에서 철학자라는 말은 기원전 4세기 무렵 플라톤과 더불어 생겨난다).

자연을 대하는 학문적인 자세는 가장 원시적인 그리스 사람들, 다시 말해서 벌거벗은 최초의 인간들에게도 이미 친숙한 것이었다. 오뒷세우스는 끊임없이 질문하는 사람의 전형이었다. 그는 그 같은 탐구 자세에다 경건하고 더구나 실용적이기까지 한 종교적 자세를 겸비한 인물이었다. 오뒷세우스를 가리켜 시인은 '기계 제조자'라고 묘사했다.

아닌 게 아니라 합리적인 과학과 '신화'를 서로 배척하는 대립되는 개념으로 치부하는 것은 잘못이다. 그것은 이 두 가지가 오랜 세월 동안 뒤섞여 있었음을 부인하는 처사나 마찬가지다. 또 이 두 가지가 여러 경로를 통해서 장애를 극복하고, 우주와 우주를 지배하는 법칙으로 인해서 인간이 겪게 되는 어려움을 해결하기 위해 애써왔음을 모르는 척하는 처사다.

신화와 과학이 분리되지 않은 세계

모든 사고는 처음엔 이미지와 이야기로 시작되었다. 플라톤이 고전 시대가 저물어가던 무렵에도 여전히 자신의 사고를 개진하기 위해 빈번하게 신화를 애용했음은 잘 알려진 사실이다. 플라톤은 나름대로의 방식으로 오래된 신화들을 해석하고 새로운 신화들을 만들어 냈다.

그리스에서 이제 막 태동하는 과학은 보기보다 오늘날 우리가 알고 있는 과학과 훨씬 많이 닮았다. 지극히 순진한 상태로나마 이 과학은 인간이 자연적인 진화의 산물이며, 언어와 사고는 사회생활의 결과물임을 간파했다. 또한 당시의 과학은 스스로를 기술의 일부분으로 간주했다. 인간이 주변 환경을 지배할 수 있게 만들어주는 것이 과학이라는 것도 알고 있었다.

과학에 대한 지극히 대담한 이 같은 개념은 기원전 600년경에 탈레스와 더불어 모습을 드러낸다.

  그 후 불과 2세기 동안 과학은 관점의 확대와 응집력 있는 연구 덕분에 발전을 거듭하며, 그 성과는 오늘날까지도 우리를 놀라게 한다.

  인류가 주변 환경으로부터 자신을 보호하기 위하여 또는 그 환경을 이용하기 위하여 최초로 도구를 만든 것은 원시 그리스인들보다 훨씬 더 앞선 세대의 일이다. 예를 들어 활은 '기계 제조자' 오뒷세우스보다 훨씬 앞서서 태어난 최초의 '기계'라고 할 수 있다. 활의 발명은 구석기 시대 말기에 해당하는 기원전 6000년경까지 거슬러 올라간다. 활은 저장된 에너지를 사용한다. 이런 의미에서 활은 엄연히 기계에 해당한다.

  적대적이며 이상하고, 비극적인 외부 세계에서 인간은 끊임없이 자신의 삶을 보호할 새로운 수단을 만들어낸다. 인간은 운명에 대항하기 위하여 윤리를 고안해냈다. 인간에게 윤리란 살고 죽는 방식이라고 할 수 있다. 또 굶주림에 대항해서는 먹을거리를 마련하는 다양한 방식을 생각해냈다.

  하나의 문명이 탄생하기 위해서는, 몇몇 기술, 그러니까 먹을 양식을 수집하는 단계에서 생산하는 단계로의 도약을 가능하게 해주는 기술을 확보해야 한다. 잉여 양식의 확보는 모든 문명 탄생의 필요조건이다.

  시간이 흘러감에 따라 이러한 기술은 점차 발전해나간다. 나일 강, 유프라테스 강, 인더스 강 계곡에서는 기원전 6000년에서 4000년 사이에 괄목할 만한 발전이 이루어졌다. 이 2천 년이라는 기간은 매우 중요한 의미를 지닌다. 이 시기에 이루어진 대대적인 기술 혁명이 고대 문명의 물질적 토대를 마련해주었기 때문이다. 이는 18세기 산업

혁명, 원자핵 분열, 핵 에너지의 발견 등에 견주어도 그 중요성에서 전혀 뒤지지 않는다.

요컨대 인간은 농업을 발명했다. 이 발명은 식물의 발아 법칙, 필요에 의해서 유지되고 정련되는 자연의 방식에 대한 관찰력, 그 관찰력을 토대로 줄기차게 시도되었으되 초기엔 아무런 소득도 가져다주지 못하다가 마침내 성공적인 결실을 맺게 되었을 모방 능력 등의 발현이라고 할 수 있다. 어쨌든 계속되는 관찰과 실험으로 원시인들은 상당한 지식을 축적했다. 그 결과 이듬해에 더 많은 양을 수확할 수 있기를 희망하면서 질 좋은 식량의 상당 부분을 먹지 않고 비축해두는 지혜를 발휘하게 되었을 것이다. 물론 파종에는 온갖 미신과 마술이 뒤따랐으며, 수확은 당연히 종교적인 축제로 이어졌지만, 전체적으로 저장고에 종자를 비축하는 것에서부터 그 종자를 파종해서 새로운 씨앗이 영글고, 다 자란 식물을 즐겁게 낫으로 베는 과정은 인간이 자연의 법칙을 정복할 정도의 지식을 축적했음을 입증한다. 이 정도면 (지금 단계에서는) 과학의 정의로 충분하다.

원시 부족 사회에서는 여자들이 낟알의 수확과 보관, 비축을 관장했다. 농업은 여자들에 의해서 발명되었으리라고 추측할 수 있는 대목이다. 농업은 오랜 기간, 적어도 괭이를 발명할 때까지는 여자들의 몫이었을 것이다.

금속의 발견에는 많은 어려움이 뒤따랐다. 금속의 발견은 약탈 전쟁에도 도움을 주었지만, 농업의 발달에도 지대한 영향을 끼쳤다. 금속은 처음엔 주로 남자들의 호기심을 유발했다. 금속은 귀하다는 이유만으로도 찾아 나설 가치가 있었다. 청동과 철은 뮈케나이 문명에서 금과 은이 그러했듯이 오래도록 사치스러운 욕구만을 충족시켜주다가, 한참 후에야 무기와 연장을 제작하는 데 사용되기 시작했다. 발굴된 목걸이에서 구리 광석 조각이 발견되는 것도 그 때문이다. 이러한 광석에서 가장 손쉽게 추출해낼 수 있는 공작석은 이집트와의 주요 거래 품목 중의 하나였다. 이집트에서는 왕조 시대 이전부터 이미 이 돌을 가지고 분가루를 만들었다.

청동 합금 속에 들어가는 구리와 주석 광석은 지중해 인근, 그리스에서 상당히 멀리 떨어진 지역에서 주로 채굴되었다. 주석은 흑해의 동쪽 연안 지역인 콜키스와 현재의 토스카나 지방에 해당하는 에트루리아에서 발견되었다. 이 같은 상황은 이 지역에서 선박 제조술과 항해 기술이 크게 발달하는 데 중요한 역할을 했다. 별이나 태양의 위치를 보고 바다에서 이동하는 뱃사람들에게는 천체도가 필요했다.

이렇듯 엄밀한 의미에서의 과학, 즉 탈레스 시대에 이루어진 천문학과 기하학의 탄생에 앞서서, 인간의 과학적인 태도와 관찰자로서의 자세, 자연의 법칙을 모방하고 활용하려는 인내심 등을 보여주는 몇몇 예가 전해진다. 이러한 자세 덕분에 신석기 시대에 이미 인류가 자랑할 만한 몇몇 발명이 이루어졌다. 이를테면 농업의 발명, 금속의 발견이나 짐승의 가축화 등이다. 특히 가축은 처음엔 고기를 얻기 위한 방편으로만 간주되다가 차츰 농업을 위한 수단으로 쓰임새가 확대되었다. 수레와 바퀴의 발명은 도구로서의 나뭇가지를 대체했다. 시간이 더 흐른 뒤에는 태양력과 태음력이 발명되었다. 과학을 인간의 자연 지배력을 향상시키는 지식과 수단의 총합이라고 정의한다면, 이 모든 발명은 과학 역사의 주요한 부분을 차지한다. 그런데 이 모든 발명은 고대 그리스인들이 역사에 등장하기에 훨씬 앞서서 이루어졌다. 그리스인들은 이것들을 앞선 세대로부터 물려받은 소중한 보물처럼 기억 속에 간직해왔다. 대부분의 경우 그리스인들은 이러한 발명을 선의의 신들이 준 선물로 여겼다.

과학은 인간의 가장 기본적인 필요와, 이러한 필요를 충족시켜주는 땅 갈기, 항해 기술에서 탄생했다(과학은 또한 지배 계급의 사치와 향락을 충족시키기 위해서도 발전을 거듭했다). 인간은 먹어야 하며 옷을 입어야 한다. 인간은 또한 자신들이 사용하는 연장을 더욱 완벽하게 정련해야 할 필요를 느꼈다. 또 먼 곳으로 가기 위해서 배를 만들어야 했으며, 만들어진 배는 바다에서 물결을 헤치고 원하는 방향으로 전진할 수 있어야 했다. 그러려면 별들의 움직임을 알아야 했다. 별들의 운행에 대한 지식은 또한 하늘에 어떠어떠한 별이 올라왔을 때 농부가 땅을 일구고 파종을 해야 하는지를 알려주는 지침이 되기도 했다.

새로운 사상의 집결지, 이오니아

그런데 기원전 7세기와 6세기에 이오니아에서는 무슨 일이 일어났단 말인가? 여러 혈통이 섞인 민족(카리아, 그리스, 페니키아인)이 오랫동안 지루한 계급 투쟁에 휘말렸다. 탈레스에겐 이 셋 중에서 어떤 핏줄(들)이 흐르고 있었을까? 그리고 각각의 혈통이 어느 정도의 비율로 혼합되어 있었을까? 우리는 그 문제에 대답할 수 없다. 어쨌든 굉장히 적극적이며 정치적이고 발명가적인 혈통을 이어받은 것만은 틀림없다. (정치적 혈통. 듣자 하니 탈레스는 이오니아에서 비롯된 이 적극적이고 분열된 혈통을 지닌 자손들에게 새로운 형태의 국가, 즉 연방이사회가 통치하는 연방국가 형태를 제안했다고 한다. 당시 그리스 세계에서는 상당히 분별력 있고 독창적인 제안이었으나, 아무도 귀담아듣지 않았다.)

이오니아 도시 전체에 피바람을 몰고 온 이 계급 투쟁(솔론 시대에 앗티케에 불어닥친 계급 투쟁과 같은 부류)은 결과적으로 그리스라고 하는 발명의 나라에서 온갖 발명이 풍성하게 이루어지는 견인차 역할을 했다.

포도밭이나 곡물 재배용 밭을 소유한 땅주인들, 철을 제련하거나 양털을 짜는 자들, 양탄자를 짜거나 천에 염색을 하는 자들, 호화로운 무기를 생산하는 장인들, 그리고 상인이나 배를 소유한 선박주와 선원들, 이렇게 세 부류의 계급이 정치 참여권을 놓고 격돌했으며, 서로 기선을 제압하려고 분기충천한 가운데 끊임없이 새로운 것들이 발명되었다. 이 투쟁에서 승리를 거둔 것은 뱃사람들의 세력을 등에 업은 상인 계급이었다. 이들은 흑해에서 이집트에 이르는 지역으로, 서쪽으로는 이탈리아 남부까지 교류 관계를 확대해나갔다. 이 과정에서 이들은 여러 세기에 걸쳐서 구대륙에 축적되어온 잡동사니 지식들을 긁어모아 체계적인 지식으로 탈바꿈시켰다.

이오니아는 기원전 7세기에도 여전히 예술, 경제, 정치, 과학 등의 분야에서 왕성하게 발명을 계속했다. 이들이 이룩한 적지 않은 양의 발명은 모르는 사람들의 눈에는 오합지졸로 보였을 수도 있다.

여기서 잠깐 기억을 돕기 위해 호메로스의 시 구절들을 상기해보자. 호메로스의 시는 '부르주아지' 계급이 태동하던 시절에 형태가 완성되었다. 《일리아스》나 《오뒷세이아》, 그 어느 작품도 귀족에 의해 쓰이지 않았으며, 제후 계급에 봉사하기 위해 쓰이지도 않았다. 이 시들은 '새로운 부류의 인간들'로 이루어진 떠오르는 계급에 의해 쓰였음을 알려주는 뚜렷한 증거들이 있다. 이 새로운 계급은 자신들의 정치적 정복을 강화하기 위해 이제 사라지려고 하는 계급의 문화를 자기 것으로 삼기 시작했다. 영웅들이 보여주는 덕목은 자유 시민들의 창조적인 열광의 대상이 되고, 칭송된다.

귀족과 노예 사이에서 태어난 사생아 아르킬로코스의 등장과 더불어 멸시받던 계급의 승리 가능성은 더욱 커졌으며, 이 새로운 위상에 걸맞은 새로운 이름을 요구하게 되었다. 아르킬로코스는 서정시(군사적이며 사랑을 노래하는가 하면, 무엇보다도 풍자적인 시)의 고안자로, 자신이 직접 체험한 모험담을 바탕으로 이를 발명했다. 그의 시는 아버지가 건설한 도시를 지키기 위해 참전한 시민-군인으로서의 실존 조건에서 창과 방패가 되어주었다고도 말할 수 있다.

아르킬로코스의 주변에서는 갑자기 서정적인 정서가 풍성하게 만개했다. 서정적 정서는 전혀 예기치 않았던 형태로 대두되곤 했으나, 독창성에 있어서는 변함없이 신선함을 유지했다. 에페소스의 칼리노스는 위협받고 있는 도시의 무기력한 젊은이들을 향해 다음과 같이 에너지 넘치는 호소문을 남겼다. "도대체 언제까지 너희들은 잠들어 있을 것인가? 언제가 되어야 너희들은 용기를 얻게 될 것인가, 젊은이들이여? 너희들은 평화 속에서 살고 있다고 믿고 있지만, 이미 온 나라가 전쟁에 휩싸여 있다……. 그러니 너희들 각자가 죽기를 각오하고 창을 던져라! 적과 맞서기 위해 용감하게 길을 나서서, 조국을 위해, 조국의 자손들을 위해, 합법적인 아내들을 위해 싸우는 것은 명예로운 일이다. 전투와 창칼이 맞부딪치는 소리를 회피하려는 남자들은 집에서 죽음을 맞이하게 될 것이다. 민중은 그런 자들에게 아무런 애정도 회한도 보이지 않을 것이다. 오로지 용감한 자만이 아이들과 어른들의 통곡을 들을 자격이 있다……. 민중의 눈에 비친 용감한 남자는 요새와 같은 존재다." 이제 영웅은 더 이상 전설에 나오는 헥토르가 아니라, 조국을 지키기 위해 동원된 시민, 아니 조국을 지키기 위해 자발적으로 나선 지원자들이다.

그러나 바로 가까이 콜로폰에서 밈네르모스는 청춘과 사랑의 감미로움을 노래했다. 그의 애가는 사라져가는 날들과 다가오는 노년, 즉 육체의 죽음을 우울하게 노래한다.

> 금발의 아프로디테가 없다면, 그게 무슨 삶이란 말입니까? 그게 무슨 즐거움이란 말입니까? 아! 비밀스러운 사랑, 꿀처럼 달콤한 선물, 사랑하는 연인과의 잠자리, 유일하고 매력적인 청춘의 꽃, 이런 것들이 더 이상 나를 흥분시키지 못할 때 나를 죽게 해주십시오……. 고통스럽지만 노령이 찾아와 아름다움과 추함이 마구 뒤섞이고, 인간에게 오로지 괴로운 걱정만이 남을 때, 걱정이 가슴을 후벼댈 때 나를 죽게 해주십시오. 그때가 되면 환한 햇살 아래에서도 나는 기쁘지 않을 것입니다. 그때가 되면 나는 어린아이들에게도 퉁명스럽게 대할 것입니다. 그때가 되면 나는 여자들에게 업신여김을 당할 것입니다. 아! 신께서는 노령을 남루하게 만드셨습니다.

현대적인 의미에서의 비가적인 서정성이 아닌가. 이들 외에도 다른 시인들이 많이 있다.

우리가 앞에서 만나보았던 색색의 옷을 입고, 매력과 순진함을 동시에 보여주는 미소를 잔뜩 머금은 아가씨들도 역시 이오니아에서 유래했다.

하늘이라도 가뿐하게 받칠 수 있을 정도로 두터운 기둥들과 칼로 자른 듯 뾰족한 박공, 수액을 잔뜩 머금고 한껏 부풀어 오른 나무줄기처럼 강건한 도리스식의 엄격하고 육중한 신전들, 마치 살아 있는 인간의 육체를 향해 무생물인 돌이 보내는 도전장처럼 당돌하고 오만한 모습의 신전들이 갑자기 우아하고 호의적이며 미소 짓는 듯한 모습으로 변하게 된 것도 이오니아에서 비롯되었다. 기다랗게 키를 키워 날씬해진 이오니아식 열주들은 한창 성장 중인 청소년의 몸과 흡사하다. 기둥 위로는 기둥머리가 섬세한 꽃처럼 얹혀 있다. 꽃잎들은 부드러우면서 동시에 단호하며, 인간의 손처럼 살아서 움직이는 듯한 두 겹의 나선으로 소용돌이를 이룬다.

이외에도 이오니아의 발명품으로는 화폐, 은행, 어음 등을 빼놓을 수 없다.

이 모든 발명품 또는 새로운 활용 방식을 통해서 부활한 창작품들은 이오니아인들의 업적이다. 그들은 변화를 좋아하고, 새로운 것을 발견하려는 욕망으로 불타며, 흥미로운 복합체로서의 삶을 소유하려는 기질을 지녔다. 이오니아의 풍요로운 천재성은 우리를 사뭇 놀라게 한다.

그런데 이 모든 발명품 중에서도 가장 뛰어나며, 우리 시대, 아니 우리의 아득한 후손들에게까지 전수되어야 할 가장 훌륭한 발명은 뭐니 뭐니 해도 과학의 발명이다.

얼핏 보아서는 아르킬로코스의 시와 이오니아의 쿠로스, 그리고 탈레스와 그의 제자들이 가졌던 인간에 대한 사상 사이에는 별로 연관성이 없는 것 같다. 하지만 이들 발명품들은 한 가지 공통점이 있다. 험난한 투쟁을 통해서 얻어낸 자유로운 지성을 존중하는 사회적 분위기의 산물이라는 점이다. 이때의 자유란 사고의 자유만이 아니라 행동의 자유까지도 아우른다. 이오니아의 도시들은 그 같은 자유를 획득했으며, 매일 매일의 행동을 통해서 그 자유를 지켜나갔다.

세계를 거부할 자유, 단순히 그 세계를 주유할 수 있는 자유, 또 세계를 설명하고 변화시킬 수 있는 자유. 다양한 분야에 적용된 아르킬로코스와 탈레스의 행동은 본질적으로 다르지 않다. 이 두 부류의 행동은 실질적인 행동을 통해서 자유를 발견해나간다는 것과 지속적인 실존 속에서 실증적인 재화를 끌어낸다는 공통점을 지니고 있었다. 아르킬로코스나 탈레스가 속한 사회적 계급이 추구하는 정신과 그들의 연구는 실증적이었다. 두 사람은 신을 부정하지 않았다(아마도 신은 모든 방면에서 그들에게 압력을 가하는 영원한 물질과 다르지 않은 존재일지도 모른다). 신을 부정하지는 않았지만 끊임없이 신에 대해 언급하지도 않았다. 이들은 미지의 것을 또 다른 미지의 것으로 설명하는 일을 달가워하지 않았기 때문이다. 이들은 세계를 이해하고 싶어했으며, 그 세계에서 인간이 차지하는 위치에 대해서 궁금해했다. "인간적인 삶의 리듬을 익혀야 한다"고 말년의 아르킬로코스는 주장했으며, 이는 장차 도래하게 될 과학과 철학의 언어를 예고하는 것이었다.

신을 배제하고 세계를 설명하다

탈레스는 단순한 사물들에 관심을 기울였다. 그는 전적으로 실용적인 목표를 세웠다. 동시대 시민들은 그를 현자라고 불렀다. 그는 일곱 현자 중의 하나였다. 그런데 현자라니, 도대체 어떤 소박하면서도 대담한 지혜를 가진 현자란 말인가? 그가 말한 것으로 전해지는 몇몇 촌철살인의 경구들 중에서 그의 천재성을 가장 잘 보여주는 것은 "무지는 무거운 짐"이라는 말이 아닐까 싶다. 우리가 살고 있는 세계를 이해하려는 욕망에 불탔던 그는 우선 하늘과 땅 사이에서 일어나는 일, 그리스인들이 메테오라, 즉 공기 중에 나타나는 현상이라고 부른 것에 관심을 기울였다. 탈레스는 그리스 상인들이 많은 도시에서 살았다. 그래서인지 연구를 할 때도 실리적인 목적에 따르는 경향을 보였다. 그는 배들이 짐을 가득 싣고 무사히 귀환하기를 소망했다. 그 때문에 그는 많은 것을 알고 싶어했다. 비는 어째서 내리는지, 바람은 무엇인지, 어떤 별의 움직임을 길잡이로 삼아야 하는지, 가장 많이 움직이는 별은 어떤 별인지, 또 반대로 자리에서 제일 움직이지 않는 별은 어떤 별인지.

이처럼 과학은 실용성에 근거를 두고 있었다. 과학의 목적은 흔히 말하듯이 "모든 것이 제대로 돌아가게 하는" 것이었다. 과학은 사물과의 접촉에서 비롯되었으며, 감각에 의존했다. 어쩌다가 감각적인 명백함에서 멀어지는 경우가 있더라도, 곧 그곳으로 돌아오게 마련이었다. 이것이 과학 발전의 첫째 조건이었다. 과학은 논리와 이론의 정립을 요구하지만, 가장 엄격한 논리와 가장 대담한 이론이라도 궁극적으로 실제 활용이라는 시련을 거쳐야만 했다. 말하자면 실용적인 과학은 사변적인 과학의 태동에 필요한 토대인 것이다.

탈레스는 앞장서서 여러 가지 일을 했다. 이전 세기에 밀레토스 사람들은 두 차례에 걸쳐 각종 금속들과 밀 재배지를 구하기 위해 바다 여행길에 올랐다. 밀레토스는 90개의 식민지와 해외 상관을 세웠다. 탈레스는 여러 곳을 여행한 사람이었다. 이집트와 아시아 변방, 칼데아 등지를 여행하면서 이들 나라에서 오래전부터 전해 내려오는 지식들, 특히 하늘과 대지에 관련된 정보들을 수집했으며, 이를 매우 독창적인 방식으로 재구성하고자 시도했다.

여행을 하는 동안 탈레스는 크로이소스의 군사 자문 공학자로 일하면서 실질적인 문제들을 해결했다. 그는 또한 매우 사변적인 정신의 소유자였다.

탈레스는 이집트인들과 칼데아인들을 관찰하거나 자신의 일을 하면서 많은 사실들을 수집했다. 이렇게 모은 자료들을 가지고 새로운 무엇인가를 고안해낼 참이었다.

그리스의 바벨탑이라고 할 수 있는 이오니아는 다양한 사상들과 흥미로운 연구들이 모여드는 곳이었다. 탈레스는 이처럼 많은 집중과 교류가 이루어지는 곳에서 살았다. 동시대 시민들과 그는 미지의 세계에서 살아야 하는 문제에 대해서, 그곳에서 살기 위해서 반드시 알아야 할 것들에 대해서 다시금 질문을 던졌다. 이들은 새로운 질문들을 생각해냈다. 탈레스는 자신만의 독자적인 방식으로, 그리고 이 분야에서는 아직 생소한 새로운 언어로 이러한 질문들을 제기했다. 그는 말하자면 상인들이 일을 처리하는 언어로 사고했다. 탈레스는 어디까지나 상인이면서 공학자였다. 그가 메테오라에 관심을 가졌다면, 그건 그저 그럴듯한 이야기를 꾸며내기 위해서가 아니라 자연현상의 이유를 찾아내기 위해서였다. 다시 말해서 사물들이 공기, 대지, 물, 불이라고 하는 그가 알고 있는 원소들과 어떻게 반응하는지 이해하고자 했다.

이제 막 태어나려고 하는 합리적인 과학과 그리스의 과학이 지니는 설득력은 뛰어난 관찰자들인 이들 뱃사람들이 항해 과정에서 수행한 수많은 몸짓과 행동의 집대성이라고 할 수 있다. 이들은 가령 매번 팔을 움직일 때마다 이 움직임으로 인해 어떤 결과가 발생했는지를 살폈다. 원인과 결과를 우연에 맡기지 않고 엄격하게 연결시켜 주는 체계를 정립한 결과 과학이 탄생하게 되었다.

이러한 관찰을 통해서 탈레스가 얻은 결과는 매우 보잘것없고, 문제투성이에다 오류도 많았을 것이다. 하지만 세계를 관찰하며, 문제를 생각하는 탈레스의 방식은 진정한 학자의 방식이었다. 여기서 학자라고 하면 경험과 밀접하게 연결되어 있는 학문을 파고드는 사람을 가리키는 현대적인 의미와는 거리가 있다. 그보다는 좀 더 소박한 의미로 학자라는 용어를 사용했다. 관찰에 근거한 학문을 실행하며, 관찰한 바를 신화 따위를 개입시키지 않고 최대한 정확하게 기술하는 자인 것이다. 여하튼 탈레스는 관찰에 의거하여 가장 타당성 있어 보이는 가설을 세웠다. 그리고 그 가설에 따라 이론을 정립했으며, 그의 이론은 시간의 경과와 더불어 축적된 경험을 통해 입증되어야 했다.

그러므로 탈레스는 이전 시대에도 그랬고, 플라톤을 비롯한 후학들도 상당 기간 그렇게 생각했던 것과는 달리, 별들을 신으로 간주하지 않았다. 그는 최초로 이것들을 자연적인 대상으로 간주했던 사람이다. 별들은 탈레스에게 흙으로 이루어졌거나 불꽃으로 이루어진 자연적 대상이었다. 탈레스는 또한 흙으로 이루어진 달이 지구와 태양의 중간에서 일직선을 이룰 때면 태양이 사라진다, 즉 일식 현상이 일어난다고 최초로 주장했다. 그리스 전통에서 주장하듯이 그가 기원전 610년이나 585년의 일식, 그 외에도 다른 일식들을 정말로 예측했을까? 어쩌면 그가 바빌론의 계산에 의거해서 일식이 일어날 법한 연도를 예측했을 가능성은 있다. 하지만 그의 천문학 지식으로는 그 이상의 정확도를 기대하기는 어렵다.

결과보다 더 중요한 것은 그가 연구를 진행한 방식이었다. 별들을 관찰하거나 물을 연구할 때, 탈레스는 결코 신이나 신화를 개입시키지 않았다. 그는 별이나 물을 순전히 물리적이며 물질적인 대상으로 여겼다. 현대 화학자라면 '물은 어디에서 오는가?'라는 질문에 물은 수소와 산소가 결합해서 형성된다고 대답한다. 물론 탈레스의 대답은 이와 다르다. 무지는 그에게 너무도 부담스러운 짐이었다. 그 자신이 그 점을 잘 알고 있었으며, 솔직하게 그렇게 말했다. 하지만 '물이 어디에서 오는가'라는 질문에 대해서 적어도 신화를 끌어다 대답하지는 않았다. 그는 객관적으로, 다시 말해서 자연현상에 부응하며, 언젠가 실험을 통해서 입증할 수 있는 법칙을 세우려는 의지를 가지고 답변했다.

이것은 전혀 새로운 형태의 사고로, 이따금씩 그를 매우 대담한 시도로 이끌었다. 그의 사고는 너무도 대담한 나머지 지나치게 순진하게 보일 수도 있다. 탈레스와 초기 이오니아 과학자들은 이 세계가 어떤 물질로 이루어져 있는지를 알아내고 싶어했다. 이들은 분명 하나의 원소, 그러니까 물질적인 원소가 있어서, 그 원소로부터 일정한 과정을 거쳐 다른 원소들이 생성된다고 보았다. 이 과정은 오래된 우주 기원론에서 흔히 말하는 신화적 과정이 아니라 물리적 과정이라고 주장했다. 탈레스에게 물은 원초적인 물질로, 이 원초적인 물로부터 흙이 생겨났으므로, 흙이란 물의 잔재라고 할 수 있다. 공기와 불도 수증기, 즉 물의 발산물이라고 보았다. 모든 것은 물에서 태어나며 물로 돌아간다고 그는 생각했다.

불을 만드는 기술은 이들 학자들에게 하나의 원소가 다른 원소로 변화할 수 있다는 발상, 즉 본질은 그대로 유지하면서 형태만 바뀔 수 있다는 아이디어를 주었을 가능성이 높다. 이들은 불의 작용이 만들어내는 다양한 결과를 관찰했다. 불은 물을 수증기로 바꾸어놓는다. 불은 주어진 물질을 재로 만들어버린다. 불은 또한 주조 기술을 통해서 액체로 만들기도 한다. 불은 금속 제련 과정을 통해서 분리하고 정화시킨다. 역으로, 불은 합금이나 용접을 통해서 서로 다른 것들을 하나로 결합시킬 수도 있다. 이렇듯 인간은 자신이 보유한 기술을 관찰함으로써 원소들의 변화 또는 형태의 변화가 이루어진다는 개념에 도달한다. 하지만 관찰 행위에는 고통이 따랐다. 불은 훌륭한 교육자이기만 한 것이 아니었다. 불은 때로 피와 땀, 눈물을 요구하는 가차 없는 폭군이었다. "나는 시뻘건 혀를 날름거리며 타오르는 불가마 앞에서 작업 중인 대장장이를 관찰했다"라고 이집트의 한 풍자 시인은 읊었다. "그의 손가락은 악어 가죽 같았다. 그는 물고기의 고니처럼 악취를 풍겼다." 이러한 관찰은 고통을 동반하는 것은 물론이려니와 이론 정립에서 오류가 있을 수 있음을 함축한다.

 탈레스는 단순한 자연현상들로부터 물에 대한 개념, 즉 물이 모든 원소의 근본이라는 개념을 정립했다. 물이 진흙을 실어 나른다는 사실(가령 나일 강의 범람과 삼각주의 형성)이나 바다에 안개가 낀다는 사실, 연못 위에 도깨비불이 어른거리는 현상 등은 탈레스의 주의력을 일깨웠다. 여기서 중요한 사실은 그가 자연이나 인간이 발명해낸 기술들을 유심히 관찰했으며, 이 과정에서 어떠한 초자연적인 설명도 배제했다는 점이다. 그가 수행한 관찰과 그 관찰 내용의 검증 과정에서, 탈레스는 훗날 실험적 방법이라는 이름을 얻게 되는 방식의 초석을 다졌다. 물론 이는 시초에 불과했지만, 이제까지는 존재하지 않던 전혀 새로운 방식의 언어의 태동을 알리는 획기적인 사건이었다.

최초의 유물론자, 탈레스

같은 시기, 탈레스를 포함한 이오니아의 학자들은 또 다른 과학적 방법을 발견했다. 바로 기하학 형태를 활용한 '수학적 방법'이었다. 인간은 일찌감치 이 방법을 효과적으로 다루고 있었다.

디퓔론 도기(기원전 8세기)는 군더더기 없는 기하학적 스타일에 대한 그리스인들의 열정을 보여준다. 선적인 장식이 주조를 이루는 이 도기에 새겨진 인물이나 말 같은 모티프들은 그 자체로 기하학이다. 여러 가지 각도와 원의 분할을 조합한 듯한 형태를 이루고 있기 때문이다.

당시에 그리스인들은 이미 기하학적인 풍부한 상상력을 지니고 있었다. 이 같은 상상력을 바탕으로, 언제나 그렇듯이 정확한 기술에서 출발하는 이 학문을 발명해냈다. 훗날 수학이라고 불리게 될 학문은 앗쉬리아인들과 이집트인들에 의해서 그 토대가 마련되었다.

예를 들어, 이집트인들은 나일 강의 범람 이후 자신들의 밭을 되찾기 위한 방편으로 몇 가지 측량 기술을 고안해냈다. 나일 강이 한 번 범람하고 나면 밭이 온통 진흙으로 뒤덮이는 바람에 원래의 형태를 알아보기 힘들었기 때문이다. 이집트인들의 측량 기술은 기하학의 정리로 굳어지게 된다. 가령, 직각삼각형의 직각을 낀 두 변이 각각 3과 4이고 빗변이 5일 때, 길이가 3인 변으로 만든 정사각형과 4인 변으로 만든 정사각형의 면적은 길이가 5인 빗변을 변으로 하는 정사각형의 면적과 같다는 사실을 알고 있었다. 이집트인들은 이를 알고 있었고, 바닥에서 잴 수도 있었다. 그들은 $3 \times 3 = 9$, $4 \times 4 = 16$, 이 둘을 더한 값은 $5 \times 5 = 25$와 같다는 사실을 알고 있었지만, 이 정리가 어떤 형태의 삼각형에도 적용된다는 사실은 알지 못했으며, 이를 증명해 보일 수도 없었다. 이집트인들의 기하학은 아직 엄밀한 의미에서의 학문이 아니었던 것이다.

여러 세기가 지나도록 훗날 수학적 방법이 될 그것은 몇몇 규칙의 집합 상태에 머물러 있었다. 이 규칙들 중에는 상당히 복잡한 것들도 있었으며, 몇몇 경우에는 이 규칙들을 이용해서 별들의 위치를 예측하는 고난도의 작업도 가능했다. 하지만 이 규칙들의 집합은 아직 명실상부한 학문이 되지 못했다. 규칙들 간에 연관 관계를 설정할 수 없었으며, 따라서 개별적인 경우에만 적용되었고, 직관적으로 알게 된 몇 가지 원칙들로부터 그 규칙들이 얻어진다는 사실을 실험을 통해 증명하려는 시도는 전혀 이루어지지 않았다. 예를 들어, "직선은 한 점에서 다른 한 점을 잇는 최단 거리"라고 하자. 아무도 이 규칙이 자연의 법칙이며 그렇게 될 수밖에 없음을 증명하지 못했다.

그리스인들은 무엇보다도 두 가지 이유에서 자신들만의 고유한 기하학을 발전시킬 필요성을 느꼈다. 첫째는 항해(당시 그들은 이미 원시적인 형태의 카누 단계를 벗어난 배를 만들었고, 성능이 더 나은 선박을 제조하기 위해서 기하학을 필요로 했을 것이다)였고, 둘째는 신전 건축이었다.

전해지는 이야기에 따르면, 탈레스는 어느 날 우연히 신전 기둥의 둥근 초석 건축과 관련하여 기하학적인 발견을 했다고 한다. 그는 반원 안에 포함된 각은 직각이며, 반드시 그럴 수밖에 없음을, 다시 말해서 반원의 지름의 원주각은 직각임을 증명해 보였다.

퓌타고라스(또는 퓌타고라스 학파, 아니 아주 오래전에 활동한 다른 사람일 수도 있다)는 직각삼각형의 빗변을 변으로 하는 정사각형의 면적은 삼각형의 크기에 상관없이 항상 나머지 두 변을 변으로 하는 정사각형의 면적의 합과 같음을 증명했다. 이렇게 해서 오리엔트인들이 개별

기하학적 형태의 단지(높이 155센티미터). 기원전 8세기.
막스 베그너, 《그리스의 예술》(Ed. Massin, 파리)에 실린 사진.

기둥과 다각형 돌을 쌓아올린 담. 델포이에 세워진 아폴론 신전의 버팀벽. 기원전 6세기 말엽.
《델포이》(Ed. du Chêne, 파리)에 실린 사진.

적으로 적용하던 규칙이 기하학의 보편적인 정리가 되었다. 그리스인들은 이렇듯 오늘날 우리가 사용하는 기하학이라고 하는 학문을 창조했다. 그리스인들이 창조한 기하학에 따르면, 직선과 원, 몇몇 곡선의 특성은 추론에 의해서 입증되고, 기술의 실제적인 적용에 의해 확인될 수 있다(나는 특히 그들이 이를 이용해서 이루어낸, 미학적 관점이나 견고성에서 매우 높은 단계에 도달한 건축술에 주목한다).

그리스인들은 건물을 짓는 기술, 항해 기술과의 연계 아래 기하학을 정립해나갔다. 탈레스와 관련한 모든 전통은 그가 해수면에서 높이 솟은 지점으로부터 바다 한가운데를 항해하는 배에 이르는 거리를 측량하는 데 대단히 구체적인 지식을 가지고 있었음을 말해준다. 또한 실제로 건축을 했을 때에야 비로소 거리를 측량할 수 있는 고유한 형상에 대해서도 추상적이고 추론적인 기하학적 지식을 겸비하고 있었다고 한다.

이 같은 과학은 먼 바다로 항해하며 자신들이 거주하는 도시국가의 영광을 기리는 동시에 신들에게 영광을 돌리기 위한 신전을 갈망했던 상인 계급이 이룩한 성과였다.

이러한 조건에 기초를 둔 학문은 의심할 여지없이 인본주의적이라고 말할 수 있다. 덕분에 인간들은 무질서해 보이는 자연 속에 깃들어 있는 엄격한 법칙을 읽을 수 있었다. 인간들은 그렇게 할 수 있었고, 이 같은 법칙들을 활용하기 위해 그러기를 소망했다. 이제 막 태동하는 과학은 원칙이나 의도에서 단연 실리적이었다. 말하자면 과학을 일종의 도구로 여겼던 것이다.

탈레스의 위대함은 '최초의 철학자'였다는 점에만 기인하지 않는다(물론 그는 최초의 철학자였지만, 당시만 해도 과학과 철학의 경계는 불분명했다). 그는 우선 무언가를 덧붙이거나 그 너머를 탐구하기에는, 다시 말해서 '형이상학자'가 되기에는 너무도 자연, 즉 '퓌시스(physis)'에 집착하는 '자연철학자'였다. 그는 늘 물질이라는 관점에서 생각했다. 요컨대 그는 유물론자이며 물질주의자였다. 어쩌면 그리스 사상가들은 물질과 정신을 미처 구분하거나 분리하지 못했을 수도 있다. 어쨌든 탈레스와 그를 따르는 학파에게 물질은 너무도 소중했기 때문에 이들은 이것을 생명과 혼동할 정도였다. 그들에게 모든 물질은 살아 있는 생명체였다. 그러므로 이들 학자들을 현대적인 의미에서의 '유물론자'라고 볼 수는 없다. 이들에게는 물질과 비물질의 차이가 아예 존재하지 않기 때문이다. 그런데 관념론자인 아리스토텔레스는 이들을 유물론자라고 분류했다. 이렇게 볼 때, 이들을 원시 유물론자라고 할 수 있다. 훗날 그리스인들은 이들 이오니아 출신 학자들을 가리켜 물활론자, 즉 물질을 살아 있는 생명체로 생각하는 자들, 혹은 이 세계에서 생명 또는 영혼은 물질의 모습으로 왔고, 생명 또는 영혼은 물질에 내재적이며, 생명 또는 영혼은 물질의 반응에 다름 아니라고 생각하는 자들이라고 했다.

　이들 사상가들은 우주에 대해서 언급했으며, 신들의 존재는 아예 잊었다. 시간적으로나 공간적으로 이들과 너무 가까웠던 천지창조는 우라노스(하늘)와 가이아(땅)의 짝짓기로 설명되었다. 그 뒤에 나타나는 여러 세대에 걸친 신들과 인간들은 전설적인 인물들로 모두 신화, '너무도 인간적인' 신화로 남아 있다. 하지만 탈레스에게 하늘은 배들이 항해하고 도시를 굽어보는 신전의 기둥을 높이 세울 수 있는 3차원의 공간이었다. 대지는 물이 실어와서 지탱해주며, 다시 물로 돌려보내는 원초적인 진흙이었다.

크놋소스 궁. 기원전 2000년에서 1000년 사이. S. 보티에 사진.

이처럼 흙과 물(물에서 분리된 대지)을 이용한 설명은 수메르의 신화에서 차용한 것으로 보인다. 천지창조와 홍수 대목을 연상시키기 때문이다. 처음엔 주변이 온통 바다였다고, 바빌론의 우주론은 말한다. 창조주 마르두크가 물 위에 골풀로 엮은 깔개를 던지자 깔개는 곧 진흙으로 덮였다. 탈레스도 역시 처음엔 모든 것이 물이었다고 주장한다. 하지만 그는 땅과 모든 존재가 물로부터 자연적인 과정에 의해 형성되었다고 설명한다. 어쩌면 탈레스의 주장은, 성서의 창세기도 그렇듯이, 오리엔트의 원시 신화에서 따온 것일 수도 있다. 하지만 신화는 그리스로 건너오면서 좀 더 분명해졌다. 가령, 성서의 첫 번째 장에서 아직 세상이 창조되기 이전 물 위에서 서성거리던 신의 정령은 어떻게 되었는가? 마르두크는 또 어떻게 되었는가? 홍수와 관련된 일화에서 노아에게 말씀하시던 신의 음성은 어떻게 되었는가? 이 모든 의문은 한바탕 형이상학적인 꿈처럼 사라져버린다. 창조주는 슬그머니 자취를 감추고 만 것이다.

이에 비해서 탈레스의 제안은 이전의 제안들에 비해서 월등하게 합리적이고 보편적인 특성을 지니고 있으므로, 그를 가리켜 제2의 과학의 창시자라고 불러도 손색이 없다. 물론 과학을 논리적 관계에 의해 서로 연결되며 항시적인 가치를 지니는 법칙을 형성하는 제안들의 총체라고 정의할 때 그렇다는 말이다. 아리스토텔레스는 훗날 "보편적인 것만이 과학이다"라고 말했다. 그가 말한 과학은 방금 제시한 정의에 비해서 훨씬 좁은 의미의 과학이라고 해야겠지만, 이로써 인류의 지성사에서 탈레스의 위치는 더욱 확실하게 자리 잡게 된다.

탈레스와 더불어 잠시나마 신화의 고리는 끊어진다. 새로운 역사가 시작되는 것이다. 과학, 다시 말해서 엄격하고 합리적인 관점에서 본 보편성으로서의 과학을 발명하는 인간의 시대가 열린다.

  자연은 지혜로우면서 동시에 사리판단에 서투르다는, 일부 현대인들이 탈레스의 주장이라고 여기는 이 생각을 새삼 강조할 필요가 있을까? 어쨌든 우리는 탈레스의 다음 세기에 등장하는 힙포크라테스식 의학이 이와 같은 주장에서 끌어낼 수 있는 이점을 쉽게 간과할 수 있다. 의학은 인체기관과 총체로서의 자연 사이에 존재하는 밀접한 유사성을 관찰했다. 그리하여 인체기관은 의도적인 학습 없이도, 순간순간 사리판단을 할 필요도 없이 순조롭게 기능한다고 주장했다. 이는 상처가 아무는 과정, 가골 형성, 반사 작용 등 자연의 자동적인 동작을 관찰한 결과였다.

  그러니 의학도 부분적으로는 탈레스에서 가지치기를 한 것이라고 할 수 있다.

탈레스의 후계자들

탈레스는 혼자 고립된 상태에서 연구하지 않았다. 과학이란 연구자들의 협업이 있어야만 발전할 수 있다. 탈레스로부터 추진력을 얻은 이들 연구자들을 가리켜 탈레스와 마찬가지로 자연철학자라고 부른다. 이들은 실증적이고 실리적인 정신에 입각해서 자연을 관찰했다. 이들의 관찰은 신속하게 경험에 호소하는 경향을 보였다. 이쯤에서 몇몇 이름을 거명해보자.

  우선 아낙시만드로스가 있다. 그는 최초의 지도를 작성했다. 탈레스보다 약간 젊은 세대에 속하며 부분적으로 매우 세밀한 기술자적인 정신의 소유자였다. 그는 또한 바빌론인들이 발명한 천문 관측기

'그노몬'을 사용한 최초의 인물로, 이를 이용해서 해시계를 만들었다. 그노몬은 쇠막대인데, 이것을 평평한 땅에 수직으로 세워 그림자의 변화를 관찰했다. 그렇게 하면 정확하게 정오를 알 수 있을 뿐 아니라 하지와 동지, 춘분과 추분도 알 수 있고, 그 중간에 놓인 시각과 날짜 등을 알 수 있다. 아낙시만드로스는 그노몬으로 최초의 괘종시계인 폴로스를 고안했다.

페르시아인들이 이오니아를 정복했을 때, 크세노파네스는 이오니아를 떠나 이탈리아로 망명했다. 유랑시인이 된 그는 공개된 광장에서 자작시 〈자연에 관해서〉를 낭송했다. 이 시에서 그는 전통적인 신화를 비판하고 신성을 인간의 형태로 형상화하려는 개념을 비웃었다. 다음과 같은 구절은 놀라움을 자아내기에 충분하다. "황소와 말, 사자에게 손이 달려서 그림을 그리고 조각을 만들 수 있다면, 인간이 자신의 이미지를 본떠서 신을 재현하는 것과 마찬가지로, 그들도 황소와 말, 사자로 신의 모습을 재현할 것이다." 크세노파네스는 다양한 분야에 호기심을 가졌던 개방적인 정신의 학자이기도 했다. 그는 왕성한 호기심을 발휘하여 산속에도 조개껍데기가 있음을 인정하는가 하면, 몰타와 파로스, 쉬라쿠사이(시라쿠사)의 경주장에 놓인 돌에서 물고기의 흔적을 찾아내는 개가를 올리기도 했다.

기원전 5세기에 들어오면, 아낙사고라스나 엠페도클레스 같은 학자들이 한 걸음 더 전진한다. 아낙사고라스는 천문학 및 생물학과 관련한 모든 현상에 관심을 기울였다. 그는 태양의 양쪽에 고리 모양의 밝은 점이 나타나는 환일(幻日) 현상을 흑해에서 발견하고서는 이를 설명하고자 시도했다. 또한 나일 강이 범람하는 원인도 탐구했다. 한편 엠페도클레스는 최근 들어 "베이컨의 진정한 선배"라는 평가를 받기 시작했다. 그는 유추에 의해서 몇몇 자연현상 또는 그가 자연현상이라고 믿은 현상을 설명하기 위해 매우 독창적인 경험을 상상해 냈다. 대단히 기발한 그의 시도들은 과학적인 실험이 본격적으로 태동했음을 보여준다.

 탈레스의 후계자들이 보여준 이러한 제반 노력들은 안타깝게도 자료가 충분하지 않은 탓에 제대로 알기 어렵다. 그럼에도 자연학 분야에서 기원전 5세기에 이루어진 두 가지 위대한 발견에 일조한 것만은 분명하다. 첫 번째 발견은 천체에서 해마다 진행되는 태양의 정확한 움직임이다. 태양의 1년 동안의 움직임은 하루 동안 움직이는, 또는 움직이는 것으로 보이는 궤도에 비해서 약간 비스듬한 궤도를 따라 진행된다는 것이다. 두 번째는 음(音)과 음 사이에 존재하는 정확한 수학적 값어치의 발견이다. 기원전 5세기에 일부 학자들은 이것에 친숙했던 것이다.

 이상이 탈레스의 직속 후계자들이 이룬 과학적 업적을 간략하게 간추린 것이다.

상식의 조롱거리가 된 천재

이렇게 천재적인 탈레스가 길 가는 사람이나 하인들 붙잡고 남 말하기 좋아하는 사람들의 입방아에 오르게 된 유명한 일화가 있다. 그가 밤이면 밤마다 별을 관측하느라 하늘만 쳐다보고 걸어가다가 그만 우물에 빠졌다는 이야기다. 이 재미난 이야기는 이솝 우화는 물론, 플라톤의 저술에도 등장한다. 몽테뉴의 평을 들어보자.

나는 늘 하늘만 바라보며 사는 철학자가 지나가는 길에 무언가를 놓아두고 그를 비틀거리게 만들어, 이제 구름 속에 있는 것들에 대한 생각을 자기 발치에 있는 것들에 대한 것으로 옮겨놓을 때가 되었다고 충고한 밀레토스의 아가씨를 고맙게 생각한다.

한편 라퐁텐은 이렇게 말했다.

"가엾은 녀석,
네 발 밑에 있는 것도 제대로 보지 못하는 주제에,
머리 위에 있는 것을 읽어보겠다고?"

아, 애처롭고, 그렇지만 위대한 탈레스! 어느 누가 감히 당신보다 더 현실에 뿌리내릴 수 있었단 말이오?

과학이란 참으로 인간에게는 어렵기 그지없는 정복의 대상이다. 상식에 도전해야 하며, 상식의 조롱거리가 되어야 하니 말이다.

고대 유물론자의 사라진 저서들

이오니아의 사상과 탈레스 학파는 끊임없이 변화를 거듭하는 물질적 요소에 기반을 둔 역동적인 세계관을 지향했다.

이오니아인들의 유물론은 자연에 대해 합당하지만 매우 순진한 직관, 즉 자연을 영원하고 무한하며 끊임없이 움직이고 변화하는 물질의 덩어리로 보는 관점에서 비롯되었다.

이러한 직관(입증된 과학 지식이 축적되지 않았던 당시에는 직관만이 가능했다)은 기원전 5세기에 데모크리토스에게 계승되면서 더욱 섬세하고 명확해졌다. 데모크리토스의 유물론은 그와 탈레스를 갈라놓는 한 세기라는 시간 속에서 파르메니데스 학파와 헤라클레이토스의 도전을 받았다는 점에서 매우 의미 있다. 파르메니데스 학파는 모든 것은 안정, 곧 움직임의 부재 속에서만 존재할 수 있다고 주장했으며, 헤라클레이토스는 모든 것은 변하고 사라진다고 주장했다. 파르메니데스와 헤라클레이토스의 반대 의견을 반박함으로써, 또 안정과 변화를 동시에 뛰어넘음으로써 데모크리토스는 자신만의 답을 찾아갔으며 나름대로 자연의 체계를 정립해갔다. 여기에서는 이들의 세부적인 논쟁은 건너뛰고, 데모크리토스가 세운 자연의 체계를 살펴보려 한다.

그런데 데모크리토스의 저작이 전혀 전해지지 않는 까닭에 그것은 무척 어려운 일이다. 데모크리토스의 저작은 대단히 방대했으며, 인간 지식의 모든 분야를 넘나들었다. 그럼에도 우리에게 온전하게 전해지는 저작은 단 한 권도 없다. 반면 플라톤은 역시 방대하지만 데모크리토스보다 더 방대하다고는 할 수 없는 저작을 남겼는데, 모든 작품이 한 권도 빠짐없이 온전하게 전해지고 있다. 오히려 작자가 의심스러운 저작까지 끼어들어 원래보다 더 많은 작품이 전해질 정도다.

데모크리토스와 플라톤의 저작이 이토록 다른 대접을 받은 것은 단지 우연의 소치일까? 그렇게 보기에는 어쩐지 석연치 않은 구석이 있다. 이 문제에 대해서 옛사람들이 하는 말을 그대로 받아들일 수만은 없다. 이를테면 플라톤이 데모크리토스의 모든 저작을 불태워버리려는 욕망을 감추지 않았다는 식의 이야기 말이다. 플라톤이 어쩌면 은근히 그 같은 의도를 품고 있었음을 암시하는 것일 수도 있지만, 열 길 물속은 알아도 한 길 사람 마음속은 알 수 없는 우리로서는 그런 말을 곧이곧대로 믿을 수는 없다. 다만, 그러한 속내가 겉으로 표현되었건 되지 않았건, 몇 세기의 세월이 흐른 뒤에 정말로 현실이 되었다는 것이 놀라울 따름이다. 데모크리토스의 저작은 서기 3세기에 접어들면서부터 이미 찾아보기 어렵게 된다. 그 후로는 기독교 교회를 중심으로 이루어진 고대 저작들에 대한 박해(6, 7, 8세기까지 무려 300년 동안이나 지속되었다)가 유물론의 아버지로 알려진 이 작가에 대해서는 특별히 가혹하게 자행되었다고 추측해볼 수 있다. 기독교 교회는 반대로 관념론의 창시자에게는 상당히 너그러웠다. 심지어 그로부터 기독교 신학 체계의 상당 부분을 차용했다.

그러니 그 결과는 불을 보듯 뻔하다. 우리는 데모크리토스에 대해서는 얼마 안 되는 인용문만 가지고 있을 뿐이다. 그나마도 출처가 불분명하거나 날조된 것이 적지 않다. 결국 이 위대한 철학자에 대해서는 그의 반대파들의 입을 통해서 듣는 것이 전부다. 운이 좋으면, 자연주의자로서의 경향이 강했던 아리스토텔레스와 테오프라스토스의 언급을 참고하는 것이 고작이다.

데모크리토스는 기원전 460년경 트라케 해안에 위치한 그리스 식민지 압데라에서 태어났다. 그 때문에 키케로는 데모크리토스가 신에 대해서 한 말들은 그 자신에게보다는 그의 조국(고대인들은 압데라를 멍청이 왕국의 수도라고 불렀다)에 더 잘 어울린다는 농담을 했다.

데모크리토스는 압데라에서 레우킵포스 밑에서 수학했다. 레우킵포스는 데모크리토스가 발전시키게 되는 감각적 유물론의 아버지라고 할 수 있으나, 세간에 거의 알려지지 않았다(그의 저작에 대해서는 거의 아무것도 전해지지 않는다).

그리스의 모든 위대한 사상가들과 마찬가지로, 데모크리토스 역시 타고난 여행가였다. 그러니 그가 인도에서 힌두교의 나체 고행자들과 대화를 나눴다는 이야기를 듣더라도 시큰둥하게 어깨를 으쓱거릴 일은 아니다. 그리스 사람들은 항상 이들 동양의 지혜를 대표하는 현자들에게 지대한 관심을 보였다. 그는 이집트에서 사제들과 만나 이야기를 주고받았으며, 아이티오피아(에티오피아)에도 갔다. 플라톤도 그보다 더 여행을 많이 했으면 했지 덜 하지는 않았다. 그리스의 현자들은 세계를 누비고 다녔으며, 방랑 여행으로부터 많은 것을 생산해냈다. 소크라테스만 예외라고 할 수 있는데, 소크라테스는 나름대로 이 점을 내세웠다. 백과사전적인 지식을 보유한 데모크리토스는 이집트에서는 화학을 접했으며, 올바른 지식이든 잘못된 지식이든 간에 어쨌든 자연사에 관해서도 풍부한 경험을 보탰고, 칼데아인 또는 이집트인들로부터 수학과 천문학의 기본 개념들을 배웠다.

그가 한 여행에 대해서 우리가 알고 있는 정보는 정확하지 않을 수도 있다. 하지만 이 철학자에 관해서 전해지는 파편적인 자료들을 살펴보면 그가 세계와 인류의 미래에 대해서 지극히 열린 관점을 가지고 있었다는 사실에 놀라게 된다. 새벽녘 높은 산의 정상에서 얼어붙은 뺨을 때리고 지나가는 바람처럼 상큼하고 톡 쏘면서 마음을 흥분시키는 기운이, 또 다른 저주받은 사상가들인 에피쿠로스나 루크레티우스의 저작을 읽을 때처럼, 데모크리토스의 저작을 관류한다. 이들 유물론자들은 예리하게 우리의 영혼을 찌르고, 그것이 남기는 상처는 풍성함으로 다가온다.

데모크리토스는 고대인들의 말처럼 "모든 것에 대해서 글을 썼다."

비록 그의 저작이 온전하게 전해지지는 않는다고 하더라도, 우리는 적어도 그가 쓴 글들의 제목을 알고 있다. 그 제목의 목록을 보면 그가 모든 것에 대해 글을 썼음을 확인할 수 있다. 데모크리토스는 수학에 대해서 글을 썼다. 그의 수학적 발견을 증언한 아르키메데스에 따르면 뛰어난 논문들이라고 한다. 생물학에 대해서도 글을 썼는데, 실제로 해부를 해본 사람의 경험이 묻어난다. 그것은 당시로서는 거의 유일한 사례라고 할 수 있을 것이다. 그는 물리학과 윤리학, 문헌학, 문학사, 음악에 대해서도 저술을 남겼다. 특히 자연의 체계를 정립하고자 시도했다.

그는 아주 오래 살았다. 아흔이 넘도록 살았다는 이야기도 있고, 신기록을 좋아하는 사람들의 말로는 백 살 넘게 살았다고 한다. 그게 맞다면, 그는 기원전 4세기의 절반까지 살았다는 계산이 나온다.

원자설, 최초의 무신론적인 학설

데모크리토스는 원자라고 하는 대단한 용어를 남겼다. 이 용어는 일종의 가설이었지만 여러 세기가 흐르도록 당당하게 살아남았다. 이 가설이 다른 어느 가설보다도 그의 선배 학자들과 당대에 활동한 학자들이 제시한 문제를 가장 설득력 있게 설명했기 때문이다. 현대 과학은 그가 제안한 용어를 받아들였다. 물론 그가 사용했던 의미보다는 훨씬 좁은 의미로 사용하고 있으나, 이 용어가 원자의 내부 구조를 설명하는 데 유용하다는 사실은 변함이 없다. 그만큼 원자의 존재라는 가설을 제시한 데모크리토스의 직관은 뛰어난 것이었다.

현대의 석학인 물리학자 J. C. 파인베르크는 데모크리토스가 원자에 대해서 예측한 내용과 아인슈타인이 예측한 내용 사이의 놀라운 유사성에 주목했다. 그의 말을 들어보자.

"아인슈타인은 1905년에 종이 한 장과 연필 한 자루, 그리고 자신의 두뇌만을 이용해서, 누군가가 원자를 분해하고 물질을 파괴하기 훨씬 전에 물질은 파괴될 수 있으며, 그렇게 될 경우에 엄청난 양의 에너지가 방출될 것이라고 예측했다.

데모크리토스는 기원전 5세기에 밀랍판과 뾰족한 막대기, 그리고 자신의 두뇌만 가지고, 과학이 실체의 내부를 탐구하는 것이 가능해지기 수 세기 전에 모든 실체는 원자로 구성되어 있다고 설명했다."

데모크리토스는 그가 세운 자연의 체계 안에서 단 두 가지의 원초적인 현실, 즉 원자와 빈자리만을 인정했다. 자연에 빈자리의 존재를 설정한 그의 가설은 오늘날 완벽하게 입증되었다. 오랫동안 철학자와 석학들은 단호한 태도로 "자연은 빈자리를 끔찍하게 싫어한다"고 주장해왔다. 그런데 이는 사실상 그들이 끔찍하게 싫어하는 것을 자연에게 슬쩍 떠넘긴 것이나 다름없다. 오늘날 원자의 내부와 원자들 사이에 빈자리가 있다는 것은 정설이 되었다. 졸리오-퀴리(프랑스의 핵물리학자 —옮긴이) 교수는 이렇게 말한다. "물질의 내부에는 텅 빈 거대한 공간들이 있다. 물질을 구성하는 입자들의 크기를 감안할 때, 이 같은 빈자리들은 항성 간의 공백에 비교할 수 있다."

데모크리토스는 원자를 견고하고 분리 불가능하며(원자라는 이름은 분할할 수 없음을 의미한다. 데모크리토스는 원자의 분열 가능성을 부인했다) 분해되지 않는 입자라고 정의했다. 원자는 그 수가 무한하며 영원하다. 원자는 또한 빈자리에서 움직인다. 이 움직임은 원자 밖에서 이루어지는 것이 아니다. 움직임은 어디까지나 물질과 공존한다. 물질처럼 움직임도 원초적이다. 원자들은 각기 다른 형태, 크기에 따른 무게를 제외하고는 다른 부류의 고유한 성질은 지니고 있지 않다.

데모크리토스는 우리가 감각을 통해서 인지하는 사물의 특징들은 완전히 주관적인 것으로, 실제로 원자 속에 존재하는 것은 아니라고 믿었다. 데모크리토스는 수량이라는 개념에서 출발하여 그것으로부터 질을 추론해내는 자연과학을 정립하고자 시도한 최초의 인물이다.

원자들은 마치 점, 그러니까 수학적 정의에 따른 점이 아니라 물질적인 점과 같으며, 그것은 아주 작아서 우리의 감각기관으로는 파악할 수 없다. 학자들이 원자의 구조를 해체하고 원자를 적극적으로 활용하는 오늘날에도 원자는 여전히 감각기관으로는 파악되지 않는다.

이 원자들은 부지런히 움직인다. 말하자면 이들은 고저도, 중간도, 끝도 없는 세계에서 "아무 방향에서나 서로 충돌"한다. 데모크리토스의 이 같은 주장에서 그의 자발적인 직관의 정확성을 뚜렷하게 간파할 수 있다. 그에게 자연은 "아무 방향으로나 마구 튀어 오르는 원자들"이었다. 제멋대로 움직이는 원자들 각각의 운동 경로는 그러므로 교차하게 되며, 그 결과 서로 스치고 흔들리며 높이 튀는가 하면, 충돌하고 엉킨다. 결국 "무더기들이 형성"되는 것이다.

이것이 데모크리토스가 생각한 '자연의 체계'의 출발점이었다. 천진난만하면서 동시에 결연한 이 유물론 이론으로 그는 신성을 개입시키지 않고 가장 객관적인 방식으로 이 세계를 설명하기 위해 무진장 노력했다. 데모크리토스의 학설은 이오니아의 오래된 유물론을 계승한 것으로, 고대 그리스에서 진정으로 무신론적인 최초의 학설이라고 할 수 있다.

우리가 사는 세계는 이런 식으로 형성되었다. 수많은 원자들이 구(求)형의 덩어리를 이루고 있다. 그 안에서는 가장 무거운 원자들이 구의 중심을 차지하고, 가장 가벼운 원자들은 가장자리 쪽으로 밀려난다. 가장 무거운 원자들은 대지를 이룬다. 이 대지 내부에서 가장 가벼운 원자들은 물을 이루고, 물은 대지의 표면에서 움푹 파인 곳에 깃들어 있다. 이보다 더 가벼운 원자들은 우리가 호흡하는 공기를 형성한다.

  우리가 사는 세계인 대지는 데모크리토스에 따르면, 무한한 공간 안에 형성되어 있는 여러 세계 중의 하나에 지나지 않는다. 무한히 많은 세계가 존재하며, 이들 세계 각각은 고유한 태양과 행성, 별들을 지니고 있을 가능성이 있다는 것이다. 또한 이들 태양과 별, 행성들은 형성되는 과정일 수도 있고, 사라져가는 단계일 수도 있다.

  이러한 설명에는 세계가 생성되고 보존되는 과정에 창조나 초자연적인 힘이 끼어들 여지가 없다. 오로지 물질과 운동만이 있을 뿐이다.

  데모크리토스의 학설은 기계론과도 거리가 멀다. 하지만 오늘날 일부 사람들은 그 같은 주장을 펴기도 한다. 그런데 17세기와 18세기에 활동했던 철학자들의 기계론적 개념과 데모크리토스의 사상이 유사하다고 하는 주장은 경솔하기 짝이 없다. 첫째, 데모크리토스는 예를 들어 비슷한 것끼리는 끌린다는 순진한 유유상종식 원칙과 같이 전혀 기계론적이지 않은 설명 방식을 활용하는 경우도 더러 있었다. 둘째, 그가 활동하던 당시에 기계론적 지식은 지극히 초보 단계에 머물러 있었으므로, 그의 세계관에 과학적인 토대를 제공하기엔 너무도 미흡했다. 데모크리토스의 유물론은 직관적 유물론이며 자연과학자다운 가설로서, 형이상학적인 유물론과는 전혀 달랐다. 그는 움직임이 실존과 양립 가능하다는 점을 부인하거나, 소피스트들처럼 상대성의 모순 속으로 침잠하던 당시 철학자들에 맞서서 주변 세계의 객관적 현실과 물질의 파괴 불가능성을 옹호하기 위해 자연의 체계를 정립했다.

데모크리토스가 제시한 원자 가설은 결국 옳은 것으로 판명되었다. 하지만 그는 이 가설을 과학적으로 정립하지는 못했다. 어떤 관점에서 보면, 그의 유물론은 세계를 설명한다는 임무를 제대로 수행하기에는 턱없이 불충분했다. 이는 과학 수준이 보잘것없었고, 현대 과학자들이라면 누구나 사용하는 관측기구들이 전혀 구비되지 않은 탓에 객관적으로 정립된 지식이 거의 전무한 상황에서는 어쩔 수 없는 일이었다.

이러한 문제점들을 고찰한 엥겔스는 이렇게 말했다. "바로 그 점에서 후세의 다른 모든 형이상학적 경쟁자들에 대한 그의 우월성(그리스 철학의 우월성)이 드러난다. 세부 사항을 고려한다면 형이상학이 그리스인들보다 우월할 수도 있으나, 전체적으로는 그리스인들이 형이상학에 비해서 우월했다고 보아야 한다."

인간은 "물과 진흙 속에서 태어난 우연의 산물"

이 세계에 식물성, 동물성 생명이 등장하고, 이어서 인류가 출현하게 된 과정을 언급하면서, 데모크리토스는 과학이 인력의 법칙, 같은 형태의 원자들끼리 뭉치려는 법칙을 통해서 이를 설명할 수 있다고 주장한다. 요컨대 그는 생명에 대해서 전적으로 물질적인 설명을 제시하는 것이다. 뿐만 아니라, 그에게는 생명이나 영혼은 어떤 경우에도 물질에 첨가되는 힘 또는 에너지 같은 것이 될 수 없다. 생명은 물질 안에 영원히 존재하며, 물질과 같은 본질로 이루어져 있다고 그는 주장한다. 생명은 불의 원자로 이루어져 있는데, 이 원자들은 아주 미세하며 둥글고 매끈한 데다 굉장한 이동성을 지니고 있다. 불의 원자들은 몸을 이동시키며, 그 안에 들어 있다. 생명은 불의 원자 수가 충분히 있는 한 지속된다. 대기는 수많은 불의 원자들을 포함하고 있으며, 생명체들은 대기를 호흡함으로써 죽을 때까지 생명을 유지한다.

생명체는 그러므로 원자의 결합체라고 할 수 있다. 이 원자들은 오랜 진화를 거치면서 우리가 짐작하는 형태의 결합체를 이루게 되었다고 데모크리토스는 설명했다. 데모크리토스는 인간에 대해서는 "물과 진흙 속에서 태어난 우연의 산물"이라는 가설을 제시했다.

그는 종교에 대해서는 어떻게 생각했을까? 자연과 인간이 자연적이고 물질적인 원칙에 의해 설명되며, 죽음 이후의 삶은 단호하게 부인되는 원자 체계 안에서 종교는 전혀 실체가 없는 것이 된다. 데모크리토스는 신이 존재한다고 믿는 신앙은 인간이 이해할 수 없는 자연현상, 특히 죽음과 대면해서 느끼는 두려움 때문에 생겨난다고 주장했다.

그런가 하면 신들에 대해서는 유보적인 입장을 취하는 대목도 눈에 띈다. 이는 모든 가설에 대해 열려 있는 그의 과학적 정신이 반영된 것이라고 생각해볼 수 있다. 데모크리토스는 인간보다 미세한 원자들로 이루어진 존재가 있을 수 있으며, 이들은 불멸까지는 아닐지라도 굉장히 오랫동안 살 수 있다고 말했다. 하지만 이들 존재들은 사물이나 인간에 대해서 아무런 힘을 행사할 수 없다고도 덧붙였다. 그러므로 이들의 존재(어디까지나 가정에 불과하다)는 우리 인간들에게 어떤 의무도 부과할 수 없다. 데모크리토스는 기도나 신앙심, 경배, 제물 등에 대해서는 한마디도 언급하지 않았다. 그는 온갖 무절제와 방탕으로 자신의 몸을 망가뜨리면서 신에게 건강을 갈구하는 자들을 경멸했다.

데모크리토스가 종교 문제를 다루는 방식은 대중적인 신앙심에 대한 그의 자유분방한 정신을 유감없이 보여주는 좋은 증거다.

물질을 사랑한 이유로 가장 핍박받았던 학자

인간이 외부 세계를 어떻게 파악하는가 하는 문제에 대해 데모크리토스가 설명하는 방식은 무척 흥미로울 뿐 아니라 다양한 해석을 낳았다.

인간은 감각을 통해서 물질적인 방식으로 세계를 파악한다. 예를 들어 청각과 관련한 느낌은 소리를 내는 대상으로부터 우리 귀까지 퍼져오는 원자들의 흐름 때문에 가능하다. 이 흐름은 자신들과 유사한 공기의 입자들을 요동치게 만들며, 신체기관을 통해 우리의 귀로 들어온다. 마찬가지로 시각적인 느낌은 외부 대상과는 분리되며 눈으로, 아니 눈을 통해서 우리의 뇌로 들어오는 소위 시뮬라크르라고 하는 이미지에 의해서 생산된다.

이러한 설명은 맞지 않으며, 너무 어린아이 같은 생각이다. 하지만 기원전 5세기의 물리학 상황, 그리고 감각기관의 해부학과 생리학이 등장하기 이전의 상황에서는 이보다 발전된 논리의 전개는 어려울뿐더러 설득력 있는 가설의 정립이 불가능할 수밖에 없다. 그럼에도 세계에 대한 지식이 감각과 대상으로부터 퍼져 나와 우리의 감각기관을 건드리는 원자의 흐름(오늘날 우리는 이것을 파동이라고 한다)을 통해 얻어진다는 생각은 현대 과학의 입장과 크게 다르지 않다. 현대 철학의 일부에서도 그와 같은 방식으로 사물을 재현한다.

 지식 이론에 대한 데모크리토스의 입장은 유물론적 감각주의에 속한다. 데모크리토스는 이러한 설명을 전개하면서 난관에 부딪히거나 심지어는 모순에 봉착하기도 했다. 지식의 어려움을 스스로 인식했다고 해서 그를 회의론자로 분류해야 하는 것은 아니다. 그는 회의론자가 아니었으며, 단지 과학 연구자 앞에 놓인 거대한 과제를 인식할 줄 아는 명징한 정신의 소유자였다. 그러므로 그는 이따금씩 유보적이거나 의심 섞인 심정을 토로했다. 그것은 역사의 어느 순간에라도 정직한 연구자라면 누구나 겪는 심정일 것이다. 자신이 실제로 얻은 결과와 앞으로 도달해야 할 목표 사이의 괴리를 통감하는 연구자라면 말이다. 데모크리토스는 이 같은 순간이면 연구자는 가장 아름다운 소명을 부여받은 사람이며, 자연현상의 원인을 설명하려는 목표야말로 왕관을 소유하는 것보다 더 인간을 행복하게 만드는 일이라고 말하곤 했다.

 한 예로, 그가 세운 체계, 아니 적어도 그가 활동할 당시에 고안해낸 체계가 모순에 봉착하는 상황을 대하는 데모크리토스의 모습을 보여주는 다음 구절을 보자. 위대한 의학자 갈레노스의 저술에서 인용한 것이다.

 "데모크리토스는 '빛깔도 달콤함도 씁쓸함도 모두 합의에 지나지 않으며, 사실상 원자와 빈자리만 존재할 뿐'이라며 언제는 감각적으로 파악되는 외견을 무시하더니, 감각을 내세워 다음과 같이 이성을 비난하는 말도 서슴지 않았다. '딱한 이성 같으니, 우리에게 증거라는 수단을 몰수하더니 이제 우리를 무너뜨리려는 거냐? 너의 승리는 곧 너의 패배이니라.'"

모순의 인정이 궁극적으로 대화로 이어졌다는 것은 문제의 해결, 즉 진리의 추구에만 집착하는 연구자로서의 강건한 정신을 보여준다.

데모크리토스의 체계는 해결하려는 문제의 다양함으로 보나, 그가 준수하는 원칙의 단단함으로 보나 매우 뛰어나다. M. 솔로빈이 데모크리토스에 관한 책의 결론에서 말했듯이, "이 독창적이고 일관성 있는 해결책은 관념철학이 우세하지만 않았던들 자연과학이 자연과학만의 고유한 연구를 조직하는 데 필요한 방법론적인 가설을 제공할 수 있었을 것이다."

물론 우리는 고대의 원자주의와 현대 과학의 원자론 사이의 유사성을 남용해서는 안 된다. 그사이 실험 기술이나 수학 분야에서 이루어진 엄청난 진보에 따르면, 원자는 데모크리토스가 생각했던 것처럼 더 이상 쪼갤 수 없는 가장 작은 단위가 아니다. 원자는 양전기를 띤 핵 주변에 달라붙는 일정한 수의 음전기를 띤 입자, 즉 전자들로 이루어진 체계이며, 이는 행성들이 태양의 주변을 에워싸고 있는 것과 마찬가지 양상을 보인다.

"그렇지만(나는 여기서 솔로빈의 결론을 인용한다) 최근에 이루어진 분석에서 우리에게 비친 우주의 이미지는 데모크리토스가 상상했던 것과 다르지 않다. 즉 우주란 무한하며 영원히 움직임을 계속하는 우주 공간에 흩어져 있는 헤아릴 수 없이 많은 입자들로 이루어져 있다."

그러니 데모크리토스라고 하는 위대한 사상가의 명철함과 용기에 감탄하지 않을 수 없다. 그는 위대한 업적을 이루었다. 물질에 존엄성을 부여한 것이다. 비록 그로 인해 데모크리토스의 명성에 금이 갔다고 하더라도, 그것이 그의 업적임엔 변함이 없다. 다시 말해서 그는 신체와 영혼의 결합물인 우리를 우리 자신과 화해시킨 것이다. 우리가 그의 말을 들을 수만 있다면, 그는 분명 인간이 얼마나 위대한 소명을 타고났는지를 확인해줄 것이다. 인간이 원초적 진흙에서 나왔다고 믿었던 만큼, 그는 우리를 열광적으로 흥분시키지는 못할지라도, 적어도 우리가 진화의 한 지점에 도달했으며, 앞으로의 진화를 만들어갈 장본인임을 깨닫게 해줄 것이다.

그럼에도 불구하고 아니, 그렇기 때문에 데모크리토스는 고대에 가장 핍박받는 학자들 중의 하나가 되었다. 물질을 사랑하고 찬미하며, 우리의 영혼이 물질로 만들어졌다고 감히 주장했으니, 후대 사람들로부터 '악마의 앞잡이'라는 소리를 들었던 것이다.

데모크리토스는 그로 인해 학자로서의 명성과 그가 이룩한 성과물을 잃었다. 동시대인들은 그를 '미치광이'라고 불렀다. 그는 언제나 글을 읽고 글을 쓰는 데에만 전념했다. "책만 읽다가 정신이 돌았다니까!" 압데라 사람들이 그를 어떤 말로 비방했는지 라퐁텐이 쓴 글을 보자.

"그 어떤 수로도, 그자의 말대로라면, 세계를 제한할 수 없대.
어쩌면 말이지, 세계는
무한히 많은 데모크리토스들로 가득 채워져 있을지도 모르지."

마을 사람들은 동시대의 저명한 의사였던 힙포크라테스에게 그를 데려갔다. 두 천재의 대담은 과학과 우정에 대한 주제로 이어졌다고 한다(이 일화는 완전히 허구다).

"자고로 자기 고향에서 인정받는 선지자는 없는 법"이라고 라퐁텐은 평했다.

슬그머니 자취를 감춘 고대 과학

그런데 흔히 말하듯이, "데모크리토스의 뇌가 아인슈타인의 뇌와 다르지 않게 생겼다면", 그와 이오니아 출신 선배들, 사모스의 아리스타르코스나 아르키메데스 같은 그의 후배들의 탐구에서 비롯된 과학의 탄생은 고대 문명이 낳은 가장 출중한 성과 중의 하나라고 할 수 있다. 긴 안목으로 볼 때 그것은 가장 중요한 사건임이 분명하다.

확실히 그리스의 과학은 고대 전 기간에 걸쳐 진보를 거듭하지도, 지속되지도 못했다(그 이유에 대해서는 뒤에서 다룰 것이다). 과학은 로마 시대에 들어와 거의 자취를 감추었고, 이후 여러 세기 동안 지속된 중세에도 여전히 숨을 죽이고 있었다. 아니 겉보기에는 그랬다. 인간은 자신에 대한 믿음, 자신이 지닌 이성을 통해 세계를 이해하며, 이를 좀 더 좋고 옳은 방향으로 개선해나가는 능력을 잃지 않았다.

이것이 바로 그리스 과학이 우리에게 주는 희망이며, 아마도 가장 확실한 자기 합리화일 것이다.

르네상스는 이름값을 할 필요가 있었다. 르네상스는 정확하게 고대 과학이 추락한 그 지점에서부터, 그 지점을 잊지 않고 있다가 정확하게 다시 거기에서 출발하게 될 것이었다.

chapter 4

소포클레스와 오이디푸스
: 운명에 화답하기

이제 다시 인간의 삶과 세계를 파헤치는 또 다른 방식, 즉 그리스 비극으로 돌아가 보자. 과학과 철학만큼이나 비극은 이 세계를 이해하고 설명하는 한 방편으로 제시된다. 그리스인들의 사고가 여전히 종교적 색채에 젖어 있던 기원전 5세기 중반 무렵, 비극은 실제로 그렇게 작용했다. 이 무렵, 인간의 삶의 문제들을 해결한다는 명분으로 이를 감미로운 하늘의 빛(신)에 호소하거나 주민들의 강압적인 의지(민주주의)에 맡기지 않는 사상가나 시인은 아주 드물었다.

시인의 마음을 사로잡은 오이디푸스 신화
소포클레스는 신앙심이 두터운 사람이었다. 무슨 일이 있어도, 천하없어도 신을 믿는 그에게 신앙심은 명백한 도덕이나 운명의 모호함보다 언제나 우선이었다. 하나의 신화가 유난히 장수했던 시인의 말년에 동반자 역할을 했는데, 바로 오이디푸스의 신화였다. 다른 어느 신화보다도 끔찍하고, 인간의 정의감은 물론 신앙심에까지도 크나큰 상처를 안겨주는 신화였다. 소포클레스는 15년이라는 간격을 두고 두 번이나 이 신화와 씨름을 벌였다. 기원전 420년에 처음으로 《오이디푸스 왕》을 썼을 때, 그의 나이는 75세였다. 15년 후인 기원전 405년, 아흔 살의 나이에 그는 마치 젊은 시절 자신이 썼던 결말에 대해 주저하기라도 하는 듯, 같은 이야기를 다른 형식으로 쓴 《콜로노스의 오이디푸스》를 발표했다. 그는 자신의 생각을 극한까지 밀고 나가고 싶었던 것 같다. 결국 어떻게 결말이 나는지, 신들은 과연 죄 없는 인간을 벌할 수 있는지 없는지 끝까지 지켜보아야겠다는 마음이 발동했던 것 같다. 신들이 방향타를 쥐고 이끄는 이 세계에서 과연 인간은 어떻게 될 것인지 알아야 하지 않겠는가.

이 신화의 주제라면 우리도 웬만큼 알고 있다. 어떤 남자가 한 사람을 살해하는데, 그는 자신이 죽인 사람이 바로 자신의 아버지라는 사실을 알지 못했다. 그는 그 후 자신의 어머니와 결혼을 하게 된다. 신들은 이 같은 패륜을 저지른 그를 벌한다. 하지만 따지고 보면 모든 것은 이 남자가 태어나기도 전에 이미 신들에 의해서 결정된 일이었다. 이 남자, 오이디푸스는 자신의 잘못을 인정하지만, 우리는 그럴 수 없다. 그가 그러한 잘못을 저지른 것이 그의 책임이라고 도저히 인정할 수 없는 것이다. 그는 신들의 지혜를 받아들인다. 참으로 이상한 종교이며, 참으로 경악스러운 윤리이며, 실제로는 전혀 일어날 것 같지 않은 상황과 자의적인 심리가 뒤엉켜 있는 신화가 아닌가. 그런데 소포클레스는 이 희한하고 말도 안 되는 신화를 민중들에게 설명하고자 한다. 그는 도저히 어찌할 수 없는 성격을 제거해버리지 않으면서, 이 문제에 대한 인간의 답변을 끼워 넣는다. 그 결과 의미는 하늘과 땅만큼이나 달라진다.

가장 고귀하고 영예로운 인간의 파멸

"관객들은 보시오. 끝까지 꽉 조인 태엽, 그러니까 한 인간의 계산된 파멸을 위해 지옥 같은 신들이 완벽하게 구축한 장치가 한 인간의 일생을 따라 천천히 풀려가는 과정을 지켜보시란 말이오."

장 콕토가 현대적으로 해석한 오이디푸스 왕의 이야기는 이런 말로 막을 올린다. 콕토는 제목도 아예 '지옥 같은 기계'라고 붙였다. 이 고대 비극 작품에 여간 잘 어울리는 제목이 아니다. 이 작품이 지니고 있는 외견상의 의미와 그 의미를 풀어가는 과정을 동시에 내포하고 있기 때문이다.

소포클레스는 아닌 게 아니라 극중 행위를 마치 기계 장치를 설치하듯이 쌓아올렸다. 작가의 빼어난 구성 솜씨는 극중 인물의 앞길에 함정을 만들어놓은 '그분'의 솜씨만큼이나 감탄스럽다. 빈틈없는 구성을 통해서 전개되는 기술적인 완벽성은 '누구인지 알 수 없는 그분'에 의해 착착 진행되는 재앙의 기계적인 진행을 암시한다. 인간의 행복을 이루는 내부 구조를 폭발시켜버릴 정도로 굉장한 지옥 또는 악마 같은 기계, 아니 신의 기계의 움직임. 극중 행위를 구성하는 모든 요소와 인간 심리를 구성하는 톱니바퀴들이 이 참담한 결과를

스핑크스의 두상. 고대 테라코타. 기원전 6세기 초엽. 뷔데 사진.

만들어내기 위하여 맞물려 돌아간다. 그런 광경을 지켜보는 것은 확실히 커다란 즐거움을 준다. 등장인물들은 각자 자신도 알지 못하는 사이에 일이 한 치의 오차도 없이 착착 진행되도록 기여한다. 물론 오이디푸스가 일등공신이다. 등장인물 각자는 누구랄 것도 없이 모두 기계의 부속품들이다. 행위를 구성하는 벨트이며 바퀴다. 벨트와 바퀴의 도움 없이는 전진할 수 없다. 이들은 '그분'이 자신들에게 부여한 역할을 알지 못하며, 자신들이 일부를 이루는 이 기계 장치가 어디를 향해서 굴러가는지 알지 못한다. 이 기계, 막연하게나마 자신들에게로 접근하는 것 같은 이 기계와는 무관한 자율적인 인간이라고 믿는다. 이들은 일상을 통해서, 자신이 맡은 일을 정직하게 함으로써, 요컨대 덕목이라고 하는 것을 실천에 옮김으로써 소박한 행복을 맛보는 평범한 인간들이다. 그러다가 갑자기 이들은 거대한 탱크가 자기들을 향해 굴러오는 것을 목격한다. 자신들의 삶이라는 이 탱크를 그곳까지 몰아온 게 바로 자신들이건만, 이들은 알 까닭이 없다. 탱크는 이제 막 이들을 덮쳐 짓밟을 기세다.

비극의 첫 장면에서 우리는 인간으로서 얻을 수 있는 영예의 가장 높은 곳에 우뚝 솟아 있는 한 남자를 보게 된다. 바로 궁전의 계단에 서 있는 오이디푸스 왕이다. 계단 아래쪽, 무릎을 꿇은 그의 백성들은 사제의 음성을 통해서 말을 한다. 테바이에 불행이 덮쳤고, 전염병이 돌아 백성들의 목숨을 앗아갔다. 예전에 오이디푸스는 괴물 스핑크스로부터 도시를 구해낸 바 있다. 그러니 이번에도 그가 나서서 나라를 구해야 할 것이었다. 백성들이 보기에 그는 "최고의 인간이며, 가장 뛰어난 인간"이었다. 오이디푸스에게는 과거의 모험과 선행이 영예로운 그림자처럼 따라다녔다. 소포클레스는 이 위대한 왕을 자만심 강한 왕, 명예와 부에 취해 남에 대한 배려를 잊은 가혹한 주인으로 그리지 않았다. 오이디푸스는 백성들에 대한 선한 감정과 마음 씀씀이를 가진 왕이었다. 누군가가 그에게 간청하러 오기도 전에 그는 이미 혼자서 도와줄 생각을 하고 이를 행동에 옮긴다. 오이디푸스는 중요한 결정을 앞두고 늘 그랬듯이 처남 크레온을 델포이에 보내 신탁을 듣고 오라고 한다. 백성들의 부름에 마음이 동요한 그는 자신은 테바이 전체를 대신해서 고통을 받는 사람이므로, 다른 어느 테바이 시민보다 더 큰 고통을 느낀다고 말한다. 우리는 그가 진실을 말하고 있음을 잘 알고 있다. 그는 자신이 다스리는 사랑하는 조국에 대해 책임을 느낀다. 오이디푸스의 형상은 비극이 시작되면서 줄곧 인간으로서 그리고 지도자로서 가장 고귀한 덕목을 지닌 자로 부각된다. 따라서 신들은 그를 오만하다거나 당돌하고 무엄하다는 평계로 벌할 수 없다. 오이디푸스는 진실하며 참된 인간이다. 그가 높은 영예를 누리는 것은 마땅하다. 그것이 바로 우리가 그에게 느끼는 첫인상이다. 극의 마지막 장면에서 그는 같은 장소에, 그러니까 계단 위쪽에 두 눈이 피범벅이 된 채 나타난다. 고귀함의 정점에 대비되는 비참함의 절정을 나타내는 이미지다.

　우리는 이 같은 전복을 예감했다. 운명이 그렇게 되리라는 걸 알고 있었다. 극의 초반부터 인물들의 대사에서 풍겨 나오는 역설, 즉 이 작품의 전체적인 어조를 결정하는 '비극적 역설'은 그들도 모르게 우리에게 끊임없이 경고를 보낸다. 등장인물들은 자신이 맡아서 실행한 역할, 그러니까 과거에 일어난 일들이 이제 곧 끔찍한 결과를 만들어낼 거라는 사실을 전혀 모르는 채, 안심시키는 평범한 말들, 그들의 전적인 신뢰가 담긴 말들을 늘어놓는다. 그런데 이 평범한 말들은 과거와 미래의 모든 것을 알고 있는 관객들에게는 전혀 다른 의미로 들린다. 그것은 매우 위협적이다. 시인은 이처럼 등장인물들의 무지(無知)와 관객들의 전지(全知)라는 상반된 입장을 유지하면서 극의 긴장감을 고조시킨다. 이렇듯 동시에 들리는 두 가지 의미는 마치 제멋대로 뒤섞인 음표들이 끔찍한 불협화음을 만들어내는 것처럼 느껴진다. 이것은 단순한 스타일의 문제가 아니다. 사건의 배후에 숨어 있는 신비한 힘이 아무것도 모르는 등장인물들의 입을 빌려 이처럼 역설적인 말들을 쏟아놓게 하고 있다고 우리는 느낀다. 한 치 앞을 내다보지 못하는 인간들의 어리석은 안도감을 신이 마음껏 비웃고 있는 게 아닐까…….

이후로 비극은 네 개의 '삽화들'의 연속이라는 형식으로 전개된다. 각각의 삽화에서 운명은 오이디푸스에게 그때마다 새로운 타격을 가한다. 마지막 삽화는 결국 그를 쓰러뜨린다.

이러한 구성은 너무도 분명하기 때문에 관객들은 대번에 극이 나아가는 방향과 종말을 예감할 수 있다. 관객들은 운명이 비극적 영웅을 향해 내딛는 이 네 발걸음을 그대로 따라간다. 관객들은, 작가가 매번 신화에 등장하지 않는 새로운 상황을 고안해내기 때문에, 신이 어떤 식으로 인간을 내려칠지 알지 못한다. 하지만 네 개의 삽화가 특별한 관계에 의해서 연결된다는 점은 대번에 간파할 수 있다. 연속되는 네 장면을 관통하는 일관성은 극중 행위를 시계의 동작처럼 일사불란한 방식으로 진행하게 만든다. 그런데 관객들에게는 모든 것이 논리적인 귀결이며 신이 미리 세워놓은 계획에 따른 빈틈없는 실행이지만 오이디푸스에게는 돌발적인 사고와 우연의 연속으로 비친다. 오이디푸스는 이것들이 연계되어 있음을 보지 못한다. 이 일련의 사건들이 라이오스를 살해한 자를 찾는 자신의 일관성 있는 노력을 단절시키거나 우회시킨다고 믿는다. 오이디푸스는 한편으로는 강력한 손에 이끌려 자신도 모르는 목표, 즉 라이오스를 죽인 범인이 바로 자신이라는 대미를 향해 곧장 나아가는 동시에, 한편으로는 여러 가능성 때문에 방황한다. 각각의 사건은 그를 새로운 방향으로 떠민다. 사건이 하나씩 터질 때마다 그는 어안이 벙벙해지고, 이따금씩 기쁨을 맛보기도 한다. 그에게는 아무런 경고도 주어지지 않는다. 그러므로 행위가 전개되는 과정에는 뚜렷하게 구별되는 두 가지 움직임이 있으며, 우리는 이 두 가지 움직임을 동시에 따라가는 셈이다. 하나는 암흑 가운데를 비추는 빛줄기처럼 흔들림 없는 전진, 다른 하나는 어둠 속에서 보이지 않는 장애물에 부딪혀가며 더듬더듬 자신도 모르는 사이에 희미한 빛을 찾아가는 전진이다. 그러다가 이 두 가지 움직임이 교차한다. 벌레가 갑자기 불을 만나는 격이다. 그 순간 모든 것은 끝난다(아니 끝나는 것처럼 보인다……. 빛은 여전히 정체 모를 불씨로부터 오는가, 아니면 불벼락을 맞은 인간으로부터 오는가……).

눈부신 진실 앞에서 스스로 두 눈을 찌르다

운명이 영웅을 내려치기 위해 제일 먼저 사용한 수단은 예언자 테이레시아스였다. 오이디푸스는 라이오스 살해 사건을 해결하는 데 도움을 받으려고 늙은 장님을 오게 했다. 아폴론은 테바이를 구하는 대가로 살인자를 추방하도록 했다. 테이레시아스는 모든 것을 알고 있다. 그는 장님이라지만 모든 것을 들여다보는 사람이다. 그는 누가 라이오스를 살해했는지 알고 있었으며, 오이디푸스가 누구인지도 알고 있었고, 그가 라이오스의 아들이라는 것도 알고 있었다. 하지만 어떻게 그걸 오이디푸스에게 말한단 말인가? 또 말한다 한들 누가 믿는단 말인가? 테이레시아스는 진실이 야기하게 될 폭풍을 생각하며 슬며시 한 발 뒤로 물러선다. 그는 대답을 거부한다. 그의 거부는 지극히 자연스러운 것이었다. 그 때문에 오이디푸스가 애가 타는 것도 지극히 자연스러운 일이었다. 테바이를 구할 수 있는 사람이 바로 앞에 있는데, 그 사람이 입을 열지 않으니, 얼마나 애가 타겠는가 말이다. 선량한 시민인 오이디푸스에게 이보다 더 말도 안 되는 상황이 어디 있겠는가? 이보다 더 의심스러운 상황이 또 어디 있겠는가? 그나마 납득할 수 있는 설명이라고는 딱 하나다. 테이레시아스가 라이오스 살해범의 공범이기 때문에 침묵으로 일관하고 있다면, 그런 대로 고개를 끄덕일 수 있는 일이다. 그런데 라이오스의 살해는 누구에게 득이 되었는가? 그야 물론 라이오스의 후계자인 크레온이다. 그렇다면 결론은 난 셈이다. 크레온이 바로 라이오스의 살해범이다. 이로써 오이디푸스가 내내 진행해오던 수사가 종착점에 도달하는 순간이다. 오이디푸스는 테이레시아스에게 화를 낸다. 그는 침묵으로 그의 일을 방해할 뿐 아니라, 분명 그 자신이 가담했기 때문이겠지만, 그가 필요로 하는 단서를 제공하기를 거부하고 있지 않은가?

오이디푸스 왕이 예언자에게 역정을 내는 순간 기대한 대로 새로운 상황이 야기된다. 팽팽한 심리전이 지옥 같은 기계를 굴러가게 만든다. 오이디푸스의 역정으로 진노한 테이레시아스는 진실을 털어놓는다. "자네가 그토록 찾아다니던 살해자는 바로…… 자네일세." 첫 번째 큰 타격을 받은 오이디푸스, 그가 그토록 찾던 진실과 마주하게 되었으나 도무지 그 진실을 이해할 수 없는 오이디푸스. 분노가 표출

되면서 다음 장면은 한층 고조된다. 예언자 테이레시아스는 더 엄청난 진실을 쏟아낸다. "라이오스의 살해자는 테바이의 시민이네. 그는 자신의 아버지를 살해하고, 어머니의 침대를 욕보였지." 하지만 오이디푸스는 테이레시아스가 쏟아내는 진실을 도무지 이해할 수가 없다. 그는 라이오스를 죽이지 않았다. 그는 코린토스 왕의 아들이었고, 청소년이었을 때 스핑크스로부터 테바이를 구한 이후로는 줄곧 그곳과 아무 관계도 없이 살아왔다. 이것이 그가 알고 있는 진실이다. 그는 정신이 멍해서 테이레시아스를 돌려보내지만, 그렇다고 크게 동요하지는 않았다. 그는 평소의 그다운 열정으로 운명이 가리키는 잘못된 방향, 즉 크레온의 음모라는 쪽으로 조사를 밀고 나간다.

이제 신은 오이디푸스에게 두 번째 일격을 준비한다. 이번에는 이오카스테라는 수단을 선택한다. 이오카스테 왕비는 남편과 동생 사이에 일어난 논쟁에 끼어든다. 왕비는 왕을 진정시키려고 한다. 테이레시아스가 한 말의 부질없음을 보여주는 명백한 증거를 제시함으로써 그렇게 할 수 있으리라고 생각한다. 예전에 어떤 신이 라이오스가 아들의 손에 살해되리라고 예언했는데, 라이오스는 외국에서 여행을 하던 도중 삼거리에서 강도를 만나 살해되었으며, 그의 외아들은 태어난 지 사흘 만에 산에 버려져 그곳에서 죽었다고 했다. 그러니 신들의 예언은 그리 믿을 게 못 된다고 했다.

이오카스테의 말을 들은 오이디푸스는 처음에는 자신의 결백을 확신했다. 그런데 지옥 같은 기계에는 확신을 의심으로, 안심을 불안으로 바꾸어놓는 자그마한 용수철 하나가 있었고, 이오카스테는 자신도 모르는 사이에 그만 이 용수철을 건드렸다. 무심코 흘러나온 단어 하나가 그것이었다. 왕비는 라이오스 왕이 '삼거리에서' 살해당했다고 말했다. 그런데 이 세부 사항이 오이디푸스의 잠재의식을 파고들어, 그때까지 잊고 있던 기억들을 뒤흔들어놓았다. 오이디푸스는 문득 오래전 여행지에서 지나갔던 삼거리를 떠올렸다. 어떤 마부와 벌인 싸움도 기억해냈다. 늙은 마부가 채찍으로 그를 내려쳤고, 혈기왕성했던 그는 순간적으로 분을 이기지 못하고 그만…… 혹시 테이레시아스의 말이 맞는 건 아닐까? 물론 오이디푸스는 여전히 그를 삼거리로 이끈 일련의 사건들에 대해서 아무런 의심도 하지 않는다. 다만 이오카스테의 입에서 "세 갈래 길이 만나는 곳"이라는 말을 듣는 순간 갑자기 지나간 기억들이 물밀듯 밀려왔고, 그 바람에 그다음 말, 그러니까 산에 버려진 어린아이에 관한 말은 놓치고 말았다. 그 말까지 들었다면 그의 생각은 훨씬 더 끔찍한 심연으로 곤두박질쳤을 것이다. 그러니 그가 죽인 사람이 바로 자기 아버지라고 추측하는 것은 불가능했다. 하지만 적어도 그가 라이오스를 죽였다는 점만은 인정해야 했다.

오이디푸스는 이오카스테에게 질문을 퍼붓는다. 그는 왕비가 전해준 살해 사건 이야기에서 자신이 범한 것으로 기억하는 그 사건과는 일치하지 않는 정황을 찾아내고 싶은 마음이 간절하다. "도대체 그 삼거리는 어디였소?" 장소는 일치했다. "그런데 그 사건이 일어난 건 언제였소?" 시간도 일치했다. "그 왕은 어땠소? 몇 살이나 되었을 때요?" 이오카스테는 말했다. "왕은 기골이 장대했고, 이제 막 흰 머리가 생겨나기 시작했죠." 그러더니 처음으로 생각난 듯 "이제 보니 당신하고 약간 닮은 것도 같아요"라고 덧붙인다. 여기서 우리는 비극적 역설의 힘을 간파할 수 있다. 이오카스테는 모르지만, 관객들은 이 닮았다는 말을 의미심장하게 받아들인다. 하지만 한 가지 정황이 일치하지 않는다. 삼거리 살해 사건에서 유일하게 살아남은 하인이 주인과 동료들은 강도 떼에게 습격을 당했다고 증언한 것이었다 (우리는 그가 책임을 면하기 위해 거짓말을 했으리라고 쉽게 짐작할 수 있다). 오이디푸스는 그때 자신이 혼자였음을 알고 있다. 그는 그 하인을 찾으러 사람을 보낸다. 그는 이 잘못된 세부 사항에 매달리는 반면, 관객들은 그와의 만남으로 닥쳐올 재앙을 예감한다.

운명이 가하는 세 번째 타격은 코린토스에서 온 전령이다. 바로 전 장면에서 오이디푸스는 젊었을 때 들었던 신탁을 이오카스테에게 들려준다. 그가 아버지를 살해하고 어머니와 결혼하게 되리라는 것이었다. 그 때문에 그는 코린토스를 떠나서 테바이로 오게 되었다. 그런데 이제 코린토스에서 전령이 도착해 폴뤼보스 왕의 사망 소식을 전한다. 신탁에 따르면 오이디푸스의 손에 살해되리라던 부친의 사망이다. 이오카스테가 의기양양하게 말한다. "신탁이 또 거짓말을 했군요!" 오이디푸스도 왕비와 함께 기쁨을 공유한다. 하지만 그는 신의 두 번째 위협과 마주하게 될지도 모른다는 두려움 때문에 코린토스에는 가지 않겠다고 말한다. 전령은 그를 안심시키려고 애를 쓴다. 방금 전 이오카스테가 그랬던 것처럼, 그도 전적으로 선한 의도에서 기계 장치의 부품 하나를 건드리고 만다. 그 순간 재앙이 성큼 다가온다. "왜 메로페의 침대를 두려워하십니까? 메로페는 당신 어머니가 아닙니다." 그러면서 "폴뤼보스는 내가 당신의 아버지가 아닌 것과 마찬가지로 당신의 아버지가 아닙니다!"라고 덧붙인다. 이제 오이디푸스에게 새로운 탐구 대상이 주어진 셈이다. 당연히 그는 새로운 문제에 몰두한다. 라이오스의 살해 따위는 저만치 멀어져갔다.

그는 기쁨에 들떠서 자신의 출생의 비밀을 캐는 데에만 열중한다.

오이디푸스는 전령에게 질문을 퍼부어댄다. 전령은 자신이 예전에 그 어린아이를 코린토스의 왕에게 데려갔노라고 말한다. 키타이론의 목동이 건네준 어린아이였으며, 그 목동은 라이오스의 하인이었다는 것이다.

이 대목에서 이오카스테는 번뜩 깨닫는다. 거짓말이라던 두 개의 신탁이 하나의 예언으로 합쳐지며, 완벽하게 들어맞았음을 섬광처럼 깨달은 것이다. 이오카스테 자신이 바로 그 어린아이의 어머니였으며, 그 불행한 아이의 운명을 한순간도 잊은 적이 없었다. 그렇기 때문에 산에 버려진 이 아이(다른 아이)의 이야기(하지만 결국 같은 이야기)를 듣는 순간에 누구보다도 먼저 진실을 알아챘다. 반면 오이디푸스는 비록 이오카스테가 얼핏 지나가는 소리처럼 한 말을 들었지만, 라이오스의 버려진 아이에 대해서는 아무런 관심을 보이지 않았다. 그는 자신의 출생에 얽힌 수수께끼에만 온통 사로잡혀 있었으므로 다른 것에는 마음을 쓸 겨를이 없었다. 모든 것을 알아차린 이오카스테는 그에게 더 이상 비밀을 캐려 하지 말라고 하지만, 소용없는 짓이었다. 오이디푸스는 그런 왕비의 태도를 그저 여자의 허영심, 즉 남편의 석연치 않은 출생으로 망신을 당하게 될까 봐 두려워하는 거라고 여겼다. 하지만 그 석연치 않음은 오이디푸스에게는 명예이자 기쁨이었다.

"행복한 운명의 아들인 나의 출생은 절대 나를 불명예스럽게 만들지 않을 것이오. 호의적인 운명은 나의 어머니이며, 여러 해가 흐르는 동안 미천했던 나는 이만큼 성장했소."

사실 그건 맞는 말이었다. 그는 위대한 인물로 성장했다. 하지만 인간 오이디푸스가 이루어낸 이 위대함, 그가 운명의 덕으로 돌리는 이 위대함을 운명은 그에게서 빼앗아가고, 그를 마냥 비웃으려 한다.

운명이 마침내 마지막 일격을 가한다. 오이디푸스가 입회한 가운데 코린토스의 전령과 전령에게 아기를 내어준 키타이론의 목동이 대면하기만 하면 모든 것은 밝혀질 터였다. 여기서 시인은 적절한 꾀를 내어 문제의 목동이 공교롭게도 삼거리 살해 사건의 유일한 생존자인 하인과 동일 인물이 되도록 극을 전개시킨다. 이 대목에서 소포클레스가 보여주는 경제의 원칙은 극 전체가 지니는 간결한 구성 스타일에 잘 어울린다. 충격이 그토록 정확하게, 그토록 연속적으로 가해지는 극에서는 그 어떤 군더더기도 용납되지 않는다. 게다가 작가는 오이디푸스가 단 한마디의 말로 모든 진실을 한순간에 알게 할 생각이었다. 오이디푸스가 자신이 라이오스를 죽인 살인자임을 알고 나서도 바로 그 라이오스가 자신의 아버지임을 알게 되기를 바라지 않았다는 말이다. 두 차례에 걸쳐서 하나씩 찾아오는 재앙은 극의 결말이 지녀야 하는 강렬한 밀도를 떨어뜨린다고 계산한 것이다. 따라서 모든 진실이 단 한 명의 인물을 통해서 오이디푸스의 머리 위에 벼락처럼 내려치는 방식을 택했다. 라이오스의 하인으로부터 자신이 바로 라이오스의 아들임을 알게 된 오이디푸스는 더 이상 누가 라이오스를 죽였는지를 물어볼 필요도 없었다. 진실은 갑자기 눈이 부시도록 환하게 드러났다. 따라서 그는 스스로 장님이 되는 수밖에 없었다.

이오카스테마저 목을 매달아 자살을 한 시점에서 한때 '최고의 인간'이었던 자에 대한 새로운 이미지가 우리에게 제시된다. 눈이 멀어버린 자의 얼굴이다. 그 얼굴은 우리에게 무엇을 말해주는가?

이 작품의 종반부는 이제까지 숨 가쁘게 달려온 비극, 특히 기계 장치를 순간적으로 삐걱거리게 만드는 충격적인 이야기와 오이디푸스가 자신의 눈을 찔러 처절함을 배가시키는 대목을 감안할 때, 이와는 뚜렷한 대비를 이루는 파국을 향해 서서히 나아가는 피날레라고 할 수 있다. 이제야 흡족해진 운명은 더 이상 질주하지 않으며, 잔뜩 움켜쥐고 있던 우리의 숨결을 슬며시 놓아준다. 현기증 나게 몰아치던 극중의 행위는 갑자기 서정적인 기나긴 탄식으로, 이별과 회한, 자신으로의 회귀가 이어진다. 그렇다고 해서 행위가 멈추었다고 생각해서는 안 된다. 극의 말미에서 행위는 주인공의 마음속으로 내면화되기 때문이다. 여기서 서정성은 하나의 행위에 해당한다. 서정성은 오이디푸스가 자신의 삶의 의미에 대해서 성찰하는 적극적인 행위이며, 일련의 사건들로 말미암아 발견하게 된 세계와 대면하여 그가 스스로를 바로잡는 행위인 것이다. '지옥 같은 기계'가 한 인간의 '계산된 파멸'이라는 작전을 훌륭하게 수행했다면, 이제 파멸에 이른 인간을 통해서, 그와 더불어 우리가 겪은 시련을 통해서, 행위가 다시금 시작되려고 하는 중이다. 느린 탄식과 더불어 진행되는 행위는 우리의 예상과는 달리 형제애로 승화되고, 용기로 만개할 것이다.

인간 조건에 대한 성찰, 그리고 계속되는 삶

현대인의 눈으로 보기에 모든 비극은 재앙으로 막을 내린다. 《오이디푸스 왕》은 주인공이 끔찍하기 그지없는 시련 속에서 완전히 부서져버린다는 면에서 가히 비극 장르의 압권으로 꼽힌다. 그런데 이 같은 해석은 틀렸다. 소위 서정적이라고 하는 대미에 오이디푸스의 답이 들어 있음을 망각한 것이기 때문이다. 깊은 인상을 남기는 《오이디푸스 왕》의 마지막 장면을 제대로 설명하지 않는다면 이 위대한 작품의 의미를 왜곡하는 것이나 다름없다. 아니, 《오이디푸스 왕》을 전혀 이해하지 못한 것이다.

자, 주변을 더듬거리며 비틀비틀 걸어가는 이자를 똑바로 바라보라. 그는 정말로 파멸당했는가? 우리는 그에게서 무어라 이름 붙일 수도 없는 모진 운명의 참상만을 바라보아야 한단 말인가? "죽게 마련인 인간들이여, 이 세상은 운명의 손아귀에 들어 있으니, 체념하라!" 아니, 그렇지 않다. 《오이디푸스 왕》은 물론이고, 그 어떤 그리스 비극도, 아테나이인들에게 무기력한 체념, 백기투항을 부추기지 않았다. 절망의 몸부림, 버림받은 데 대한 항의로 보이는 것을 넘어서, 우리는 두 노인(소포클레스와 오이디푸스)과 그들이 속한 민족의 파괴할 수 없는 저항력의 핵심, 이른바 '영혼의 힘'과 만나게 된다. 우리는 파멸의 운명을 맞은 오이디푸스의 내면에서 또 다른 삶이 박동하고 있음을 느낀다. 그 삶은 이제 곧 늠름하게 전진할 것이다. 오이디푸스는 운명이 자신을 향해 던진 그 돌들을 주워 새로운 무기로 삼을 것이다. 그는 싸우기 위해 다시 살 것이다. 하지만 그때의 삶은 인간 조건에 대한 좀 더 정확한 성찰을 거친 후의 삶이 될 것이다. 《오이디푸스 왕》의 종반부에서 그가 발견하는 것은 바로 이 새로운 성찰이다.

비극 《오이디푸스 왕》은 그러므로 마지막 4분의 3이 지나는 대목에서부터는 처음엔 전혀 예상하지 못했던 새로운 지평을 열어준다. 이 비극은 시작하는 순간부터 내내 오이디푸스가 자신이 살아온 삶의 의미를 깨닫는 순간의 불안과 긴장을 향해 기만적으로 우리를 잡아끄는 것으로 보였다. 그런데 알고 보니 극 전체가 신들의 교묘한 협업이 만들어낸 살인 사건, 즉 이 극에 등장하는 진정한 범죄인 죄 없는 한 인간의 살인으로 수렴하고 있다.

"……것으로 보였다." 하지만 실상은 그게 아니었다는 말이다. 시인은 서정적인 대미가 지니는 형언하기 어려운 아름다움을 통해서 이 작품의 결말은 단순히 오이디푸스의 파멸에 있지 않음을 암시한다. 극이 진행되는 내내 우리를 쥐락펴락했던 그 처절한 극중 행위는 결코 우리를 주인공의 파멸로 이끄는 것이 아니라, 우리 마음속 깊은 곳에서 두려워하면서 동시에 간절히 소망하고 있는 대답, 그때까지는 우리 자신도 알지 못했던 대답, 신들에 의해서 파멸당한 오이디푸스가 신들에게 제시할 대답을 기다리게 만든다. 그 대답이 무엇인지는 지금부터 살펴보자.

이제는 오이디푸스가 신들에게 화답할 차례

비극적인 울음을 운다는 것은 숙고하는 것이다. 위대한 시인의 작품들은 우리에게 머리로 생각하라고 말하지 않는다. 비극은 우리를 감동시키고, 우리의 마음을 뒤흔든다. 시적인 작품의 의미에 대해 자문하고 그 의미를 지적인 언어로 재구성하려 드는 건 위험천만한 일이다. 하지만 우리를 감동시키는 모든 작품은 우리가 꽉 막힌 정신의 소유자가 아닌 한 우리의 지성에도 큰 울림을 주며 우리의 존재 전체를 휘어잡는 것이 사실이다. 시인 역시 자신의 존재 전체를 던져 작품을 구성한다. 시인은 그의 영혼이 만들어낸 인물들과 우리가 공유하는 고통이 주는 오묘한 기쁨을 통해 우리의 사고를 건드린다. 그 오묘한 기쁨은 주인공에 대한 공포이며 연민이고, 그에 대한 찬탄이며 사랑이다. 그래서 우리는 비극의 주인공을 보면서 "아니, 그에게 무슨 일이 일어나는 거지? 그가 처한 이 운명의 의미는 도대체 뭐지?" 하고 묻지 않을 수 없다. 시인은 그러므로 우리에게 작품의 의미를 찾아보라고 촉구하며, 이러한 탐구는 시인 덕분에 우리가 처하게 된 감정 상태에 대한 자연스러운 반응이다.

비극 《오이디푸스 왕》과 관련해서는 대략 세 가지 정도의 반응이 나타날 수 있을 것 같다. 다시 말해서 우리는 이 비극에 세 가지 정도의 의미를 부여할 수 있을 것으로 보인다. 극이 전개되어나감에 따라 우리의 정신은 세 가지 단계를 밟아서 총체적인 의미에 도달할 수 있을 듯하다.

신에 대한 반항

첫 번째 단계는 반항이다.

한 남자가 우리 앞에 있다. 이 남자는 악마가 만들어놓은 것 같은 함정에 빠져 있다. 이 남자는 정직한 사람이다. 그런데 이 남자 앞에 놓인 함정은 남자가 존중하는 신들, 아니 적어도 한 명의 신은 그에게 흉악한 범죄를 강요했으며, 그래놓고는 남자에게 그 죄를 뒤집어씌운다. 아니, 그렇다면 정말 죄를 지은 사람은 누구인가? 또 결백한 사람은 누구란 말인가? 우리는 이렇게 외치고 싶다. 오이디푸스는 결백하다, 죄를 지은 자는 신이다, 라고.

오이디푸스는 결백하다. 왜냐하면 우리의 정서로 볼 때, 자유의지로 악을 선택한 게 아닌 이상 그에게는 아무런 잘못이 없기 때문이다.

아이스퀼로스는 같은 주제를 다루면서 라이오스에게 아들을 가질 권리를 금하는 내용의 신탁이 있었다는 식으로 설정했다. 그러니 이 아이의 출생은 이미 신에게 불복하는 행위가 되는 셈이었다. 오이디푸스는 따라서 아버지가 저지른 잘못에 대한 대가를 치르는 형국이 되었다. 물론 아버지의 잘못에 오이디푸스 자신이 지은 잘못까지 더해졌지만 말이다. 아이스퀼로스의 신은 그러므로 정당하게 벌을 내리고 심판을 한 것이 된다.

그런데 소포클레스가 신화에 대해서 내린 해석은 이와 판이하다. 《오이디푸스 왕》의 작가는 라이오스에게 내려진 아폴론의 신탁을 앞으로 일어날 일에 대한 예언으로 보았다. 더도 덜도 아니고, 그저 앞날에 대한 예측이라는 말이다. 인간의 잘못이나 신중하지 못함 따위가 문제 되어 신의 노여움을 사는 식의 구조는 끼어들 여지가 없다. 라이오스와 이오카스테는 일어날 수도 있는 범죄를 막아보려고 할 수 있는 건 모두 했다. 두 사람은 외아들을 산에 버리기까지 했다. 오이디푸스도 마찬가지다. 두 번째 신탁을 듣자 그는 부모를 버리고 떠나간다. 극의 전개를 통해서 오이디푸스의 선의나 믿음은 그 어떤 경우에도 동요되지 않았다. 그에게는 오로지 나라를 구하겠다는 욕망만 있을 뿐이다. 그 일에 성공하기 위해서 그는 신들의 도움을 받으려고 한다. 의도만으로 모든 행위를 판단한다면, 오이디푸스는 부친살해, 근친상간, 두 가지 모두에서 결백하다. 그것을 원하지도 않았고 알지도 못했기 때문이다.

그렇다면 도대체 누가 잘못을 했단 말인가? 잘못을 한 건 신이다. 신만이 어떤 합당한 이유도 없이 그 모든 일련의 사건이 일어나도록 획책했으며, 그 결과 범죄라는 파국을 맞게 되었다. 신은 인간이 선한 의도를 가지고 행동함으로써 운명의 손아귀에서 벗어날 것 같은 경우에만 개입하기 때문에 한층 더 반발심을 일으킨다. 가령 오이디푸스에게 두 번째 신탁을 내릴 때, 신들은 이 신탁이 잘못 해석될 것임을 알고 있지 않았던가. 신들은 자신들이 벌이는 놀이의 희생자, 즉 오이디푸스의 부모에 대한 효심과 연민을 잘 알고 있기 때문에, 그의 앞날에 대해서, 그의 덕성으로 실현할 수 있을 만큼만 알려준다. 신이 앞날에 대해서 알려준 내용은 결국 인간 영혼의 자유로운 요소들이 운명의 기제가 이끄는 방향으로 발휘될 수 있도록 했다. 그러므로 이러한 신의 도움은 오히려 가증스럽다.

그런데 신들은 이런 상황을 즐긴다. 비극적 역설이 담긴 대화는 무대 뒤에서 비아냥거리는 신들의 웃음소리라고나 할까.

신들에 대해서 무엇보다도 우리가 가장 용서할 수 없는 것은 바로 이 같은 비아냥거림이다. 아무 잘못도 없이 신들 때문에 죄인이 된 오이디푸스를 신들이 비웃는다면, 어떻게 그 주인공의 운명을 우리 인간 전체에 대한 모욕으로 받아들이지 않을 수 있겠는가? 이제 자존심에 상처를 입은 우리 인간들은 비극이라면 신을 고발하는 행위, 인간에게 내려진 부당한 처사에 항거하기 위한 수단으로 간주하게 된다.

이러한 반응은 매우 건전하다고 할 수 있다. 소포클레스는 정당한 분개 과정을 거쳤다. 그가 구성한 엄정한 행위의 구조를 보면 우리는 충분히 그런 느낌을 받게 된다. 하지만 그는 우리를 지배하는 주인이면서 우리의 적이 되어버린 신들을 향한 분노의 표출로 그치지 않는다. 극이 전개되는 동안 우리는 우리에게 경고를 보내는 신호들, 우리가 분노 속에 안주하지 못하도록 방해하는 장애물, 작품의 일차적 의미를 넘어서 다시 한 번 질문을 제기하도록 부추기는 암시들을 만나게 된다.

　분노 속에 안주하는 것을 방해하는 첫 번째 장벽은 합창단이다.

　우리는 고대 비극에서 합창의 서정성이 지니는 중요성을 잘 알고 있다. 물질이 형태와 연결되듯 행위와 연결된 서정성은 극의 의미를 드러낸다. 비극《오이디푸스 왕》에서 신들을 향한 우리의 분노를 고조시키는 각각의 삽화가 마무리될 때마다 합창단은 신을 향한 흔들림 없는 믿음을 고백하는 노래를 부른다. 또한 도시의 수호자인 왕을 향한 합창단의 충성심과 애정에도 변함이 없다. 다시 말해서 합창단은 변함없이 신들의 지혜로움을 믿으며, 변함없이 왕에게 애정을 표한다. 합창단은 결코 오이디푸스와 신들을 등 돌리게 만들지 않는다. 우리가 결백한 자와 죄지은 자, 가해자와 피해자를 찾아내려고 흥분한 사이에 합창단은 왕과 신을 하나로 묶고, 이 둘에게 똑같은 존경과 사랑을 보낸다. 한 남자가 자신이 이룩한 업적과 영예와 더불어 파멸의 나락으로 떨어지는 이 비극의 중심에서 합창단은 이 세계에는 오래도록 계속되는 것이 있음을 단호하게 확인해주며, 겉모습을 넘어서 그보다 훨씬 찬란하지만 알려지지 않은 현실, 우리에게 부정적인 분개심과는 다른 정서를 요구하는 무엇이 존재한다고 말해준다.

　그렇지만 이렇듯 합창단의 변함없는 신뢰를 확인하는 동안에도 한 가닥 의구심이 솟구치는 것은 어쩔 도리가 없으며, 이로 인해 신뢰심은 한층 더 진정성을 확보한다. 그러나 비록 잠시 동안이었지만 오이디푸스와 신들 사이를 갈라놓았던 이 대립을 어떻게 해결해야 할지에 대해서는 합창단도 소포클레스 자신도 아직 확실하게 알지 못한다. 겉으로 드러나는 이 순간적인 대립을 해소하기 위해서는, 진실

안에 깃들게 마련인 모순을 풀기 위해서는 무려 15년이라는 세월이 필요했다. 결국 소포클레스가 《콜로노스의 오이디푸스》를 써야 했던 것이다.

합창단 다음으로, 우리를 적개심에서 멀어지게 하는 또 한 명이 있으니, 바로 이오카스테 왕비다. 이오카스테는 상당히 이상한 인물이다. 이 여자는 부정 그 자체라고 할 수 있다. 왕비는 신탁을 부정하고, 자신이 이해하지 못하는 것, 두려워하는 것이라면 대놓고 부정한다. 왕비는 스스로를 경륜이 많은 자라고 믿지만 사실은 편협하고 회의적인 정신의 소유자다. 또한 자신은 아무것도 두려워하지 않는다고 생각하며, 스스로를 안심시키기 위해서 존재의 바닥에는 우연이 있을 뿐이라고 강변한다. "인간이 두려워해봐야 무슨 소용이 있단 말입니까? 우연만이 인간의 최고 지배자이죠. 거기에 모든 것을 맡기는 것이 최선이에요. 그러니 당신 어머니의 잠자리에 대해서는 두려워하지 말아요. 많은 남자들이 꿈속에서 어머니의 잠자리를 공유한다죠. 그런 공포를 무시하는 사람일수록 인생을 쉽게 견디는 법이죠." 이처럼 모든 것을 우연에 맡김으로써 인간 행위에서 의미를 제거해버리는 방식, 바꿔 말해서 오이디푸스가 두려워하는 신탁을 진부할 정도로 합리적(또는 프로이트적)으로 설명하는 방식은 우리를 이오카스테에게서 멀어지게 만든다. 왜냐하면 그것은 신들의 언어에 귀 기울이는 것을 거부하기 때문에 결과적으로 우리가 신들에 대한 불안감을 덜 수 있는 길로 접어드는 것을 방해한다. 우리는 이오카스테의 논리에서 세상을 바라보는 천박한 관점을 느낄 수 있으며, 그 때문에 신들에 대해서, 신들이 지니고 있는 신비함에 대해서 경솔하게 판단하는 것을 경계하게 된다. 왕비의 비뚤어진 지혜는 우리 자신의 무지를 돌아보고 이를 손가락질하게 만든다.

진실이 백일하에 드러나자 이오카스테는 스스로 목을 맨다. 이오카스테의 자살은 우리에게 참담한 공포를 안겨준다. 하지만 우리에게는 이 버림받은 영혼을 위해 흘릴 눈물이 없다.

이제 마지막 장벽을 보자. 극에서 재앙이 현실이 되어 나타나는 순간, 우리가 신들에 대해 마냥 분개할 수 없도록 만드는 예상 밖의 마지막 장벽이 세워진다. 바로 오이디푸스가 신들을 비난하지 않는다는 사실이다. 우리는 아무 잘못도 없는 인간을 공연히 핍박한다고 신들에게 맹비난을 퍼부으려고 하는데, 정작 죄인으로 지목된 당사자는 자신이 죄인임을 인정하는 것이다. 이 마지막 장면, 극중 행위가 모두 폭발하여 결국 오이디푸스의 얼굴까지 덮치는 이 엄청난 장면, 주인공과 더불어 그의 운명이 고통의 바다처럼 펼쳐지는 광대한 이 장면은 이 비극의 의미를 이해하는 데 결정적이다.

오이디푸스는 이제야 그에게 몰아친 타격이 어디에서 오는지 깨닫는다. 그는 외친다. "아폴론, 그래, 아폴론 신이야. 동지들이여, 내 모든 불행은 오로지 아폴론으로부터 왔네!"

그는 자신이 "신들로부터 미움을 받고 있음을" 알고 있다. 그는 이 사실을 몇 번이고 반복해서 말한다.

하지만 그는 신들에 대해서 그 어떤 증오심도 품지 않는다. 그의 가장 큰 고통은 어쩌면 신들을 박탈당했다는 것이 아닐까. 그는 신들과 분리되었다고 느낀다.

"이제 나는 신을 박탈당했다."

죄인, 끔찍한 범죄를 저지른 그가 어떻게 신성에 합류할 수 있단 말인가? 그의 입에서는 어떠한 비난도 신성 모독의 부르짖음도 터져 나오지 않는다. 자신을 대상으로 하는 신들의 행위에 대한 그의 전적인 존중, 자신을 시련 속에 던져 넣은 신들의 권위에 대한 그의 전적인 복종은 그가 자신의 운명이 가지는 의미를 간파했으며, 우리에게도 그걸 찾아보라고 권유하는 일종의 경고라고 할 수 있다.

아니, 당사자인 오이디푸스가 분통해하지 않는데, 우리가 무슨 권리로 분기탱천한단 말인가? 그와 더불어 우리는 신들의 질서, 정의를 넘어서 인간에게 부과되는 그 질서가 무엇인지 알아보아야 하지 않겠는가.

인간의 무지에 대한 깨달음

분개심, 반항심이 첫 번째 반응이라면, 이 비극이 우리에게 주는 성찰의 두 번째 단계는 깨달음이라고 할 수 있다. 무릇 모든 비극은 우리에게 인간의 조건을 바라보는 시선을 열어준다. 소포클레스의 이 작품은 다른 작품들보다도 특별히 더 그렇다.

비극 《오이디푸스 왕》은 인간의 비극이다. 그렇다고 해서 특별한 성격과 고유한 내면의 갈등을 가진 개별적인 인간의 비극은 아니다. 어떤 고대 비극도 이 작품보다 덜 심리적이지 않고, 이 작품보다 더 '철학적'이지 않다. 이 작품은 인간으로서 지닐 수 있는 최고의 권한을 지닌 한 인간이 인간을 거부하는 자, 곧 신과 충돌하는 비극을 다루고 있다.

시인은 오이디푸스를 완벽한 인간으로 제시한다. 그는 지혜, 판단력, 어떠한 경우에도 최선의 것을 선택할 수 있는 권한 등 인간이 가질 수 있는 모든 통찰력을 구비하고 있다. 그는 또한 결정력, 에너지,

행동에 생각을 불어넣는 능력 등 인간이 할 수 있는 모든 '행위(이건 그리스어의 번역이다)'가 가능한 사람이다. 그리스인들의 표현을 빌리자면, 로고스와 에르곤, 즉 사고와 행동의 주인이다. 요컨대 그는 생각하고 설명하며 행동하는 사람이다.

뿐만 아니라, 숙고를 통한 오이디푸스의 행동은 항상 공동체의 이익을 위해 봉사한다. 이 점이야말로 오이디푸스라는 인간의 완벽성을 보여주는 결정적인 단면이다. 오이디푸스는 시민으로서의 또 지도자로서의 자질을 타고났다. 그는 이를 '독재자'적인 입장에서 표출하지 않고 공동체의 이익에 봉사하는 방식으로 드러낸다. 그의 '과오'는 자신이 지닌 재능을 올바르게 쓰지 않는 것, 공공의 이익보다 개인의 이익을 앞세우는 악의적인 의지 따위와는 아무런 상관이 없다. 오이디푸스는 언제라도 도시를 위해서 자신을 희생할 준비가 되어 있다. 테이레시아스가 그를 두렵게 할 목적으로 "당신은 당신의 위대함 때문에 망했다"고 말했을 때, 오이디푸스는 "내 나라를 구할 수만 있다면 나 하나쯤은 망가져도 상관없다"고 대답한다.

숙고를 통한 행동, 공동체를 위한 행동의 주체, 이것이 고대인들이 생각한 완벽한 인간이었다. 이러한 인간이 운명에게 어떤 허점을 보인단 말인가?

그가 운명에게 보이는 유일한 허점이 있다면 단지 그가 인간이라는 사실, 그리고 인간의 행동은 인간의 조건을 지배하는 우주의 법칙에 복종한다는 사실뿐이다. 오이디푸스의 과오를 그의 의지에서 찾으면 안 된다. 이 우주란 그런 것 따위는 안중에도 없으며, 우리가 선한 의도를 가졌는지 악한 의도를 가졌는지도 문제 삼지 않는다. 인간인 우리가 인간의 수준에서 구축한 도덕이라는 잣대에도 전혀 개의

치 않는다. 우주는 오로지 행위 자체에만 관심이 있다. 그 행위가 우주의 질서, 우리의 삶을 내포하기는 하지만 우리에게는 낯설기만 한 질서를 방해하지 않으면 그것으로 족하다.

현실이란 하나의 총체다. 인간의 행위 각각은 이 총체 속에서 나름대로의 울림을 지닌다. 소포클레스는 원하건 원하지 않건 인간을 세계와 이어주는 연대 법칙을 강도 높게 느낀다. 행동하는 사람은 그 자신으로부터 새로운 존재(그 사람의 행위)를 분리해내는 셈이며, 이렇게 분리된 새로운 존재는 그 존재를 생산해낸 자도 전혀 예측하기 어려운 방식으로 이 세계에서 반응한다. 그렇다고는 하나 이 새로운 존재를 제일 처음으로 만들어낸 자는 이 존재로 인해 생겨나는 마지막 반응에 이르기까지 책임(법적인 책임이 아니라 사실상의 책임)이 없다고 할 수 없다. 법적으로라면, 자신의 행위가 빚어내는 결과를 알고 행동한 사람만이 책임을 지게 된다. 하지만 이 사람은 그것을 알지 못한다. 인간은 모든 것을 알 수 없으며, 그런 상태에서도 인간은 반응한다. 여기에 바로 인간의 비극이 있다. 우리는 모든 행위에 노출되어 있다. 가장 높은 위치에 오른 인간 오이디푸스는 당연히 더 많은 행위와 대면해야 한다.

이렇듯 책임에 대한 독특하게 엄격하면서도 어떤 면에서는 현대적인 의미가 도출된다. 인간은 단지 자신이 의도한 바에 대해서만 책임이 있는 것이 아니다. 자신의 행위가 만들어낸 사건의 결과에 대해서도 책임을 져야 한다. 그 결과를 미리 계산할 수 있는 어떤 수단도 없고, 따라서 그 결과를 사전에 방지할 수도 없는 상태라고 해도 말이다.

우리는 마치 모든 것을 아는 존재로 취급된다. 우리의 지식이 항상 무지와 뒤섞여 있거나, 우리가 생존하기 위해 반응하지 않을 수 없는 이 세계가 우리에게 전적으로 난해한 곳이라면, 이것은 모든 운명에 가해지는 암묵적인 위협이다. 인간은 세계의 삶에 균형을 맞추어주는 모든 힘을 알 수 없다. 천성적으로 무분별을 타고난 우리 인간의 선의는 그러므로 인간을 불행으로부터 조금도 지켜주지 못한다.

이것이 소포클레스가 그의 비극을 통해서 우리에게 전해주는 깨달음이다. 앞에서 나는 그 깨달음이 가혹하다고 말했다. 하지만 그 깨달음은 우리의 경험과 너무도 잘 부합하기 때문에 우리는 그 진실 앞에서 오히려 눈이 부시다. 진실이 주는 기쁨은 우리를 분노로부터 해방시켜준다. 그러므로 오이디푸스의 운명은 문득 모든 인간의 운명의 전범으로 다가온다.

그리고 그가 자신의 과오에 대해 대가를 치러야 한다면 한층 더 그럴 것이다. 만일 오이디푸스가 가령 《안티고네》에 등장하는 전제군주처럼 독선적이고 사나운 주인 행세를 하던 왕이었다면, 그런 왕의 추락은 인상적이긴 하겠지만 그처럼 세차게 우리의 마음을 흔들지 못했을 것이다. 우리라면 그 같은 운명을 피할 수 있을 것이라고 생각할 가능성이 높기 때문이다. 심술궂은 인간이 되는 건 피할 수 있다. 그런데 그저 인간이 되는 건 어떻게 피한단 말인가? 오이디푸스는 그저 인간이었다. 다른 어느 인간보다 훨씬 성공한 인간이었을 뿐이다. 그의 삶은 온통 선행으로 가득했다. 그런데 이렇게 잘 구축된 삶이 한순간에 갑자기 무기력해지고, 우주의 재판정 앞에서 인간이 이룬 일들의 덧없음이 적나라하게 드러나게 되다니.

사실 오이디푸스의 예 때문에 행동하기가 저어되는 건 아니다. 깊은 수렁에 빠졌어도 그에게서는 너무도 강력한 활기가 뿜어져 나온다. 하지만 이제 우리는 오이디푸스 덕분에 깨달음을 얻게 되었다. 모든 행동에는 대가를 치러야 하며, 이따금씩 이 행동의 끝은 우리에게 속하지 않을 수도 있다는 것을. 그렇다, 우리는 안다. 적어도 이 점만큼은 분명하다. 거짓으로 모든 것이 분명해 보이던 세계, 지혜와 덕목의 힘으로 다가오는 시련으로부터 우리를 보호하며 행복하게 살 수 있으리라고 생각했던 세계, 우리가 제어 가능하다고 상상했던 현실은 갑자기 불투명해진다. 그 현실은 우리에게 저항하며, 우리를 사랑하지 않고, 우리를 위해, 우리에게 봉사하기 위해 존재하는 것이 아니라 우리에게 알려지지 않기 위해 존재하는 사물이나 존재, 법칙으로 가득 차버린다. 우리는 원래 다 그런 법임을, 우리의 삶이 우리가 상상하는 것보다 훨씬 광대한 삶, 어쩌면 우리에게 형을 가하는 광대한 삶의 한 귀퉁이에 불과함을 잘 알고 있다. 우리가 또렷한 눈으로 바라보는 바로 그 순간에 우리는 사실 장님이라는 것을 잘 알고 있다. 우리는 우리의 지식이라는 것이 아주 하찮다는 걸, 아니 우리를 향한 여러 우주의 섭리 중에서 오직 하나, 생물학 법칙에 의해 우리에게 형을 내리는 그것만이 확실하다는 사실도 잘 알고 있다.

소포클레스는 오이디푸스의 실명에 놀라운 상징성을 부여했다. 그 상징은 무수히 많은 암시를 내포한다. 장님이 된 오이디푸스는 인간의 무지를 가시적으로 드러낸다. 아니, 그는 이보다 훨씬 많은 역할을 한다. 그는 인간 지식의 공허함을 보여줄 뿐 아니라 암흑 속에서 새로운 빛을 만난다. 그것은 또 다른 지식, 즉 우리 주변에 알려지지 않은 또 하나의 세계가 존재한다는 깨달음이다. 이 모호한 존재에 대한 깨달음은 이미 실명이 아니다. 그건 엄연히 시선이다.

같은 주제가 테이레시아스와 왕과의 대화에서도 감지된다. 장님은 보이지 않는 것의 시선을 통해서 보는 반면, 예언자는 암흑 속으로 침잠한다. 극의 결말에서 자신의 두 눈을 찌르는 오이디푸스는 신만이 유일한 예언자임을 보여준다. 그는 자신만의 고유한 빛, 있는 그대로의 우주를 볼 수 있도록 비춰주는 빛을 얻게 되었으며, 예상을 뒤엎고 인간으로서의 자유를 얻었음을 우리는 알게 된다.

두 눈을 찌르는 행위는 그 엄청난 결과로 인해 우리를 극의 가장 심오한 의미, 의미의 정점으로 이끈다.

피투성이가 된 얼굴이 무대에서 드러나는 순간 어째서 관객들은 공포로 경악하는 대신 희열로 전율하게 되는가?

피투성이가 된 두 눈에서 우리는 공포로 혐오감을 느끼는 대신, 오이디푸스가 운명에게 전하는 답을 찾을 수 있기 때문이다. 오이디푸스는 스스로 장님이 되는 쪽을 택했다. 그는 말한다.

"아폴론이 나를 불행으로 몰아넣었다. 하지만 나는 내 두 손으로 직접 내 눈을 찔렀다."

운명이 그에게 마련해놓은 벌을 그는 스스로 요구했고, 선택했다. 그리고 그 선택은 자유로운 인간으로서의 그가 한 최초의 몸짓이었다. 신들도 자유로운 인간인 그를 어찌할 수 없을 터였다. 오이디푸스는 수동적이 아니라 적극적으로, 자신의 마음속 깊은 곳에서 솟아나는 의지에 따라 자신에게 주어진 세계에 격렬하게 합류했다. 그의 에너지는 이 특별하고 끔찍한 행위, 그를 향한 세계의 적대감만큼이나 치열한 그 행위에 깃들어 있다.

신의 뜻에 대한 지지와 해방

그런데 수액처럼 존재의 뿌리를 통해 힘차게 올라와 그의 불행을 달래주는 이 강력한 도약은, 세계와 경쟁하던 최후의 시련 속에서 오이디푸스가 마침내 선두에 서게 되고, 운명을 받아들이기로 결심하면서 오히려 그 운명을 넘어서며, 결국 그 운명을 뒤로하게 된다는 것을 의미한다. 즉 운명으로부터 자유로워졌음을 의미한다. 그게 아니라면, 무엇을 의미하는가?

이처럼 비극의 세 번째이자 마지막 의미는 지지인 동시에 해방이라고 할 수 있다.

지지. 오이디푸스는 신이 원하는 것을 원한다. 그의 영혼이 환희 속에서 신비롭게 신성한 존재와 하나가 된다는 말이 아니다. 그리스 비극이 신비주의로 빠지는 경우는 아주 드물다. 그리스 비극은 이 세계에는 인간이 알지 못하는 힘들이 존재하며, 그 힘들이 인간의 행동을 지배한다고 하는 객관적인 사실의 인정에 근거하고 있다. 존재의 알려지지 않은 영역, 신성이라는 수수께끼, 인간의 세계와는 깊은 심연에 의해 갈라져 있는 이 미지의 세계를 오이디푸스는 또 다른 세상, 이방인의 세계로 느낀다. 어쩌면 언젠가는 정복되고 언젠가는 인간의 언어로 설명될 수 있는 세계. 하지만 현재의 시점(소포클레스의 시점)에서는 완전히 이방인의 세계이며 인간의 의식으로부터 추방해야 할 만큼 이질적인 세계로 남아 있는 곳이다. 그렇지만 신비주의자들이 그러하듯이 인간의 영혼이 받아들여야 하는 곳이 아니라, 오히려 인간화시켜야 할 곳이다.

이 세계에 대한 자유를 쟁취하기 위해 오이디푸스는 인간과 이 세계 사이에 가로놓인 심연 속으로 몸을 던졌다. 형언할 수 없을 만큼 용기 있는 행동을 통해서 그는 신들의 행위, 그를 벌하기 위해 신들이 준비한 행위, 그에게 크나큰 타격을 입힐 그 행위를 찾아 나선 것이다. 그는 이 행위를 자신의 두 손으로 스스로에게 가했다. 신들의 행위를 인간의 행위로 만든 것이다. 이는 곧 그것이 자유로운 행위였음을 의미한다.

하지만 인간을 인간 자신도 모르는 사이에 마음대로 좌지우지할 수 있는 힘을 지녔음을 인정할 수밖에 없는 이 이방인의 세계를 비극의 영웅은 자신의 사고 체계 안에서 대체할 수 없다. 그는 이 이방인 세계의 주인이 어떤 방식으로든 사랑받을 가치가 있다고 확신할 경우에만 자신의 행동을 거기에 맞춰 조율할 수 있다. 오이디푸스는 장님으로 사는 편을 택함으로써 자신의 삶을 깨달음, 즉 불행을 통해 신의 행위에서 얻은 깨달음에 부합시킨다. 바로 이런 의미에서 그는 신이 원하는 것을 원한다고 할 수 있다. 그렇지만 신의 뜻에 보내는 이 같은 지지, 성찰을 통한 용기 있는 행위라고 할 수 있는 이 지지는 어느 정도의 사랑이 없다면 불가능하다. 인간의 본성에서 기인하는 이중적인 움직임인 사랑. 여기서 사랑은 두 가지 의미를 지닌다. 첫째, 현실과 그 현실이 부과하는 조건을 존중한다는 것이며, 둘째, 살아 있는 피조물이라면 모두가 느끼는 삶을 향한 도약을 뜻한다.

어떤 경유로 그렇게 되었는지는 알 수 없으나 하여간 자신이 저지른 공격에 대해서 대가를 치를 필요가 있음을 수락한다면, 오이디푸스는 하나의 현실이 존재하며, 자신은 그 현실의 균형을 흔들어놓았음을 인정해야 하고, 자신이 봉착한 수수께끼 속에서 비록 혼미하게나마 자신이 항상 삶과 행동에 대해 취해왔던 열렬한 사랑과 결합하는 하나의 질서, 하나의 조화, 실존의 충만감을 볼 수 있어야 한다.

또한 오이디푸스는 이 질서와 조화, 실존의 충만감에는 위협이 따르며, 그 위협은 위대하게 살고 싶어하는 사람이라면 누구나 감수해야 한다는 사실을 의식해야 한다.

오이디푸스는 자신을 망가뜨린 세계를 지지한다. 그 세계는 설령 우리가 사는 세계를 향해 어떤 시도를 한다고 하더라도 살아 있는 신이 거주하는 곳이기 때문이다. 그러니 그의 행위는 명철한 용기 외에도 전적인 초연함을 요구하는 일종의 종교적 행위다. 그가 겉모습을 초월하여 감지할 수 있는 이 질서는 인간의 정신으로 명료하게 파악할 수 있는 성질의 것이 아니다. 아니, 적어도 그와 상관 있는 질서, 즉 인간을 목표로 하는 신의 계획, 도덕이라고 하는 인간의 법칙에 따라 인간을 판단하고 인간에게 좋고 나쁨을 가리는 질서는 아니다.

그렇다면 보편적인 질서는 무엇이란 말인가? 도저히 파악할 수 없는 이 법칙을 어떻게 간파할 수 있단 말인가? 우주의 근저에는 "감탄할 만한 신성함"이 깃들어 있다고 시인은 말한다. 이 신성함은 스스로 보존된다. 이 신성함은 인간의 도움 없이도 얼마든지 유지된다. 신중하지 못한 몇몇 인간들이 실수로 이 신성함을 흔들어놓는 일이 이따금씩 생기기도 하지만, 이 세계는 잘못한 녀석에게 대가를 치르게 함으로써 원래의 신성한 질서를 회복한다. 이 세계는 자신만의 법칙을 지켜나간다. 잘못은 마치 자동 기계처럼 스스로 바로잡힌다. 소포클레스 비극의 주인공이 우리 눈에 기계 장치에 의해 철저하게 부서지는 것처럼 보였다면, 그건 부친 살해와 근친상간으로 인해 조화로움에 금이 갔던 이 세계가 오이디푸스를 벌함으로써 자발적으로, 자동적으로 균형을 회복하기 위해서였다. 죄를 지은 자에게 가해지는 벌은 실수를 바로잡는다는 의미의 '처벌' 외에 다른 아무런 뜻도 없다. 하지만 자신을 파멸로 이끈 재앙을 맞이하게 되면서 오이디푸스는 이 세계가 그 존재를 드러내 보였음을 인정한다. 그는 존재의 순수한 원천을 사랑한다. 그가 이 이방인 세계에 대해 보이는 거리를 둔 사랑은, 그가 스스로에게 가한 벌을 통해서 자신을 망가뜨린 세계의 범접할 수 없는 신성함을 복원시킨 그 순간부터 예상하지 못했던 방식으로 그의 삶을 살찌우며 활기를 불어넣는다.

오이디푸스를 내친 신은 엄격하다. 그는 사랑의 신이 아니다. 사랑의 신은 아마도 소포클레스에게 너무 주관적으로 보였을 것이다. 그는 사랑의 신은 인간의 이미지와 환상에 의해 만들어진 인간 중심주의적이고, 지나치게 의인화된 신이라는 낭패감을 맛보았을 것이다. 오이디푸스의 경험에서는 이러한 신을 암시하는 대목이 어디에서도 보이지 않는다. 신은 수수께끼이며 질서다. 신은 고유한 법칙을 가지고 있다. 신은 모든 것을 알며, 전능하다. 그러니 신에 대해서는 더 이상 아무런 할 말이 없다……. 하지만 신이 우리 인간을 사랑한다고는 말하기 어렵다고 해도, 적어도 우리 인간 입장에서는 신의 지혜, 인간으로서는 알 수 없는 미지의 지혜와 협약을 맺었다는 결론 정도는 내릴 수 있을 것이다.

신은 우리를 지배하지만, 우리가 신을 알기란 불가능하다. 신탁, 예감, 꿈 등은 신이 우리에게 보내는 막연한 언어로서, 저 깊은 심연 속에서 인간의 영역을 향해 솟아오르는 물방울에 비유할 수 있다. 즉 신의 존재를 보여주기는 하지만, 그렇다고 해서 우리가 신을 이해하거나 판단하는 것을 허락하지는 않는 신호인 것이다. 이 신호들은 숙명이라는 의미보다는 인간들에게 모든 것을 아는 신의 존재를 얼핏 보게 해줄 뿐이다. 따라서 그것은 우리에게 필요한 것, 즉 법칙을 관조하게 해주는 기회로서의 의미를 지닌다. 오이디푸스, 그러니까 분명 미약한 존재이기는 하지만 우주의 엄격한 법칙과 조화를 이루며 살기로 결심한 이 피조물의 태도는 이 같은 관점에 따른 것이다. 오이디푸스가 모호한 언어를 통해서 우주가 그에게 전하는 부름을 듣게 되면, 그는 즉시 사랑의 부름을 받을 때에 버금가는 열정으로 운명의 길을 향해갈 것이다. 고대인들은 이같이 고귀한 형태의 종교심을 가리켜 아모르 파티(amor fati)라는 표현을 썼다(니체도 고대인들의 사고를 집약해서 말하면서 같은 용어를 사용했다). 공격의 망각, 세계에 대한 인간의 용서 등을 의미하는 말이다. 아모르 파티는 산산조각 난 인간의 마음속에서 운명(세계에 의한 짓밟힘)과 소명(세계를 사랑하고 완성하기)이 화해한다는 의미도 포함한다.

　창조이기도 한 사랑 안에서 보내는 지지. 이와 동시에 얻는 해방감. 오이디푸스는 문득 파멸을 딛고 우뚝 일어선다. 그리고 외친다.

　"나의 잘못이 너무도 크기 때문에 인간들 중에서 그 무게를 견딜 수 있는 자는 없다, 나를 빼고는."

　오이디푸스가 자신의 불행에 협력하여, 스스로 그 불행을 정점으로 몰아간 순간, 그가 숙고 끝에 결정한 행위를 통해서 신들이 그를 향해 빚어낸 불행의 절대적인 이미지를 완성한 순간, 운명의 수레바퀴는 멈추었고, 그는 그 바퀴를 넘어섰다. 오이디푸스는 장벽의 다른 쪽으로 건너갔다. 신의 존재를 깨닫고, 신은 엄정하게 정의할 수는 없으나 확실한 존재임을 인정한 순간부터, 자신의 삶이 엉망이 된 상태에서 신을 경험한 순간부터, 그는 신의 손아귀를 벗어났다. 그는 신에게서 심판하는 자로서의 기능을 제거했으며, 자신이 그를 대신함으로써 신을 축출했다.

신기에 가까운 재능을 지닌 예술가가 빚어낸 불행의 최고 걸작품, 그것이 바로 눈동자 저 밑바닥에 웅크리고 있던 불행의 껍쇠를 찾아내어 대명천지로 끌어낸 오이디푸스의 손이라면, 그는 이제 창조자로서의 기능에서도 신과 경쟁하는가?

이제 오이디푸스의 위대함, 인간의 높아진 지위가 다시금 우리 눈앞에 솟아오른다.

이 높아진 위상은 그러나 우리의 눈에는 전복된 상태로 보인다. 우리가 극이 시작할 무렵에 상상했던 대로의 위대함, 그의 위대함이 파멸에 이르렀다고 할 때의 그 위대함과는 반대되는 의미의 위대함이다.

초반부의 위대함은 마치 잠시 빌린 듯한, 정복한 왕좌의 높이, 모험의 수량 등 인간이 운명에게서 기습적으로 갈취할 수 있는 모든 것을 포함하여 외부 척도에 의해 측정될 수 있는 행운의 위대함이며, 일시적인 위대함이었다. 그런데 지금의 위대함은 재앙이라고는 알지 못하던 위대함이 아니라 불행과 시련의 위대함, 육체와 사고의 내밀함과 더불어 기꺼이 감수하는 고통의 위대함이며, 인간의 불행의 무한함, 오이디푸스가 스스로 택한 불행이 아니고서는 측정할 수 없는 위대함이다. 우리가 짊어지고 태어난 고난의 거대함으로 대신할 수 있을 이 위대함은 자신을 파멸시키고자 그 악을 만들어낸 자에게 원망이 돌아가기를 원하지 않으며, 자신의 고통을 통해서 그 악을 보상하기로 결심한 자의 위대함이다. 신들이 밝은 태양빛 아래에 드러나기를 원하지 않았던 그 위대함을 오이디푸스는 평화 속에서, 깜깜한 밤이 주는 평화가 아닌 영혼의 별밤이 주는 평화 속에서 복원시켰다. 이 위대함은 신들의 선물, 은총, 배려 등으로부터 순수하게 정화되었으며, 신들의 저주, 신들의 공격, 신들이 주는 상처를 자양분으로 삼으며, 명철함과 결단력, 자아에 대한 이해를 동반하게 될 것이다.

　이처럼 인간은 운명에 대답했다. 인간을 복속시키려던 운명의 시도에 인간은 스스로를 해방시키는 것으로 응답했다.

노년에 다시 쓴 《콜로노스의 오이디푸스》

《오이디푸스 왕》은 모든 상황에서, 심지어 운명이 자신에게 공격을 가한 상황에서조차 인간은 자신의 위대함과 위엄을 유지할 수 있음을 보여주었다.

　비극적 위협은 생명에는 절대적인 위협이 될 수 있지만 영혼과 영혼의 힘에 대해서는 완전히 무력할 수밖에 없다.

　우리는 《콜로노스의 오이디푸스》에서도 이 같은 영혼의 단호함이 그대로 유지되고 있음을 본다. 여러 해 전부터 방랑길에 오른 오이디푸스는 첫 행부터 자신의 입을 통해 끔찍한 고통 속에서도 자신을 지탱하게 해주는 지고의 덕목을 확인해준다.

　소포클레스는 《콜로노스의 오이디푸스》를 쓰면서 인간 삶의 평범한 한계를 뛰어넘었다. 그는 오이디푸스에 대해서 오래도록 숙고했으며, 그와 더불어 살았다. 《오이디푸스 왕》의 마지막 부분에서 주인공이 운명에게 던진 답변은 죽음을 앞둔 소포클레스의 마음에 흡족한 답이 아니었다. 물론 오이디푸스의 삶의 그 시점에서는 여전히 유효한 답임엔 틀림없었다. 하지만 오이디푸스의 삶은 그 후로도 계속되지 않았는가. 신들은 혹시 그와 다시 대화를 나누지는 않았을까? 아니면, 다시 한 번 그를 공격하지는 않았을까? 《콜로노스의 오이디푸스》는 오이디푸스와 신들 사이에 벌어진 논쟁을 담고 있다. 물론 신화에 비추어 논쟁을 이끌어가긴 하지만, 거기에는 소포클레스 자신이 극도의 노화 상태에서 직접 겪은 내밀한 체험도 적잖이 작용한다. 소포클레스는 죽음이 다가오자 이 비극에서 인간의 조건과 신의 조건 사이에 하나의 가교를 놓으려고 시도한다. 《콜로노스의 오이디푸스》는 인간과 신, 즉 삶과 죽음을 갈라놓는 심연을 건너보려고 시도한 유일한 그리스 비극이다. 이 비극은 오이디푸스의 죽음을 주제로 삼고 있다. 그의 죽음이라지만 사실은 죽음이 아니다. 그의 죽음은 신의 선택을 받은(왜 그가 선택을 받아야 하는지는 아무도 모른다) 자가 영웅의 조건으로 편입되는 과정이기 때문이다.

영웅들은 고대 종교에서 매우 강력한 힘을 가진 존재들이다. 이들은 때로는 까탈스럽게 친절한가 하면, 대부분의 경우에는 괴팍하다. 오이디푸스라고 하는 영웅은 원래 소포클레스가 태어나고 자란 콜로노스 마을의 수호신이었다. 어린 소포클레스는 고향 마을의 땅속 깊은 곳에 사는 이 변덕스러운 신격의 시선 속에서 성장했다.

《콜로노스의 오이디푸스》에서 소포클레스는 그리스인들, 아테나이 시민들, 그리고 그 자신과 테바이로부터 추방된 늙은 왕, 지구상을 떠돌아다니는 형벌을 받은 무법자이자 동시에 앗티케 땅에서 이상한 방식으로 생존을 이어가는 구원자, 젊은 시절의 소포클레스에게 도약의 기회를 안겨준 이 신 사이에 존재하는 거리감을 메워주려고 애를 쓴다.

이 비극은 앞에서도 말했지만 오이디푸스의 죽음, 좀 더 정확하게 말하자면, 오이디푸스가 인간의 조건에서 신의 조건으로 이행하는 과정을 주제로 삼고 있다. 그런데 소포클레스의 청년 시절, 올리브나

무와 야생 월계수, 꾀꼬리, 나룻배, 말 등으로 풍요로웠던 농촌에서 보낸 그 시절과 묵직한 갈등과 가슴을 에는 슬픔 등 산전수전을 다 겪은 다음 맛보게 되는 평온함으로 가득 찬 노년 시절, 이렇게 이중의 함축 때문에 뛰어난 시로 엮어진 이 독창적인 비극은 인생의 막바지에 이른 소포클레스가 죽음과 신들에게서 발견하기를 원하는 모든 소망을 우리에게 드러내 보여준다.

죽음을 향해 걸어가는 오이디푸스

오이디푸스는 세 단계를 거쳐 죽음에 이른다. 그는 콜로노스의 늙은 농부들과의 대결, 크레온과의 대결, 아들 폴뤼네이케스와의 대결 등 세 번의 투쟁 끝에 마침내 죽음을 쟁취한다. 그에게서 죽음을 빼앗아 가려는 이 세 번의 전투에서 오이디푸스는 노인치고는 아주 특별한 에너지를 발동하며 열정을 보인다. 특히 아들과의 사이에서 벌어진 최후의 전투에서는 거의 참을 수 없을 정도로 맹렬한 공격성을 보여준다.

하지만 죽음이 마치 쟁취해야 할 중요한 재화라도 되는 듯이 우리를 이끌어가는 이 전투 장면들은 기쁨과 애정, 우정 그리고 죽음에 대한 신뢰에 찬 기다림 등 보통의 경우와는 완전히 정반대되는 감정들로 점철되어 있다. 투쟁 장면들은 따라서 노인 오이디푸스가 사랑하는 사람들에게 에워싸인 가운데 마지막 남은 힘을 그러모으며, 그가 간절하게 기다리는 죽음을 준비하는 장면들과 연결되어 있다. 그는 기억 속에서 삶의 고통들을 되짚어본다. 그 기억들은 이제 곧 그에게 아무런 고통도 주지 않게 될 것이다. 평화스러운 이 모든 감정

아버지에게 입 맞추는 딸. 도우리스가 제작한 잔. 기원전 480년경.
룰리스와 히르머의 《그리스의 단지》(뮌헨)에 실린 사진.

델포이의 체력 단련장에 심어진 올리브나무.

의 흐름은 우리를 오이디푸스의 예정된 죽음이 주는 평안으로 이끈다. 이 죽음으로 비극은 장엄하게 완성된다.

오이디푸스의 죽음은 그러므로 평화와 투쟁이라는 두 가지 상반되는 흐름의 끝에 놓여 있다. 그의 죽음은 투쟁의 결과이며 기다림의 완성이다.

우리는, 이렇게 말해도 된다면, 이런 말들이 의미를 지닐 수 있다면, 죽음에 대한 일종의 깨달음을 향해 걸어간다. 모든 것은 소포클레스의 예술 덕분에 그 말들이 의미를 지닌 것처럼 진행된다.

비극의 첫 번째 장면은 익숙하면서 비장미 넘치는 시 구절로 이루어져 있다. 늙은 장님 오이디푸스와 맨발의 젊은 아가씨는 함께 자갈길을 걷는다. 두 사람이 이렇게 길 위에서 산 지 몇 년이나 되었는지 우리는 알지 못한다. 지친 노인은 앉고 싶어한다. 그는 지금 있는 곳이 어디인지 묻는다. 이 장면은 몇 번이나 반복되었을까? 젊은 아가씨 안티고네는 장님을 대신해서 주변을 둘러본다. 그러고는 눈에 보이는 풍경을 묘사한다. 안티고네는 또한 우리들, 그러니까 관객들을 위해서도 바라본다. 틀림없이 무대 위에는 나무가 그려진 광목천 장식이 드리워져 있었을 것이다. 소포클레스는 그림으로 그린 무대 장치를 처음으로 시도했다. 하지만 진정한 무대 장식은 바로 안티고네의 입을 통해서 흘러나오는 시다. 이 젊은 아가씨는 월계수와 올리브 나무, 포도 덩굴들로 이루어진 성스러운 숲을 묘사한다. 안티고네는 또 우리에게 꾀꼬리의 노랫소리를 들려준다. 우리는 길 가장자리에 놓인 바위 의자를 보며, 멀찍이 자리 잡은 아테나이의 높디높은 성벽들도 본다.

노인은 앉는다. 아니 안티고네가 노인을 바위 위에 앉힌다. 바위에 걸터앉은 노인은 숨을 고른다. 대본에는 이 대목이 가슴을 쿵 하고 때릴 정도로 정확하게 묘사되어 있다. 오이디푸스는 세 가지 덕분에 시련 속에서도 버텨왔노라고 딸에게 말한다. 세 가지 중 첫째는 인내다. 그는 '사랑하다'의 의미도 담고 있는 이 용어를 선택하여 제일 앞에 두었다. 두 번째로는 체념을 꼽는다. 이 체념 또한 존재와 사물들에 대한 사랑과 혼동될 수도 있다. 세 번째이자 마지막이면서 가장 효과적인 덕목은 '영혼의 단호함', 즉 불행마저도 어쩌지 못하는 자연적인 고귀함, 관대함이다.

그때 길 위에 행인이 한 명 나타나고, 두 사람은 행인에게 묻는다. 행인은 "바로 여깁니다. 여기가 대지와 어둠의 무섭고도 선한 딸들인 에우메니데스의 신성한 숲이죠"라고 대답한다.

노인은 몸을 떤다. 행인의 입에서 흘러나온 이야기가 신탁에서 그의 죽음의 장소로 지목된 곳과 일치한다는 것을 알았기 때문이다. 노인은 온 힘(왕년의 오이디푸스가 지녔음직한 에너지)을 다해 이 장소를 떠나지 않겠다고 선언한다. 그는 죽음을 원한다. 죽음이 그에게 휴식을 가져다줄 것을 확신하기 때문이다. 행인은 테세우스에게 이를 알리기 위해 서둘러서 길을 떠난다. 다시 안티고네와 단둘이 남게 된 오이디푸스는 "무서운 눈을 가진 여신들"에게 자신을 불쌍히 여겨 영면을 허락해달라고 기도한다. 이미 그의 몸은 상처뿐이다. 그는 이 남루한 껍데기를 벗어버리게 될 것이다. 곧 죽게 될 것이라는 말이다.

발자국 소리가 어지럽게 들려온다. 이방인들이 신성한 숲에 들어왔다는 소식을 듣고, 이 같은 신성 모독에 분노를 금치 못한 한 무리의 콜로노스 농부들이 몰려오는 소리였다. 그때 오이디푸스가 제일 먼저 취한 행동은 숲 속으로 들어가는 것이었다. 그는 자신의 죽음을 남의 손에 빼앗기고 싶지 않았다. 농부들은 숲 언저리에서 그의 동태를 살폈다. 그러고 있을 때 오이디푸스가 갑자기 모습을 드러냈다. 그는 어디에서고 오래도록 몸을 숨기고 있을 위인이 아니었다. 오이디푸스는 자신의 죽음을 지키기 위해 나선 것이었다. 조심성 없고 분별없는 온갖 질문이 쏟아지자 오이디푸스는 마침내 자신의 끔찍한 정체를 밝히고, 농부들로 이루어진 합창단은 공포로 전율한다. 폭력은 사용하지 않겠다고 한 다짐을 잊고 합창단은 "여기서 나가, 이 나라에서 나가"라고 외친다. 오이디푸스는 더럽혀진 존재였다. 그러니 그를 추방해야 마땅했다.

오이디푸스는 농부들과의 이 첫 번째 대결에서부터 《오이디푸스 왕》에서와는 달리 자신이 결백하다고 주장한다. 그는 오랜 고통 끝에, 더디게 한참 동안 이어지는 길 위에서의 여정을 통해서 그와 같은 결론에 도달한 것처럼 보인다. 이 새로운 감정과 더불어 그는 자신을 짓밟은 신들에게 항의한다. 아주 간단하게도 그는 신은 신이고, 자신은 결백하다는 두 가지 사실을 동시에 깨달은 것이다. 뿐만 아니라 신들이 그를 건드리고, 매일매일 점점 더 큰 고통 속으로 밀어넣은 덕분에 그의 고통은 이제 성스러운 경지에 이르렀다. 오이디푸스는 혼미하게나마 신들에 의해서 고통을 당하는 자는 인간의 손아귀, 가령 그를 잡기 위해 내미는 위협적인 농부들의 손에서 벗어난 곳에 있다는 사실을 느끼고, 이를 밖으로 드러내어 말한다. 그의 성스러운 몸은 죽은 후에도 이 에우메니데스의 숲에 머물러야 한다. 신들의 저주, 자신의 의지와는 상관없이 감수하게 된 치욕으로 더럽혀진, 불순한 동시에 신성한(원시 부족에게 이 두 가지는 사실 같은 것이다) 육신은 이제 새로운 능력을 얻게 될 터였다. 그의 육신은 마치 성유골처럼 이를 보관하는 자에게는 영원한 축복의 원천이 될 것이었다. 오이디푸스는 자랑스럽게 이를 합창단의 농부들에게 알린다. 자신의 육신을 앗티케의 주민들에게 가져가면 이는 나라 전체, 아테나이 도시 전체에 좋은 일을 하는 것이며, 덕분에 그 도시는 영원히 위대함을 간직할 수 있으리라고 장담한다.

이에 농부들은 물러난다. 이로써 오이디푸스는 첫 번째 대결에서 승리를 거둔다.

이후로도 크고 작은 사건들이 연달아 발생하면서 극은 계속된다.

가장 가슴 아프고 결정적인 장면은 폴뤼네이케스의 탄원과, 그의 아버지 오이디푸스가 이를 듣지 않겠다고 단호하게 거부하는 장면이다.

아들은 아버지 앞에 선다. 아버지를 추방하고, 그래서 아버지를 망명과 곤궁의 길로 내몬 아들이다. 폴뤼네이케스는 자신이 저지른 일의 결과와 마주한다. 그는 그 때문에 무너진다. 두 눈이 먼 채 이 길 저 길을 방랑하는 이 노인, 굶주림으로 퀭한 얼굴과 손질하지 않은 머리에 꼬질꼬질하게 때가 묻은 더러운 외투를 맨몸에 걸친 이 인간 쓰레기 같은 자가 바로 자신이 내친 아버지였다. 그는 적으로부터 그를 구해달라고, 그래서 빼앗긴 왕좌를 다시 찾아달라고 아버지에게 애원하고, 그를 위해서 아버지를 모셔가야 할 형편이었……. 하지만 그는 아무것도 간청하지 못한다. 그저 자신의 잘못을 고백하고 용서를 구할 뿐이다. 그는 위선이라고는 전혀 찾아볼 수 없을 정도로 소박하게 용서를 구한다. 그의 입에서 흘러나오는 말에는 진심이 담겨 있다. 오이디푸스는 아들의 말을 듣는다. 하지만 한마디도 대답하지 않는다. 그는 이 아들을 증오한다. 폴뤼네이케스는 거대한 증오의 벽에 부딪힌다. 그는 누이 안티고네에게 어떻게 해야 하느냐고 묻는다. 안티고네는 그저 다시 말해보라고, 계속 그렇게 하라고만 답한다. 그러자 폴뤼네이케스는 다시 입을 연다. 동생 에테오클레스가 자꾸 싸움을 건다고 말한다. 그는 자신만을 위해서가 아니라 여동생들을 위해서, 또 아버지를 위해서 말한다면서, 아버지를 궁으로 모셔가서 왕위를 다시 찾아드리겠노라고 약속한다.

하지만 그는 꿈쩍도 하지 않는 원한의 벽에 부딪힌다. 오이디푸스는 묵묵부답이며 원색적이다.

보다 못해 합창대장이 나서서 폴뤼네이케스를 보낸 테세우스를 봐서라도 제발 뭐라고 대답해보라고 간청한다. 증오심에 가득 찬 노인은 예의를 아는 사람인지라 마침내 입을 연다. 하지만 그건 어디까지나 자신을 그 땅에 받아준 주인에 대한 예의에서다. 그리고 마음속에 품고 있던 무서운 저주를 토해내기 위해서다. 죽음을 목전에 둔, 그리고 죽음이라는 영면이 주는 평화를 갈구하는 노인은 아버지로서 마지막으로 아들을 바라보는 이 순간, 탕자 아들이 잘못을 뉘우치는 이 순간에도 좀처럼 해묵은 증오를 누그러뜨리지 않는다.

이처럼 깊은 울림을 지니는 여러 장면을 통해서 우리는 마음의 평화를 얻어가는 오이디푸스, 테세우스와의 우정에서 기쁨을 얻으며, 되찾은 이스메네나 안티고네의 애정에서 온화함을 느끼는 평화로운 오이디푸스를 발견하게 된다. 그가 분노를 누그러뜨릴 수 있었던 것은 그에게 부과된 비천한 삶의 조건이 주는 긴 고통으로 인한 일종의 학습 효과 덕분이라고 할 수 있다. 그는 방랑길에서 운명을 받아들이는 법을 배웠고, 야차같이 모진 삶에 복종하는 법을 배웠다. 하지만 그가 받은 모욕을 잊고 용서하는 법만은 배우지 못했다. 그는 적들을 용서할 줄 몰랐다. 그의 아들들은 그를 적으로 대했다. 따라서 그도 대접받은 대로 아들에게 되돌려주는 셈이었다. 그는 아들들을 저주했으며, 아버지의 저주는 다른 무엇보다도 더 무섭고 끔찍했다.

"아니, 아니, 너는 결코 테바이를 무너뜨릴 수 없다. 먼저 무너지는 것은 바로 너, 너와 더불어 네 동생도 살해당하는 치욕 속에서 무너질 것이다! 이것이 바로 내가 너희들에게 내리는 저주다……."

오이디푸스는 그가 던진 저주의 말에 효력을 더하기 위해 몇 번이나 주문을 반복했다.

"형제의 손으로 너는 살인을 할 것이며, 그 뒤를 이어 너 역시 너를 몰아낸 자의 희생양이 되어 죽을 것이다! ……나는 또한 타르타로스의 섬뜩한 그림자를 불러 너를 그 안에 품으라고 청할 것이다……. 나는 그곳의 여신들에게, 그리고 너희 두 사람의 마음에 죽음과도 같은 증오를 심어준 아레스 신에게도 간청할 것이다. 가거라! 오늘 오이디푸스가 아들들에게 나누어줄 선물은 이것이니라."

이처럼 아들을 저주한 노인은 갑자기 입을 다물더니 다시금 바위 같은 침묵 속으로 빠져들었다. 반면 안티고네와 폴뤼네이케스 남매는 오래도록 울음을 멈추지 않았다. 결국 폴뤼네이케스는 자신의 운명이 시키는 대로 길을 떠났다.

이 작품에서 오이디푸스가 이보다 더 무섭게 보이는 장면은 없다. 아마 이 뒤로도 없을 것이다. 그는 야수처럼 삶과의 모든 계산을 끝냈다.

이제 신들은 이 길들여지지 않는 노인에게 영예를 허락할 것이다.

그때 갑자기 벼락 치는 소리가 들린다. 오이디푸스는 그를 부르는 제우스 신의 음성을 알아차린다. 그는 테세우스를 불러달라고 간청한다. 그만이 유일하게 자신의 임종을 지켜보아야 한다고, 그만이 자신의 후손들에게 전할 비밀을 듣도록 해달라고 한다.

오이디푸스는 이제 두려움에서 해방되었다. 장엄한 최후의 순간이 다가옴에 따라 우리는 그가 죽을 운명에 처해 있는 비참한 육신의 무게로부터 놓여나고 있음을 느낄 수 있다. 실명도 더 이상 그가 앞으로 나아가는 데 장애물이 되지 못한다.

"나를 이끌어줄 손이 없다고 하더라도 나는 이제 곧 내가 죽을 곳으로 자네를 인도할 것이네"라고 그는 테세우스에게 말한다.

그는 자신의 팔다리에 '어두운 빛'이 와 닿는 것을 느낀다. 이 보이지 않는 빛에 이끌려 그는 신성한 숲 속으로 들어간다. 두 딸과 테세우스가 그를 뒤따른다. 합창단은 영면을 노래한다.

조금 전에 등장했던 행인이 다시 나타난다. "그는 죽었습니까?"라고 합창단이 묻는다. 행인은 무어라고 대답해야 할지 몰라 망설인다. 그는 오이디푸스의 마지막 말, 딸들에게 보내는 작별 인사를 전해준다. 작별 인사를 건넨 노인은 테세우스와 단둘이서 숲 속으로 들어갔다. 그때 하늘에서 오이디푸스의 이름을 부르는 음성이 들려온다. 또 한 번 천둥이 친다.

다른 사람들은 여기저기 흩어져 있었다. 그들이 다시 돌아왔을 때 "오이디푸스는 거기에 없었다. 그곳엔 아무도 없었다. 오직 테세우스 왕만이 손으로 두 눈을 가리고 있었다. 마치 그의 앞에 나타난 초자연적인 무엇인가를 차마 바라볼 수 없어서 그러는 것 같았다. 그러더니 왕은 그 자리에서 몸을 굽혀 대지와 신들에게 경배를 표했다."

오이디푸스는 어떻게 죽었을까? 그건 아무도 모른다. 그는 과연 죽었을까? 아니, 죽는다는 건 도대체 뭘까? 오이디푸스의 삶과 이 놀라운 죽음 사이에는 상관관계가 있는 걸까? 있다면 어떤 상관관계일까? 우리는 쏟아지는 모든 질문에 답할 수 있는 입장이 못 된다. 다만 영웅이 너무도 강렬한 빛 속으로 사라져버리는 이 이상한 죽음을 통해서 신들이 오이디푸스를 위해 자연적인 법칙을 차단했다는 것 정도를 느낄 수 있다. 오이디푸스의 죽음은 새로운 세계를 세우는 것처럼 보인다(가령 니체 같은 사람에게는 특히 그렇게 보일 것이다). 운명이 더 이상 존재하지 않는 새로운 세계 말이다.

죽음, 삶의 투쟁 끝에 찾아오는 평화와 휴식

비극 작품《콜로노스의 오이디푸스》의 해석이란 무척 미묘한 작업이 아닐 수 없다. 무엇보다도 이 작품과《오이디푸스 왕》을 갈라놓는 엄청난 차이에 대해서 주목할 필요가 있다.

처음 쓰인 작품에서 오이디푸스는 자신의 잘못을 고백하고 모든 책임을 진다. 그런데 나중에 쓰인 작품에서는, 시종일관 자신의 결백을 주장한다. 그는 정당방위라는 이유를 제시하는데, 이는 아테나이 법정에서였다면 무죄 판결을 이끌어낼 수 있는 이유였다.

하지만 두 작품 사이에 존재하는 것으로 보이는 모순과 갈등(두 작품 사이에 존재하는 시간적 차이는 오이디푸스의 삶에서 두 가지 상반되는 행위가 나타날 수 있음을 정당화해준다)은 외견상의 모순과 갈등일 뿐이다. 거기에는 여러 가지 이유가 있다. 그중에서 가장 중요한 이유를 꼽자면, 두 번째 작품에서 오이디푸스가 자신의 결백을 주장하는 것은 오로지 인간의 논리, 인간의 권리에 의거해서만 그럴 수 있다는 사실이다. 그는 자신의 운명을 좌지우지할 수 있는 인간들에게 말하며, 그들로부터 보호와 정의를 얻고자 한다. 그는 정의로운 인간들이라면 그에게 유죄 판결을 내릴 권리가 없다고, 그는 인간적으로 결백하다고 확신한다.

그의 결백함은 따라서 인간 사회와 관련지어서 볼 때 얼마든지 수긍이 간다. 오이디푸스는 "법적으로 결백하다." 다만 절대적인 관점에서는 그렇게 단언할 수 없다. 만일 그것이 가능하다면, 오이디푸스의 새로운 인식은 신들에 대한 태도의 돌변으로 표현되어야 마땅하다. 그가《오이디푸스 왕》에서 보여주었듯이, 그의 삶에 개입한 신들의 행위에 대한 존중, 신의 전지전능하심을 보여주기 위해 그 자신이 선택받은 데 대한 공포와 경배심이 뒤섞인 복합적인 감정은 아무 죄 없이 신들에게 짓밟혔다는 데 대한 분노와 적개심으로 바뀌어야 마땅하다는 말이다. 하지만 두 번째 작품에서 이와 같은 감정의 기복은 전혀 감지되지 않는다.《오이디푸스 왕》에서와 마찬가지로 그는 신들이 자신의 삶에 개입했으며, 이 사실을 간단하게 인정한다. 그것도 자신이 인간적으로 결백하다고 주장하는 바로 그 대목에서 그렇게 한다("그건 신들에게는 기분 좋은 일이었다"거나 "신들이 모든 일을 조종했다"는 식이다). 요컨대 두 작품 모두에서 오이디푸스는 전혀 탄식하지 않는다.

《오이디푸스 왕》에서나《콜로노스의 오이디푸스》에서나 그는 똑같이 객관적인 태도로 무심함을 표현한다.

"나는 어쩌다 보니 아무것도 모르는 채 여기까지 왔다. 그들은 알고 있고, 그들이 나를 파멸시켰다."

그의 파멸은 그러므로 그 자신의 무지함과 신의 전지함(무죄와 유죄,

이런 말은 너무도 인간적이다)을 증명해줄 뿐이다.

하지만 《오이디푸스 왕》의 종결 부분에서도, 《콜로노스의 오이디푸스》 전체에서도 신들에게 파멸당한 왕은 오로지 그 신들로부터 헤어나올 수 있기를 기대한다. 그의 구원은 신들의 자유의사에 달려 있다.

두 번째 작품에서 나타나는 구원의 개념은 첫 번째 작품에서 표출되는 죄와 벌의 개념과 완전히 일치하며, 이를 다시 한 번 확인해준다. 오이디푸스는 잘못을 저지르지 않았으며, 따라서 벌을 받아 마땅한 것도 아니므로 구원을 필요로 하지 않는다.

오이디푸스의 비극을 완성하면서 그의 운명을 마무리 짓는 정점은 그러므로 어떤 방식으로든 도덕적인 태도에 대한 보상으로 해석되어서는 안 된다는 것이 명백하다.

따라서 왕의 결백함, 그의 후회, 아들에 대한 용서 따위로 신들의 선의의 개입이 성사된 것은 아니다. 오직 단 한 가지 정황, 즉 오이디푸스가 겪은 불행의 정도가 신들의 결정을 좌우했다.

자, 이제부터는 《콜로노스의 오이디푸스》가 지니는 종교적 의미를 명확하게 짚어보자. 물론 《오이디푸스 왕》의 종교적 의미도 망각해서는 안 된다.

《오이디푸스 왕》에서 오이디푸스는 개인적인 잘못이라기보다는 무지의 소치로 행동하는 인간이다. 다시 말해서 행동하는 모든 존재가 대면하게 마련인 삶의 법칙에 의해 벌을 받았다. 그가 저지른 유일한 잘못은 그의 존재 그 자체, 알 수 없는 법칙의 세계에서 살아야만 하는 숙명 속에 놓여 있다. 그런데 그에게 내려진 파멸의 굴레는 벌이라는 성격은 완전히 배제된 채 행동하는 인간으로서의 그를 겨냥할 뿐이다.

《콜로노스의 오이디푸스》는 신들이 수호하는 또 다른 법칙을 이 세계에 드러내 보여준다. 그 법칙은 고통 받는 인간을 구해주는, 앞에서 소개된 법칙을 보완해준다. 오이디푸스가 영웅의 반열에 올라서게 된 것은 그의 공적이나 덕목 등을 감안해서 오이디푸스 개인에게 내려진 영예가 아니다. 그것은 그가 고통 받는 인간이기 때문에 내려진 영예다. 첫 번째 작품에서 오이디푸스는 완벽한 행위의 상징이었듯이, 콜로노스에서 그를 다시 만나게 되는 두 번째 작품에서는 인간이 겪을 수 있는 고통의 극한을 상징한다. 나는 오이디푸스가 겪는 아픔, 그의 고통의 목록을 줄줄이 늘어놓을 마음은 추호도 없다.

첫 장면에 등장하는 단 한 줄의 시만으로도 행동하는 인간, 지배하는 인간이었던 그가 떨어진 비참함의 심연이 얼마나 깊은지 알고도 남는다. 기진맥진한 그는 안티고네에게 말한다.

"나를 좀 앉혀다오, 이 장님을 살펴다오."

어린아이보다도 허약한 노인의 이미지와 《오이디푸스 왕》에서 우리에게 보여준 민족과 국가의 수호자, 구원자로서의 왕의 이미지는 완전히 반대된다고 해도 과언이 아니다.

그런데 신들이 구해주려는 것은 바로 운명에 의해 압도당하고, 고통 받는 이 노인이다. 신들은 그가 고통을 감내하는 방식 때문에 그를 선택해서 영예롭게 해주려는 것이 아니라, 신들의 놀라운 권능을 보여주기 위해 그러는 것이다. 오이디푸스는 신들에 의해 구원을 받을 뿐 아니라 스스로 구원자가 된다. 더럽혀진 그의 육신은 민중들에게 승리를 안겨주고 대지의 번영을 약속해준다고 하는 매우 특별한 덕목을 부여받게 된다.

어째서 오이디푸스가 선택되었을까? 우리는 그 이유를 정확하게

알지 못한다. 우리가 아는 것이라곤 그가 고통을 받았다는 사실뿐이다. 이번에도 신은 어쩔 수 없이 신이다. 신이 내리는 은총은 완전히 자유이기 때문이다.

소포클레스에게는 신이 일종의 보상 법칙처럼 우주의 신비함 속에 존재한다는 사실을 우리는 얼핏 느낄 수 있다. 신들이 아무런 이유도 없이 오이디푸스를 파멸시키고, 또 아무런 이유도 없이 그를 다시 일으켜 세운다고 할 때, 파멸당하고 구원을 받는 것은 어디까지나 같은 인간이다. 오이디푸스가 이스메네로부터 그의 육신에 구원의 힘을 주겠다고 하는 신탁을 전해 들으면서 놀라자, 이스메네는 대답한다.

"신들은 아버지를 파멸시킨 다음 다시 일으키는군요."

이스메네는 이 사실을 무슨 법칙처럼 말하지 않는다. 하지만 소포클레스는 우리에게 이 우주의 중심에는 신들의 가혹한 무관심만 있는 것이 아니라 너그러움도 함께 자리하고 있음을, 그리고 인간(그러니까 동일 인간)은 살아가는 동안 이 두 가지를 모두 만날 수도 있음을 알려주고 싶어하는 것 같다.

오이디푸스에 관해서라면 우리는 그가 "신에 의해서 이끌렸건 대지의 부드러운 품에 안겼건, 이제는 고통에서 벗어났다"고들 한다.

오이디푸스의 죽음은 죄인의 정화도, 그렇다고 결백함의 정당화도 아니다. 그의 죽음은 삶의 투쟁 끝에 찾아오는 평화, 신 같은 존재 덕분에 얻는 휴식, 그 이상도 이하도 아니다.

소포클레스는 죽음만이 인간의 삶을 완성시켜준다는 사실을 알고 있었으며, 그건 그에게 별다른 충격이 아니었다. 인간은 고통 받기 위해 태어났다(오이디푸스는 아예 대놓고 "나는 고통을 타고났다"고 말한다). 산다는 건 고통과 마주칠 위협 속에 놓이는 것이다. 하지만 우리를 고통으로 내모는 삶의 한시성은 동시에 우리의 해방을 완성시켜주는 것이기도 하다. 오이디푸스는 신성한 숲에서 여신들에게 간청한다.

"이제 나에게 삶의 종말을 허락해주십시오. 나의 존재에 결말을 허락해주십시오. 당신이 보시기에 내가 그럴 만한 자격이 없지 않다면 말입니다. 나는 살아 있는 동안 다른 어느 누구보다도 불행과 더불어 살았습니다."

오이디푸스는 고통 받는 자로서의 임무를 충실히 이행한 선한 하인처럼 말한다. 그는 말하자면 죽음이 주는 평화라고 하는 합당한 보수를 요구하는 것이다.

소포클레스는 죽음에 대해 평화, 삶의 감추어진 원천인 이 평화 말고는 아무것도 요구하지 않는 것 같다. 개인적인 불멸 따위는 필요하지 않아 보인다. 그러니 그런 것에 대해서는 아무 말도 하지 않는다. 그가 오이디푸스의 죽음에 부여하는 의미는 그것으로 충분해 보인다. 신들도 그런 것 같다. 우리는 다시 한 번 있는 그대로를 받아들이라는 소포클레스의 바위 같은 믿음을 마주하게 된다.

그렇지만 여기서 우리는 시인이 보여주는 존재의 또 다른 얼굴과 만나게 된다. 신들이 오이디푸스라고 하는 한 인간에게 그토록 참혹한 덫을 놓을 정도로 인간의 삶, 인간의 행복에 대해서 무심하거나 아무런 선의를 보이지 않았다고 하는데, 신들의 변화무쌍한 무관심은 반대로 수많은 선행을 베푸는 방향으로 전개되기도 한다. 요컨대 신들은 여자들이 옷을 바꿔 입듯이 자주 변덕을 부린다. 피와 불꽃 빛깔의 옷을 입었는가 하면, 어느새 시간이라는 빛깔의 옷으로 갈아입는 식이다.

비극적인 색채는 덜할지 모르겠으나, 이 빛깔은 한결 인간적이다.

어쨌거나 우리도 인간이 아니겠는가. 그러니 이 비극 전체가 우리를 부드러운 끈으로 묶어서 받쳐준다고도 할 수 있다. 하늘이 바뀌었다. 하늘이 모처럼 인간의 얼굴을 보여준다. 그때부터 이 비극 속에 등장하는 평화로운 순간, 평온한 대화, 잔잔하게 주의를 기울여주는 친구들의 모습. 말과 나무의 찬란한 아름다움. 재잘재잘 지저귀며 하늘을 날아다니는 새. 구구거리는 산비둘기. 그리고 그럼에도 불구하고 하루하루 목이 마르면 물을 마시듯이 꾸역꾸역 이어져온 오이디푸스(그리고 소포클레스)의 기나긴 생애.

《오이디푸스 왕》에서는 우정의 표시, 안심시키려는 의도 등에 역설이 가미되어 치명적인 의미를 부여받았다. 반면 《콜로노스의 오이디푸스》에서는 서서히 죽음을 준비해가는 과정에서 우애로 충만한 선의의 순간들이 등장한다. 이따금씩 신들의 선의와 하나가 되는 이 인간들의 선의는 궁극적으로 오이디푸스의 죽음을 주제로 하는 작품 전체에 삶의 의미를 부여한다.

삶의 의미는 작품 전체를 관통한다. 이 의미는 영국 해군의 하얀 돛에 그려진 붉은 선, 사고가 나면 선체의 위치를 알려주는 그 붉은 선처럼 작품을 꿰뚫고 있다. 이렇듯 죽음을 다룬 작품 전체에 삶의 소중함이라는 가치가 향수처럼 버티고 있는 것이다. 이 의미는 마지막 장면, 신들이 오이디푸스의 육신에 주는 보잘것없는 선물에 의해 정점에 도달한다.

오이디푸스는 죽은 후에 인간의 삶, 불행하지만 용기 있는 삶, 그리고 앗티케의 땅을 영원히 지키는 힘의 모범으로 신들에 의해서 선택되었다. 그가 살아온 그대로 그는 남을 것이다. 그는 분노를 이기지 못해 아들에게 저주를 퍼부을 정도로 복수심이 강한 자였다. 하지만 이 같은 성격마저도 새로운 영웅의 본질에 썩 잘 어울린다. 어떤 학자는 영웅들에 대해서 이렇게 말했다. "남보다 우월한 존재인 이들 영웅들은 현저하게 악의적인 권력자들이다. 이들이 누군가를 도울 때면, 이는 동시에 누가 된다. 이들은 손해를 끼치게 되는 상황에서만 남을 돕는다."

오이디푸스라고 하는 영웅의 불멸성은 오이디푸스라고 하는 개인의 멀찍감치 떨어진 사후 세계에서의 불멸성이 아니다. 그 불멸성은 오히려 그가 삶이라는 달리기 경주를 마친 장소에서 신들이 죽음의 형태, 죽어서 땅에 묻힌 그의 육신, 아테나이 공동체의 적들에게 보여주는 분노에 부여한 불멸성이다. 오이디푸스는 이제 더 이상 존재하지 않는다. 그는 개인적이고 역사적인 삶을 마감했다. 그렇지만 콜로노스의 대지 위에 그의 적들의 뜨끈뜨끈한 피가 흐르게 된다면, 그 피는 얼어붙은 그의 육신을 열정으로 덥힐 것이다. 그는 그것을 원한다. 그래서 극중에서도 그렇게 말한다. 그의 개인적인 운명은 이제 막을 내렸다. 그의 무덤은 아테나이 민중들의 땅에서 신들의 적극적인 권능이 밖으로 표현되는 그 지점에 머물러 있을 것이다.

그가 여전히 인간적인 실존을 영위하고 있다면, 그 실존은 개인적이라기보다 공동체적이라고 보아야 한다. 그는 테세우스와 그의 백성, 그들의 후손들이 그를 기억하고 그를 이용하는 한 언제까지고 존재할 것이다. 그의 실존은 그러므로 신들이 그를 수호신으로 삼았던 공동체와 밀접하게 연결된다.

오이디푸스의 죽음이 지니는 이 공적인 의미는 노인이 딸들에게 마지막으로 주는 가르침에서 뚜렷하게 나타난다. 그는 딸들에게 자신의 죽음을 지켜보지 말 것을 강력하게 요구한다. 오로지 테세우스,

즉 국가의 수반만이 자신의 죽음을 지켜볼 것이며, 후계자들에게 오이디푸스가 털어놓은 비밀을 전달할 것이다.

이렇듯 오이디푸스의 죽음은 이미 그 자신이나 그가 이 세상 누구보다도 가장 사랑했던 이들에게 속하지 않는다. 그의 죽음은 이제 사적인 일이 아니다. 그의 죽음은 아테나이와 아테나이 왕의 소관이다. 이 죽음은 궁극적으로 삶, 공적인 아테나이의 삶이라는 의미를 지닌다. 이 죽음은 오이디푸스 이야기의 끝이 아니라, 그를 경외하는 아테나이인들을 위해 언제까지고 지속될 것임을 의미한다.

오이디푸스는 아테나이와 그리스를 수호하는 일련의 영웅 집단에 합류했다.

호메로스, 헤시오도스, 아르킬로코스, 삽포, 아이스퀼로스처럼 천재성에 의해 신성시되는 영웅들. 이제 곧 소포클레스도 아테나이의 시민들을 지키는 이 기라성 같은 별들 사이에 자리 잡을 것이다.

인간은 운명을 이기고 넘어서며, 천재성이나 불행을 통해서 영웅들의 하늘을 수놓는다. 오이디푸스와 소포클레스도 이 하늘에서 당연히 한자리씩 차지할 권리가 있다.

이것이 아테나이가 낳은 위대한 시인이 어린 시절부터 궁금하게 여겨왔던 오이디푸스의 전설에 담긴 수수께끼에 대해 제시하는 답이다. 그는 죽음에 임박해서야, 죽음의 문턱에 바싹 다가가서야 이 수수께끼를 푼 셈이다.

chapter 5

핀다로스, 시인들의 왕자, 왕자들의 시인

나는 머지않아 핀다로스가 고작 몇몇 그리스 전문가들에게만 읽히는 작가가 될까 봐 걱정이다. 볼테르의 말대로라면 핀다로스는 "마차꾼 예찬가이자 주먹 싸움 예찬가"라지만, 이는 볼테르가 고의적으로 이 재능 많은 시인에게 적용할 수 있는 가장 비천한 표현을 고른 것일 뿐, 상당히 모욕적이며 그다지 정확하지도 않은 표현이다. 사실 운동 경기에서 거둔 승리를 격앙된 어조로 찬미하는 이 서정 시인은 오늘날 많은 대중들을 열광시킨다고는 할 수 없다. 비록 대중들의 마음속에서 이미 오래전에 중요성을 상실했던 '손재주 발재주'가 다시금 복권되는 추세에 있다고 하더라도 말이다.

취사선택(우연적이건 계산적이건)에 의거해서 계획된 이 책에서 나는 그와 비슷한 비중을 지닌 다른 여러 작가들을 고의적으로 제쳐두었듯이, 핀다로스를 '제쳐둘 수도' 있었다. 그런데 그렇게 하지 못한

데는 몇 가지 이유가 있다. 우선, 나는 이 책을 이오니아나 아테나이 문명에만 한정하고 싶지 않았다. 그리스의 나머지 지역, 특히 귀족 체제를 오래도록 고수했던 지역들에서 생산된 문화적 가치도 취급하고 싶었던 것이다. 스파르타와 테바이로 대표되는 도리스 지역의 그리스도 건드리고 싶었다. 다른 한편으로, 나는 롱사르의 시를 읽을 때와 마찬가지로 한껏 고양된 방식으로 핀다로스의 화려한 시를 맛보는 기쁨을 내 책의 독자들에게 원천적으로 봉쇄해야 한다는 사실에 결코 동의할 수 없었다. 이 눈부시도록 화려한 시인은 아이스퀼로스, 아리스토파네스와 더불어 그리스 언어의 대가(짐작하겠지만 이들이 쓴 그리스 문장들은 도저히 번역할 수 없다)로 꼽힌다. 마지막으로, 희한하게도 운동 시합에서의 승리를 찬양하는 것을 업으로 삼았던 이 시인은 그 덕분에 쉬라쿠사이의 독재자 히에론, 아크라가스(아그리젠토)의 독재자 테론, 퀴레네의 왕 아르케실라오스 등 당대 최고의 유명 인사들과 교류할 수 있었다. 그는 이들의 궁전을 왕래하며 이들의 친구이자 조언자가 되었다. 거의 절대적인 독립성을 보장받은 이 조언자는 잔뜩 찬사를 늘어놓다가도 그가 찬양하던 군주에게 돌연 진실을 말할 수 있었으니, 이야말로 굉장한 구경거리가 아닐 수 없었다!

 이런 시인의 작품에 어떻게 접근해야 할까? 그가 업으로 삼았던 일, 그러니까 몇몇 결정적인 오드(서정 단시)의 바닥에서 출발해서 이것들이 실제로는 치밀하게 구축되었지만, 역설적인 질서로 보이는 '유쾌한 무질서' 속에서, 그가 헤시오도스나 다른 예전 시인들에게서 차용한 서사시의 신화적 주제들이 그의 서정성 넘치는 주제들과 고유한 방식으로 혼합되는 과정을 살펴봄으로써 이해하는 수밖에 별다른 도리가 없다. 핀다로스를 이해한다고 하는 것은 최대한 그에게 가까이 접근한다는 뜻이다. 프랑스어로 쓰인 주석을 통해서, 그리스어가 아닌 외국어 표현, 그러니까 간접적이면서 동시에 가장 직접적인 표현을 통해서, 놀랄 만큼, 그렇지만 매우 자연스럽게 은유적인 그의 문체를 통해서 그에게 최대한 가까이 접근한다는 말이다.

승리자를 찬미하는 테바이의 시인

그가 처음으로 쓴 승리의 오드는 아폴론 축제 경기의 우승자에게 헌정된 열 번째 시로, 최고 걸작품은 아니더라도 주목할 가치가 있다. 그 작품 하나로 핀다로스의 전체를 엿볼 수 있기 때문이다. 그의 주요 사상, 요지부동의 신앙심, 아폴론 신을 향한 헌신, 스파르타와 귀족 정치체제에 대한 찬미, 대를 이어 계승되는 덕목에 대한 찬사, 운동선수들의 행복을 우선으로 삼는 마음, 철저하게 계산된 무질서한 구성, 문체의 밀도 등은 이 오드의 주요 내용을 이루면서 동시에 앞으로 전개될 핀다로스의 시 세계를 예고한다.

당시 핀다로스는 테바이에 거주했으며, 약관 20세의 청년이었다. 정확한 연도는 기원전 498년이었다. 그는 십중팔구 좋은 가문(그의 집안은 아폴론 신의 사제들과 식민 통치자들로 이루어진 유서 깊은 가문이었다)에서 태어난 덕분에, 텟살리아의 왕족인 알레우아다이 가문의 한 젊은이를 찬양하는 에피니키온(송가)을 지어달라는 요청을 받았다. 승리자의 이름은 힙포클레아스였다. 그는 델포이(이때까지만 해도 경기장은 온전했으며, 청명한 공기 속에서 경기장을 거닐면 기분이 상쾌했다)에서 열린 2스타디온 달리기 경기 '청소년' 부문에서 상을 받았다. 핀다로스는 텟살리아로 가서 왕자로부터 환영을 받았으며, 합창단을 지휘했다.

델포이의 경기장.

그가 지은 시는 핀다로스 작품의 상당 부분에 서두로 쓰일 만한 구절로 시작한다. "행복한 라케다이몬!" 시인은 송가의 초장에서 우선 스파르타와 텟살리아의 친척관계를 강조한다. 이 두 곳은 모두 테바이의 거인 헤라클레스의 후손들의 지배를 받았다. 핀다로스는 끊임없이 헤라클레스를 영웅적인 덕목의 본보기로 내세운다. 그런 다음에야 젊은 승자에 대한 찬사를 늘어놓는다. 승리자에 대해서 그가 가장 소중하게 생각하는 주제를 전개한다. 즉 고귀한 집안에서는 "아들의 천성은 아버지의 궤적을 따른다"는 것이다. 다시 말해서 뛰어난 신체는 도덕적인 덕성도 마찬가지겠지만, 조상들로부터 물려받는다는 것이다. 이어서 운동선수들의 행복에 관한 주제가 도입된다. 경기에서 승리한 선수, 승리자 아들을 둔 자는 "청동 하늘까지는 닿지 못하더라도 최소한 인간이 누릴 수 있는 최고의 지복에 도달할 수 있다"고 그는 말한다. 생뚱맞게 신화가 등장하고, 그 신화가 송가의 중심 내용을 구성한다. '지복'이라는 단어가 신화 등장의 물꼬를 튼 셈이다. 그가 제시하는 신화는 휘페르보레오이들의 행복에 관한 신화다. 오래전부터 북쪽 산악 지대 너머에 행복한 민족, 즉 휘페르보레오이들이 살고 있다는 민간 신앙이 전해져 내려왔다. 겨울이면 핀다로스가 경배하는 아폴론 신은 그곳에 머문다. 아폴론 신은 그곳에 있다가 봄이 되면 날개 달린 삼각의자를 타고 돌아온다.

핀다로스는 이 신화의 내용을 세세히 설명하지는 않고 그저 생생한 이미지, 인상적이지만 순간적으로 사라져버리는 암시들을 군데군데 배치하는 것으로 만족한다. 마치 미완성으로 남아 있지만 무한한 상상을 가능하게 하는 꿈같다고나 할까. 그 꿈속에서는 온갖 환영이 제멋대로 꿈꾸는 자의 열정을 자극한다. 가령 휘페르보레오이들의

봄이 되어 날개 달린 삼각의자를 타고 델포이로 향하는 아폴론 신. 앤더슨-비올레 소장 사진.

연회장에 갑자기 페르세우스가 나타나는 식이다. 그는 휘페르보레오이들이 아폴론에게 엄청나게 많은 당나귀를 제물로 바치는 광경을 본다. 이 음탕한 짐승들을 제물로 받은 아폴론 신은 흡족해한다고 시인은 말한다. 비약이 심한 문체를 구사하는 핀다로스는 "아폴론은 불에 태워지는 이 짐승들의 음란함이 하늘로 올라오는 것을 보고 웃었다"고 적었다(그런데 발정난 당나귀를 제물로 바친다는 생각은 상당히 이국적이다. 그리스인들은 그들이 섬기는 신에게 절대 당나귀를 태워서 제물로 바치지 않았다).

그러고는 곧 이 행복한 족속들의 대대적인 향연에 "뮤즈도 빠지지 않는다……. 젊은 아가씨들이 요란스러운 리라와 피리 소리 가운데에서 함께 노래한다"고 덧붙인다.

이와 대조를 이루는 내용도 소개된다. 휘페르보레오이의 잔치에 불쑥 나타난 페르세우스는 한때 고르곤을 죽인 영웅이다. 그는 여전히 손에 "뱀들이 곤두서 있는 머리통을 들고 있다. 이 고르곤은 최근에 한 섬의 주민들에게 돌 죽음(돌 죽음이란, 핀다로스의 성급한 스타일을 감안할 때 '돌로 변하게 하는 죽음'이라는 의미로 새기면 될 것이다)을 안겨주었다."

그는 자신의 예술을 정의하는 대목을 슬그머니 삽입시킴으로써 신화에 대한 언급을 멈춘다. "아름다운 양털 뭉치처럼 나의 찬가들은 꿀벌들이 그렇게 하듯, 이 주제에서 저 주제로 자유롭게 넘나든다."

승리자 힙포클레아스에 대해서 마지막으로 한마디 덧붙이는 것도 잊지 않는다. "시인은 젊은 아가씨들이 그를 열망하게 만들 것이다."

젊은 시절(핀다로스의 나이 서른 살)에 쓴 작품을 한 편 더 소개해보겠다. 신화는 등장하지 않고, 시인이 마음으로 가깝게 느끼는 신들에게 드리는 소박한 기도만으로 이루어진 오드다. 올림피아 경기 우승 축가 14번으로 그는 남자들의 경기장에서 한 소년의 승리를 축하한다.

이 시는 간략한 가운데 시인에게 영감을 주는 심오한 원천을 우리에게 드러낸다. 이 원천이란 다름 아닌 우아함의 여신(카리테스), 즉 세 미녀에 대한 사랑이다. 핀다로스는 "인간을 위한 모든 부드러움과 감미로움으로 찬란하게 빛나는 세 가지 유형의 남자들"에 대해서 언급한다. 세 가지 유형의 남자란 "뛰어난 영감을 지닌 시인, 아름답게 치장한 남자, 영광으로 빛나는 남자"들이다. 그런데 그가 언급한 세 가지 덕목, 즉 재능, 아름다움, 영예는 세 미녀로 대표되는 덕목들이다. 세 미녀는 이 세상의 모든 것을 이끈다. "신들마저도 소중한 세 미녀들이 없다면 춤이나 향연을 즐길 수 없을 것이다……. 아폴론의 여사제 퓌티아의 곁에 의자들을 놓고, 세 미녀들은 올림포스의 주인인 그녀들의 아버지를 경배했다."

시인은 이 세 미녀의 이름을 부른다. "오, 그대, 아글라이아(영예를 관장한다), 그리고 그대, 조화에 이끌리는 에우프로쉬네(지혜를 의미한다. 핀다로스는 모든 지혜가 시에 담겨 있다고 믿는다), 그리고 그대, 사랑의 노래를 전파하는 탈리아(아름다움과 젊음, 환희를 주관한다)……. 탈리아여, 승리의 환희 속에서 발걸음도 가볍게 행진하는 무리를 보라……. 나는 아소피코스를 찬미하려고 왔다. 그대에 대한 사랑으로 그는 올림피아드에서 승리를 거두었노라……." 승리를 거둔 젊은 운동선수 아소피코스는 고아였다. 시인은 요정 에코의 이름을 부른다. "자, 이제 에코여, 어두운 벽으로 둘러싸인 페르세포네의 궁궐로 내려와, 그의 아버지에게 영광스러운 메시지를 전하라……. 그에게 아들의 이야기를 들려주라. 그에게 탈리아가 피사의 영예로운 무도회에서 아들에게 승리의 날개를 달아주었노라고 전하라."

이처럼 축하해야 할 모든 요소들을 세 미녀의 공으로 돌린다. 핀다로스의 세계는 관능과 쾌락의 세계가 아니다. 아프로디테의 왕국이 아닌 것이다. 그는 그리스인들이 에파프로디톤(epaphroditon), 즉 '매력적인' 남자라고 부르던 자에게는 단 한마디의 경의도 표하지 않는다. 그는 에피카리(epichari), 즉 우아함을 칭송한다. 그의 왕국은 세 미녀의 왕국이었다.

전쟁보다 운동 경기가 관심사

그런데 젊은 시절이 막을 내릴 무렵 핀다로스의 인생에는 심각한 위기가 찾아온다. 그만이 아니라 그리스 민족 전체가 위기에 처한다. 기원전 490년부터 시작해서 기원전 480년과 479년에 페르시아 전쟁을 겪게 된 것이다.

말이 나온 김에 짚고 넘어가자. 핀다로스는 그리스 민족의 역사에서 페르시아 전쟁이 의미하는 바를 이해하지 못했다. 아니 한참 지난 후에야 어렴풋이 이해했다는 표현이 적절해 보인다.

그는 마라톤 전투가 벌어진 해에는 거의 서른 살이었고, 살라미스 해전과 플라타이아이 전투 때는 거의 마흔 살이었다. 현재까지 남아 있는 그의 적지 않은 작품들에서는 1차 페르시아 전쟁에 대한 아무런 반향도 찾아볼 수 없다. 물론 마라톤이라는 지명이 언급되기는 한다. 이 이름은 여러 번 등장하지만, 이러저러한 선수가 거둔 승리와 관련해서 언급될 뿐이다. 그에게 마라톤은 자유가 승리를 거둔 장소가 아니라 운동 경기 장소였을 뿐이다(대다수 파리 시민들에게 역사적인 전투 이름은 물론 프랑스 시인들의 이름도 그저 지하철역 이름에 불과한 것과 같은 이치가 아니겠는가).

핀다로스의 시 세계를 제대로 이해하려면 운동 경기에서의 승리가 그에게는 적어도 전쟁 승리에 버금가는 가치를 지닌다는 점을 염두에 두어야 한다. 아테나이 '민중'이 민주주의적인 자유를 구했다는 마라톤 전투도 그가 보기엔 별 볼일 없는 전투다. 인간의 자유, 인간의 존엄성은 무엇보다도 자신의 육체를 온전하게 소유하는 데에서 비롯된다. "젊음이 주는 아름다운 팔다리"가 그에게는 인간의 삶이 정복해야 할 본질적인 가치다. 이 가치는 지속적인 의지와 육체적, 도덕적 금욕이라는 값을 치르지 않고는 얻을 수 없다.

살라미스 해전이 일어나던 해에 핀다로스는 거의 사십대에 접어들고 있었다. 테바이가 어떤 선택을 했는지는 우리도 잘 알고 있다. 테바이는 서둘러서 점령군 쪽에 붙었다. 헤로도토스에서 폴뤼비오스에 이르는 그리스 역사가들은 만장일치로 테바이가 그리스를 배신했다고 진술한다.

폴뤼비오스는 "테바이인들은 그리스가 추구하는 가치를 지키기 위한 전쟁에 끼어들기를 거부했고, 페르시아의 편에 섰"으며, "한 편의 시를 통해서 평화를 지켜야 한다는 민심에 동의하는 입장을 표명한 핀다로스를 찬미해야 할 이유가 없다"고 적었다.

다른 그리스 도시들이 민중들에게 약탈과 방화의 장이 된 영토를 버리고 가족들을 떠나 전장으로 나가라는 혹독한 희생을 요구하던 무렵, 핀다로스는 동포들에게 침략자에 대한 비저항을 설파했다. 현재까지 남아 있는 그의 시 가운데 특히 두 줄에서 그가 사용한 시어들을 보면, 그가 싸우러 나가려는 서민 계층을 상대로 귀족들이 수락한 평화, 과두 지배 집단이 허겁지겁 페르시아군에게 약조한 그 평화 체제를 받아들이라고 설득하고 있음을 알 수 있다.

운동선수들과 과거 영웅들의 찬미 전문가인 핀다로스가 그리스 전체를 충격으로 몰아넣은 재앙, 그의 눈앞에서 벌어지는 자유를 위한 혈전 속에서 무심하게 팔짱만 끼고 있었다는 건 이상해도 한참 이상한 일이다. 정말로 권투나 판크라티온 시합의 승리가 살라미스 해전 승리보다 그를 더 흥분시킨단 말인가?

하긴 핀다로스에게서도 후회와 회개의 기운이 감지되긴 하지만, 그건 시간이 한참 지난 뒤의 일이다. 하지만 그럴 때조차도 살라미스에 대해서 언급할 때는 항상 거북함이 느껴진다. 살라미스 전투에서 그리스가 승리를 거둔 지 몇 년 후, 그가 아이기나 출신 친구를 위해 쓴 여덟 번째 지협제 송가에 곤혹스러운 심정이 잘 나타난다. 핀다로스는 그리스의 '시련'을 강조한다. 그리고 또다시 뮤즈를 부른다. "이제 엄청난 불안으로부터 벗어났으니, 더 이상 우리 이마에서 왕관이 벗겨지지 않도록 합시다……. 시인이여, 더 이상 애도하지 말지어다." 이제 위험은 지나갔다. "우리 머리 위에 매달려 있던 돌덩어리, 즉 탄탈로스의 바위는 신이 우리로부터 치워주었지. 그리스인들의 배포에는 너무 큰 시련…… 우리 인간들을 위해 모든 것은 치유된다네. 적어도 인간이 자유를 누린다면 말일세." 이 구절은 전체적으로 살라미스 전투의 승리자들에 대한 찬양과는 거리가 멀다. 승리라는 말도 영광이라는 말도 없이, 그저 시련과 애도만 있을 뿐이다. 끝부분에 가서야 비로소 시인은 그리스를 구한 자들을 언급한다. 그는 자신이 누리는 자유가 그 자유를 위해 싸운 자들 덕분임을 인정한다. 하지만 그나마도 간접적으로 암시할 뿐이다. 시련은 그리스인들의 용기를 넘어섰다고 그는 변명하듯 말한다. 테바이인들의 용기라면 모를까, 아테나이인들의 용기에는 가당치 않은 말이다. 사실 핀다로스는 신에게 감사한다. 해피엔딩은 오로지 신의 덕분이라는 것이다. 핀다로스보다 결코 신앙심이 덜 깊었다고 말할 수 없는 헤로도토스는 다음과 같이 기술함으로써 이런 희한한 상황을 바로잡는다. "아테나이인들이 그리스를 해방시켰다고 말한다 해도 진실로부터 크게 멀어지는 것은 아니다. 적어도 신들 다음으로 대왕을 물리친 것은 분명 아테나이인들이기 때문이다."

다른 회개의 구절들은 따로 다루지 않겠다. 살라미스 해전에서 용감하게 싸운 아이기나인들을 찬미한 핀다로스는 아테나이가 그 중대한 몇 해 사이에 그리스 전체의 정체성 형성에 지대한 역할을 했다는 사실에 대해서는 여전히 무시하는 태도를 취한다. 그가 받은 교육과 그의 재능으로는 학문적인 탐구의 장이며 '철학'의 장으로 변한 도시를 이해할 준비가 안 되어 있었던 것이다.

기원전 5세기 초반부에 아테나이는 테바이와 비교해볼 때, 종교가 이성의 등장을 두려워하지 않는, 말하자면 '지혜'가 무르익는 분위기였다. 이 점을 핀다로스는 항상 못마땅하게 여겼다. 이오니아 학자들과 아테나이 학자들이 제기하는 문제들은 그가 보기에는 아무짝에도 쓸데없는 것들이었다. 핀다로스에 따르면, 그들은 "제대로 익지 않은 지혜의 과실을 따려는 사람들"이었다. 핀다로스는 기원전 5세기 중엽까지도 철학에는 문외한이었고, 아마도 이것이 그가 아테나이에 친구를 만들지 못한 이유일 것이다. 이오니아 학자들이 제기하는 질문들(이 세상은 어떤 물질로 이루어졌는가? 일식 현상은 무엇 때문에 일어나는가?)은 핀다로스에게는 이미 오래전에 동향 출신 시인인 헤시오

도스와 아폴론 신을 섬기는 신앙에 의해 해결된 문제들이었다. 학자들이 의문을 던지는 현상들이란 신이 이룬 기적이었다. 그러니 그런 문제들에 대해서 왈가왈부할 것도, 의문을 품을 일도 없지 않겠는가.

그리스 언어의 대가

이제 여섯 번째 올림피아 경기 우승 축가 같은 그의 대표적인 오드들을 보자. 이 시는 아게시아스라고 하는 쉬라쿠사이 사람을 위해 쓰였다. 아게시아스는 히에론 왕의 총애를 받는 조신 중의 하나였다.

아게시아스 집안은 이아미다이 가문에 속한다. 이아미다이 가문은 아폴론 신과 펠로폰네소스의 요정인 에우아드네의 결합으로 탄생했다. 에우아드네는 포세이돈 신과 에우로타스의 요정 피타네 사이에서 태어난 딸이다. 말하자면 이아미다이 집안은 위대한 두 신의 계보를 잇는 대단한 가문이다. 이들은 올림피아에서 사제직을 담당하고 있었다. 아게시아스는 출세할 기회를 잡기 위해 쉬라쿠사이로 왔다. 그는 히에론 왕의 측근으로 화려한 경력을 쌓았다. 핀다로스의 에피니키온(송가)은 올림피아에서 노새가 끄는 마차를 타고 달리는 경주에서 그가 거둔 승리를 찬양한다. 그의 오드는 올림피아에서 멀지 않으며, 아게시아스의 어머니의 고향이기도 한 아르카디아 지방 스튐팔로스에서 초연되고, 그 뒤 쉬라쿠사이에서도 다시 공연되었다.

이 작품은 세 부분으로 나뉘는데, 각 부분의 비중은 일정하지 않다. 첫 번째 부분은 승자에게 바치는 찬사다. 이 찬사는 시 전체를 열어주는 서막 구실을 하는 근사한 이미지에 의존하고 있다. 우리는 웅장한 궁궐이 건축되는 이미지와 마주하게 된다. 궁궐의 정문은 위풍 당당하다. 저 멀리 지평선까지도 번쩍이게 만드는 황금 열주들의 눈부심이 고스란히 전해진다. 궁궐이란 오드 자체를 가리킨다. 눈부신 열주는 사제로서, 올림피아의 승자인 아게시아스가 누리는 영광을 의미한다. 이 도입 부분은 명백한 암시들로 가득 차 있다. 그중에서도 특히 또 다른 예언자, 또 다른 전사, 제우스 신이 내리는 구원의 벼락을 맞는 영광을 누린 또 다른 영웅에 대한 암시가 두드러진다. 이 또 한 명의 영웅은 제우스가 그를 위해서 대지의 심연을 열고, 암말들과 함께 덥석 끌어들인 영웅이다. 테바이의 영웅에서 그리스 전체의 영웅이 된 자다. 이 도입부는 마치 제멋대로 뒤엉켜 있는 덤불을 비추는 햇살 같다.

송가의 가장 중요한 부분이자 신화를 다루는 두 번째 부분을 위해 핀다로스는 아게시아스의 수레를 모는 자에게 "노새의 원기 왕성함을 마차에 매달고, 아게시아스 종족의 근원을 향해 햇빛 쏟아지는 길 위를 달려가라……. 노새의 앞길에 우리가 부르는 노래의 문이 활짝 열리리라"고 축복한다.

우리는 이제 핀다로스의 입을 통해 신들의 이중 유혹이라는 아름다운 이야기를 들을 차례다. 에우로타스 강가에 피타네라고 하는 예쁜 요정이 살았다. "포세이돈과 결합하여 피타네는 보랏빛 머리채를 가진 여자아이를 낳았다. 피타네는 옷의 풍성한 주름으로 처녀 임신을 숨겼다……." 이윽고 피타네는 신과의 관계로 맺어진 결실을 알페이오스라고 하는 다른 강가로 보낸다. 에우아드네는 그곳에서 자라나며, "아폴론에 의해서 처음으로 감미로운 아프로디테를 맛본다." 아이의 아버지는 아름답지만 가만히 두고만 볼 수 없는 이 모험에 대해 신탁을 묻는다.

에우아드네는 그사이에 자주색 허리띠와 은 단지를 내려놓고 파란 덤불숲으로 들어가 예언으로 치장한 아이를 낳았다. 금발의 신은 에우아드네의 곁에 선한 에일레이튀아(출산의 여신)와 모이라이(운명의 여신)를 붙여주었다. 그런 다음 그는 옆구리에서 부드럽게 이아모스를 꺼냈다. 밝은 빛이 아이를 맞아주었다. 민망해진 어머니는 아이를 바닥에 버렸다. 하지만 신들의 뜻에 따라 바다 빛깔 눈을 가진 뱀 두 마리가 꿀벌들의 무해한 독을 아이에게 먹여가며 돌보았다.

독자들은 핀다로스의 문체를 독창적으로 만들어주는 역설적인 표현들에 주목했을 것이다. 가령 처녀 임신이나 꿀벌들의 무해한 독처럼 서로 양립할 수 없는 단어들을 한데 묶은 표현들 말이다. 계속해서 핀다로스의 시를 읽어보자.

아이는 닷새 동안 이렇게 살았다. 아무도 들어갈 수 없는 골풀과 가시덤불 속에 숨어서 지내는 아이의 보드라운 몸을 황금빛, 보랏빛 꽃에서 뿜어져 나오는 광채가 덮어주었다. 이것이 아이가 어머니 쪽으로부터 이아모스라고 하는 불멸의 이름을 얻게 된 경위다. (황금빛, 보랏빛 꽃은 그리스어로 이온이라고 하는 야생 제비꽃으로, 이 단어는 보라색을 가리키기도 한다.)

하지만 델포이로부터 아폴론은 자신의 아들을 요구했다. 신화의 마지막 장면은 세례 또는 성인 인정의 장면을 연상시킨다.

아이가 황금 왕관을 쓴 매혹적인 젊음의 여신으로부터 열매를 받고 알페이오스 강으로 내려와 자신의 조상인 포세이돈 신과, 신들이 축성한 델로스에서 망을 보고 있는 화살 쏘는 자를 불렀다. 밤의 궁륭 아래에 있던 자신을 위해 한 민족으로부터 보호를 받을 수 있는 왕국을 원했다. 그때 아이의 귀에 자신에게 응답하는 아버지의 음성이 또렷이 들렸다. '일어나라, 아들아, 그리고 걸어라. 모든 사람들에게 공동으로 속한 곳으로 가거라. 내 음성을 따르거라.' 아들과 아버지는 이렇게 해서 크로노스의 아들(제우스)이 다스리는 깎아지른 듯한 산의 정상까지 간다. 거기에서 신은 아이에게 예언의 이중적인 보물을 선사한다……

여기에서 이런 종류의 시가 지니는 절정을 맛볼 수 있다. 이러한 시는 시인이 말하는 꽃들처럼 엉뚱한 전개 방식을 통해서 황금빛, 보랏빛 광채로 우리를 온통 뒤덮는다. 그의 시는 태양빛으로 눈이 부시며, 빛깔을 바꾸는 무지개처럼 찬란하다.

시의 마지막 부분에서 시인은 다시 현실로 돌아와 승리자를 찬미한다. 이는 핀다로스 자신의 시에 대한 찬미이기도 하다. 핀다로스는 아테나이인들이 보이오티아인들의 무식함을 꼬집는 상스러운 풍자를 지적한다. 이 풍자로 크게 상심한 그는 "보이오티아의 돼지들에게 던져지는 해묵은 치욕에 멋지게 반격을 가하겠노라"고 선언한다. 치욕에 답하기 위해 그의 시가 존재한다는 식이다. 그는 수수께끼 같으면서 비밀스러운 의미를 간직한 언어로 자신은 영감이 번득이는 시인이라고 말한다. "나는 언어 위에 노래하는 숫돌을 놓았으며, 그 돌은 원천으로부터 전해지는 입김으로 나를 사로잡는다." 이어서 새로운 조국까지 아게시아스와 동행하여 그곳에서 송가를 부를 합창단에게 "너희는 뛰어난 전령이며, 곱슬머리 뮤즈의 비밀스러운 언어이며, 찬란한 노래로 가득 찬 감미로움의 단지"라고 말한다.

시의 마지막 행은 바다의 신에게 털어놓는 시인의 고백이다. "나의 찬가들이 빚어내는 매혹적인 꽃을 만개시켜주소서."

승자에 대한 찬양, 신화, 승자 또는 시인 자신을 위한 덕담식으로 구분되어 있는 이 시의 구성에 대해 주석을 달고 각 부분이 어떻게 연결되는지 더 상세하게 설명할 필요는 없을 듯하다. 모든 것은 역사적인 이유, 그러나 시의 외적인 이유들에 근거하여 이루어졌음이 명백하다. 그런데 여기서 상황의 필요에 의해서가 아니라, 시의 내적 필요에 의해 쓰인 연결 방식이 눈에 띄는데, 나는 이미 앞에서 이 점을 암시했다.

정문에 늘어선 황금 열주, 태양이 가득 내리쬐는 길을 질주하는 노새, 그리고 중심을 이루는 이미지의 흐름, 신의 결실로 몸이 무거워지고 보랏빛 허리띠를 두른 여자, 들꽃의 빛 속에 누워 있는 아이, 알페이오스 강에서의 세례 장면을 압도하는 밤의 궁륭, 그리고 마지막으로 시인의 언어를 가는 노래하는 숫돌, 곱슬머리 뮤즈의 비밀스러운 언어, 이 모든 것이 대단히 독창적인 유일무이의 시를 빚어낸다. 반쯤 열에 들뜬 듯한 환영, 친근하면서 동시에 낯선 이미지들과 마치 꿈의 형상들로 이루어진 듯한 머나먼 천상의 시. 여기에 독특한 문체가 이 모든 이미지들에 수액을 공급하고 무어라 형언할 수 없는 지속성을 부여한다. 첫 행부터 마지막 행에 이르기까지 지극히 보기 드물고 환상적인 꽃처럼 피어나는 문체가 탄생한다.

군주들의 조언자

핀다로스는 시켈리아로 여러 차례 여행했다. 그는 아크라가스의 테론, 쉬라쿠사이의 히에론 같은 군주들과 친밀하게 지냈다. 그는 그들을 위한 송가를 쓰면서 위대한 시모니데스, 박퀼리데스 등과 치열한 경쟁을 벌였다. 아니, 그 이상이었다. 그는 그들의 조언자이자 친구였다. 조언자인 동시에 칭송자라고 하는 어려운 역할을 수행하면서 그는 자신의 종교적 신앙을 토대로 단호한 도덕적 강론을 발전시켜 나갔다. 그 때문에 그보다 훨씬 유연한 태도를 취했던 박퀼리데스에게 적잖은 주문을 빼앗겼다.

세 번째 퓌티아제 송가는 히에론과 핀다로스의 친밀한 관계를 잘 보여준다. 솔직히 말해서 이는 에피니키온이라기보다 에피스톨레, 즉 시인이 개인적으로 쓴 편지, 그러니까 운동 경기 승리에 맞추어 쓴 것이 아니라 히에론이 신장 결석으로 고생할 때 보낸 사적인 서간문이라고 해야 마땅하다. 친구가 병든 환자에게 보내는 위문 편지인 셈이다.

핀다로스는 켄타우로스 케이론(오랜 시적 전통에 따르면 의학의 아버지), 즉 아스클레피오스의 주인이 더 이상 살아 있지 않음을 애석해하는 문장으로 편지를 시작한다. 그런 다음 왕자에게 의학의 신 아스클레피오스의 탄생에 대해서 들려준다. 아폴론 신과 코로니스 요정의 사랑 이야기다. 코로니스는 아주 낭만적이어서, "항상 모르는 자는 물론 다른 많은 자들에게 반했다. 인간이라는 피조물들 중에서는 가장 허영심 많은 자, 그러니까 자기 앞에 있는 것은 무시하며 실현될 수 없는 희망을 좇아 유령을 따라다니는 자들에게 빠졌다." 그러니 우연한 상황에서 쉽사리 먹이가 될 수 있었다. 가슴속에 순수한 신의 씨앗을 품고 있었던 코로니스 요정은 아폴론 신이 관례에 따라 준비해주기로 약속한 결혼식을 기다릴 수가 없었다. "이방인이 아르카디

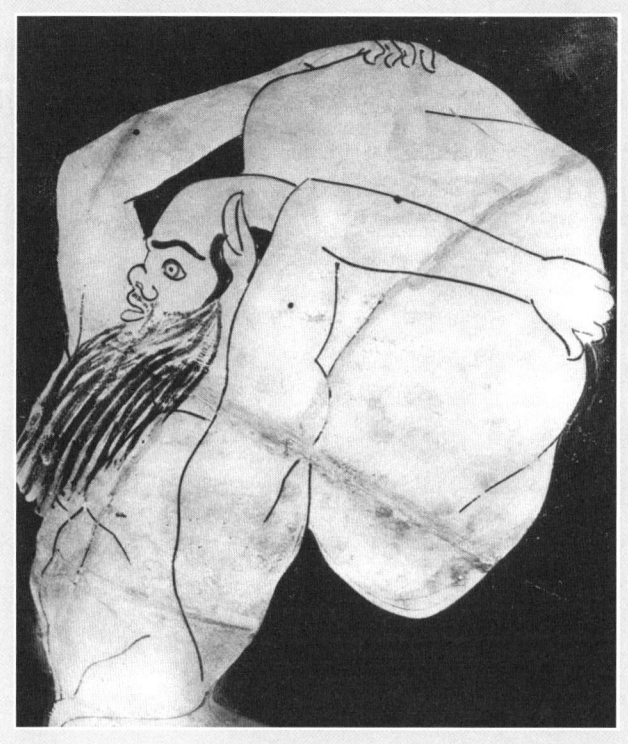

켄타우로스. 단지에 그려진 그림. 기원전 480년경. 룰리스와 히르머의 《그리스의 단지》(뮌헨)에 실린 사진.

아에서 왔다." 다시 말해서 그저 지나가는 사람이었는데, "요정은 그와 잠자리를 같이했다."

"신은 모든 이들 가운데에서 가장 정직한 자에게 물어볼 필요도 없이, 혼자 힘으로 요정의 배신을 알아차렸다……. 신도 인간도 그를 속일 수 없었다. 행위로도 생각만으로도 그러지 못했다." 아폴론 신은 여동생 아르테미스를 시켜서 부정한 요정에게 벌을 내렸다. 아르테미스의 화살이 요정을 관통한 것이다.

가까운 자들이 지켜보는 가운데 죽은 코로니스의 몸이 장작더미 위에 올려지고, 헤파이스토스의 활활 타오르는 불꽃이 코로니스를 감싸자, 신은 갑자기 코로니스가 품고 있던 씨앗을 기억해냈다. "안 돼, 나의 영혼은 나의 피로 생겨난 아들이 이처럼 애통하게 죽어가는 걸 지켜볼 수 없어." 아폴론이 한 걸음을 떼어놓자 그의 앞에서 불길이 열렸다. 그는 가까이 다가가 어머니의 몸으로부터 아이를 떼어냈다. 아폴론 신은 아이를 케이론에게 맡겼고, 케이론은 그 아이를 의사로 키운다. 이상이 아스클레피오스의 출생에 얽힌 이야기다.

의학의 신과 관련한 이 신화와 이야기를 듣는 환자 사이의 관계 외에, 코로니스라고 하는 요정의 인물 됨됨이에는 핀다로스가 히에론에게 주는 명확한 교훈이 들어 있다. 젊은 어머니 코로니스의 성격을 묘사함으로써 시인은 몽상적인 정신의 위험성과 유령을 좇는 어리석음을 강조한다. 시의 마지막 부분에서 환자에게 쏟아내는 격려도 같은 방향에서 전개된다.

이어서 핀다로스는 아스클레피오스의 활약상에 대해 멋진 그림을 펼쳐 보인다. 우선 부상당한 자들과 환자들(위궤양 환자, 창이나 투석기에 의해 살이 벌어진 환자, 전염병이나 여름날의 폭염, 겨울의 혹독한 추위 등으로 온

몸이 초췌해진 환자 등)의 행렬을 보여주고, 그런 다음 그들이 모두 시술과 치료를 받고 "똑바로 서게 된" 모습을 보여준다.

그런데 아스클레피오스는 실현 불가능한 일을 시도하는 실수를 범한다. 자연의 섭리를 거스르려 한 것이다. 의사는 자연이 죽음으로 데려가는 사람을 억지로 끌어내려 했다. 제우스의 벼락은 가차 없이 운명이 원한 죽음으로 환자와 의사를 동시에 데려갔다.

이번엔 코로니스의 초상화를 통해서 제시되는 교훈을 살펴볼 차례다. 불가능을 탐하지 말 것이며, "우리 발 앞에 놓인 것"을 직시하라. 그런데 도대체 우리 발 앞에 무엇이 놓여 있단 말인가? "죽어야 하는 인간 조건"이 놓여 있다.

여기서 시인은 용기 있고 멋진 말을 던진다. "오, 나의 영혼이여, 불멸의 삶을 갈구하지 마라. 대신 너에게 주어진 활동의 장에 지치도록 탐닉하라." 이것이 바로 그가 환자에게 주는 충고였다. 아스클레피오스는 틀림없이 여러 차례 수술을 통해서 환자를 치료했을 것이다. 그렇지만 너는 죽을 운명을 타고났음을 상기하라. 그 순간이 올 때까지는 행동하라. 핀다로스는 이 같은 교훈을 전혀 교훈 같지 않은 투로 환자에게 건넨다. 그는 히에론에게 "이렇게 하라, 저렇게 하지 마라"는 식으로 말하지 않는다. 그는 오히려 스스로에게 그렇게 말한다. 그가 우회적으로 말하기를 구사하는 것은 재치일 수도 있겠으나, 우정도 크게 작용했을 것이다.

군주와 자신 사이에 신뢰를 토대로 한 친밀감을 쌓은 후에야 핀다로스는 비로소 충고의 말을 건넨다. 그는 감히 위대한 히에론에게 체념하라고 이야기하는 것이다. 자네는 신들의 총애를 누렸으며, 백성들을 이끄는 군주, 라고 그는 환자에게 말한다. 자네의 인생에 언제나 갠 날만 있었던 것은 아닐 테지. 하지만 자네만 그런 게 아니라네. 과거의 영웅들을 생각해보게나. 그러면 일반적인 행동 지침을 알려주는 다음과 같은 격언이 떠오를 걸세. "진리의 길을 아는 인간(핀다로스에게 진리란 대부분의 경우 현실을 의미한다), 현실의 길을 따르는 인간은 신이 그에게 허락해준 행복을 누릴 줄 안다. 하지만 높은 하늘에서 불어오는 바람은 끊임없이 바뀐다."

이것은 현실적이고 긍정적인 정신의 소유자였던 히에론에게는 적절한 충고였다. 그는 인생의 부침의 법칙을 모르지 않았다.

마지막으로 핀다로스는 이제까지 너무 노골적으로, 너무 교훈적으로 말한 건 아닌지 두려워하는 사람처럼 방향을 스스로에게로 돌린다. "비록 가진 것 없이 비천하다고 하나, 나는 위대한 사람 가운데에서 위대한 사람이 되고 싶다네." 자부심에 가득 찬 그는 자신의 위대함을 알고 있노라고 선언한다. 그는 시인이므로 그가 쓴 송가들이 그에게 영예를 안겨준다. 히에론처럼 막강한 권력자가 드물듯이 자신처럼 위대한 시인도 드물다는 암시가 아니겠는가. 한순간 우리는 그보다 훨씬 후대에야 등장하는 프랑스 시인의 메아리를 미리 듣는 듯하다.

> ……내 시를 노래하면서, 경이로움을 느끼면서,
> 롱사르는 아름다웠던 시절의 나를 찬미했다고 말해주게.

그렇지만 이 두 감정은 정확하게 일치하지는 않는다. 핀다로스에게서는 좀 더 깊이 있는 겸손함과 자부심이 느껴진다. 겸손함도 자부심도, 신들이 인간에게 정해준 법칙을 인지한 자만이 누릴 수 있는 축복이다.

해묵은 신화에 순수한 아름다움을 불어넣다

핀다로스와 군주의 관계를 좀 더 상세하게 살펴보기에 앞서, 순수한 아름다움을 감상하는 즐거움을 위해 그가 쓴 열 번째 네메아제 송가에 등장하는 신화를 읽어보자. 순수한 아름다움이라고? 솔직히 그건 아니다. 핀다로스의 모든 작품엔 풍성한 가르침이 들어 있다. 이 시인에게 아름다움이란 사고의 적절함에 대해 그가 적용하는(신들이 그에게 적용하라고 지시한) 가장 완벽한 표현과 다르지 않다.

열 번째 네메아 송가는 격투 경기에서 승리를 거둔 아르골리스인을 위해 쓰였다. 첫 번째 3단 구성 부분에서 핀다로스는 유려한 붓터치로 신비스러운 배경을 깔아놓는다. 아르골리스에 전해 내려오는 대표적인 신화들을 잠깐씩 언급하는 것이다. 여기에서는 아르골리스의 신들과 영웅들, 유명한 미녀들이 뒤죽박죽으로 소개된다. 알크메네와 다나에가 침대에서 제우스 신을 맞고, 페르세우스는 메두사의 머리를 들고 등장하며, 다나이스들 중에서 유일하게 결혼 첫날밤에 남편을 죽이지 않고, 단도를 칼집 속에 넣어버린 휘페름네스트라도 나온다. 에파포스의 손이 이집트에서 수많은 도시를 세우는 장관도 볼 수 있고, 아르골리스 출신 여인의 아들 중에서 가장 유명한 헤라클레스가 올림포스에서 그의 아내, 여신 중에서 가장 아름다운 아내 헤베 옆에 우뚝 서 있는 모습도 만난다.

이 같은 그림을 배경으로 전개되는 오드의 두 번째 부분에서는 승리자인 아르골리스의 테아이오스를 소개한다. 그는 전경에 나와 있

지만 약간 물러나 있는 자리를 차지한다. 그는 여러 경기에서 받은 관들을 쓰고 있다. 우리는 그가 아테나이에서 가져온 기름 단지도 보게 된다. 소위 '범아테나이제'의 단지라고 하는 이 단지를 우리는 고고학 발굴을 통해서 잘 알고 있다. 승리자의 부모들은 아들과 더불어 매우 현대적인 이미지를 풍긴다.

그런 다음, 이렇듯 희미하게 채색된 배경과 짧게 처리한 몇몇 동시대인들의 묘사 위로 핀다로스는 본격적으로, 놀라운 단호함으로, 그가 정말로 마음에 둔 신화를 그려나간다. 바로 운동선수이자, 운동선수들의 수호신인 카스토르와 폴뤼데우케스의 이야기다. 이 이야기는 조형적으로도 감정의 수위로도 매우 아름답다.

쌍둥이 형제 카스토르와 폴뤼데우케스는 자신들이 태어난 스파르타의 한 계곡에서 살았다. 두 사람에게는 적이 있었으니, 이다스와 뤼케우스 형제였다. 어느 날 카스토르가 참나무 등걸에서 쉬고 있을 때, 스라소니 눈을 가진 뤼케우스가 높은 타위게테 정상에서부터 꿰뚫어보는 듯한 날카로운 눈으로 그를 발견했다. 뤼케우스는 곧 이다스를 불렀고, 두 형제는 잠들어 있는 카스토르를 급습했다. 이다스는 카스토르에게 창을 던졌다.

그러자 폴뤼데우케스, 쌍둥이 형제 중에서 혼자만 제우스의 아들로 불멸을 보장받은 그 폴뤼데우케스가 카스토르를 죽인 형제들의 뒤를 바싹 쫓았으며, 결국 어느 무덤에서 이들을 따라잡았다. 폴뤼데우케스와 맞닥뜨린 이다스와 뤼케우스는 비석을 하나 뽑아들었는데, 마침 그들의 아버지 비석이었다. 두 형제는 그 비석을 폴뤼데우케스의 가슴을 향해 던졌다. 하지만 폴뤼데우케스는 아무렇지도 않게 뤼케우스의 옆구리에 청동 창을 꽂았다. 한편 아들을 명예롭게 생각한 제우스 신은 이다스에게 벼락을 내렸다. "두 사람의 시체는 그곳에서 외롭게 불에 타버렸다."

폴뤼데우케스는 서둘러서 카스토르에게로 달려갔다. 아직 숨은 붙어 있었지만, 이미 헐떡거리고 있었다. 폴뤼데우케스는 울음을 터뜨렸다. 그의 아버지는 전지전능한 제우스 신이었다. 그러니 사랑하는 형제, 소중한 동반자를 구해줄 수 있지 않을까? 그는 아버지에게 애원했다. 이 형제 없이는 더 살고 싶지 않다고 떼를 썼다. 마침내 제우스가 아들 앞에 모습을 드러냈다. 아버지와 아들은 얼굴을 마주 대했다. 전지전능한 아버지 제우스 신은 폴뤼데우케스에게 어려운 선택을 요구했다. "너는 내 아들이다." 그의 입에서 나오는 말치고는 놀라울 정도로 부드러운 투로 제우스 신이 운을 뗐다. "내가 너에게 선택할 권리를 주겠다. 네가 죽음과 끔찍한 노화를 면하고 싶다면 나와 함께 올림포스에서 아테네, 무서운 창을 든 아레스와 더불어 살아야 한다. 너는 그럴 권리가 있다. 만일 네가 죽음에 직면한 형제를 구하는 쪽을 원한다면, 상반되는 너희 둘의 운명을 하나로 만들어라. 네 삶의 반은 지하에서 그와 더불어 살 것이며, 너와 더불어 그의 삶의 반은 하늘의 황금 궁전에서 지내게 될 것이다." 폴뤼데우케스는 한 순간도 멈추지 않고 생각을 거듭했다. 카스토르의 감긴 눈을 다시 뜨게 할 것이며, 그의 활기찬 목소리를 다시 들을 것이다.

40행에 지나지 않는 이 신화의 아름다움은 어디에도 견줄 수 없다. 선명한 색채와 완벽한 윤곽선이 만들어내는 그림이 의도적으로 희미하게 칠해진 배경으로부터 뚜렷한 부조를 이루며 돋보인다.

아름다움은 감정 속에도 태도 속에도 깃들어 있다. 아름다움의 이 두 가지 체제에는 고귀함이라는 말이 공통적으로 적용될 수 있다. 모

든 태도(가령 아버지 제우스와 아들의 대면), 모든 감정(폴뤼데우케스의 간청, 그리고 무엇보다도 제우스가 아들에게 제시한 어려운 선택, 카스토르의 눈을 다시 뜨게 하겠다는 형제애적인 몸짓으로 표현된 폴뤼데우케스의 답변)이 한결같이 위대함을 지향한다.

그러나 이 고귀함은 미리 약속되어 있던 것이 아니다. 매 순간 예상하지 못했던 세부 사항이 놀라움이라는 효과를 만들어낸다. 나무 등걸에서 휴식을 취하던 어린 소년, 묘지에서 벌어지는 희한한 대결 등 해묵은 신화가 신선함과 새로움으로 치장한 채 다시금 독자들과 만나는 것이다.

테론을 위한 송가

핀다로스가 군주를 위해 쓴 찬란한 송가들 중에서도 특히 사두(四頭) 이륜전차 경주에서 승리를 거둔 아크라가스의 테론에게 바친 두 번째 올륌피아제 송가를 꼽을 수 있다. 핀다로스는 이 에피니키온을 쓸 무렵, 이미 오래전부터 아크라가스의 독재자 테론이 속한 엠메니데스 가문을 잘 알고 있었다. 그는 이 가문이 이룬 성공, 위대함은 물론이고 테론을 비롯한 이 집안 사람들이 겪었고 멋지게 이겨낸 시련에 대해서도 잘 알고 있었다. 시련을 당하기도 하고 영예를 얻기도 했던 엠메니데스 가문은 라이오스와 오이디푸스처럼 인간의 운명에서 떼어놓을 수 없는 영고성쇠라는 주제를 다루는 데 표본이 될 만하다. 핀다로스는 비극적인 정서를 지닌 인물이 아니었다. 그는 항상 안심시키고 위로하며 신들의 선의와 신성함을 말하는 시인이었다. 그의 작품 전체는 인간 영혼의 불멸을 희망하는 방향으로 경도되어 있다.

사두마차 경주. 아크라가스의 화폐. 기원전 410년경.
막스 히르머의 《시칠리아의 아름다운 그리스 화폐》(라이프치히)에 실린 사진.

핀다로스를 잘 알았던 플라톤은 그로부터 이런 의미로 사용할 수 있는 이미지들과 논지를 차용했다.

두 번째 올림피아제 송가는 시련 속에서도 빛나는 테론의 위대함을 찬미하며, 그에게 인간의 마음을 뛰게 만드는 지고의 희망을 부여한다. 시는 기원전 476년에 작성되었다. 테론에게는 크나큰 모험이 막을 내리려는 시기였다. 모처럼 찾아온 행운으로 15년 동안이나 영예로운 독재를 지속했으며, 그 사이 아크라가스는 신전으로 둘러싸인 도시가 되어, 오늘날에도 찬탄을 자아낸다. 테론은 또한 인생의 마지막 시간이 다가오고 있음을 알았다. 그러므로 주의력 깊고 그의 친한 친구인 시인으로서는 이 권력자에게 운명의 여신이 우리의 삶에 끼치는 막강한 권능에 대해 말할 수 있는 좋은 기회였다. 핀다로스는 테론에게 인간의 조건과 죽음에 대해서 이야기한다. 종교를 통한 위안을 독재자에게 선사하려 했다고 해도 그리 잘못된 판단은 아닐 것이다.

오드의 초반부는 짧은 형식으로 항상 위협받게 마련이었던 테론과 그의 조상들의 드높은 위상을 상기시킨다.

> 아크라가스의 성벽, 그것은 정직한 도시의 꽃이다……. 이 도시를 낳은 아버지들은 헤아릴 수 없는 엄청난 노동과 용기와 더불어 시켈리아의 눈동자 같은 존재들이었다. 운명의 시간은 이들을 보살핀다……. 슬픔은 충만한 기쁨에 의해 길들여지고 다시 태어나려는 쓰라림 속에서 사라져간다. 신으로부터 태어난 운명이 고양시키는 우리의 환희에는 아무런 제한이 없다……. 하지만 변덕스럽게 바뀌는 바람이 우리를 이끌어간다. 이들은 우리를 때로는 기쁨으로 때로는 시련으로 데려간다.

시인은 행복의 영광스러운 성공의 예를 든다.

카드모스의 오만한 딸들은 이루 표현할 수 없는 시련을 겪었다. 하지만 고통의 무게는 이들에게 몰려온 기쁨의 무게에 눌려 허물어져버렸다. 길게 땋은 머리채의 세멜레는 벼락을 맞아 죽었지만, 올륌포스의 신들 가운데에서 다시 산다. 팔라스로부터 영원히 사랑받으며, 제우스 신의 사랑까지 받은 세멜레는 포도 덩굴을 지니고 다니는 그의 자식에게도 사랑받았다.

조금 뒤에 핀다로스는 테론의 덕목을 찬양하기 시작한다. 우선 그의 최고의 덕목은 넘치는 에너지다. "격투를 시도하는 사람 누구에게라도 성공에 대한 기대는 곧 슬픔으로 변하고 만다." 테론은 또 부자이기도 하다. "덕목을 겸비한 재물은 많고 많은 기회를 제공해준다. 이러한 재물은 우리 사고의 가장 깊은 곳마저도 항상 행복을 망보게 만든다."

성공을 위해서라면 꼭 필요하지 않아도 나서는 이 행동하는 인물에 대한 찬양의 절정에 지고의 약속, 즉 정의로운 자만이 사후에 갈 수 있다고 하는 크로노스 성의 약속이 자리 잡는다.

그런데 밤이나 태양의 밝은 빛 아래 낮이나 언제나 똑같은 모습을 보이는 정의로운 자들은 우리들의 삶보다 덜 힘든 삶을 부여받는다. 대지도 바다의 물도 변화무쌍한 긴 삶 동안 이들 팔의 힘을 요구하지 않는다. 신들의 총애를 받는 자들, 경건한 신앙심을 지켰던 자들 곁에서 이들 선택받은 자들은 눈물이라고는 모르는 영원한 삶을 산다. 이에 비해 정의롭지 못한 사람들은 차마 눈뜨고 볼 수 없는 고통을 겪게 된다.

불의로부터 완전히 자유로운 영혼을 유지할 용기를 가진 자들은 죽을 때까지도 크로노스 성으로 안내하는 제우스 신의 길을 따른다. 그곳에 이르면 행복의 섬이 있어, 그 주변이 온통 시원한 바닷바람에 잠겨 있다. 그곳엔 황금 꽃들이 활짝 피어 있는데, 어떤 꽃들은 땅을 비집고 나와 영광의 나뭇가지가 자라나며, 어떤 꽃들은 물속에서 자라난다. 이것들은 서로 엉켜, 신들의 권세 있는 조상, 즉 가장 높은 곳에 앉아 있는 레아의 남편의 명을 받드는 자 라다만토스의 의지에 따라 꽃목걸이를 만들고 왕관을 짠다.

이윽고 핀다로스는 크로노스 성으로의 입성이 허락된 두세 명의 선택받은 자를 열거한다. 아킬레우스도 들어간다. 아킬레우스의 승리를 노래하던 시인은 돌연 테론의 총애를 놓고 그와 격돌하던 자들에 대항해서 싸울 결심을 한다. 그는 숨이 넘어갈 정도로 원한에 휩싸여 위협의 말을 늘어놓는다.

내 팔꿈치 아래에 있는 화살통 안에는 낭랑한 목소리를 지닌 무수히 많은 화살들이 있다. 이 화살들은 양식 있는 사람들의 정신을 파고들 수 있다. 대중을 움직이게 하는 데에는 통역이 필요하다. 가장 뛰어난 영감을 지닌 통역이라면 자연으로부터 위대한 지식을 전수받은 자일 것이다. 학습을 통해서, 끝없이 이어지는 수다를 통해서 영감 있는 자를 모방하는 자들이라면 까마귀들처럼 쓸데없이 제우스 신의 신성한 새에 맞서서 깍깍 울어대기만 할 것이다. 자, 내 마음이여, 너의 화살이 과녁을 겨누도록 하라!

이제 이 내용을 해석해보자. 영감을 지닌 통역과 제우스 신의 신성한 새는 의심할 여지없이 핀다로스를 가리킨다. 그에 맞서서 깍깍 울어대는 경쟁자들, 조용히 할 줄 모르는 까마귀들은 단연 시모니데스와 박퀼리데스다.

이 분노를 노래하면서 문득 제정신이 돌아온 듯 핀다로스는 테론에게로 말문을 돌린다. 비록 질투가 군주의 영광을 엄습해온다고 할지라도, 군주가 전력투구한다면, 군주의 뛰어난 행적에 의해서 곧 제풀에 꺾이고 말 것이다. 마지막 행들에서는 찬양을 강조하는 분위기가 느껴진다. "모래가 자갈들 사이로 빠져나가듯이, 인간의 기쁨도 다른 사람들에게 분배될 것이다. 과연 몇 명이나 되는 사람이 그것을 누리게 될지 그 누가 말할 수 있겠는가?"

'크로노스 성'이 등장하는 구절과 같은 부분이 핀다로스의 현존하는 작품 중에 적지 않게 등장한다. 플라톤이 그중 몇몇을 차용했다는 사실을 앞에서 말했다. 그 예를 소개한다.

> 페르세포네가 오래된 오점을 씻어준 자들로 말할 것 같으면, 8년이 지나면 페르세포네는 이들의 영혼을 저 높은 곳에 있는 태양으로 보낸다. 이들 영혼으로부터 위대한 왕들, 무찌를 수 없는 기력과 뛰어난 지혜를 가진 인간들이 태어났다. 이들은 죽은 다음 산 자들에 의해 영웅으로 추대되었다.

또 핀다로스가 정의로운 자들을 묘사한 다음과 같은 행들도 그렇다.

> 그들을 위해서 지상의 밤 동안 깊은 심연 속에서도 태양의 힘이 번뜩인다. 붉은 장미밭이 도시의 성벽 발치에 펼쳐져 있다. 향나무는 그늘을 드리우고 그 가지에는 황금 열매가 주렁주렁 달린다.

내세를 다루는 핀다로스에게서는 이러한 믿음만 발견되는 것이 아니다. 그는 교조주의적인 방식으로 거기에서 멈추지 않았다. 하긴 교조주의적인 방식이란 고대 사람들의 신앙 방식과는 거리가 멀었다. 가장 신앙심이 깊은 그리스인들조차도 내세를 확신하는 데에는 신중한 입장을 취했다. 핀다로스에게 인간의 생존이란 매우 소박한 형태를 취했다. "인간의 지속은 영원하다. 자손이 없어서 망각 속으로 떨어지게 되는 종족이 아니라면 영원히 살 것이며, 그런 종족은 고통 따위는 알지 못한다." 자손들이 살아가는 동안 그는 영면에 들어 휴식을 취한다는 뜻이다. 이것이 후손의 지속과 연결되는 불멸성이다.

살아 있는 자들의 기억이 불멸성을 보장한다는 식의 생각을 담은 대목들은 더 자주 눈에 띤다. 특히 시인의 노래가 가장 오래도록 기억을 보장할 수 있다고 말한다. 살아 있는 동안 올바르게 행동했으므로, 또 살아 있는 동안 자신의 직업에 충실했으므로, 자손이나 친구들의 기억 속에서 오래도록 사는 것, 이것이 크로노스 성으로 갈 희망이 엷어지는 것 같은 날이면 죽을 수밖에 없는 자, 즉 인간의 운명을 받아들이도록 도와주는 생각이었다.

> 오, 제우스 신이여, 내가 죽을 때 나의 자식들에게 추한 이름을 남기지 않도록 항상 솔직함의 길에 충실할 수 있다면…… 나를 위해서, 나는 끊임없이 나의 동료 시민들을 기쁘게 하고, 찬양할 것을 찬양하며, 불한당들에게는 모욕을 주고 난 후에 내 육신을 대지에 돌려주겠습니다!

불멸의 삶을 믿거나 죽음을 잊어버린("해야 마땅한 일을 한 인간은 죽음을 잊는다.") 핀다로스와 "오 나의 영혼이여, 불멸의 삶을 탐하지 마

라"고 외치는 핀다로스, 이렇게 둘 중에서 어느 쪽이 진정한 핀다로스인지를 고민할 필요는 없다.

두 명의 핀다로스란 있을 수 없다. 믿고 희망하며 잊어버리고, 지혜와 선의만으로 만족해하는 시인, 요컨대 신학자가 아닌 모순으로 가득한 시인이 있을 뿐이다.

그는 신학자는 아니라지만 신앙인임에 틀림없는 시인이었다. 아무것도 희망할 수 없는 날, 아무것도 알 수 없는 날, 그래도 그는 신이 있다고 믿었으며, 신들은 적어도 알고 있을 거라고 믿었기 때문이다.

찬미하며 충고하는 시인

내밀한 몇몇 예를 들었으니, 이제 좀 더 공적인 송가, 즉 두 번째 퓌티아제 송가를 통해서 우리가 내릴 결론의 토대를 다져보자.

발표 연도에 대해서는 의견이 분분하지만, 이 작품의 의미만큼은 명확하다. 핀다로스는 델포이 제전에서 사두 이륜마차 경주에 출전하여 우승을 거둔 자, 권력의 정점에 도달했으며 큰 재산을 모은 자, 즉 히에론에게 이 시를 바친다. 핀다로스는 히에론에게 성공의 유혹에 대해, 행복이 주는 도취감에 대해 경고해야 할 순간이 왔다고 판단한다. 이런 관점에서 신화를 고른다. 동시에 아첨꾼들의 유혹에 대해서도 따끔하게 경고할 수 있는 신화를 선택한다. 군주의 주변에 그를 공격하는 자들이 있음을 알고 있는 핀다로스는 솔직하게 말할 권리를 요구하고, 실제로 그 권리를 실천에 옮긴다.

시는 쉬라쿠사이에 대한 찬미로 시작한다. "오, 쉬라쿠사이, 거대한 도시여." 히에론의 도시를 언급하면서 시인은 군사력을 강조하는

요정 아레투사. 아테나이가 시켈리아에서 패배한 후, 기원전 413년에 제조된 쉬라쿠사이 화폐. 막스 히르머의 《시칠리아의 아름다운 그리스 화폐》(라이프치히)에 실린 사진.

데, 이는 그에게는 매우 드문 일이다. 쉬라쿠사이는 "아레스 신의 성소"이며, "전사들과 쇠편자로 치장한 말들의 유모"다. 조금 뒤로 가면, "군주들 중에 첫째가는 군주인 그대, 총안을 낸 그 많은 도시들과 무장한 민족을 지휘하는 그대"라며 히에론을 등장시킨다.

핀다로스는 히에론의 전투 업적은 전혀 늘어놓지 않는다. 그의 위대한 행동에 대한 증언으로 예상치 못했던 증인을 내세우는 것으로 만족한다. 이 증인은 젊은 아가씨로 형상화된 도시 로크리스였다. "왜냐하면 그대의 권능 덕분에 이 아가씨는 절망에서 벗어나 평화로운 시선을 가질 수 있었기 때문"이라고 설명한다.

로크리스 아가씨는 대그리스(마그나 그라이키아)에 있는 자신의 집 앞에 서서, 자신이 사는 도시를 이웃 도시의 탐욕으로부터 구해준 히에론을 찬양한다.

도움을 준 자에게 고마움을 표할 줄 아는 이 아가씨는 군주도 신에 대해서 똑같은 의무를 빚지고 있음을 상기시킨다. 고마움을 표하는 아가씨의 주제는 신화를 도입하는 구실이 된다. 바로 왕자들 중에서 가장 파렴치한 왕자였던 익시온의 신화다. 익시온은 신, 즉 인간에게 기쁨을 선사해주는 유일한 존재인 신에게 자신들의 행복을 돌리지 않는 왕은 행복할 자격이 없다는 교훈을 일깨워준다.

익시온은 운이 엄청 좋았다. 그는 하늘에서 신들의 손님이었다. "그런데 그는 자신이 누리는 기쁨에 대해 오래도록 개의치 않았다"고 시인은 말한다. 행복을 유지하는 것, 이것이야말로 왕자들에게 가장 어려운 덕목일 것이다.

익시온은 감히 헤라 여신에게 눈독을 들였다. 그의 죄에는 당연히 끔찍한 형벌이 뒤따랐다. 제우스는 그의 양팔과 양 다리를 바퀴살에 묶은 다음 그 바퀴를 허공으로 굴려버렸다. 이 신화의 마지막 부분에서 신에게 영광을 돌리는 핀다로스의 송가가 찬란하게 빛난다. 제우스 신에 대해 언급하고 난 후 그는 곧바로 신이라는 단어를 들이댄다. 제우스보다 훨씬 광범위한 의미를 지닌 이 단어가 북받치는 그의 종교적인 감정에 합당하기 때문이다. 그가 찬미한다.

> 신만이 모든 것을 그가 희망하는 대로 이룩한다. 하늘을 날고 있는 독수리도 잡고, 바다에서 헤엄치는 돌고래도 따라잡으며, 오만한 자의 몸을 숙이게 하며 영속적인 영광을 다른 사람들에게 돌리신다.

이렇게 신의 지고한 권능을 찬양한 다음 핀다로스는 이 두 번째 퓌티아제 송가 또는 첫 번째 퓌티아제 송가처럼 공식적인 시에서도 군주에 대한 찬미를 배제하지 않는다. 충고를 곁들인 찬사가 이어진다.

솔직히 히에론은 찬사를 들을 만하다. "그대의 덕목을 축하하는 것은 나한테는 온통 꽃으로 장식된 배에 승선하는 것과 마찬가지라네." 히에론의 첫째가는 덕목은 핀다로스가 다른 시에서도 밝혔듯이 영혼의 단호함이다. 시인은 그를 참혹한 상처를 입고도 싸움을 계속해 마침내 적군의 무릎을 꿇게 한 영웅 필록테테스와 비교한다. 고대의 주석가들은 이 대목에 대해서, 신장결석으로 고생하던 히에론은 들것에 누운 채 전쟁터로 나갔다고 말한다. 그런데 히에론의 덕목은 이처럼 폭발적인 에너지만이 아니다. 핀다로스는 그가 또한 정의로운 사람이었음을 강조한다. "정의의 방향타로 그대의 민족을 이끌고, 진실의 모루 위에서 그대의 언어를 벼린다." 모든 덕목은 게다가 신에게서 받은 선물이다. "인간들의 덕목은 신의 관할에 놓여 있다."

고귀한 군주뿐 아니라 누구에게나 최악의 잘못은 자신에게 충실하지 못한 것, 다시 말해서 '원숭이'처럼 남의 흉내를 내는 것이다. 핀다로스는 이를 세상에서 가장 놀라운 방식으로 말한다. "너는 알게 된 그대로의 네가 되거라. 원숭이는 아이들에게는 아름답다, 언제나 아름답지." 이것은 말하자면 델포이의 주제인 "너 자신을 알라"의 도덕적 교훈 버전이다. "너는 알게 된 그대로의 네가 되거라"라는 핀다로스의 말을 가지고 괴테가 "있는 그대로의 네가 되거라"라는 멋진 말을 만들어냈다는 사실을 우리는 알고 있다.

핀다로스는 자신에게로 돌아와 두 번째 퓌티아제 송가를 자부심으로 가득 찬 말로 끝맺는다. 이 말은 아첨꾼들(왕에게 원숭이 노릇을 하라고 권하는 자들)이 시인에 대해서 지어내는 비방으로부터 시인 자신을 해방시켜준다. 그들이 쏟아내는 비방이야 아무려나 상관없다. 핀다로스는 말한다. "나는 코르크나무처럼 씁쓸한 파도를 두려워할 필요 없이 그물 위로 떠다닌다." 그는 솔직한 사람, "입바른 사람"이기 때문이다. 군주 곁에서는 언제나 솔직한 사람이 이기는 법이다. 아첨꾼들에게 승리를 거둔다는 말이다. 핀다로스는 시모니데스와 박퀼리데스를 겁내지 않는다. 이들은 고대인들에 따르면 그에게 피해를 주었고, 그래서 여기서 지목되었다. 핀다로스는 딱 한 가지, 신의 마음에 들지 않는 것만 두려워했다.

군주의 덕목과 이상을 제시하다

핀다로스의 자부심은, 그가 구사하는 겸양과 공손한 말에도 불구하고, 어디에도 비교할 수가 없다. 핀다로스는 시인은 군주와 동등하

며, 군주의 명예란 시인들을 통해서만 드러낼 수 있음을 잘 알고 있었다. 군주 앞에서 절대 공손하지 않았던 핀다로스는 신 앞에서만 공손했으며, 군주 또한 그래야만 한다고 믿었다.

그렇기 때문에 핀다로스는 자유로운 가운데 군주들을 찬양할 수 있었다. 그는 그럴 자격이 있는 군주들만 찬양했다. 히에론과 테론은 위대한 인물이었다. 그들은 각자 자신이 이끄는 도시를 위해, 그리고 그들 자신을 위해 위대함에 사로잡혔던 인물들이다. 이러한 위대함에서 도덕적 고양이 배제될 수 없다.

핀다로스는 아낌없이 찬양하는 한편 까다롭게 많은 것을 요구했다. 그는 찬양을 함으로써 군주가 자신의 가치에 대한 의식을 강화하도록 도왔던 셈이다. 신의 가호가 그 자신에게로도 확산된다고 말하면서 군주들을 격려했다. 이와 동시에 그는 군주에게 재능과 성공은 신이 내려주는 선물임을 상기시켰다. 그는 퀴레네의 왕 아르케실라오스에게 "그대가 받은 모든 것을 신에게 되돌려드리는 것을 잊지 말게"라고 말한다. 사실 군주들의 행복이란 신에 대한 두려움과 정의의 실천에 토대를 두고 있을 때에만 지속될 수 있다. 이것이 바로 통치의 대원칙이다.

시인은 영감을 받은 자다. 시인은 '예언자'이기 때문에 군주에게 많은 것을 까다롭게 요구할 수 있다. 시인이 요구하는 것은 정의, 정직, 관대함, 백성, 즉 피통치자가 아닌 '동료 시민들'에 대한 온유함 등 해묵은 귀족의 행동 지침에 수록되어 있는 덕목들이다. 게다가 그가 특별히 요구하는 것은 불행을 견디는 용기와 그 못지않게 어려운 행복을 견디는 단호함이다.

핀다로스는 군주의 통치가 이 세상에 존재하는 가장 나은 통치 형태라고는 생각하지 않았다. 또 그 생각을 그대로 말했다. 그는 귀족정, 즉 그가 '현자들'이라고 부르는 자들의 통치를 선호했다. 하지만 좋은 군주, 그러니까 가장 선하고 가장 현명한 군주(이 대목에서 우리는 비록 시대와 기질이 다르긴 하지만 플라톤을 떠올린다)가 고귀함을 유지하며 통치하는 체제라면, 핀다로스는 거부하지 않는다.

그렇다면 핀다로스는 시켈리아의 군주들 곁에서 무엇을 시도했는가? 혹시 플라톤이 시켈리아의 다른 군주들에게 했던 것과 같은 시도는 아니었을까? 그는 군주들에게서 책임감을 이끌어냈다. 또한 몸도 마음도 귀족이었던 그는 이 '새로운 부류의 인간들'을 상대하면서 이들을 진정한 귀족으로 만들고자 시도했다.

그는 돈을 받고 고용된 시인으로서 그렇게 한 것이 아니었다. 그것이 신에게 부여받은 임무에 충실한 것일 뿐만 아니라 위대함에 사로잡힌 영혼들에게 '아름다운 행위'를 성취해야 하는 인간적 삶의 의미를 알려주었기 때문이다. 그는 군주에게 영웅들을 소개했으며, 영웅적인 삶을 살도록 부추겼다. 아르케실라오스에게 바치는 네 번째 퓌티아제 송가에서 이아손 주변으로 몰려든 젊은 군주들을 보라. "이들 중에서 청춘을 아무런 위험도 없이 그냥 시들어버리게 하려는 자는 아무도 없었다." 이들은 "죽는 한이 있더라도, 그들만의 고유한 고귀함이 뿜어내는 매력을 발견하고 싶어했다." 이들은 고귀한 삶, 쉽지 않은 삶을 택했다. 히에론에게 바친 첫 번째 올륌피아제 송가에서 펠롭스(그리스 신화에 나오는 인물로 탄탈로스의 아들이며, 펠로폰네소스라는 이름은 그에게서 나왔다 —옮긴이)가 영웅적인 삶을 선택하는 것을 보라. 펠롭스는 기도한다. "커다란 위험이란 두근거리는 마음이 없는 투사는 원하지 않는 법이다. 어차피 죽어야 하는 목숨이라면, 어째서 어

둠 속에 가만히 앉아서, 모든 모험으로부터 멀리 떨어진 채 무기력하게 늙어가기만을 기다린단 말인가?"

영웅적인 삶, 고귀한 삶, 이것이 군주들에게 제시된 본보기였다.

그 대가는 가장 확실한 불멸성이 보장되는 명예와 영광이었다. 그리고 그것을 가능하게 해주는 사람이 시인이었다. 핀다로스는 외친다. "덕성이 시인의 노래에 의해 지속성 속에 자리 잡는다."

또 이런 말도 한다. "아름다운 시가 지닌 음성은 영원히 울린다. 그 음성 덕분에 비옥한 대지의 공간과 바다를 가로질러 아름다운 행위의 영광이 꺼지지 않고 찬란하게 빛난다."

이 감탄스러운 행은 어떠한가? "시인의 노래가 없다면, 모든 덕성은 침묵 속에서 죽음을 맞는다."

어째서 이 같은 열정과 확신이 가능할까? 그것은 시인의 봉사와 군주의 봉사가 모두 신을 위한 봉사이기 때문이다.

chapter 6

구대륙 탐험에 나선 헤로도토스

헤로도토스는 역사학의 아버지라고 불린다. 그런데 그는 지리학의 아버지가 될 자격도 충분하다. 그는 기원전 5세기 무렵에 살았던 동시대인들에게 '타지인들'의 세계를 소개했다. 타지인들이란 1차적인 의미에서의 이방인, 즉 그리스인들이 "제비가 타지인의 말을 한다"고 말할 때의 의미로 이해하면 된다. 헤로도토스는 독자들에게 당시 알려져 있거나, 알려지지 않았거나, 상상 속에 존재하던 세 개의 구(舊)대륙을 소개했는데, 대지는 하나라고 믿었던 그 자신은 정작 어째서 대륙이 세 개가 되어야 하는지 이해하지 못했다. "어차피 한 조각인 대지에 어째서 세 개의 다른 이름을 붙였는지 그 이유를 이해할 수 없다"고 그는 기록했다. 세 개의 다른 이름이란 에우로페(유럽), 아시아, 리뷔에(리비아)였다. 여기서 리뷔에는 아프리카 대륙을 가리키는데, 1492년까지는 정확한 명칭으로 인정받았다.

대지는 하나다. 하나인 동시에 다양하며 여러 인종과 국가가 있어서, 이들은 가장 기초적인 필요에 의해 지배를 받는다는 공통점을 지니고 있는 반면, 관습에 있어서는 거의 무한대에 가까운 차이를 보였다. 헤로도토스가 기록 작업을 진행하면서 세운 가장 으뜸가는 목표는 페르시아 전쟁이라고 하는 대역사에 관해서 들려주는 것이었다. 이 전쟁은 그가 태어날 무렵(그는 기원전 480년경에 태어났다)부터 시작되어 기원전 5세기 중반부까지 계속되었다. 페르시아 전쟁은 신생 그리스에게는 크나큰 시련이 아닐 수 없었다. 메디아인들과 페르시아인들만이 아니라 아시아 전방 지역, 즉 인도 서부 지역에서 에게 해에 이르는 지역에 거주하는 민족 모두가 그리스에게 덤벼든 형국이었기 때문이다. 당시 이들 민족들은 페르시아 왕의 지배를 받고 있었다. 그리스인들이 위대한 왕이라고 부르던 이집트의 왕들마저도 페르시아에 복종했음을 잊어서는 안 된다. 그런데 이처럼 크나큰 시련을 그리스인들은 극복했다. 그리스인들은 파도와 맞서서 싸우듯이 침략자를 맞아 싸웠다. 그리스인 한 명이 열 명의 적과 맞서 싸우는 경우도 빈번했으며, 이는 독립에 대한 이들의 유별난 애착을 만방에 드러냈다. 헤로도토스에 따르면, 이 같은 독립에 대한 집착이야말로 그리스인들을 이 땅의 다른 민족들과 확연하게 구별 짓는 특징이다. 그 덕분에 그리스인들은 아시아나 이집트 군주의 백성이 아닌 자유 시민으로 살아갈 수 있었다. 헤로도토스는 이 특징을 통해서 그리스인과 '타지인'을 구별했다. 실제로 그리스인들은 자유를 누리기를 소망했다. 그렇기 때문에 절대적인 수적 열세는 물론이고 도시들이 서로 대립하고, 각 도시 안에서는 귀족과 민주주의자들이 다투는 고질적인 내부 분열을 겪는 상황에서도 승리를 쟁취할 수 있었다. 그들이 거둔 승리는 자유에 대한 뿌리 뽑을 수 없는 열망의 결실이었다. 헤로도토스는 이 사실을 잘 알고 있었기에 자신은 그리스인을 사랑한다고 똑 부러지게 밝혔다.

하지만 헤로도토스가 그리스 민족을 사랑하다고 해서, 그리스 민족보다 훨씬 오랜 연륜을 자랑하는 유서 깊은 민족들을 비롯하여 다른 강력한 민족들을 알고 싶어하는 호기심과 그 민족들을 자신의 동족에게 소개하고 싶은 마음이 줄어든 것은 아니었다. 그는 이방인 세계의 다양하고 이상한 관습들에 대해 관심이 많았다. 페르시아 전쟁의 역사를 기술하기에 앞서, 그리스를 침략한 나라들에 대한 광범위한 조사를 벌인 것도 이런 연유에서였다. 당시 그리스가 잘 알지 못했던 나라들이었던 것이다. 그는 자신의 연구를 점점 더 먼 곳으로 확대해나갔으며, 독자들에게 당시 알려져 있던 세계 전체에 대한 풍성한 정보를 제공하기에 이른다.

마침 그는 자신의 저술에 '히스토리아이(Historiai)', 즉 당시로는 '조사'라는 의미만을 지녔던 단어로 제목을 붙였다. 헤로도토스 이전에는 역사적 사실들에 대한 연구가 존재하지 않았다. 역사책이기도 하고 지리책이기도 한 자신의 저술에 '조사'라는 제목을 붙임으로써 헤로도토스는 과학적인 조사의 토대 위에 이 두 학문의 기초를 마련했다. 그렇기는 해도 헤로도토스는 기질상 지리학적이나 민속학적인 연구에 먼저 이끌렸으며, 역사적 사실 연구는 그보다 뒷전이었다. 이 같은 특징은 그의 저술에서 시종일관 감지된다.

호기심 많은 최초의 역사학자이자 지리학자

헤로도토스는 도대체 무엇이 그토록 궁금했을까? 이 질문에 대해서는 주저하지 않고 대번에 정답을 말할 수 있다. 그는 모든 것에 대해서 궁금해했다. 신앙, 풍습, 기념물, 그러니까 우리가 흔히 대역사(大役事)라고 하는 것들, 토양의 성질, 기후, 서식하는 동물군과 식물군(특히 동물군), 사막의 면적, 발견 여행, 대지의 끝, 어디에서 발원하는지 알 수 없는 주요 하천 등 그야말로 모든 것에 관심이 많았지만, 뭐니 뭐니 해도 사람들이 무얼 하면서 어떻게 사는지가 그의 최대 관심사였다. 이를테면 인간의 실존 조건이며 신체적 특성, 인간들을 즐겁게 하는 쾌락의 원천, 인간들이 섬기는 신, 수천 년을 이어져 내려온 과거 또는 이와는 대조적인 인간 삶의 원시성 등. 인간과 인간이 이루어놓은 업적, 인간과 인간이 벌이는 모험, 자연적인 생태계 속에서 희한한 풍습을 만들어가면서 사는 인간의 모습, 요컨대 이것이 《히스토리아이》의 중심을 이루는 주제다. 각기 다른 나라에서 사는 인간의 모습을 그리는 데 그토록 애정을 쏟았다는 점에서, 헤로도토스는 고대 인본주의자들 가운데에서 가장 애정이 가는 인물 중의 하나다.

진기함에 대한 취향이 때론 오류를 낳다

나는 호기심이라는 말을 사용했다. 그런데 이 말은 헤로도토스라는 인물을 묘사하는 데에는 턱없이 부족하다. 이 문제에 대해서는 뒤에서 다시 꼼꼼하게 짚어보려고 한다. 그건 그렇고, 방금 전에 역사적 사실이라는 표현을 꺼냈으니 한 가지 지적하고 넘어가야겠다. 헤로도토스에게는 남의 말을 너무 쉽게 믿는다는 평가가 따라다닌다. 사실 그는 성실한 조사자다운 굳은 의지 못지않게 어린아이 같은 순진함도 겸비했다. 남의 말을 쉽게 믿는 성질은 그의 호기심만큼이나 끝이 없으며, 이 두 가지는 따로 떼어놓고 생각하기 어렵다. 최신 학문에 의해 검증하고 확인한 결과, 적어도 그가 자신의 눈으로 직접 보고 나서 기록한 사실은 거의 틀린 부분이 없다. 반면 그는 다른 사람들에게 들은 이야기들을 이렇다 할 비판 의식 없이 무분별하게 옮겨 적기도 했다. 그는 자신이 방문한 여러 나라에서 '관광 가이드' 역을 자처했던 무지한 사제들의 이야기를 그대로 기록했다. 게다가 제일 처음 만난 자들의 이야기가 대부분이었다. 요컨대 그는 진기한 이야기라면 사족을 못 쓸 정도로 좋아했기에 진기함으로 가득 찬 이야기들을 차마 단호하게 내치지 못했다. 이야기가 진기하면 진기할수록 그는 이끌렸고, 도저히 사실 같지 않다고 판단했더라도 서둘러서 그 이야기를 남들에게 들려주고 싶어했다. 그는 그런 이야기들을 들려주는 것이 조사자로서의 자신의 직업에 충실한 것이라고 믿었을지도 모른다. 비록 이야기 끝에 자신은 그런 허풍에 속지 않는다는 단서를 다는 한이 있더라도 말이다. 이집트 왕과 두 명의 도둑 이야기의 끝에 유보한다는 뉘앙스로 결론처럼 달아놓은 글만 보더라도 잘 알 수 있다. "누군가 이 이야기를 들으면서 그럴듯하다고 생각했다면, 믿어도 좋다. 이 책을 쓰는 동안 내내(그러니 유보는 책 전체에 해당한다) 나는 이런저런 사람들한테서 들은 이야기들을 기록한다는 단 하나의 목표에만 충실할 것이다."

　헤로도토스의 역사서는 그러므로 과학적 개연성과 무비판적인 믿음이 뒤섞여 있는 책이라고 할 수 있다. 그는 정직하게 진실을 추구하며, 진실을 찾아 세상 끝까지 따라다니느라 열심히 발품을 판다. 하지만 그와 동시에 그는 진기한 일이라면 귀를 쫑긋 세우는 어린아이 같은 치기를 지니고 있었던 것이다. 역설적으로 그는 그가 찾는 진실이, 이렇게 말해도 된다면, 진기한 성격을 띠기를 원했다. 바꿔 말해서 열심히 조사하여 진기함을 듬뿍 수확할 수 있기를 바랐다. 역사학의 아버지에게 역사적인 것의 정점은 어떤 의미에서는 믿을 만한 증인들의 입을 통해서 듣는 진기함에서 발견된다고 추측해볼 수도 있을 것이다. 그에게 역사는 일종의 동화 같은 것이면서, 동시에 그런 일이 실제로 일어났다는 증거를 수집할 수 있다면 금상첨화였다.

헤로도토스가 지닌 두 가지 열정적인 취향, 즉 기가 막히게 재미난 이야기나 희한한 사람들에게 쏠리는 취향과 진실을 향한 취향은 어느 모로 보나 양립하기 어려운 것이다. 따라서 그의 저술 《히스토리아이》에는 기발한 이야기(게다가 상당히 재미난 이야기)가 자주 등장한다. 이런 이야기들은 대부분 천진하기 그지없는 그의 호기심을 이용하려는 정보 제공자들로부터 얻어들은 것이다.

어찌되었거나 헤로도토스에게서 자발적인 실수는 전혀 찾아볼 수 없다. 다시 말해서 그는 절대로 거짓말을 하지 않는다. 무언가 잘못된 사실을 기록했다면, 그건 그가 판단 착오를 일으켰거나 잘못 이해했기 때문이다. 받아 적다가 실수를 했거나, 재미난 이야기라서 정신 놓고 듣다가 그만 깜빡 속아 넘어갔다는 말이다. 하지만 진지하고, 늘 의심하는, 이른바 학문적인 후대의 비판 작업에서도 그는 거짓말 현행범으로 판정을 받은 적이 단 한 번도 없었다. 요컨대 그는 정직하고 성실한 사람이며, 풍부한 상상력의 소유자이지만 전적으로 진실한 사람이었다.

그 정도면 충분한 장점이 아니겠는가. 솔직히 그가 마음만 먹는다면, 아무것도 모르는 독자들에게 자신이 여행한 나라들에 대해서 아무 이야기나 꾸며낼 수도 있었을 것이다. "확인할 수 없는 것은 쉽게 믿는다"는 속담도 있지 않은가. 그렇지만 헤로도토스는 많은 여행자들이 쉽게 빠져드는 이 같은 유혹을 단호하게 뿌리쳤다.

헤로도토스는 여행을 많이 했다. 우리에게 들려주는 증언들은 그가 아주 먼 곳까지 달려가서 채집해온 것들이다. 그는 자신의 두 눈과 두 발로 그 땅을 보고 밟았다. 물론 당나귀나 말도 자주 타고, 이따금씩은 배도 탔을 것이다. 그의 이집트 여행 경로를 재구성해보면, 그의 여행 일정은 나일 강의 범람 시기에 이루어졌다. 그는 우선 엘레판티네까지 나일 강 계곡을 거슬러 올라갔다. 엘레판티네는 고대 이집트의 끝으로, 제1폭포에서 가까운 곳에 위치하고 있다. 여기까지만 해도 벌써 천 킬로미터가 된다. 동쪽 방향으로 보자면, 헤로도토스는 적어도 바빌론까지는 간 게 확실하다. 그렇다면 에게해에서 출발했다고 할 때, 약 2천 킬로미터라는 계산이 나온다. 어쩌면 더 멀리 수사까지 갔을 수도 있다. 하지만 그건 확실하지 않다. 북쪽 방향으로는 현재 우크라이나의 가장자리, 흑해 연안에 건설된 그리스 식민지들을 방문했다. 그가 우크라이나 초원 지대를 흐르는 몇몇 강들 중의 하나인 드네프르 강(고대 그리스 때는 보뤼스테네스 강)을 따라 내륙으로 들어가 키예프 지방까지 갔을 가능성도 높다. 서쪽 방향으로는 이탈리아 남부에서 그리스 식민지 건설에 참여했다. 그는 또한 퀴레나이카를 방문했으며, 현재의 트리폴리타니아도 틀림없이 방문했을 것으로 여겨진다.

요컨대 우리의 주인공 헤로도토스가 감행한 이 조사는 어디까지나 일부 장소에 대한 개인적인 조사였다. 우리는 그의 책을 통해서 끊

아스완(고대 명칭은 쉬에네)에서 바라본 나일 강.
헤로도토스의 남부 이집트 여행은 이곳에서 끝난다.
미셸 오드랭 사진.

임없이 질문을 제기하는 그의 목소리를 들을 수 있고, 그가 새로운 사물들을 바라보는 광경을 그려볼 수 있다. 가령 이집트에서 그는 시체를 방부 처리하는 가게에 들어가, 그 일이 어떻게 이루어지는지를 소상하게 알아본 다음 가격 정보까지도 빈틈없이 챙겼다. 사원에서는 비문들을 통역해줄 것을 요청했으며, 사제들에게 파라오의 역사에 대해 질문했다. 그는 그곳의 종교 축제에 참가했으며, 온갖 색상의 의상과 머리 모양을 구경했다. 피라미드를 따라 걸으면서 발걸음으로 밑변의 길이를 측량했으며, 이렇게 몸으로 터득한 치수는 틀리는 법이 없었다. 하지만 그가 눈대중만으로 짐작한 높이에서는 제법 큰 오차를 보였다. 그 나머지에 대해서라면, 방문한 나라는 물론 방문하지 못한 많은 나라에서 그는 이곳저곳의 주막집에서 만난 그리스 출신 또는 타지 출신 여행자들의 이야기에 의존했다.

기아라는 비참한 현실과 지리학의 탄생

서론은 이 정도로 해두자. 헤로도토스는 이런 원론적인 이야기만 주저리주저리 늘어놓기엔 너무도 구체적인 작가다. 우선 그의 주요 관심사 몇 가지를 꼽아보자. 당연히 이집트를 제일 먼저 꼽아야 한다. 이집트에 관해서라면 그는 무궁무진하다. 하지만 그의 이집트 이야기는 너무도 널리 알려져 있기 때문에, 나는 내 독자들에게 좀 더 깊이 있는 다른 이야기를 소개하고 싶다. 이집트를 완전히 배제하지는 않으면서(마지막에서 간단하게 요약할까 한다), 그의 관심사를 세 가지 정도로 간추려보겠다. 물론 중간에 잠깐씩 주제를 벗어나 옆길로 새는 수도 있을 것이다. 이 세 가지 주제, 즉 세 나라는 공교롭게도 모두

고대의 주요 곡물 산지다. 그것만 보더라도 헤로도토스 자신은 의식하지 않았을지 모르나, 지리학이라는 학문이 인간의 어떤 필요에 의해 탄생했음을 추측할 수 있다. 지리학은 배고픔, 대부분의 고대인들이 겪어야 했던 지독한 기아에서 탄생했다. 고대인들 가운데 가장 비참하고 가장 활동적이었던 민족 중의 하나인 그리스 민족은 배고픔 때문에 비옥하지 못하고 경작이 어려우며 공평하게 분배되지 않은 땅을 박차고 다른 곳으로 눈길을 돌리게 되었던 것이다.

곡물 산지 세 곳은 스퀴티아(현재의 우크라이나), 메소포타미아, 북아프리카다. 이 세 가지 예를 통해서 헤로도토스의 기술 중에서 정확한 부분과 실수한 부분(그리고 실수의 근원)들을 가려가면서 헤로도토스만의 독창성과 천재성을 살펴볼까 한다. 지리학이 그리스 민족의 절박한 필요에 의해서 태어났다고는 하지만, 그것만으로는 충분하지 않다. 거기에 새로운 문학 장르 또는 새로운 학문, 그리고 하늘에서 뚝 떨어진 것 같은 천재의 탄생이 없었다면 그것은 불가능한 일이었을 것이다. 이 말은 그의 천재성이 도저히 설명 불가능하다거나 '기적 같다'는 의미는 아니다. 다만 그와 같은 천재성이 발현될 수 있는 조건이 모두 갖추어지더라도 반드시 그 천재성이 발현된다는 법은 없으며, 오히려 전혀 발현되지 않는 경우가 더 많음을 강조하고 싶을 따름이다. 과학과 문학은 그런 일들로 점철되어 있다.

《세계 일주》, 바빌론 이야기

이제 다시 세계 일주로 돌아와 바빌로니아에서 출발하도록 하자. 헤로도토스는 거대 도시 바빌론을 방문했다. 그에 따르면, 도시는 정사각형 모양이었다. 그는 이 정사각형 한 면의 규모를 명시했는데, 그 수치에 따르면 둘레가 자그마치 85킬로미터에 이른다는 계산이 나온다. 하지만 이는 터무니없이 과장된 숫자다. 바빌론의 도시 둘레는 20킬로미터를 넘지 않았다. 헤로도토스는 큰 숫자에 대해서라면 어린아이처럼 또는 남부 지역 사람들처럼 일단 감탄하고 좋아하는 경향을 보였다. 더구나 그는 이 도시가 다리우스에 의해서 파괴되었음을 이미 밝히기까지 했다. 물론 폐허가 되었으나 성벽의 잔재는 남아 있었다. 그는 이 도시가 파괴되기 전에 어떻게 생겼었는지 알고 싶어 했다. 사람들은 그 도시가 벽돌로 축성되었으며, 벽돌을 30개씩 쌓아올릴 때마다 접착제 역할을 하는 타르 사이에 갈대를 엮어서 한 층씩 넣었다고 설명했다. 성벽의 폐허에서는 갈대 자국이 선명하게 남아 있는 타르 조각들을 발견할 수 있었다.

헤로도토스는 바빌론을 거대한 도시로 묘사했다. 그가 이제까지 본 도시 중에서 가장 큰 도시일 뿐 아니라, 그 당시 고대 세계 전체를 통틀어도 가장 광대한 도시였다. 그는 쭉쭉 뻗어서 교차하는 대로들을 묘사했다. 그는 3층 또는 4층으로 올려 쌓은 집들을 보며 감탄해 마지않았다. 그리스에서는 볼 수 없는 양식의 집이었다. 헤로도토스는 네부카드네자르 왕이 쌓은 평행한 두 개의 성벽의 존재를 알고 있었다. 이 이중의 성벽은 두께가 약 30미터였다. 그런데 헤로도토스는 실제보다 더 작은 25미터라는 숫자를 앞세운다. 그는 도시를 통틀어 100개의 성문이 있었다고 했는데, 이 역시 잘못된 정보였다. 100개의 성문은 서사시에나 등장한다. 어쨌든 그는 그 자신도 밝혔듯이 성벽이 부분적으로 무너진 탓에 성문을 제대로 셀 수 없는 형편이었다.

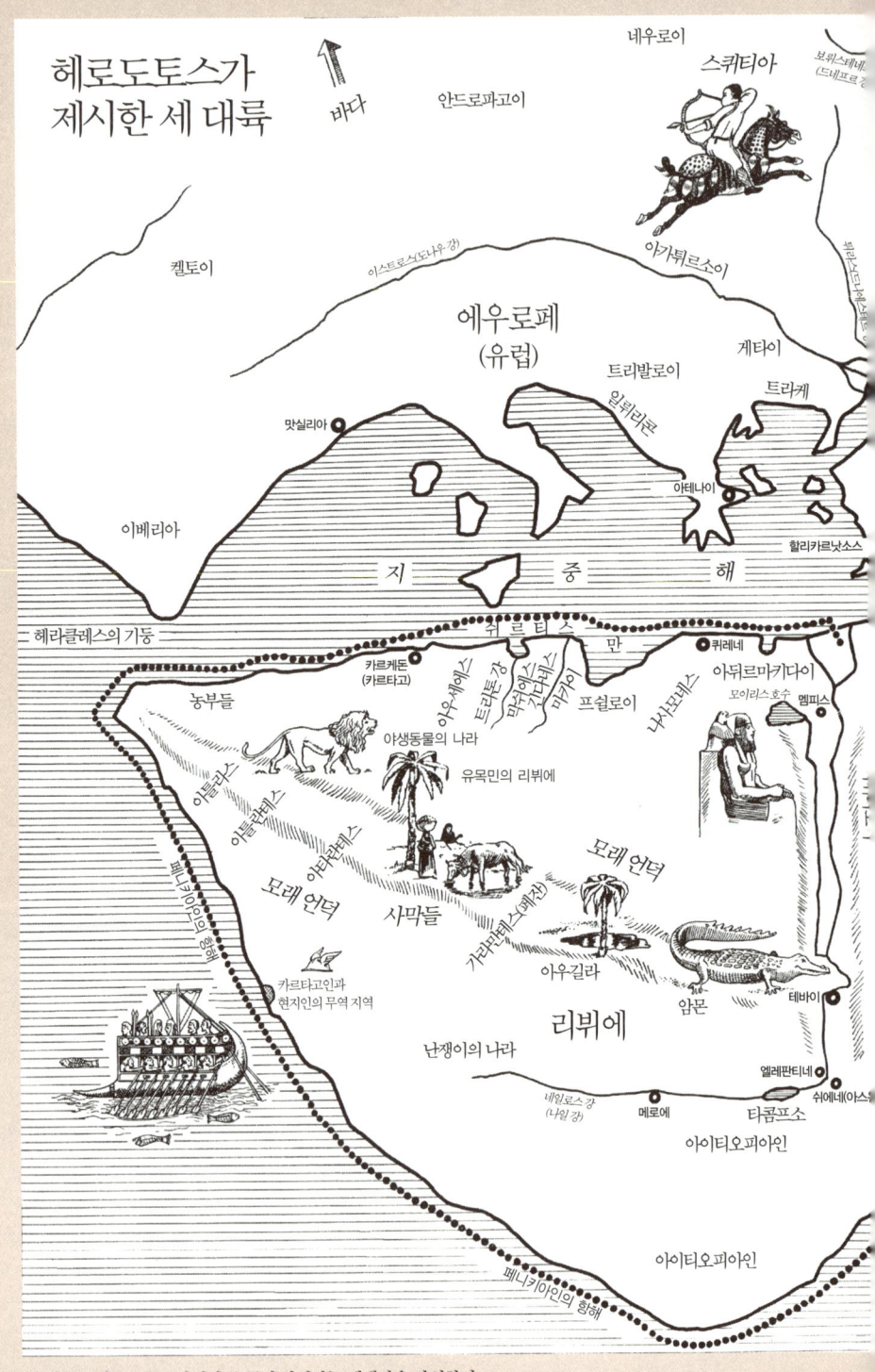

이 지도는 헤로도토스 자신이 쓴 글이 암시하는 세계관을 반영한다.
고대 지도 제작 취향이나 스타일을 보여주는 그림도 첨부했다.

반면 바알 또는 벨이라고 하는 성소에 대해서는 정확하게 기술하고 있다. 이 성소는 8층 높이로 세워진 탑으로, 탑 주변을 빙빙 돌아 올라가는 계단이 특징적이다. 바벨탑의 신화에서 다시 만나게 되는 이 벨 탑에 대해서는 고고학 발굴 결과와 바빌론 관련 서지 자료를 통해서 상세한 내용을 알 수 있다. 가령 탑의 제일 꼭대기 층에 위치한 방에 대해서 헤로도토스는 다음과 같이 말한다. "사제들은 신이 직접 이 기도소로 강림한다고 덧붙였다. 하지만 내가 보기엔 그 말을 믿을 수 없다."

헤로도토스는 이어서 바빌론을 지배한 몇몇 왕과 왕비를 열거한다. 예를 들어 기원전 9세기에서 8세기경에 살았던 바빌론의 공주인 세미라미스에 대해서 말한다. 세미라미스의 존재는 비문에도 명시되어 있으므로, 앗쉬리아 왕 니누스의 전설적인 왕비, 즉 각종 비극과 오페라의 주인공으로 등장하는 공중 정원의 세미라미스와는 무관하다. 그는 또한 니토크리스라는 이름을 가진 여왕에 대해서도 언급한다. 이 여왕은 바빌론의 상류 지역 유프라테스 강 유역에 요새를 쌓아 도시를 메디아의 위협으로부터 지켜냈다고 한다. 그런데 그가 말하는 니토크리스 여왕이란 사실 네부카드네자르 왕을 이른다. 이 왕의 페르시아식 이름의 마지막 음절이 그리스인들의 귀에는 여성의 이름으로 들려 헤로도토스가 그만 착각을 했던 것이다. 니토크리스-네부카드네자르 왕이 메디아인들에게 대항하기 위해 바빌론 북부 지역에 다양한 방어책을 마련한 것은 정확한 사실이다. 그중에서 헤로도토스가 묘사한 십파라 저수지는 도시 방어는 물론 관개용으로도 사용되었다.

한편 쐐기문자로 기록된 자료에 따르면, 헤로도토스의 기록과는 달리, 퀴루스 대제 시절 바빌론 공략은 없었던 것으로 보인다. 페르시아 군대가 접근했을 때 바빌론에서 폭동이 일어났고, 군대를 이끌던 퀴루스 대제는 그 덕분에 승전보를 울리며 입성할 수 있었다. 그런데 헤로도토스는 현지에서 바빌론의 몰락에 관해 이 위대한 도시의 자존심에 좀 더 유리하도록 조작된 증언들을 수집한 모양이었다.

헤로도토스는 또한 바빌론을 몰락시키고 새로운 주인으로 부상한 페르시아인들에 대해서도 많은 정보를 수집했다. 그는 확실히 엄밀한 의미에서의 페르시아 땅, 즉 페르세폴리스 인근 지역과 이란의 산악 지대를 방문한 적이 없다. 물론 그 자신도 방문했다고 우긴 적이 없다. 하지만 페르시아 제국으로 이르는 길목이나 바빌론(어쩌면 그가 분명히 갔던 수사일 수도 있다)의 주막집에서 분명 페르시아인들을 많이 만났을 것이고 수없이 질문을 해댔을 것이다. 그러니 이 사람 저 사람의 말을 서로 비교해서 사실 여부를 확인할 수도 있었을 것이다. 페르시아의 교육과 종교에 대해서 그가 제공하는 정보들은 몇몇 세부적인 내용을 제외하면 현대 역사학자들 대부분이 정확하다고 인정한다. 페르시아인의 관습에 대해서 헤로도토스가 알려주는 내용은 간략하기 그지없지만, 그것만으로도 그가 페르시아 문명에서 풍기는 도덕적인 분위기를 대략 짐작했음을 느낄 수 있다.

가령, 교육에 대해서 그는 다음과 같이 유명한 문장을 남겼다. 이 문장은 내용의 정확성으로도 감탄을 자아낸다. "페르시아인들은 자식이 다섯 살이 되면 교육을 시작하며, 이 교육은 아이가 스무 살이 될 때까지 계속된다. 그런데 이들이 가르치는 것은 말타기, 활쏘기, 진실을 말하기, 이렇게 고작 세 가지뿐이다." 아닌 게 아니라 페르시아인들의 종교는 거짓말을 해서는 안 되며 진실을 사랑해야 한다고

가르친다. 오뒷세우스의 "나무랄 데 없는 거짓말"에 찬사를 보내는 그리스인에게 이보다 더 놀라운 가르침은 없을 것이다. 헤로도토스는 또한 오르마즈드(아후라 마즈다)와 아흐리만(앙그라 마이뉴)의 종교에 대해서도 조사를 게을리 하지 않았다. 그는 페르시아 사제들에게는 개를 비롯한 유용한 짐승들, 그가 듣고도 잊은 짐승들, 하여간 오르마즈드가 창조한 모든 생명체를 죽이는 것이 금지되어 있으며, 반대로 개미나 뱀 같은 아흐리만의 피조물을 죽이는 것은 칭찬받을 일이라는 것도 알고 있었다.

  이처럼 다양한 예를 통해서 볼 때, 그리고 당시는 메디아와 페르시아가 그리스를 침략한 지 얼마 되지 않은 때임을 상기할 때, 내가 처음에 헤로도토스를 묘사하기 위해 사용했던 '호기심'이라는 용어는 슬슬 힘에 부치기 시작한다는 느낌을 지울 수 없다. 고대 도시 바빌론이 되었건 페르시아 문명의 도덕적 분위기나 기후가 되었건, 여하튼 당시 그리스의 직접적인 관심사와는 거리가 멀었던 것들에 대한 호기심은 놀라움이 되고, 심지어 감탄이 되기도 한다. 이집트와 이집트가 지닌 진기함에 대한 헤로도토스의 오랜 애착과 깊은 관심에서도 이와 같은 경향은 고스란히 드러난다.

헤로도토스가 상상한 지구, "납작한 원 형태"

다른 민족에 관한 이야기로 넘어가기에 앞서서, 헤로도토스가 대지를 상상했던 방식에 대해서 잠깐 소개하려 한다. 그는 《세계 일주》를 저술했으며, 땅이 평평한 원, 즉 "마치 선반으로 작업한 것처럼 완전한 원형이며, 그 주변을 오케아노스라고 하는 강의 물줄기가 에워싸고 있다"고 한 밀레토스의 헤카타이오스 같은 자들을 우습게 여겼다. 하지만 헤로도토스는 이 문장에 대해서는 오직 오케아노스라고 하는 강의 존재와 완벽한 원형이라는 대목에만 이의를 제기했다. 그런데 그 자신도 지구를 구의 형태가 아닌 납작한 원의 형태로 보았다는 점에서는 별반 차이가 없다. 헤로도토스가 가지고 있던 대지의 이미지는 완벽한 원형이 아니라 대칭적인 원에 가까운 형태였다.

사람이 살고 있는 인도를 넘어서면 몇몇 사막과 이어지는 아시아가 나오는데 여기에서는 인도네시아와 중국이 빠졌고, 아프리카는 남부 지역이 배제된 모습으로 상상했다. 기원전 6세기경에 이루어진 페니키아인들의 항해와 기원전 509년에 실행된 스퀼락스의 항해를 토대로 그는 남아시아와 남아프리카가 물에 둘러싸여 있다는 결론을 내렸다. 남쪽에 위치한 이 두 대륙의 북쪽으로는 시베리아에 이르기까지 "대지의 나머지 두 부분과 같은 공간에서 위아래로 길게" 유럽이 이어진다. 그렇지만 헤로도토스는 북쪽, 북서쪽, 그리고 동쪽으로 이 유럽이 물로 둘러싸여 있는지에 대해서는 결론을 내리지 못했다.

앞에서 말한 첫 번째 항해와 관련된 문장을 보자. 이 항해는 기원전 6세기경에 통치한 파라오 네카오 2세(헤로도토스는 그를 네코스라고 불렀다)의 명령에 의해 이루어졌다. "그리하여 포이니케인(페니키아인)들은 에리트레아해(여기서는 아라비아 만을 가리킨다)에서 배에 오른 다음 서쪽 바다(인도양)를 따라 항해했다. 가을이 왔을 때 이들은 리뷔에(아프리카) 지역을 지나가게 되어 그곳에서 밀을 파종했다. 그들은 수확기가 되기를 기다렸다. 밀을 수확한 다음 그들은 다시 바다로 나아갔다. 2년 동안 항해를 하고 3년째 되었을 때 그들은 헤라클레스의 기둥을 지나 이집트에 도착했다. 고향으로 돌아온 이들은 리뷔에를 우회할 때 태양이 그들의 오른쪽에 있었다고 이야기했다. 그런데 내가 보기에 그건 불가능하다. 하지만 가능하다고 생각하는 사람들도 있을 것이다." 이번만큼은 헤로도토스의 의심이 틀렸다. 희망봉을 돌면서 항해 중이던 페니키아인들은 정오에 태양이 북쪽, 그러니까 오른손 쪽에 있는 것을 보았으며, 이는 그들이 남반구에 있었기 때문이다. 우주에 관한 헤로도토스의 지식은 이 점을 이해할 만큼 충분하지는 못했던 것이다. 어쨌거나 헤로도토스는 받아들일 수 없었지만 아프리카 항해는 역사적인 사실이었음을 알 수 있다.

헤로도토스의 책에서는 페니키아인들의 항해에 뒤이어 스퀼락스의 항해 이야기가 등장한다. 이 항해로 헤로도토스는 아프리카와 마찬가지로 남아시아도 물로 둘러싸여 있다고 확신하게 된다. "그들은 카스파튀로스(펀자브 지방의 한 도시로 인더스 강 중류의 한 지류에 위치하고 있다)에서 출발했다. 강을 따라서 근동 지방 쪽으로 내려간 다음 바다까지 계속 항해했다(이 강은 인더스 강이다. 그런데 이 강이 동쪽을 향해 흘러가지 않는다는 사실을 새삼 상기할 필요가 있을까? 아니면 헤로도토스가 갠지스 강과 혼동을 했거나, 이도저도 아니면 단순히 그의 착오일 수도 있다). 그곳에서부터는 해가 지는 방향으로 항해를 계속하여 출발한 지 30개월 만에 마침내 내가 위에서 언급했던 것처럼 이집트 왕의 명령을 받고서 리뷔에 일주에 나섰던 포이니케인들과 같은 항구에 도착했다."

스퀴티아의 풍습과 점술을 소개하다

나는 이제 스퀴티아로 가려 한다. 기원전 8세기 말에 우크라이나 초원 지대, 그러니까 카르파티아 산악 지대에서 돈 강 굽이에 이르는 지역에 정착한 스퀴티아인들에 대해서는 기원전 5세기경까지만 해도 그리스인들에게는 전혀 알려지지 않았다. 헤로도토스는 이 지역과 지역 주민들의 관습을 묘사하는 데 적지 않은 부분을 할애하고 있다. 탐사를 위하여 헤로도토스는 흑해 연안에 위치한 그리스 도시들을 방문했다. 그는 드네프르 강의 하류 유역에 자리 잡은 스퀴티아 지방의 초입에 건설된 상업 지역에서 가장 중요한 도시 중의 하나인 올빗아에 체류했다. 앞에서도 말했지만, 강을 거슬러 올라감으로써 키예프에서 멀지 않은 곳에 위치한 스퀴티아 왕들의 무덤까지 갔을 가능성도 배제할 수 없다. 왕의 무덤에 대한 그의 묘사가 굉장히 정확하기 때문이다.

어쨌든 스퀴티아에 대해서 그가 제공하는 정보들은 매우 신빙성이 높아 보인다. 풍습 묘사와 전설적인 이야기들이 뒤섞이는 경우는 아주 드물다. 이 지역에 산재한 봉분(쿠르간) 발굴 작업(특히 케르츠 근처의 쿨로바 지역)은 그가 갔던 곳에 대한 증언이 사실임을 확인시켜주었다. 한편 그가 공들여 묘사한 희한한 의식과 다양한 신앙들은 당시 스퀴티아 문명이 성행했던 지역에 살고 있는 주민들을 통해 최근까지도 그 명맥이 이어지고 있음이 밝혀졌다.

헤로도토스가 먼저 강조하는 것은 침략에 맞서서 저항하는 스퀴티아인들의 독창성이다. 적이 침략해오면, 이들은 일단 퇴각한다. 자신들이 유리하게 싸울 수 있는 광대한 들판으로 적군을 유인하는 것이다. 이들은 풀이 무성한 드넓은 들판이라는 환경을 최대한 활용할 뿐 아니라 들판을 가로지르며 이들에게 방어선을 제공하는 큰 강의 도움도 받는다. 헤로도토스는 도나우 강, 돈 강 등 이 지역의 강들을 열거하며, 이들 강의 몇몇 지류도 언급한다. 그가 늘어놓는 강 중에는 들어가지 말았어야 할 이름도 하나 끼어 있다.

  자료가 너무 많기 때문에 아쉽지만 스퀴티아인들의 점술을 엿볼 수 있는 몇 가지 내용만 간추려서 소개해본다.

  "스퀴티아 왕은 병이 나자 사람을 보내서 가장 유능한 점술사 세 명을 데려오도록 했다. 점술사들은 평소처럼 왕에게 이름까지 거론해가며 아무 아무개가 왕의 화덕을 걸고 거짓 맹세를 했다고 대답한다. 실제로 스퀴티아인들은 확실하게 맹세를 하고자 할 때 왕의 화덕에 대고 맹세하는 일이 빈번했다.

  그 말이 떨어지기가 무섭게 이름이 거명된 용의자는 체포되어 왕 앞으로 끌려온다. 그러면 점술사들은 용의자에게 그가 왕의 화덕에 대고 거짓 맹세를 했기 때문에 왕이 병석에 눕게 되었다고 말한다. 잡혀온 사람은 죄를 부인하면서 자신은 아무 잘못도 없다고 항변한다. 이렇게 되면 왕은 처음의 두 배에 해당하는 점성술사들을 불러들인다. 새로 온 이들이 자신들이 사용하는 기술을 이용해서 용의자의 범죄를 밝혀낸다면, 용의자는 머리가 달아나게 되며, 그의 재산은 몰수되어 처음에 온 점술사들에게 분배된다. 두 번째로 부른 점술사들이 용의자가 무고하다고 하면, 다른 점술사들을 부르기를 반복한다. 이렇게 해서 여러 점술사들에게서 무죄를 인정받으면, 처음에 불려온 점술사들은 사형에 처해진다."

  요컨대 점술의 진실은 다수결 원칙에 의해 결정된다.

  헤로도토스는 이야기를 계속한다. "점술사들을 사형에 처하는 방식은 다음과 같다. 작은 나뭇조각들을 가득 실은 수레를 황소들에게 매단다. 점술사들의 양 발을 묶고, 양손은 뒤로 돌려 묶은 다음 입에는 재갈을 물리고 나뭇더미 한가운데에 앉힌다. 이윽고 나뭇더미에

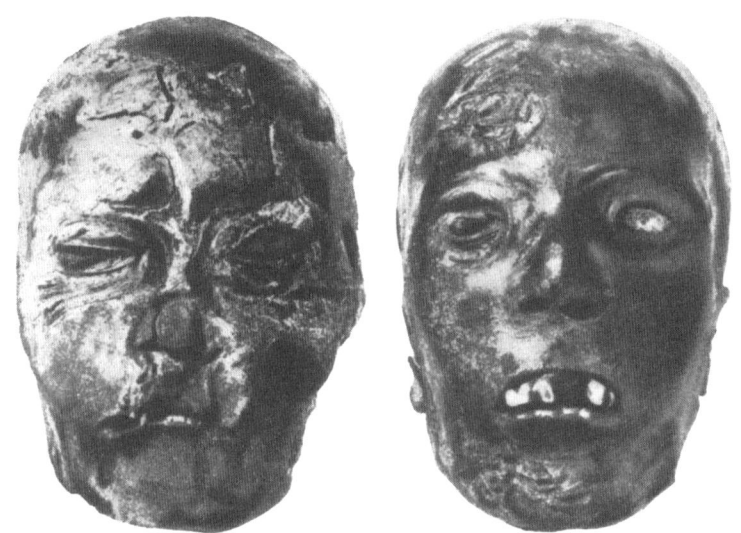

스퀴티아 왕(왼쪽)과 그의 연인의 두상.
스퀴티아족의 한 분파가 뿌리를 내렸던 알타이 산맥 지역의 한 무덤에서 출토.
S. I. 루덴코의 《파지리크의 두 번째 고분》(베를린)에 실린 사진.

불을 붙인 다음 겁에 질린 황소들을 쫓아버린다. 황소 몇 마리는 점술사들과 함께 불에 타 죽는다. 수레가 불에 탈 때 화상을 입고 달아나는 녀석들도 있다. 이것이 점술사들을 화형에 처하는 방식이다. 점술사들은 비단 이 죄 때문에만 사형을 당하는 것은 아니다. 죽어야 할 다른 여러 이유들이 있다. 이들은 가짜 점술사라는 죄목으로 처형당한다. 왕은 처형당한 자들의 아들들도 모두 극형에 처한다. 하지만 딸들에게는 아무런 벌도 주지 않는다." 놀랍게도 헤로도토스는 이토록 끔찍한 일들을 너무도 침착한 태도로 기술한다.

이번엔 헤로도토스가 스퀴티아 왕의 분묘에 대해 언급한 글을 보자.
"왕들의 분묘는 게리엔(현재의 키예프 지역일 것으로 짐작된다) 지방, 보뤼스테네스 강의 항해 가능한 지점에 있다. 왕이 죽으면, 스퀴티아인들은 이 장소에 사각형의 커다란 구덩이를 판다. 구덩이 파는 일이 끝나면, 왕의 시신에 밀랍을 입힌다. 그전에 미리 배를 갈라 내장을 꺼내고 그 자리를 방동사니, 향신료, 야생 셀러리, 아니스 씨앗 등으로 채운 다음 갈랐던 배를 다시 꿰맨다. 이렇게 손질한 시신을 수레에 태워 다른 지방으로 싣고 간다. 그러면 그 지방에 사는 사람들은 먼저 지방 사람들과 마찬가지로 자신들의 귀를 조금 자르고 머리를 밀고 팔에 칼자국을 내며 이마와 코를 찢는다. 그런 다음 화살로 왼손을 관통한다. 그런 다음 수레에 실린 왕의 시신을 또 다른 지방으로 옮겨간다. 이때 먼저 지나간 지방의 주민들은 수레의 뒤를 따른다. 이렇게 해서 수레가 왕의 지배를 받던 지방을 다 돌고 나면 마침내 스퀴티아의 가장 끝에 위치한 게리엔에 도착한다. 여기에서 죽은 왕의 시신은 녹색 초목으로 단장된 침상인 무덤에 놓인다. 이윽고 여기저기에 창을 꽂고 나뭇가지들로 가로지르게 한 다음 그 위에 갈대를 엮어 덮는다. 이렇게 해서 마련된 널방, 곧 시신을 안치하는 방에는 왕의 부인들 중 한 명, 술 따르는 하인, 요리사, 식사 시중을 드는 하인, 전령, 말 등 요컨대 왕이 살아 있는 동안 필요로 하던 대표적인 사람들과 짐승들의 목을 졸라 미리 숨통을 끊은 다음 함께 집어넣는다. 금 조각도 넣는다. 이때 은이나 구리는 절대 넣지 않는다. 이 일이 끝나면 모두들 함께 나서서 구덩이를 도로 메우고는, 행여 남에게 질세라 너도나도 널방 위로 높다랗게 봉분을 쌓는다."

남부 러시아 지역에서 탐사된 수많은 봉분에서는 인간과 말의 뼈가 무수히 발견되었고, 금으로 만든 부장품들도 적잖이 출토되었다. 서기 920년, 이븐 파질란이라고 하는 아랍인이 우크라이나 지역에서 부족들의 지도자가 죽으면 헤로도토스가 기술한 대로 장례 의식을 치르고 있음을 세상에 알렸다. 이 아랍인 여행가는 모시던 주인이 죽자 그를 섬기던 아내 중의 한 명을 목 졸라 죽인 다음 불에 태우는 광경을 목격했다.

장례를 치르고 난 이듬해에 순장 의식이 다시 시작된다. 이때에는 왕이 가장 아끼던 부하 50명, 그리고 같은 수의 말을 목 졸라 죽인다. 이 50명의 종복들은 꼬챙이에 꿰인 채, 역시 꼬챙이에 꿰인 말에 올라탄 상태로 무덤 주변에 놓이게 된다. 하지만 무덤 외부에 세워졌던 이 같은 흔적은 찾아볼 수 없었다. 이러한 이야기를 숨 돌릴 새도 없이 늘어놓는 헤로도토스의 만족감이야말로 그리스 문명의 중요한 특징 중의 하나다. 그리스인들은 고귀한 품성을 통해서만 자신들이 다른 인간들과 가까운 존재임을 느낀 것이 아니었다. 그들은 모든 측면에서의 인간성을 통해서 그런 느낌을 공유했다. 잔인하다고 해서 덜 중요한 것이 절대 아니었다. 그리스인들의 인본주의는 일방통행

이 아니었다. 다시 말해서 관념론이나 이상주의에만 치우친 인본주의가 아니었다.

식인 풍습에 관한 기록

스퀴티아 다음으로 헤로도토스는 동서남북으로 스퀴티아와 인접하고 있는 나라들을 열거한다. 게타이족 정도를 제외하면, 대부분 도나우 강 어귀나 현재 크림 반도 지역의 토로스 산맥 근처에 자리 잡고 있었던 이들 나라에 대해서 헤로도토스는 소문에만 의존하여 기술하고 있다. 그가 수집한 정보의 상당 부분은 그리스 출신 밀매업자들에게서 들은 것이다. 이들은 도나우 강에서 볼가 강을 통해 우크라이나 전역을 누비고 다니면서 곡물과 모피, 노예 등을 사들이는 한편, 그리스에서 만든 아름다운 채색 도기에 기름과 포도주를 넣어 팔거나 이집트에서 사들인 잡동사니들을 팔았다. 이 지역에 대한 헤로도토스의 이야기는 상당히 유보적이긴 하지만, 그럼에도 이따금씩 제법 암시적인 정보를 제공한다.

예를 들어 네우로이인들에 관한 묘사를 보자. "네우로이인들은 꼭 마술사들 같다. 스퀴티아인들이나 스퀴티아에 정착한 그리스인들의 말을 들어보면, 네우로이인은 1년에 한 번씩 늑대로 변하며, 그 상태로 며칠을 지내다가 다시 원래의 모습으로 돌아간다고 한다. 하지만 스퀴티아인들이 아무리 그래본들, 그렇게 동화 같은 얘기가 참말이라고 나를 설득할 수는 없을 것이다. 그런데도 그 사람들은 의견을 굽히지 않는다. 오히려 맹세까지 해가면서 정말이라고 우겨댄다."

식인종에 관한 대목도 나온다. 이 대목에서는 그래도 훨씬 식견이 풍겨 나온다. "식인종보다 더 야만적인 풍습을 가진 자들은 세상 천지에 없다. 이들은 법이나 정의 따위는 알지도 못한다. 유목 생활을 하는 이들의 복장은 스퀴티아인들의 복장과 비슷하며, 아주 독특한 언어를 사용한다. 내가 지금까지 언급한 종족들 중에서 이들만이 유일하게 인육을 먹는다." 언어에 관한 언급으로 보아 이 식인종이라는 종족은 핀족이었을 것으로 추측된다. 핀족이 중세 시대까지 식인 풍습을 고수해왔음은 잘 알려진 사실이다.

헤로도토스는 스퀴티아인, 네우로이인, 식인종, 그 외에 다른 많은 종족들을 지나 자꾸만 동쪽, 북쪽 방향으로 가도 대지가 계속되며, 그곳에도 사람들이 살고 있고, 바다가 나오리라는 예상과 달리 들판에 우뚝 솟아오른 높은 산들을 만나게 될 것이고, 그 산의 이름이 우랄이라는 정도는 알고 있었다. 하지만 이 역사의 아버지가 제공하는 정보는 점점 줄어든다. 아니 거리가 멀어질수록 믿을 수 없는 이야기들이 더 많아진다는 표현이 정확할 것이다. 헤로도토스는 그래도 나름대로 취사선택을 하고, 늘 하던 방식대로 들은 이야기는 모두 전달하되 남의 말 잘 믿는 그로서도 도저히 용납할 수 없을 경우 나름대로의 선을 그어 독자들에게 제시한다.

"이 산들의 발치에는 듣자 하니 태어날 때부터 대머리인 종족들이 산다고 한다. 그 사람들은 코가 납작하고 턱이 앞으로 튀어나왔다고 한다." 태어날 때부터 '대머리(헤로도토스는 털이 별로 없다는 의미에서 대머리라는 단어를 사용했다)'인 종족은 칼무크족을 상기시킨다. 조금 더 뒤로 가면 이런 대목이 나온다. "그들은 크기가 무화과나무와 비슷한 나무에서 나는 열매를 먹고 사는데, 이 열매에는 잠두만 한 씨가 들어 있다. 열매가 익으면 이들은 헝겊 조각 안에 그 열매를 넣고 짠다. 그러면 열매에서 검고 되직한 즙이 나오는데, 이들은 그 즙을 '아스퀴'라고 부른다. 그들은 이 즙을 그대로 마시거나 우유와 섞어서 마신다." 아스퀴는 카잔에 거주하는 타타르인들의 국민 음료다. 칼무크족은 요즘도 헤로도토스가 묘사한 방식대로 야생 버찌를 섭취한다. 그러니 헤로도토스가 이 대목에서 묘사한 나무는 당시만 해도 유럽에는 전혀 알려지지 않았던 벚나무일 것이다.

"이쯤이면 이 나라에 대해서는 대머리 종족에 대해서까지 세세히 다 알았지만, 이보다 북쪽에 있는 지역에 대해서는 아무것도 아는 바가 없다." 헤로도토스에 따르면, 그보다 북쪽은 산악 지대인데, 그곳에는 발이 염소 발처럼 생겼다고 해서 염소발(산을 잘 타는 사람들을 지칭하기 위해서 생각해낸 표현으로 보인다)이라고 불리는 사람들이 살고 있다는 이야기를 들었다고 한다. "하지만 그런 말은 전혀 믿을 수가 없다. 사람들은 또 그보다 더 멀리 가면 1년에 여섯 달을 잠만 자는 사람들을 만나게 된다고도 말한다. 그런데 나는 절대로 그 말을 믿을 수가 없다"고 헤로도토스는 덧붙였다. 이 대목에서 헤로도토스는 극지방의 기나긴 밤에 대한 정보와 혼동을 하고 있는 것 같다.

스퀴티아에서 시작하여 지금까지 언급한 모든 나라들에서 헤로도토스는 추위라고 하는 공통점을 찾을 수 있다고 말한다. 그에 따르면, 추위는 킴메리오이 인근 보스포로스(아조브해와 흑해 사이에 놓인 해협)에서 시작한다. 그의 말을 들어보자.

"이 나라들에서는 무려 8개월 동안이나 계속되는 겨울이 너무 혹독하고 추위가 견디기 힘들 정도로 심하기 때문에, 바닥에 물을 뿌려도 진흙이 만들어지지 않는다. 불을 피워야만 진흙을 얻을 수 있다. 바다조차도 이 끔찍한 기후의 영향으로 얼어붙는다. 킴메리오이 인근

보스포로스 해협도 마찬가지다. 케르소네소스(크림 반도)의 스퀴티아인들은 이 얼음 위를 군대처럼 열을 지어 건너가며, 신도이인들의 나라(쿠반)로 가기 위해서는 수레를 몰았다. 이런 식으로 겨울이 여덟 달 동안이나 계속되며, 나머지 4개월 동안도 여전히 춥다(판단 착오. 러시아의 여름은 불같이 덥다). 이 지역에서 겨울은 다른 지역의 겨울과 사뭇 다르다. 이 계절에 비는 아주 조금만 내리기 때문에 따로 언급할 가치조차 없다. 반면 여름엔 노상 비가 내린다. 다른 곳에 천둥이 칠 때에도 이곳은 멀쩡하다. 하지만 여름엔 천둥이 빈번하게 친다. 어쩌다가 겨울에 천둥이 치면 사람들은 모두 큰일이나 난 듯이 놀라서 서로 쳐다본다."

그리스에서는 주로 봄과 가을, 그리고 드물게 겨울에 폭풍우가 몰아치지만, 여름엔 그런 일이 없다. 이 점을 감안하면 헤로도토스의 언급을 한층 잘 이해할 수 있다.

조금 더 책장을 넘기면, 흥미로운 언급이 나온다.

"스퀴티아인들은 공기가 깃털로 꽉 차 있어서 아무것도 구분할 수가 없을 뿐 아니라 대륙 깊숙한 곳으로 들어갈 수도 없다고 하는데, 내 의견은 이렇다. 스퀴티아보다 위쪽에 있는 지역에는 줄곧 눈이 내리는데, 그래도 여름엔 겨울보다 훨씬 덜 내린다. 커다란 눈송이들이 내려오는 광경을 본 사람들이라면 내가 무슨 이야기를 하는지 금방 이해할 것이다. 눈꽃이 깃털과 비슷하게 생겼으니 하는 말이다. 그래서 나는 대륙의 이 지역, 그러니까 북부 지역은 너무 추워서 사람들이 살 수 없다고 생각한다. 스퀴티아인들과 이들의 이웃들이 깃털이 어쩌니저쩌니 하는 이야기들을 한다면, 그건 다 눈에 대한 비유라고 보면 된다."

판타지에 가까운 인도 이야기

헤로도토스는 북부 지역을 떠나 아시아의 남쪽 끝으로 우리를 인도한다. 대륙의 남쪽 끝에 위치한 지역들은, 헤로도토스가 보기에 가장 소중한 자연 자원의 보고였다. 가령 인도는 황금의 땅이고, 아라비아는 온갖 향료의 땅이었다. 그래서 이 지역에 대해 헤로도토스는 주민들의 풍습보다는 동양에서 그리스로 전달된 풍성한 부가 어떻게 수확되는지에 한층 흥미를 보였다. 황금이나 향료들처럼 너무도 희귀한 재화들은 진기한 방식으로 수확될 수밖에 없지 않겠는가. 거대한 개미, 전설적인 새, 날개 달린 뱀 등 이제 태어나기 시작해 아직 판타지 수준에 머물러 있는 자연사 관련 이야기들까지도 헤로도토스에게 위험천만한 도움을 주려고 법석을 떨었다. 여기서는 나머지 것들은 다 제쳐두고 금을 채취하는 방식과 입이 떡 벌어지게 만드는 향료 수확 이야기만 소개할까 한다.

"인도의 동쪽에는 모래 때문에 사람이 살 수 없는 지역들이 있다. 그런 사막에서는 개보다는 조금 작지만 여우보다는 큰 개미들을 볼 수 있다." 이 개미들은 원래 마르모트였던 것 같다. 인도 사람들은 마르모트를 '개미'라고 부르는데, 그건 녀석들이 땅을 파는 습성이 있기 때문이다. 인도의 왕(마하바라타)은 사금에다 개미금이라는 이름을 붙여주었다. 그 지역 개미굴엔 사금이 함유되는 경우도 있었기 때문이다. 이 같은 사실이 제대로 이해되지 않았거나 다른 이야기들과 뒤죽박죽으로 섞여서 헤로도토스가 이제부터 들려줄 이야기를 탄생시켰다. 그의 이야기는 그가 죽고 난 후에도 계속 새로운 내용들이 첨가되면서 중세 때까지 반복해서 전해졌다.

"그러니까 이 개미들은 땅속에 거처를 만든다. 그러기 위해서 개미들은 흙을 높이 쌓아올린다. 이거야 우리가 아는 보통 개미들이 하는 방식과 다를 바 없다. 솔직히 그 개미들도 보통 개미와 생김새는 아주 비슷하다. 큰 개미들이 쌓아올리는 모래에는 금이 잔뜩 들어 있다. 인도인들은 이 모래를 가지러 사막으로 간다. 사막으로 간 사람들은 각자 낙타 세 마리씩을 수레에 매단다. 끈을 이용해서 수컷 두 마리를 가장자리에 묶고, 그 가운데에 암컷을 세운 다음, 암컷 위에 사람이 올라탄다. 그런데 이때 주의할 것은 새끼를 낳은 암컷만 이 일을 한다는 점이다. 아직 엄마젖을 찾는 새끼들로부터 어미를 강제로 빼앗아 데려오는 것이다…….

나는 여기서 쌍봉낙타에 대해서는 거창하게 설명하지 않겠다. 그리스인들도 잘 알고 있으니까 말이다. 다만 그리스인들이 모르고 있는 사실 한 가지만은 말해두겠다. 뭐냐 하면, 낙타의 뒷발은 각각 두 개의 허벅지와 두 개의 무릎을 가지고 있다는 점이다."

아니, 이게 무슨 소리인가. 참으로 해괴한 구조도 다 있다! 헤로도토스와 낙타를 사랑하는 이들은 이 말에도 변명의 여지가 있다고 주장한다. 낙타는 중족골(中足骨)이 너무도 긴 나머지 발뒤꿈치가 두 번째 무릎처럼 보일 수도 있다는 것이다. 그렇게 되면 자연히 허벅지도 두 쌍이 되는 셈이다. 그리고 낙타가 무릎을 꿇고 있을 때면, 다리의 상당 부분이 접혀서 보이지 않는다.

"이런 식으로 낙타를 묶은 인도인들은 금이 있는 장소에 도착하자마자 미리 가져온 작은 주머니들을 모래로 채운 다음 서둘러서 돌아간다. 페르시아인들에 따르면, 냄새를 맡은 개미들은 죽어라고 이들을 따라간다. 그 사람들 말로는 그 개미들만큼 빨리 달리는 짐승은 이 세상 어디에도 없다고 한다. 개미들이 모여들기 전에 인도인들이 서둘러서 한참을 앞서가지 않으면 한 사람도 살아남을 수 없을 것이라고 한다. 암컷보다 빨리 달리지 못하는 수컷 낙타들은 먼저 지치기 시작한다. 그렇게 되면 인도인들은 지친 수컷들을 한 마리씩 한 마리씩 풀어준다. 절대 두 마리를 동시에 풀어주면 안 된다." 요컨대 수컷 낙타들은 개미들의 추격을 늦춤으로써 시간을 벌어보려는 이유에서 동원되는 것이다. 개미들이 거의 다 따라왔을 때 수컷 두 마리를 한 마리씩 차례로 풀어주면, 개미들은 그 녀석을 잡아먹느라 잠시 추격을 멈춘다. 헤로도토스의 저술은 이런 이유를 적당히 암시만 하고 있으므로, 충분한 설명이 결여되었다고도 볼 수 있다.

　이번엔 아라비아에 관한 대목으로 넘어가자. 짐승들의 다산성에 관해 흥미로운 대목이 눈에 띈다. "아라비아인들은, 만일 내가 살무사들에게 일어났다고 알고 있는 똑같은 일이 뱀들에게 일어나지 않는다면 대지가 온통 뱀으로 뒤덮일 거라고 말한다. 겁이 많고 다른 짐승들에게 잡아먹힐 운명을 타고난 짐승들이 번식력이 좋은 것은 아마도 신의 섭리일 것이다. 아무리 생각해도 신의 지혜가 세상을 그렇게 만들었을 것이다. 그래야만 많이 잡아먹히더라도 멸종되지 않을 게 아닌가. 반면 다른 짐승들에게 해가 되며 사나운 짐승들은 이들보다 번식력이 훨씬 약하다." 이러한 주장은 아낙사고라스나 그보다 앞서서 크세노파네스가 주장한 우주를 주관하는 지능의 역할에 근거를 두고 있을 것으로 보인다. 그렇긴 해도 우리에게는 헤로도토스야말로 이렇듯 희한한 생명체의 목적론을 주장한 최초의 인물로 보인다. 그의 이야기는 계속된다. "산토끼는 도처에 적이 많다. 온갖 짐승들이며 새들, 인간들이 산토끼에게 끊임없이 전쟁을 걸어온다. 그 때문에 녀석은 번식력이 엄청 강하다. 암놈은 새끼를 배고 있는 도중에도 새로이 새끼를 가질 수 있는 유일한 짐승이다. 그래서 암놈 배 속에 든 새끼 몇 마리가 털이 났을 때, 그제야 수정이 되는 새끼도 있다." 아리스토텔레스는 이 산토끼 암컷의 이중 삼중 수정 이야기를 인용하면서 거기에다 새로운 내용을 첨가했다. 그렇다면 이번엔 새끼 사자의 출생에 관해서 살펴보자.

"이와 반대로, 강인하고 잔인한 짐승인 암사자는 일생 동안 단 한 번만 짝짓기를 하며, 새끼도 딱 한 마리만 낳는다. 새끼와 더불어 자궁까지도 동시에 배출해버리기 때문이다. 이게 무슨 소리인지 지금부터 설명하겠다. 새끼 사자가 어미 사자의 배 속에서 태동을 시작하면, 아무리 새끼라도 사자인지라 다른 어느 짐승들보다도 날카로운 발톱을 가지고 있으므로, 어미 사자의 자궁은 상처를 입게 된다. 새끼가 성장할수록 상처도 깊어진다. 그러다가 마침내 어미가 새끼를 낳을 때쯤이면 온통 상처뿐인 자궁은 거의 남아나지 않게 된다."

헤로도토스는 이런 식이라면 어떤 놀라운 신의 섭리로 사자라는 종이 멸종하지 않고 살아남을 수 있었는지 깜빡 잊고 설명해주지 않는다. 산술적으로 도저히 불가능한 일이지 않은가 말이다.

이런 대목도 나온다.

"아라비아의 살무사와 날개 달린 뱀들이 자연이 뱀에게 점지해준 방식대로 태어난다면(그러니까 무슨 특별한 방식이 아니라 알을 까고 나온다는 말이다), 이 땅에서 인간의 삶은 한마디로 불가능했을 것이다. 녀석들이 짝짓기를 할 때면, 암놈은 수놈이 사정을 하는 순간에 녀석의 목을 움켜쥐고 있는 힘을 다해 거기 매달린다. 그러고는 녀석을 다 먹어치울 때까지 놓지 않는다. 수놈은 그렇게 해서 죽는다. 암놈은 이 일로 인하여 응분의 벌을 받는다. 새끼들이 알을 까고 나올 때가 되면 어미 뱀의 자궁과 배를 갉아먹음으로써 바깥세상으로 나온다. 말하자면 아버지를 죽음으로 몰아간 어머니에 대해 새끼들이 복수를 하는 것이다."

클뤼타임네스트라, 아이스퀼로스가 살무사라고 부른 그 여자는 아가멤논을 살해한다. 어머니를 살해함으로써 오레스테스는 아버지의 죽음을 복수한다. 헤로도토스는 《오레스테이아》를 읽었거나 보았을 것이다. 그래서 그랬을까, 그는 마치 《오레스테이아》 살무사 버전을 쓴 것 같다.

이렇듯 세상의 끝에서는 수많은 진기한 일들이 일어나고 있음을 볼 수 있다. 하지만 이렇게 전설 같은 이야기만 늘어놓는다면 그 또한 따분한 일이다. 그러니 이제 북아프리카의 한 종족에 대해서 헤로도토스가 들려주는 이야기로 넘어가볼까 한다.

나일 강의 수원을 찾아

헤로도토스는 북부 아프리카를 온전히 주유하지는 않았다. 매우 그리스적인 도시 퀴레네에서 리뷔에와 트리폴리타니아의 사막 쪽으로 몇 군데 정도만 공략해보았을 뿐이다. 퀴레네에서, 또 이집트에서 여러 사람들에게 알려지지 않은 이 지역에 대해 묻고 또 물은 다음에 그는 지식의 지평을 이 광대한 지역으로까지 넓혀보기로 마음먹었다. 이집트에서 지브롤터, 시르트 해안에서 차드 호수, 카르타고에서 세네갈에 이르는 이 넓은 지역은 유목민들이 오가며, 야수들이 포진하고 있는 데다, 사막이 펼쳐져 있는 가운데 오아시스가 기적처럼 드문드문 깃들어 있는 곳이었다. 헤로도토스는 게다가 사모스나 로도스 또는 포카이아에서 오는 선박들의 항해 일지도 참고한 것으로 보인다. 항해 일지는 이들이 지나온 아프리카 해안과 그곳에 사는 주민들에 대해서도 기술하고 있었기 때문이다. 그는 북부 아프리카에 대해서 비록 하찮은 세부 사항들로 짜깁기한 것이기는 해도 훨씬 광범위하면서 정확한 모습을 보여준다.

헤로도토스는 아프리카 해안에 거주하는 종족들의 상당수를 알고 있었다. 그중에서 때로는 베르베르족, 때로는 투아레그족의 풍습을 묘사하곤 했다. 여기서는 나사모네스족에 대한 언급만 소개할까 한다.

"조금 더 서쪽에는 나사모네스(이들은 그랑드 시르트의 동남쪽에 거주했다)라고 하는 종족이 살며, 이들의 수는 상당히 많다. 여름이면 나사모네스족은 가축 떼들을 바닷가에 풀어두고는, 대추야자를 따기 위해 아우길라라고 하는 지방으로 간다(아우길라 오아시스는 퀴레네에서 페잔으로 가는 도로상에 위치한 대추야자 주요 생산지다). 그곳에서는 야자수들이 많이 서식하고 있으며, 풍성하게 열매를 맺는다. 나사모네스족은 메뚜기 사냥도 하며, 잡은 메뚜기들은 햇볕에 바짝 말린 다음 가루로 만든다. 이들은 메뚜기 가루를 우유와 섞어서 마신다(투아레그족은 말려서 가루로 만든 메뚜기를 먹는다). 나사모네스족의 남자는 여러 명의 여자를 아내로 삼으며, 온 가족이 공동으로 여자들을 향유한다. 그저 나뭇가지 하나를 세워놓은 다음 여자와 몸을 섞는다. 나사모네스족 사람이 처음으로 결혼을 하게 되면, 신부는 첫날밤에 그곳에 모인 모든 남자들에게 몸을 허락하며, 남자들은 자기 집에서 가져온 선물을 신부에게 건넨다."

가족이 공동으로 여자 하나를 소유하는 일처다부제(여기에서는 일부다처제와 혼합된 양식)는 고대 시대의 많은 종족들에게서 관찰되며, 특히 스파르타에서 성행했다.

퀴레네에서 나일 강의 수원지에 대해 조사하던 헤로도토스는 나사모네스족과 관련하여 다음과 같은 이야기를 들려주는데, 이 이야기는 오랫동안 미심쩍게 여겨졌다.

"이제부터 하는 이야기는 내가 몇몇 퀴레네인들에게서 들은 것이다. 이들은 내가 질문을 하자 대답을 해주었는데, 그들에게 들은 바로는, 자신들이 신탁의 신 암몬 제우스에게 신탁을 구하러 갔다가 암몬인들의 왕인 에테아르코스와 면담했다고 한다. 대화는 우연히 네일로스 강(나일 강)의 수원에 대한 문제로 이어졌는데, 그들은 네일로스 강의 수원은 알려지지 않았다고 주장했다. 에테아르코스가 말하기를, 어느 날 나사모네스족이 그의 왕궁으로 찾아왔다. 왕이 그들에게 리뷔에의 사막에 대해 지금까지 알려지지 않은 새로운 정보를 가지고 있는지 물었다. 그들은 자기들 나라에서 손꼽히는 권문세가의 혈기왕성한 젊은이들이 여러 가지 기발한 생각들을 해냈는데, 그중에서도 제비뽑기를 해서 다섯 명을 골라 리뷔에의 사막으로 원정을 보내 탐험을 하게 하자는 발상이 제법 돋보였다. 친구들이 풍족하게 마련해준 물과 식량을 받아든 청년들은 우선 사람들이 사는 지역부터 탐사했다. 그런 다음에는 사나운 짐승들로 가득 찬 지방에 도착했으며, 여기서 서쪽으로 방향을 잡아 사막을 관통하면서 계속 나아갔다. 모래로 가득 찬 광대한 지역을 따라 오랫동안 전진하던 젊은이들은 나무들이 자라나고 있는 들판을 발견했다. 젊은이들은 가까이 가서 나무에 달려 있던 열매들을 땄다. 열매를 따고 있을 때, 평균치보다 훨씬 키가 작은 남자들이 젊은이들을 덮쳤으며, 강제로 이들을 끌고 갔다. 나사모네스족 청년들은 그들의 말을 알아들을 수 없었고,

키 작은 남자들은 나사모네스족의 언어를 이해하지 못했다. 어쨌든 거대한 늪지대가 끝나자 한 도시가 나왔는데, 그곳에 사는 사람들은 하나같이 피부가 검고 열매 따던 청년들을 잡으러 왔던 남자들처럼 키가 작은 난쟁이들이었다. 도시를 흐르는 커다란 강엔 악어가 살고 있었고, 도시를 벗어난 강은 서쪽에서 동쪽으로 흘러갔다." 동화에나 나오는 '난쟁이 남자들'이 등장한다는 이유로 이 이야기는 오래도록 귀가 얇은 헤로도토스의 순진성을 입증하는 자료로 이용되어왔다. 그런데 19세기 중엽에 아프리카 적도 지방 탐사에 나선 여행가들에 의해서 그의 말이 사실로 밝혀졌다. 난쟁이 종족인 네그릴로족이 이 지역에 살고 있음은 오늘날엔 널리 알려져 있다. 트리폴리타니아의 원주민들이 페잔의 오아시스에서 니제르 어귀까지 사막을 관통한다는 건 전혀 불가능한 일이 아니었던 것이다. 그러므로 헤로도토스는 니제르 강을 나일 강의 상류라고 생각하게 되었다.

그리스적이지 않은 것에 매혹된 역사가
이렇게 해서 우리는 이집트로 자연스럽게 넘어간다.

헤로도토스가 섭렵한 나라들 중에서 이집트는 진실과 진기함이 동시에 담긴 역사와 지리를 추구했던 헤로도토스의 진가를 가장 잘 발휘할 수 있는 나라였다. 이집트에서는 그의 기대에 부응하지 않는 것이라고는 하나도 없었으며, 모든 것이 기상천외한 그의 상상력에 화답했다. 게다가 이집트는 그의 눈으로 직접 보고 발로 걸어 다닐 수 있는 곳이었으니, 그야말로 금상첨화가 아니겠는가.

수천 년에 걸쳐서 이루어진 역사, 어디에서도 들어보지 못했던 동화 같은 이야기로 가득 찬 이 역사는 그가 거짓말쟁이 안내인들이 들려준 이야기를 그나마도 잘못 알아들은 덕분에 한층 더 흥미진진하게 각색되기에 이르렀다. 그러니 그가 기술한 이집트 역사에는 일천한 역사를 가진 그리스의 기록을 단숨에 갈아치울 만한 대단한 높이의 거대한 조각과 기념물들이 숱하게 등장한다. 헤로도토스는 여기에 대해서 "세계에서 가장 큰"이라는 형용사를 부여함으로써 자신의 찬탄을 표현했다.

이집트에는 무엇보다도 위대한 강이 있었다. 봄에 소나기가 퍼부을 때만 잠깐씩 물이 불어날 뿐, 여름 내내 반쯤은 말라붙는 실개천만 아는 그리스 출신에게 정기적으로 범람하여 강 유역을 비옥하게 만들며, 게다가 어디인지 알려지지 않았을 뿐 아니라 그가 상상하는 것보다 훨씬 더 멀리까지 거슬러 올라가야 하는 수원지의 비밀을 지닌 나일 강은 언제나 더 많은 것을 알고 싶어하는 헤로도토스에게는 하나의 도전이었으며, 지적 허기에 대한 자극이었다. 그는 이 도전을 받아들였다. 요컨대 수원지와 정기적인 범람이라고 하는 나일 강의 두 가지 수수께끼를 풀기 위해 도전장을 내민 것이다. 그는 나일 강 계곡의 지질 형성 문제부터 공략하기 시작했다. 물론 엄격하고 합리적인 탐구를 진행하기에는 그가 입수할 수 있는 자료가 턱없이 부족했다. 그에 앞서서 같은 문제에 천착했던 선배들을 비판했지만, 그 역시도 이따금씩 어린아이처럼 엉뚱한 생각을 했다. 하지만 어린아이치고는 얼마나 영리한 아이인가! 그의 연구가 맞건 틀리건, 그 결과는 그다지 중요하지 않다. 신비를 파헤치고 수수께끼를 풀어보려는 그의 끈기야말로 미래에 대한 가장 값진 약속이기 때문이다.

이집트에는 또한 헤로도토스의 호기심을 부추기는 이상하고 신성한 짐승들이 그득하다. 그는 동물 우화집을 엮는 일이라면 무척 좋아했다. 이집트에 서식하는 이국적인 동물군에 대한 그의 흥미는 부분적으로는 생김새와 생존 방식에서 비롯되었다. 하지만 솔직히 그것보다는 인간과 동물과의 연결에서 파생되는 사회가 지니는 특성에 관심이 많았다. 인간과 동물의 접점에 놓인 사회는 그리스에서보다 이집트에서 훨씬 협소했으며, 인간에게 매우 독특한 의무를 부과했다. 헤로도토스는 이집트인이 고양이, 이비스, 악어 등과 맺은 협약에 대해 궁금해했으며, 그 같은 조사 결과는 동물이 아닌 인간에 대한 놀라움으로 발전했다. 따라서 이집트 서식 동물군에 대한 그의 기록은 단순히 시대에 훨씬 앞서 이루어진 자연사의 한 페이지(아리스토텔레스는 심지어 그의 실수까지도 그대로 베껴서 부분적으로 재인용했다) 이상의 의미를 지닌다. 그가 남긴 기록은 말하자면 이집트인에 관한 민족지학, 인문지리학의 대단원이다.

지칠 줄 모르는 여행가 헤로도토스를 사로잡은 마지막 범주가 남아 있다. 헤로도토스가 희한한 풍습보다 더 관심을 가진 분야는 없다고 이미 말했다. 그는 기쁨에 들떠서 아주 희한한 의식들을 수도 없이 끌어모았다. 그는 도를 넘는 엉뚱함을 대면했을 때도 충격에 빠지거나 분노하는 법이 없었다. 그리스의 풍습과 다른 것일수록 이 유유자적하고 열린 정신의 소유자를 매혹했다. 그는 어느 순간 이집트에 대해서, 일부 민간 설화나 새뮤얼 버틀러의 《에리훤 Erewhon》 같은 소설에나 나옴직한 "거꾸로 가는 나라"라는 이미지를 정립하고서는 즐거워했다.

그가 그린 이집트 풍경은 너무도 바로크적이고 불충분할지는 몰라도, 현대 역사가들은 그 내용의 상당 부분을 사실로 판명하거나 적어도 있음직한 사실로 인정했다.

그렇다면 몇 가지 예를 들어야 하리라. 이집트를 여행한 다른 여행가, 즉 밀레토스의 헤카타이오스의 말을 인용하면서 헤로도토스는 다음과 같이 말했다.

"바닷길을 통해서 이집트로 가는 분별력 있는 사람이라면 누구나 자신이 방문하는 이 나라가 네일로스 강의 선물임을 알게 될 것이다. 모이리스 호수에서부터 사흘 동안 항해하면 도달하게 되는 이 광대한 나라 전체에 대해, 비록 내가 사전에 수집한 정보에는 그런 내용이 하나도 없지만, 똑같은 평가, 즉 강이 준 선물이라는 평가를 내리게 될 것이라는 말이다. 이집트의 자연은 어떤 식이냐 하면, 해안에서부터 뱃길로 하루쯤 떨어진 곳에서 수심 측정기를 바다에 던지면, 진흙이 묻어나온다. 그곳 수심이 고작 열한 길 정도에 불과할 것이다. 이는 강물이 그곳까지도 토사를 실어온다는 것을 증명한다."

조금 뒤로 가면, 헤로도토스는 자신의 생각을 좀 더 명확하게 정리한다.

"이집트에서 멀지 않은 아라비아에는 에리트레아해(오늘날의 홍해)에서 시작되는 길고 좁은 만이 하나 있다. 이 만의 끝에서부터 먼 바다까지 가려면, 노 젓는 배로는 40일이 걸린다. 폭이 가장 넓은 곳도 반나절 항해면 충분히 건널 수 있다. 그곳에서는 매일 밀물과 썰물을 볼 수 있다. 각설하고, 나는 그래서 이집트도 이와 비슷한 만일 것이고, 아라비아 만이 남해에서 쉬리아로 가는 것과 대조적으로, 그 만은 북해(지중해)에서 시작하며 아이티오피아까지 펼쳐져 있을 것이라고 생각했다. 이 두 개의 만은 아주 작은 공간에 의해 분리되어 있으므로, 까딱하면 두 개가 겹쳐서 하나가 될 수도 있을 거라고 생각했다. 그러니 네일로스 강이 흐름을 바꿔서 아라비아 만으로 흘러가게 된다면, 2만 년쯤 후에는 네일로스 강이 꾸준히 실어 나르는 토사로 그 작은 공간이 메워지지 말란 법도 없지 않을까? 어쩌면 2만 년이 아니라 만 년 만에도 얼마든지 가능하리라고 본다. 하물며 내가 태어나기 전에 지금 이야기한 이집트 만보다 더 큰 만이 있었는데 그 같은 엄청난 작용에 의해 메워지지 않았다고 어떻게 장담할 수 있겠는가?"

그는 계속해서 상상력을 발휘한다. "그러니 나는 사람들이 이집트에 대해서 들려준 이야기(네일로스 강 계곡이 강의 작용으로 메워진 만이라는 이야기)를 별다른 어려움 없이 믿을 수 있다. 나 자신도 이집트 땅이 인근 다른 땅에 비해서 자꾸 앞으로 전진하는 것을 보면서, 일이 정말로 그렇게 되었을 거라고 생각하지 않을 수 없다. 이집트에서는 산에서 조개껍데기들을 볼 수 있으며, 짠맛이 나는 수증기가 발생해서 피라미드를 부식시키는가 하면, 멤피스 너머로 펼쳐지는 산은 이 나라에서 유일하게 모래를 볼 수 있는 장소다. 게다가 이집트는 어느 모로 보나 옆에 붙은 아라비아와는 전혀 닮지 않았으며, 리뷔에나 쉬리아와도 닮지 않았다……. 이집트의 토양은 네일로스 강이 아이티오피아에서 실어온 토사에 의해서 형성되고, 정기적인 범람에 의해서 퇴적되기라도 한 것처럼 검고 부서지기 쉽다. 반면 리뷔에의 토양은 붉고 모래가 훨씬 많이 섞여 있다. 아라비아와 쉬리아는 진흙으로 이루어져 있으며, 진흙 아래에는 암반층이 자리하고 있다."

헤로도토스가 이집트 토양의 형성과 관련해서 내세우는 가설은 아주 정확하다. 다만 나일 강이 그 같은 결과를 만들어내기까지 걸린 시간에만 오차가 있을 뿐이다. 해안이나 조개껍데기, 짠 수증기 같은 관찰 내용도 대단히 정확하다. 다만 이집트에는 그가 말한 것보다 모래가 훨씬 더 많다.

다른 예로, 저 유명한 악어 묘사를 들어보자. "이제 악어로 넘어가서, 악어의 본성이 지니는 특별한 점들을 보자. 악어는 겨울의 가장 추운 4개월 동안은 아무것도 먹지 않는다. 악어는 발이 네 개 달린 동물로 육지에서도 살고 잔잔한 물에서도 살 수 있다. 알은 육지에서 까서 육지에서 부화시킨다. 악어는 하루의 대부분을 뽀송뽀송하게 지내지만, 밤에는 내내 강물에서 지낸다. 밤시간에는 물속이 공기나 이슬보다 따뜻하기 때문이다. 우리가 알고 있는 모든 짐승들 중에, 어릴 땐 그렇게도 조그맣다가 어른이 되면 그처럼 커지는 짐승은 없다. 악어의 알은 사실 거위의 알보다 그다지 클 것도 없으며, 알에서 나오는 새끼의 크기는 알의 크기와 비례한다. 하지만 알에서 나올 때의 크기와 상관없이 부쩍부쩍 자라나서 팔뚝 열일곱 개만 한 크기에 이르고, 경우에 따라서는 더 클 수도 있다. 악어는 혀가 없는 유일한 동물이다. 아래턱은 전혀 움직이지 않으며, 아마도 위턱을 아래턱 쪽으로 움직이는 유일한 짐승일 것이다. 매우 힘이 센 발톱을 지니고 있으며, 피부에는 비늘이 너무 많아서 등껍데기는 아무것도 침투하지 못할 정도로 단단하다. 악어는 물속에서는 전혀 보지 못하지만, 일단 물 밖으로 나오면 대단한 시력을 자랑한다. 물속에 살기 때문에 주둥이 속에는 거머리가 우글거린다. 다른 네발짐승과 모든 조류는 악어를 피해 다닌다. 오직 악어새만이 악어와 평화로운 공생 관계를 유지하는데, 그건 악어새들이 악어에게 일종의 서비스를 제공하기 때문이다. 물 밖으로 나와 휴식을 취할 때면 악어는 산들바람이 불어오는 곳으로 몸을 돌리고 입을 벌리는 버릇이 있는데, 이때 악어새가 벌어진 악어의 입속으로 들어가 거머리들을 모두 잡아먹는다. 주둥이 속이 깨끗하게 청소되면 악어는 기분이 좋아지고, 따라서 악어새에게는 어떠한 해도 가하지 않는다."

이 묘사에서는, 팔뚝 열입곱 개라는 지나치게 과장된 숫자를 제외하고도 두 가지 중요한 착오가 눈에 띈다(하긴 요즘도 이집트보다 좀 더 남쪽으로 가면 몸길이가 무려 6미터에 달하는 악어가 살고 있긴 하다). 팔뚝 열일곱 개면 8미터 정도 되는데, 이런 크기의 악어라면 괴물이라는 말이 더 잘 어울린다. 두 가지 착오는 다음과 같다. 우선 악어에게는 혀가 있다. 다만 혀가 아주 작고 점착성이라 악어는 혀를 밖으로 내밀지 못한다. 두 번째 착오는, 아래턱이 아니라 위턱이 움직인다고 한 점이다. 실제로는 반대가 맞다. 헤로도토스가 잘못 알게 된 것은 아마도 아래턱을 바닥에 괴고 쉬는 자세에서 먹이를 덥석 물기 위해 고개를 쳐들면, 마치 위턱을 움직이는 것처럼 보일 수 있기 때문일 것이다. 악어의 혀나 턱에 대해서 헤로도토스는 가까이 다가가서 확인할 생각까지는 하지 못했다! 한편 악어새로 말하자면, 이는 일종의 물떼새다. 눈으로 직접 본 사람들의 증언에 따르면, 이 새는 악어에게 반드시 거머리가 아니더라도 악어의 주둥이 속으로 들어간 작은 동물들을 제거해준다고 한다.

동물에 관한 또 다른 예를 보자. "이집트에는 포이닉스라고 부르는 신성한 새가 있다. 나는 이 새를 그림으로만 보았다. 아주 드물게 보이는 새이며, 헬리우폴리스 사람들의 말에 따르면 이 새는 500년 만에 한 번씩 그 나라에 나타나는데, 아비 새가 죽을 때다. 만일 이 새의 생김새가 그림과 닮았다면……"

아, 얼마나 헤로도토스의 신중함과 정직함을 잘 드러내는 대목인가! 그는 포이닉스를 '그림으로만' 보았으며, 그럴 수밖에 없다. 이 전설적인 새를 묘사하면서 그는 거짓말쟁이가 되는 실수 따위는 절대로 하지 않았다.

　이집트 이야기의 이면에는 전설적인 왕에 대한 민간 설화가 깔려 있다. "사제들이 말하기를, 세소스트리스 왕이 죽자 그의 아들 페로스가 왕위에 올랐다. 페로스는 왕자일 때 군사 원정이라고는 나가본 적이 없었다. 그런데도 그는 다음과 같은 상황 때문에 실명을 하고 말았다. 당시 네일로스 강은 무섭게 범람했다. 수위가 팔뚝 열여덟 개만큼이나 올라가는 바람에 농촌 전체가 물에 잠겼다. 거센 광풍까지 몰려와 물결이 심하게 일렁거렸다. 페로스는 갑자기 주체할 수 없는 무모함에 사로잡혀 창을 집어들고는 물결이 소용돌이치는 한가운데로 던졌다. 그러자 곧 두 눈에 통증이 느껴지더니 눈이 멀고 말았다. 그는 그 상태로 10년을 보냈다. 11년째 되었을 때, 사람들이 부토의 신탁이 주는 답을 가져왔다. 그가 벌을 받아야 하는 기간이 끝났으니, 남편 외에 다른 남자라고는 알지 못하는 여자의 소변으로 두 눈을 씻으면 시력을 되찾게 되리라는 것이었다. 페로스는 제일 먼저 아내의 소변으로 눈을 씻었다. 하지만 눈은 여전히 보이지 않았다. 그래서 그는 수많은 여자들의 소변을 차례차례 시도해보았다. 마침내 시력을 되찾게 된 그는 오늘날 에뤼트레볼로스라고 불리는 도시에 소변 시험을 거친 여자들을 전부 모이게 했다. 그의 시력을 되찾게 해준 여자만 예외였다. 그는 모인 여자들 전부를 불태워 죽였다. 도시도 함께 태워버렸다. 그러고는 그의 시력을 되찾게 해준 여자와 결혼했다."

　헤로도토스의 뛰어난 번역가인 피에르 앙리 라르셰(이 책에서 인용된 헤로도토스의 글은 모두 그의 번역에서 발췌했으며, 그의 번역을 거의 손대지 않고 그대로 실었다. 의고투의 문체는 헤로도토스의 이오니아식 구식 그리스어를 감칠맛 나게 전달해준다)는 이 구절에 다음과 같은 주석을 달았다. "우리는 당시 이집트의 풍습이 극도로 문란했다고 결론 내릴 수 있다. 그러니 이 나라에 발을 들여놓으면서 아브라함이 보여준 슬기로운 신중함과 요셉을 대하면서 포티파르의 아내가 보여준 지나친 경솔함을 이해하는 데 아무런 어려움이 없을 것이다." 라르셰가 암시한 대로, 아브라함은 슬기로운 신중함을 가지고 아내를 여동생이라고 소개했다. 이렇게 함으로써 그는 남편의 명예를 지킬 수 있었다. 아름다운 그의 아내 사라는 파라오의 품에 안길 수 있었고, 그 덕분에 사라의 '오빠'는 막대한 이익을 챙길 수 있었다. 헤로도토스와 그의 번역가, 이렇게 두 사람 중에서 누가 더 순진한 걸까? 그리고 누가 더 도덕적인 걸까?

풍습의 다름을 인정했던 열린 정신의 소유자

헤로도토스가 풍습의 다양성에 관해서 쓴 짧은 글을 인용함으로써 이제까지 소개한 많은 예들의 결론을 대신할까 한다. 풍습의 다양성이라고 하는 주제는 그에게 매우 익숙한 주제임에 틀림없다. 이 주제야말로 그의 오랜 조사를 정당화해준다. 다양한 풍습에 대한 지식은 그의 정신을 시종일관 놀라움으로 채워준다. 그의 정신을 매혹시키며 즐겁게 만든다. 아니, 그 이상이다. 풍습은 일상적인 실천에 집착하는 각각의 종족의 사고방식 위에서는 마치 굴레처럼 짓누르는 반면, 풍습 총체에 대한 인식, 즉 종족 각각의 풍습이 다양하며 따라서 서로 모순될 수도 있음을 아는 것은, 역사가들에게는 정신의 해방을 도와주는 도구로 작용한다. 자, 헤로도토스의 생각을 들어보자.

"사람들에게 다양한 나라들에서 관찰되는 법 중에서 가장 좋은 법을 선택하라고 한다면, 이들은 열심히 숙고한 다음, 아무래도 각자의 나라에서 행해지는 법이 가장 낫다고 할 것이다. 그만큼 모든 인간은 자기 나라 법보다 더 아름다운 것은 없다고 확신한다. 그러므로 정신 나간 사람이 아니고서는 이런 문제를 가지고 농담을 할 리 없어 보인다.

누구나 자신들의 관습에 관해서 이러한 감정을 가지고 있음은 여러 예를 통해서 확인할 수 있는 엄연한 진실이다. 그중에서도 한 가지 예만 들겠다. 어느 날 다레이오스(다리우스)는 가까이 지내는 그리스인들에게 얼마를 주면 돌아가신 아버지의 육신을 먹을 수 있겠느냐고 물었다. 질문을 받은 사람들은 한 명도 빠짐없이 돈을 아무리 많이 준다고 해도 그런 일은 절대 하지 않을 거라고 대답했다. 그러자 다레이오스는 사람들이 칼라티아이라고 부르는 인도인들을 오게 했다. 이들에게는 돌아가신 부모의 육신을 먹는 풍습이 있었다. 다레이오스는 그리스인들이 보는 앞에서 칼라티아이들에게 물었다. 통역이 그들이 주고받는 말을 그대로 옮겨주었다. 얼마를 주면 부모님이 돌아가셨을 때 그 시신을 화장하겠는가? 그러자 인도인들은 언성을 높이면서 제발 그런 끔찍한 말은 하지 말아달라고 애원했다. 그처럼 풍습의 힘은 막강하다!

그러니 핀다로스의 시에 등장하는 '풍습은 세상을 지배하는 여왕'이라는 말보다 더 맞는 말은 없다."

어쩐지 몽테뉴의 한 구절을 읽고 있는 것 같지 않은가?

chapter 7

인본주의 의학의 꽃, 히포크라테스

아이스퀼로스의 비극에서 프로메테우스는 원시 인류가 그에게 빚진 여러 혜택들을 열거하면서, 의학을 첫 번째로 꼽았다.

"특히 인간들은 병이 났을 때, 고통을 달래기 위해서 먹을 것도, 마실 것도, 바를 연고도 없었다. 그저 죽는 수밖에 없었다. 그런데 내가 인간들에게 효과가 좋은 치료제를 만드는 방법을 알려주었다. 덕분에 인간들은 모든 종류의 질병에 대항할 수 있게 되었다."

힙포크라테스는 오랜 전통에 의지해가면서, 기원전 5세기에 의학의 프로메테우스로 부상했다.

이 전통은 전적으로 세속적이고 실용적인 의학 지식으로, 이러저러한 기술을 구사하는 사람들의 집단을 통해 전해져 내려왔다. 우리가 알기로는 《일리아스》까지 거슬러 올라간다. 죽음이 도처에 깔려 있는 이 시에서 우리는 여러 명의 의사들, 심지어는 의학에는 완전히 문외한이어도 상처를 째고, 소독하며, 붕대를 감고 습포를 대주고 때로는 식물 뿌리를 갈아서 만든 가루를 처방해줄 수 있는 자들을 만난다. 《일리아스》에 등장하는 이 의사들은 진정한 의미에서의 수술을 결행하기도 한다.

호메로스는 그 작품에서 무려 141종의 상처를 취급하며, 상당히 정확하게 이를 묘사한다. 그의 시에 따르면, 의사라는 직업은 자유시민들의 몫이었으며, 존경받는 직업이었다. "의사 한 명은 여러 사람의 목숨만큼의 가치가 있다"고 그는 말한다.

《일리아스》에는 이른바 주술적인 의학은 들어설 자리가 없다. 또 다른 한 편의 동화라고 할 수 있는 《오뒷세이아》에서는 마귀를 쫓는 구마식이 이국적인 고장에서 만난 마술사 요정들에 의해서 이루어지곤 한다.

그 뒤로 이어지는 세기(기원전 5세기를 포함하여)에는 동양에서 전파된 신비주의적 경향이 강세를 보이며 대중들의 의식을 사로잡았으며, 철학자들이 보기에도 학문적인 의학 연구에 먹구름을 드리우는 것 같았다.

텟살리아의 트릭카, 그리고 에피다우로스에 있는 아스클레피오스의 성소에는 순례자들이 대거 몰려들며 기적이 풍부하게 일어났다. 사제들이 봉헌물 형식으로 작성한 에피다우로스의 비문은 항상 잠을 자는 도중에 꿈속에서처럼 신이 개입하여 이루어진 기적적인 치유들에 대한 반향(신앙에 의한 치료라고, 오늘날까지도 일부 신자들은 말한다)을 들려준다. 많은 예들 중에서 한 가지만 들어보자. 그렇다고 해서 이것이 가장 희한한 예는 아니다.

"아테나이에 암브로시아라고 하는 애꾸눈의 여자가 살고 있었다.

파트로클로스에게 붕대를 감아주는 아킬레우스. 소시아스가 제작한 잔. 기원전 500년경.
앤더슨-비올레 소장 사진.

이 여자는 아스클레피오스 신전에 와서 그 신이 이룬 치유의 기적 중에서 몇몇을 언급하며 절름발이와 장님들이 잠자다가 꿈을 한 번 꾸고 난 다음에 건강한 몸을 되찾았다니 도저히 믿을 수 없다면서 비웃었다. 그러다가 여자는 신전에서 잠이 들었고, 꿈을 꾸게 되었다. 꿈 속에서 신이 가까이 오더니 애꾸눈을 고쳐주겠다고 말하는 것 같았다. 하지만 그전에 여자가 그동안의 어리석음을 인정한다는 의미에서 신전에 은으로 만든 돼지를 바쳐야 한다고 말했다. 그런 다음 신은 여자의 병든 눈을 째고 그 안에 약을 넣었다. 다음 날 여자는 말끔히 나아 신전을 떠났다."

플라톤과 더불어 엠페도클레스는 그의 책 《정결 Purifications》에서, 주술과 마술적 의학에 대한 신앙이 고전시대 그리스의 사고방식에 낯설지 않다는 증언을 하고 있다.

고대에 루르드와 같은 역할을 했던 에피다우로스에 새겨진 비명은 힙포크라테스가 썼다고 간주되는 저작들과 같은 시대에 이루어졌다.

《힙포크라테스 전집》, 성소 중심의 의학에서 벗어난 새로운 경향

오늘날까지도 몇몇 사람들이 주장하듯이, 그리스 의학이 성소로부터 완전히 벗어났다고 말한다면 그건 심각한 판단 착오다. 그리스에서는 합리주의가 맹위를 떨치던 시대에도 의학 분야에서는 뚜렷하게 구별되는 두 가지 전통이 공존했다.

성소를 중심으로 하는 전통에 따라 구마식이나 꿈, 기적, 요컨대 사제의 목소리에 고분고분 반응하는 모든 것들이 무성하게 이루어질 때, 다른 한편에서는 전적으로 세속적이며 독립적인 의학 기술이 그것도 매우 다양한 방식으로 이루어졌다는 것은 주목할 만하다. 이러한 경향들은 전혀 미신 쪽으로 기울어짐이 없었으며, 치료사 역할을 하는 사제나 병을 고쳐주는 신의 대리인 같은 자는, 비판을 위해서나 조롱을 위해서도 등장하는 법이 없었다.

한편으로는 질병의 원인을 정립하기 위한 체계적인 학문적 연구나 환자 개인의 개별적인 사례를 넘어서는 일반적인 규칙 탐구 따위는 안중에 없고, 그저 신이 마음대로 행한 자의적인 기적이 있었다. 다른 한편으로는 의사 자신이 꼭 무신론자가 아니더라도 신에 대해 언급하거나 오로지 신의 존재를 통해서 질병을 설명하려는 태도를 완전히 배제하려는 의학 경향이 있었던 것이다.

《신성병(神性病)》이라는 제목의 서론이야말로 매우 특징적이면서 대담한 면모를 보여준다. 저자는 첫머리에서 말한다. "나는 신성한 병이라고도 불리는 간질이 좀 더 신적(神的)이라고는 생각하지 않는다. 간질은 다른 질병보다 더 성스러울 것도 전혀 없다. 간질이라는 병의 본질은 다른 병들의 본질과 다를 바 없다. 인간들은 처음엔 이 병에 대해서 그 근원이 신과 관련 있다고, 즉 신성(神性)이 병의 원인이라고 생각했는데, 이는 잘 몰랐기 때문이며, 다른 질병으로 인한 결과와는 너무도 닮지 않아서 놀랐기 때문이다. 병의 본질을 모르고 신과 관련 있다는 생각에 집착하던 인간들은 무지 상태에서 병의 처방을 내놓았다······. 나는 간질을 신성시하는 자들을 점성가나 돌팔이 약장수, 사기꾼과 같이 자신들은 지극히 신앙심이 깊고, 남보다 아는 것이 많다는 식으로 혹세무민하는 사람들과 다르지 않다고 본다. 그런 자들은 자신이 치료해주어야 할 환자들에게 아무런 도움이 되지 못하는 무능함을 신성이라는 외투로 슬쩍 가리고 있을 뿐이다."

이《신성병》소고는 알렉산드리아 학파 이후 줄곧《힙포크라테스 전집》, 즉 고대인들이 코스 출신의 위대한 의사가 쓴 것으로 추정한 약 70편의 논문을 모아놓은 총서의 일부다. 이들 저술의 대부분은 힙포크라테스가 살아 있을 당시, 그러니까 기원전 5세기 후반 또는 4세기 전반에 작성되었다. 그중 몇몇은 어느 것인지 확실하게 가려내기가 어렵지만, 힙포크라테스 또는 그의 직계 제자들이 직접 저술했다. 나머지는 코스 학파와 경쟁 관계에 있던 다른 학파나 경향에 속한 의사들의 저작이다.

간략하게 말하자면,《힙포크라테스 전집》은 주로 세 부류의 의사들에 의해서 작성되었다고 볼 수 있다. 첫째, 이론에 치중하는 의사들, 즉 모험적인 사고를 좋아하는 철학자들 부류다. 두 번째는 이들의 대척점에 위치한 크니도스 학파에 속한 의사들로서, 이들은 사실에만 너무 집착한 나머지 이를 벗어나지 못했다. 세 번째는 힙포크라테스와 그의 제자들, 즉 코스 학파의 의사들이다. 이들은 관찰에서 출발하여 오로지 관찰 결과만을 가지고 이를 해석하고 이해하는 데 총력을 기울였다. 세 번째 부류의 의사들은 말하자면 실증적인 정신의 소유자들로서, 자의적인 추측을 거부하고 항상 이성에 의지했다.

이 세 부류의 저자들은 성소 중심의 의학에 반대했다는 공통점을 지니고 있다. 하지만 세 번째 부류의 의사들만이 유일하게 의학을 학문으로 승화시켰다.*

이론만 중시하는 궤변적 의학

나는 이론 위주의 의사들에 대해서는 길게 언급할 필요를 느끼지 않는다. 이들은 모든 형태의 인간 활동에 붙어 다니게 마련이며, 흔히 궤변술이라고 하는 아주 적절한 표현으로 집약되는 움직임을 주도하는 말의 곡예사일 뿐이기 때문이다.

더구나 이들의 방식은 일반적인 의미에서의 건전한 학문 방식과는 완전히 반대라고 할 수 있다. 이 부류에 속하는 저자들은 사실 조사에서 출발하는 대신 철학이나 당시 유행하던 신앙심이라고 하는 일반론에서 출발한다. 이들은 이러한 일반적인 사고들을 대단히 자의적인 방식으로 의학적 사실을 설명하는 데 적용한다. 여기서 일반적인 사고란 쉽게 말해서 편견이나 선입견으로 보면 된다. 가령 인간의 활동에서는 7이라는 숫자가 지배적이라는 따위의 사고가 그렇다.

《살》,《7개월짜리 태아》,《8개월짜리 태아》 등의 논문은 태아가 7개월이 지나도 살아 있고, 9개월 열흘 동안 생존할 수 있는 것은 각각 30주, 40주라고 하는 딱 떨어지는 숫자이기 때문이라고 주장한다. 이 논문들은 또한 정상적인 인간이 단식할 수 있는 기간은 7일이고, 어린아이들은 일곱 살이 되면 영구치가 나기 시작하며, 급성 질병일 경우 항상 1주일의 절반, 1주일 또는 2주일마다 위기가 찾아온다는 사실을 그 증거로 제시한다.

---

* 의학에 관한 이번 장에서 나는 루이 부르제의 《힙포크라테스 전집의 필자 의사들에게서 나타난 관찰과 경험 Observation et Expérience chez les Médecins de la Collection hippocratique》(1953)에 많이 의존할 것이다. 그 책은 나에게 전혀 새로운 분야를 발견하게 해준 소중한 안내자였다. 이번 장에서 내가 기술하는 글은 거의 전적으로 루이 부르제의 책에 힘입었다. 하지만 나의 책은 일반 대중들을 위한 책이므로, 루이 부르제가 소개하는 의료 행위는 다루지 않았다. 그럼에도 나는 그의 학문적 전문성에 경의를 표하며, 교양을 넓히기를 원하는 모든 사람들을 위해 기꺼이 제공한 그의 전문성을 내가 이처럼 공공의 재산처럼 이용하는 것도 너그러이 허락해주기를 바란다.

일부 전문가들이 히포크라테스 사상의 핵심이 담겨 있다고 주장하는 《바람》이라는 논문은 의학 논문이라기보다 공기와 숨결의 역할에 대한 수사학적 논술에 가깝다. 즉 공기와 숨결은 우주 진화, 계절 변화의 원리인 동시에 페스트처럼 전염성 강한 열병, 카타르성 염증, 충혈, 각혈, 뇌출혈, 급성복통에서 하품에 이르기까지 그야말로 모든 질병의 원인이라는 것이다.

《히포크라테스 전집》에 수록된 논문들 가운데 10여 편은 이처럼 그럴듯하지만 알맹이는 없으며, 히포크라테스의 실천과는 멀어도 한참 먼 궤변적 의학에 속한다.

밑도 끝도 없이 인간의 본성, 물과 불의 혼합으로 빚어진 영혼의 본성, 성별, 쌍둥이, 예술 등에 대한 논의로 시작되는 《식이요법》이라는 논문에서는 놀랍게도 일목요연하게 정리된 식용 채소 목록과 각각의 특성 등을 발견하게 된다. 뿐만 아니라 곡물들의 효능도 정리되어 있는데, 이를테면 보리를 껍질째 먹느냐, 껍질을 제거하고 먹느냐, 끓여 먹느냐, 볶아 먹느냐, 보리빵은 반죽을 하자마자 굽느냐, 아니면 잠시 숙성시켰다가 굽느냐, 밀가루 빵은 검은 밀이냐 갈색 밀이냐에 따라 그 효능이 달라진다는 식이다. 채소에 대해서도 여러 쪽을 할애하고 있는가 하면, 쇠고기에서부터 고슴도치 고기에 이르기까지 온갖 고기의 특성을 여러 쪽에 걸쳐서 기술하고 있다. 논문 서두의 연설조이면서 유사 철학적인 투는 곧 놀라울 정도로 상세한 다양한 식단들에게 자리를 내어준다. 틈틈이 각 식품으로 야기될 수 있는 복부에 가스가 찰 위험, 배변 및 이뇨 효과, 영양까지 상세하게 기록하고 있다. 서론 부분의 뜬구름 잡기식 이론(아리스토파네스는 그의 《구름》이라는 작품에서 이런 종류의 의사들을 한껏 조롱했다) 뒤로는 반복적인 구토의 효험, 부패성 대변의 위험성, 산책의 활용 등에 대한 무수히 많은 지침들이 이어진다. 저자는 "보통 사람들, 즉 하루하루 근근이 살아가느라 건강을 살피기 위해 일을 손에서 놓을 수도 없는 사람들"을 위해 이 같은 식이요법을 정립하게 되었노라고 고백한다. 그런 다음 또 다른 식이요법을 제시하는데, 여유롭게 사는 사람들을 위해 작성한 "기분 좋은 발견"이라는 부연 설명을 덧붙인다. 그보다 앞서 그런 생각을 한 사람은 없었다고도 말한다. 그런데 여기서부터 저자는 자신의 허영심을 충족시킬 만한 '세세한 구별'을 통한 횡설수설로 빠져든다. 잠시 충실하게 흙과 관련한 학문의 길을 따라가는 듯하더니 이내 그 길에서 벗어난 것이다.

《7개월짜리 태아》, 《8개월짜리 태아》의 저자에게도 정당한 평가를 내려야 한다. 그는 7을 주기로 하거나 달과 관련된 헛소리로 헤매기도 하지만, 적어도 출생 직후 신생아가 겪을 수 있는 위험에 대해서 기술한 부분은 상당히 믿을 만하며, 심지어 감동적이기까지 하다.

"(출생으로 인해 겪게 되는) 음식물 섭취 환경과 호흡 환경의 변화는 신생아에겐 크나큰 위험이다. 신생아들이 불결한 병원균을 흡수하게 되는 것은 입이나 코를 통해서다. 아기에게 꼭 필요한 것만 신체기관 속으로 들어가는 것이 아니라, 그보다 훨씬 많은 것들이 아기 몸속으로 들어가는 것이다. 이처럼 외부로부터 유입되는 것이 형성 과정에 있는 아기의 몸에 비해서 너무 많아지게 되면, 불필요한 것들을 배출해야 할 필요가 생긴다. 배출 작용은 한편으로는 입과 코, 다른 한편으로는 창자와 신장을 통해서 이루어진다. 그런데 출생 전에는 이와 같은 작용이 전혀 필요가 없었다.

따라서 모태 안에 있을 때 익숙했던 동질적인 호흡과 체액 대신,

아기는 완전히 이질적이며 거칠고 모질며 덜 인간적인 것들을 사용해야 하며, 이는 단골을 만들어나가야 하는 장사의 이치와 비슷하다. 그러므로 이때부터 많은 고통과 때로는 죽음까지도 발생한다. 따뜻하고 촉촉하며 태아의 본성에 어울리도록 맞춰진 살과 체액으로 감싸여 있는 대신 아기는 어른들과 마찬가지로 헝겊으로 감싸이게 된다. 탯줄은 어머니가 배 속의 태아와 소통하는 유일한 통로다. 그 통로를 통해서 태아는 어머니가 흡수하는 것에 한몫 낄 수 있다. 다른 통로들은 모두 닫혀 있으며, 어머니 배 속으로부터 나오는 순간에야 비로소 열린다. 출생의 순간이 되면 아기에게 모든 것이 열리는 반면 탯줄은 가늘어져서 닫히고 결국 말라붙게 된다."

관찰된 사실만을 맹신한 크니도스 학파

이론만을 중시하는 의사들, 이들 '궤변 의사들'의 반대편에는, 《힙포크라테스 전집》에 드러난 바에 따르면, 크니도스 학파 의사들이 위치하고 있다. 크니도스 학파는 코스 학파(힙포크라테스 학파)의 경쟁자 또는 아류라고 할 수 있다. 《힙포크라테스 전집》에서 크니도스 학파의 의학을 가장 잘 표현해주는 논문은 제2편에 들어 있는 《내부 질환》과 《질병》이다. 이 두 편 외에 10여 편의 소고들이 이 학파에 속하는 저자들의 글로 보이는데, 확실하게 크니도스 학파의 것은 아닐지라도 이 학파에서 생각하는 의학의 개념을 가깝게 또는 멀리서나마 반영하고 있다. 산부인과 계통의 몇몇 논문들이 특히 그러하다.

크니도스 학파는 질병과 관련하여 지나친 일반화나 '철학화'를 배제하고, 구체적이면서 상세하게 기술해야 한다는 일념을 가지고 있다. 그래서 정확하다 못해 아주 세세한 관찰을 중시한다는 특성을 지닌다. 이 학파에서 의사는 줄곧 자신이 택한 직업의 핵심을 이루어왔던 활동, 즉 임상 관찰에 중점을 두도록 교육받는다. 크니도스 학파는 그러므로 원칙적으로 모두 임상 의사들이다. 이들은 직접적인 관찰을 넘어서는 법이 거의 없으며, 환자들에게 말을 시키는 것을 경계할 정도다. 의사의 해석이 개입되는 것을 두려워하기 때문이다. 사실만을 지나칠 정도로 맹신하다 보니 사고의 지평이 편협해질 우려가 있다는 것이 단점이다. 크니도스 학파는 질병을 분류하는 데 만족하며, 치료를 할 때는 전통적으로 효과를 거둔 방식에만 의존하는 경향을 보인다.

크니도스 학파 의사들은 의학적 토론을 즐기지 않았다. 질병의 원인을 규명하고자 애쓰지도 않았다. 왜냐하면 모든 질병은 두 가지 체액, 즉 담즙과 담(痰)의 상황에 의해서 발생한다는 입장을 고수했기 때문이다. 이들은 모든 복잡하고 어려운 문제들을 회피했다. 그들로서는 해결할 수 없는 문제들이었으니 어쩔 수 없는 노릇이었다. 요컨대 이들은 이해하려는 노력을 게을리 했다.

이들은 분류 작업에 지나치게 치중하다 보니 너무도 잘게 나뉘어 오히려 질병의 종류만 늘린 셈이 되었다. 《내부 질환》과 《질병 II》를 읽어보면, 간염 세 가지, 비장 관련 질병 다섯 가지, 티푸스성 질병 다섯 가지, 신장 관련 질병 네 가지, 구협염 세 가지, 용종 네 가지, 황달 네 가지, 수종 다섯 가지, 폐결핵 일곱 가지, 그 외 무수히 많은 뇌 관련 질환 등이 나온다.

물론 이처럼 세세한 분류 가운데 일부는 합당할 뿐 아니라 당시로서는 매우 참신한 것이었다. 예를 들어, 급성 관절 류머티즘과 통풍

이 그런 경우에 해당한다. 하지만 이 같은 몇몇 예를 제외하면 대부분의 분류는 근거가 불충분하거나 상상의 차원에 머물러 있었다.

그러한 본보기로 일곱 가지나 되는 폐결핵 중의 한 종류에 대한 묘사를 보자.

"이 병은 피곤이 지나치면 걸리게 된다. 불행한 결과가 생기는 경우는 먼저 소개한 질병과 마찬가지이지만, 차도를 보일 확률은 이 병이 훨씬 높고, 여름엔 뜸하다. 이 병에 걸린 환자는 가래가 많이 생기며, 먼저 소개한 질병에 비해서 훨씬 점성이 높은 가래침을 뱉게 된다. 환자의 나이가 많을수록 기침을 많이 한다. 가슴의 통증도 먼저 소개한 병에 비해서 심하다. 마치 무거운 돌이 가슴을 짓누르는 듯하다. 등에도 통증이 있다. 피부가 축축해진다. 조금만 힘을 써도 환자는 고통스러워하며 무언가가 짓누르는 듯한 느낌을 받게 된다. 이 병에 걸리면 공통적으로 3년 이내에 죽는다."

이번에는 또 다른 종류의 폐결핵을 어떻게 묘사했는지 살펴보자. "질병이 진행함에 따라 환자는 점점 말라가는데, 퉁퉁 부어오르는 두 다리만 예외다. 손톱이 오그라든다. 어깨에 살이 빠지고 약해진다. 목에 깃털이 잔뜩 낀 것 같다. 목에서는 마치 파이프를 지나가는 것처럼 바람 새는 소리가 난다. 갈증으로 고생한다. 환자의 몸은 전체적으로 쇠약해진다. 이런 상태에서라면 1년을 넘기지 못하고 죽는다."

이처럼 의사들의 묘사는 상당히 표현이 풍부하다. 일부 특징들은 주목을 끈다. 가령 환자는 숨을 쉬기 위해서 질주하는 말처럼 "콧구멍을 열고, 여름날 찌는 듯한 더운 공기 때문에 기진한 개들처럼 혀를 길게 내민다." 이런 이미지들은 매우 정확하면서 충격적이다.

그렇다고 해서 크니도스 학파 의사들이 질병을 분류함에 있어서 병적으로 집착하지 않는다는 말은 아니다. 그런데 질병에 대한 묘사는 넘치는 반면, 그에 대한 치료는 빈약하다는 사실을 간과해서는 안 된다. 이들이 제시하는 치료법이란 항상 하제(下劑)를 복용시키거나, 토하게(구토는 고대인들에게 신체 상부를 통한 배출에 해당했다) 하거나, 우유를 마시게 하거나 소훼(燒燬)하는 정도가 고작이었다.

그렇지만 크니도스 학파 의사가 처방한 매우 독자적인 치료법 한 가지를 소개하고 넘어가자. '에르리누스(errhinus)'는 콧구멍을 통해서 다양한 성분의 약을 투여하는 아주 희한한 처방을 가리킨다. 병의 원천이 머리에 있다고 의사가 판단할 경우, 예를 들어 뇌졸중, 황달, 폐결핵 등의 질병에 주로 사용된다. 말하자면 에르리누스는 머리의 하제인 셈이다. 이 처방은 코와 뇌가 연결되어 있음을 전제로 한다. 그런데 오늘날에도 프랑스어에서는 코감기를 륌 드 세르보(rhume de cerveau: 문자 그대로 하면 뇌 감기―옮긴이)라고 하지 않는가?

늑막 내부에서 출혈이 의심될 때, 먼저 출혈 위치를 정확하게 파악하기 위해 의사들이 폐를 탐지할 목적으로 사용했던 방식도 살펴보자. 《힙포크라테스 전집》에 수록된 논문은 이 문제에 대해서 다음과 같이 기록하고 있다. "환자를 단단한 의자에 앉히고, 보조원이 환자의 두 손을 붙잡는다. 그러면 의사는 환자의 양 어깨를 잡고 귀를 옆구리에 댄 다음 환자를 흔들어서 병의 근원이 오른쪽에 있는지 왼쪽에 있는지를 찾아낸다." '힙포크라테스식 진탕(震盪) 청진법'이라고 불리는 이 방식은 크니도스의 오래된 방식(이들의 경험주의는 좋게 말하면 실용주의, 나쁘게 말하면 구태의연한 타성으로 흘렀다)이 관찰에 대한 변함없는 충실성 덕분에 여러 발견으로 이어졌음을 새삼 상기시켜준다. 여러 발견 중에서도 청진의 발견은 단연 으뜸가는 발견이었다. 이미 인용한 구절 외에 이를 입증하는 또 다른 구절이 있다. 《질병 II》의 저자에 따르면, 의사가 "오래도록 귀를 옆구리에 대고 있으면, 마치 식초가 부글부글 끓어오르는 듯한 소리를 들을 수 있다"고 기록하고 있다. 기원전 5세기에 성행했던 이 같은 청진이 크니도스 학파 출신 의사들의 발명이었음을 입증해주는 구절들은 이 외에도 더러 있다.

우리는 크니도스 학파 의사들이 쓴, 또는 그러리라고 추측되는 논문들에서 외과 수술과 관련된 많은 언급과 이를 가능하게 해주는 각종 도구들에 대한 언급을 찾아볼 수 있다. 코에 생긴 용종을 치료하는 방식은 단순하면서도 무척 거칠다. 불에 달군 쇠를 이용해서 태우거나 '신경줄'이 부착된 젓가락을 이용해서 잡아당기는 것인데, 의사는 이 줄을 확실하게 건 다음 힘껏 잡아당긴다. 신장에 이상이 생기는 질병의 경우 네 가지 중에서 세 가지는 무조건 절개를 권유한다. 저자에 따르면, "신체기관이 가장 부어오른 곳"을 절개해야 하며, "깊이" 찔러야 한다. 흉곽 부위의 절개는 자주 등장하며, 늑골 사이에서 이루어진다. 외과 의사는 처음엔 "볼록형의 수술용 칼"을 쓰다가 "끝이 뾰족한 칼"로 집도를 계속한다. 크니도스 학파 의사들이 시행했던 가장 대담한 수술은 개두술(蓋頭術)이었다. 육안으로 보면 눈에 아무런 상처가 없음에도 시력을 상실하게 만들 우려가 있는 일출(溢出)을 위해 길을 뚫어주는 대수술이었다. 환자는 회복되었다고 언급하고 있으며, 두 종류의 개두술을 명시하고 있다.

이 정도면 충분하다. 크니도스 학파의 의술은 의심할 여지없이 수많은 사례에 대한 엄격하고 객관적인 관찰을 토대로 하여 자신들이 늘 실행해오던 기술을 체계화하려는 의사들의 노력이 빚은 결과였다. 하지만 이 점만은 반드시 인정해야 하는데, 이 노력은 결실을 거두지 못했다. 이들 의사들이 세운 가장 큰 공로라면 검증이 불가능한 철학적 가설이 주는 매력을 거부했다는 점이다. 크니도스 학파 의사들은 의학적 전통에 따라 관찰된 사실들만을 알리고 했으며, 이를 후세에 전하려고 했다. 이들은 이 전통에 자신들이 수집한 사례들을 첨가했다. 이들은 환자들밖에 몰랐으며, 이들의 임무란 가장 적절하다고 판단되는 방식에 따라 환자들을 치료하는 것이었다.

이미 짐작하는 독자도 있을 테지만, 사색이나 철학적 가설에 대해 크니도스 학파가 보여준 이 같은 경계심은, 일상에서 의술을 행함에 있어서도 무의식적으로 지성 일반에 대한 경계심을 이끌었다고 볼 수 있다. 이런 추측을 하는 데에는 그럴 만한 이유가 있다. 크니도스 학파 의사들은 의학에 대해서 생각하는 것은 자신들이 할 일이 아니라고 여겼다. 사실 그들의 저술에서 조금이라도 일반적인 관념, 사색의 흔적이 담긴 내용을 만나기란 매우 드물다. 하지만 아주 없는 것은 아니다. 몇 가지 사색 중에서 상당히 독창적이라고 할 수 있는 한 가지 예를 인용해보겠다. 이 성찰은 《인간 안에 있는 장소들》이라는 논문에서 만날 수 있다. 이 글의 저자는 크니도스 학파 소속이거나 적어도 이 학파와 관련을 맺고 있는 의사다. 지금까지 우리가 살펴본 논문들보다 월등히 흥미로운 논문일 것이다. 저자는 말한다. "신체의 본질이 의학적 사고의 출발점이다." 이 정도면 일반적으로 만나는 크니도스 학파의 경험주의를 대번에 뛰어넘는 문장이 아닐 수 없다.

이처럼 대담한 문장을 남긴 저자는 인체의 모든 부위가 서로 연결되어 있음을 간파했다. 그렇기 때문에 그는 내가 앞에서 인용한 방식에 대한 성찰을 토대로 하여, 일반적인 해부학 지식을 일단 정리한 다음, 자신이 담당한 환자에 대해 기술한다. 이렇게 볼 때, 그에게 의학이란 각 인체기관에 대한 연구보다 그 토대가 아직 견고하지 못했던 것이라고 할 수 있다.

《인간 안에 있는 장소들》에 등장하는 이 문장에 대해서 몇몇 현대 학자들은 클로드 베르나르(1813~1878, 프랑스의 생리학자로, 근대 실험의학의 창시자 —옮긴이)에 견주기도 했다. 이 논문을 쓴 소박한 익명의 의사에게는 더할 나위 없는 영광이며, 그는 이 같은 대접을 받을 자격이 있다. 크니도스 학파 계열의 어느 논문에서도 그 같은 시도를 찾아볼 수 없다.

그런데 그가 시도한 해부학 지식 정리로 말하자면, 솔직히 정확함과는 거리가 멀다. 그럼에도《인간 안에 있는 장소들》의 저자는 감각 기관들이 뇌와 연결되어 있다는 사실을 알고 있었으며, 눈의 막과 뇌의 막을 정확하게 관찰했고, 위대정맥이 혈액을 심장으로 실어온다는 것도 알고 있었다. 반면 아래대정맥을 대동맥과 혼동했다.

그럼에도 불구하고 그가 한 조사의 결과가 정확했느냐 아니냐를 떠나 해부학 지식에 근거하여 병을 진단하려 했다는 것은 매우 참신한 발상이었다.

메스를 쥐고 심장을 적출한 필리스티온

크니도스 학파의 정직한 의사들에 대해서는 이쯤에서 마무리하겠다. 《힙포크라테스 전집》속의 엄밀한 의미에서의 힙포크라테스식 의사들에게로 넘어가기 전에, 뛰어난 논문《심장에 관한 소고》편에 대해서 몇 마디만 덧붙이자. 이 논문은 여기저기에서 크니도스 학파의 영향을 받았다. 최근에 와서 이 논문은 시켈리아 학파에 속하는 의사인 필리스티온이 썼다는 의견이 힘을 얻고 있다. 필리스티온은 기원전 4세기 초에 쉬라쿠사이에서 환자를 돌봤으며, 플라톤과 알고 지냈다.

필리스티온은 틀림없이 메스를 손에 쥐고 인간의 심장을 다루어보았을 것이다. 그 자신이 이 방면과 관련 있는 고대 이집트의 관습을 참조하면서 그렇게 주장할 뿐 아니라, 이 기관에 대해 열거하는 묘사의 정확성이 이를 뒷받침한다. 그는 "죽은 남자의 몸에서 심장을 적출해냈다"고 말한다. 그는 인체 해부뿐만 아니라 동물의 생체 해부도 감행했다. 그게 아니라면 심실은 이미 박동을 멈추었는데도 심방이 여전히 뛴다는 사실을 어떻게 발견할 수 있었겠는가?

그가 기술한 사실은 정확하며, 우심방은 바로 이런 이유 때문에 울티뭄 모리엔스(ultimum moriens: 최후에 죽는 것이라는 뜻의 라틴어—옮긴이)라고 불린다.

그렇다면 심장에 대한 필리스티온의 해부학 지식은 어느 정도 수준이었을까? 그는 심장은 "매우 강력한 근육인데, 이는 힘줄로 이루어진 부분 때문이 아니라 살이 펠트처럼 짜였기 때문"이라고 지적한다. 그는 심장이 두 개의 심방과 두 개의 심실로 구성되어 있다는 사실을 알고 있었으며, 심장의 오른쪽과 왼쪽을 구별할 줄 알았고, 그 둘 사이에는 직접적인 교류가 전혀 없음을 잘 알고 있었다. 필리스티온은 "두 개의 심실은 인간 생명의 원천이다. 그곳에서부터 (두 개의) 강(폐동맥과 대동맥)이 흘러나오면서 인체 내부 전체에 물을 공급한다. 이 두 심실에 의해서 영혼의 거주지에 관개용수가 공급된다. 이 생명의 원천이 말라버리면, 인간은 죽게 된다"고 말한다.

필리스티온은 이보다 훨씬 미묘한 관찰도 여럿 남겼다. 가령, 근육 조직의 차이를 통해서 정맥과 동맥을 구분해내기도 했다. 그는 심장은 왼쪽으로 약간 기울어져 있으며, 뾰족한 끄트머리는 오직 좌심실만으로 되어 있고, 이 좌심실의 조직은 우심실의 조직보다 훨씬 두껍고 질기다는 것도 밝혀냈다. 그뿐만이 아니다. 그의 관찰의 결정판은 바로 판막의 발견이다. 그는 이 대목을 간략하게 기술하고 있으나 그 정확성만큼은 감탄을 자아낸다. 필리스티온은 심실과 심방의 교류를 가능하게 해주는 판막과 폐동맥과 대동맥에 위치한 판막을 구별해서 묘사한다. 막 모양의 세 개의 주름으로 이루어진 동맥 판막(시그마형 판막 또는 반월형 판막)은 동맥 혈관을 완전히 차단할 수 있다. 필리스티온은 폐동맥 판막은 대동맥 판막에 비해서 압력을 견디는 정도가 약하다는 사실도 관찰했다.

이처럼 지혜로운 관찰자인 데다, 심낭에 고여서 심장을 잠기게 하는 액체가 어디에서 오는지 알기 위하여 돼지를 가지고 진정한 실험(솔직히 제대로 진행된 실험은 아니다)을 시도하는 학자가 단지 온갖 가설이 난무하는 심장의 생리적 기능을 설명하는 데 그쳤다는 사실에 우리는 놀라지 않을 수 없다. 그렇지만 이건 엄연한 사실이다. 이 사실은 《심장에 관한 소고》의 저자가 크니도스 학파의 학문적 수준을 크게 뛰어넘지 못했음을 입증한다. 그런데 어찌 보면 우리가 느끼는 놀라움 자체가 '학문'과는 거리가 먼 것일 수도 있다. 학문이란 진실과 '적절한 통찰력', 시행착오 같은 것들이 절묘하게 혼합되는 가운데 서서히, 아주 서서히 축적되어간다. 학문의 축적은 아주 오랜 세기가 지나도록 바벨탑 이야기 수준에 머물러 있었다. 학자들이 저지른 실수들은 장기적인 안목에서 볼 때 적절한 통찰력만큼이나 도움이 되는 경우가 비일비재하다. 실수란 언제나 수정되기를 요구하기 때문이다.

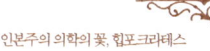

《힙포크라테스 전집》에 대한 간략한 분석이 이제 막 태동기에 들어선 새로운 학문의 갈지자 횡보를 보여주는 데 일조하기를 바란다.

코스 섬의 의사, 힙포크라테스

이제《힙포크라테스 전집》의 핵심을 이루는 예닐곱 개의 논문을 보자. 이 논문들이 어떤 부류인지는 한눈에도 척 알아볼 수 있다. 한마디로 천재가 낳은 자식들이다. 힙포크라테스 자신이 그 논문들의 저자라는 뚜렷한 증거는 없을지 모르겠으나, 우리는 그 논문들이 적어도 그의 가까운 제자들에 의해서 쓰였으리라고 확신할 수 있다. 몇 편의 논문은 코스의 거장이 작성했을 개연성도 무척 높다. 그런데 과연 어떤 논문들일까? 그런 문제로 시간을 허비하지는 말자. 우리는 힙포크라테스가 저술을 남겼음을 알고 있다. 오늘날 여덟 편의 논문이 그의 글로 거의 확실시되고 있으며, 이 같은 주장을 한 사람들은 학자들 중에서도 가장 신중한 편에 드는 학자들이라는 사실만 기억해두자.

이 여덟 편은《공기에 대하여》,《물과 장소에 대하여》,《경과 예측》,《급성 질환을 위한 식이요법》,《전염병 I》과《전염병 III》,《격언》(처음 네 단락), 그리고 외과 관련 논문으로《힙포크라테스 전집》의 백미라고 할 수 있는《관절》과《골절》편이다.

거장의 필치라고 해도 손색이 없지만, 다른 사람이 쓴 것이 거의 확실한 논문인《고대 의학에 대하여》는 발표 시기로 볼 때, 힙포크라테스의 청년 시기(기원전 440년 또는 430년)와 일치한다. 이 논문에서는 실증주의 정신에 입각한 의학, 합리적 의학, 요컨대 성숙기에 접어든 힙포크라테스가 행하던 의학이 보기 드문 필치로 정의되어 있다.

지금까지 살펴본 주요 논문 목록에 첨가해야 할 저작들이 몇 편 있는데, 주로 윤리적 경향의 저술들(《선서》, 《법》, 《의사》, 《예의》, 《규범》 등)이다. 이것들은 힙포크라테스의 학문적 의학이 기원전 5세기 말에서 4세기 초에 의학적 인본주의로 만개하는 데 공헌한다.

"힙포크라테스의 생애에는 구름이 드리워져 있다"고 리트레(1801~1881, 프랑스의 언어학자로, 프랑스어 사전을 편찬했다 —옮긴이)가 말했다. 그러니 우리는 우선 확실하게 밝혀진 사실들만 추려보자.

힙포크라테스는 코스 섬에서 태어났다. 도리스인들이 식민지로 삼았던 이 섬은 이오니아 문명과 이오니아 언어가 주류를 이루는 곳이었다. 그의 출생 연도는 고대 저자치고는 비교적 확실한 편이다. 기원전 460년에 태어났으니, 데모크리토스와 투퀴디데스 같은 이들과 동시대인이다. 그는 호메로스 시대의 전설적인 의사 아스클레피오스(아스클레피오스가 신격화된 것은 호메로스 이후다)의 후손으로 자처하는 의사들의 동업조합인 아스클레피아다이에 속한 가문 출신이다. 아스클레피아다이 내에서는 인본적인 의학 지식이 아버지로부터 아들에게, 스승으로부터 제자에게 대물림되었다. 힙포크라테스는 의사 아들 여러 명과 의사 사위 한 명, 그리고 무수히 많은 제자들을 두었다.

일명 코스 학파라고도 불리는 아스클레피아다이 동업조합은 기원전 5세기에 모든 문화적 동업조합이 그렇듯이 조합의 틀이나 규범 면에서 짙은 종교적 색채를 띠고 있었다. 가령 서약의 관습만 하더라도 제자들을 스승과 동료, 직업적 의무 등에 끈끈하게 이어주는 역할을 수행했다. 동업조합이 지니는 이 같은 종교적 색채는 도덕적인 관점에서는 어떨지 몰라도 진리 탐구라고 하는 면에서는 전혀 장애가 되지 않았다. 그만큼 진리 탐구는 철저하게 학문적인 의도에만 좌우되었다.

기원전 5세기에 들어와 그리스에서 정립된 의학, 특히 코스 섬을 중심으로 하는 의학은 초자연적인 현상이라면 모두 무찔러야 할 적으로 간주했다. 힙포크라테스 의학의 조상을 찾고자 한다면, 사제나 자연철학자들은 일단 제쳐두어야 할 것이다. 《고대 의학에 대하여》의 저자는 이 점을 잘 알고 있었다. 그는 예술(art: 그는 이 용어를 기술과 학문의 중간쯤 되는 의미로 사용했다)로서의 의학을 옹호하는 논쟁적인 글을 썼다. 특히 의사이면서 철학자였던 엠페도클레스를 공격하는 입장을 취했다. 엠페도클레스의 철학은 천재적인 직관으로 충만한 동시에 이성을 곤경에 빠뜨리는 함정으로 점철되어 있었다. 엠페도클레스는 "인간이 무엇인지 모르는 상태에서 의학을 안다는 것은 불가능하다. 그런데 환자들을 제대로 보살피고자 하는 사람들이라면 의학이라고 하는 학문을 습득해야 한다"고 주장했으나, 이는 잘못된 견해라고 《고대 의학에 대하여》의 저자는 주장한다. 치료의 기술은 자연에 대한 지식이나 신비주의 계통의 철학으로부터 습득되는 것이 아니라고 그는 강조한다. 그는 철학자(또는 사제)와 의사와의 모든 연계를 부정한다. 그는 의사의 조상이라면 겸손한 성품을 가지고 있고 인간이 반드시 필요로 하는 실증적이면서 소박한 임무에 전념하는 사람, 그의 표현대로라면 요리사여야 마땅하다고 말한다.

대단한 통찰력이 느껴지는 그의 설명을 들어보자. 처음에 인간은 야생 동물이나 마찬가지로 모든 식재료를 날것으로 먹었다. 이 '과격하고 거친' 섭생 방식은 높은 사망률이라는 결과를 낳았다. 이보다 훨씬 '유순한' 섭생 방식을 발견하기까지는 오랜 시간이 필요했

힘포크라테스(또는 아스클레피오스), 기원전 4세기경에 제작된
크뤼셀레판티노스상에서 영감을 얻어 탄생한 대리석 저부조. 트라쉬메데스의 작품.
앤더슨-비올레 소장 사진.

다. 점차적으로 인간들은 보리와 밀의 껍질을 벗기고, 낟알을 갈고, 밀가루를 만들고, 화덕에 이것들을 넣어 익혀서 빵을 만드는 방법을 터득했다. 요컨대 "인간들은 거칠고 센 식품들을 부드럽게 만들었으며, 이것들로 반죽을 하고 끓이고 굽게 되었다……. 그 결과 인간은 자신이 타고난 체질에 동화시킬 수 있을 정도로 식품을 가공하는 데 성공했고, 그 덕분에 영양분을 섭취하고 성장하며 건강을 유지하게 되었다." 그는 이 대목에서 "그런데 이 같은 탐구와 발견 과정을 뭉뚱그려서 말하는 데 의학이라는 말보다 더 정확한 말이 어디에 있단 말인가?"라고 반문한다.

힙포크라테스는 인간이라고 하는 피조물을 위한 요리, 건강을 약속해주는 동시에 질병을 치료해주는 의학, 운동선수의 몸뿐만 아니라 고통 받는 몸을 위한 의학을 위해 평생 동안 불같은 열정을 가지고 봉사했다. 그는 페리오데우테스, 즉 순회 의사 전통을 지속해나가면서 그리스는 물론 그리스 밖으로도 엄청나게 여행을 했다. 우리는 힙포크라테스의 저작을 통해서 상당 기간 동안 새로운 나라에 정착해서 그곳 주민들의 풍습을 관찰해가면서 의술을 시행하는 여행자 의사들을 접할 수 있다.

힙포크라테스는 생전에 이미 대단한 명성을 누렸다. 엄밀하게 말하면 힙포크라테스보다는 젊은 세대에 속하지만 넓은 의미에서는 동시대인이라고 할 수 있는 플라톤은 그의 대화편 어디에선가 의학을 다른 예술과 비교하면서 코스의 거장 힙포크라테스를 아르고스의 폴뤼클레이토스나 아테나이의 페이디아스처럼 당시 최고의 조각가들과 동급으로 다루었다.

힙포크라테스는 꽤 오래 살았는데, 사망 연도는 빨라야 기원전 375

년이다. 따라서 그는 최소한 85세까지는 살았으며, 자료에 따라서는 130세까지 살았을 수도 있다. 어쨌거나 그가 장수했다는 점에서는 고대 자료들이 모두 일치한다.

이상이 인체를 위해 평생을 바친 거장의 삶에서 확실하게 알려진 사실들이다. 그는 생전에도 이미 수많은 신화를 뿌렸다. 자연스럽게 의술을 실행하는 것만으로도 벌써 기적처럼 놀라운 일인지라, 지나치게 순수한 곡조에는 반주가 필요하듯이, 온갖 소문이 난무했다. 오늘날에 와서 어느 정도 신빙성 있다고 판명 난 소문이 아니라면, 여기에서 그 같은 소문들까지 시시콜콜 다룰 필요는 없을 것이다. 가령 힙포크라테스가 저 유명한 '페스트(하지만 그건 페스트가 아니었다)' 시기에 아테나이에 나타났으며, 그가 도시 전체를 소독했다고 하는데, 그것을 입증해주는 믿을 만한 증언은 어디에서도 찾을 수 없다. 이 전염병에 대해서 상세한 묘사를 남겼으며, 그 역병을 퇴치한 의사들에 대해서 언급한 투퀴디데스는 힙포크라테스에 대해서는 일언반구도 하지 않는다. 물론 이는 궤변(argumentum e silentio)일 수도 있겠으나, 그래도 이 경우에는 침묵이 웅변을 대신할 수도 있다. 또한 아르타크세르크세스의 선물을 거절했다는 것도 헛소문이다. 힙포크라테스와 데모크리토스가 함께 만나서 대담을 가졌다는 소문도 마찬가지다. 이 대담에 대해서 나는 앞에서 라퐁텐을 인용하면서 말장난처럼 암시한 바 있다.

우리에게는 '-라더라' 하는 식의 뜬소문보다 거장의 저술을 가득 채우고 있는 설득력 있는 실천과 성찰, 그 실천과 성찰을 가능하게 하는 의학에 대한 생각과 이를 실행에 옮기는 의지가 훨씬 중요하다.

질병만 보지 않고 사람을 보다

그의 저술을 읽으면서 제일 먼저 느끼는 놀라움은 무한대에 가까운 정보 욕심이다. 히포크라테스는 우선 잘 바라보며, 따라서 그의 눈은 날카롭다. 그는 질문을 하고 그 내용을 꼼꼼하게 기록한다. 무려 일곱 권에 달하는 《전염병》 총서는 의사가 환자의 머리맡에서 환자를 지켜보며 적은 방대한 기록일 뿐, 별다른 내용은 없다. 이 일곱 권의 기록은 순회 의사로서 여정에서 만나게 된 여러 사례들을 특별히 분류하지 않고 되는 대로 소개하고 있다. 개별 환자에 대한 기록은 보편적인 성찰의 성격이 짙은 글들에 의해서 자주 끊어진다. 이러한 성찰들은 반드시 사례와 직접적인 관련이 없더라도 의사가 우연히 떠오르는 생각들을 그때그때 적어놓은 것으로 보면 된다. 다시 말해서 의사의 정신이 항상 깨어서 움직이고 있음을 보여준다.

이렇듯 제멋대로 방황하는 것처럼 보이는 생각들은 환자를 검진하는 방식에 알게 모르게 영향력을 행사하는데, 그러다 보면 어느 순간에 갑자기 단순한 관찰의 테두리를 뛰어넘으며, 거장의 머릿속에서 결정적인 단어가 튀어나오게 된다. "환자의 몸을 살피는 일은 거창한 작업이다. 시각과 청각, 후각, 촉각, 언어, 추리력 등을 모두 동원해야 하기 때문이다." 이 마지막 단어, 즉 추리력이라고 하는 말이야말로 우리에게 기분 좋은 놀라움을 선사한다.

히포크라테스의 저작 중에서 가장 유명한 논문이라고 할 수 있는 《격언》(라블레는 몽펠리에의 학생들에게 히포크라테스가 쓴 그리스 원전에 대해 설명했는데, 이는 1531년 당시로는 초유의 사건이었다. 라블레는 또한 최초로 이 책의 현대판본을 내놓기도 했다)은 히포크라테스가 환자를 검진하던 중에 섬광처럼 떠오른 단상들을 즉석에서 기록해두었다가 한꺼번에 묶어

서 내놓은 모음집이다.

이 책에 수록된 첫 번째 격언은, 오랜 시간 담금질해온 방법이 집대성되어 있다고 해도 과언이 아닐 정도로 밀도 높은 문장으로 유명하다. "인생은 짧고, 예술은 길며, 기회는 순식간에 지나가고, 경험은 유동적이며, 판단은 어렵다." 의사로서 쌓아올린 경력 전부, 다시 말해서 실패와 위험, 그리고 마침내 임상을 토대로 하는 학문, 어려움을 무릅쓰고 과감하게 진단을 내림으로써 질병을 정복하게 되는 그 경력이 모두 이 한 문장에 집약되어 있다. 여기서 경험은 '유동적인' 토양에 어렵사리 뿌리를 내린 추리와 분리되지 않는다.

그렇다면 이제 《전염병 I》에서 환자의 검진 이후 어떤 성찰이 이어졌는지 살펴보자.

"질병과 관련하여, 우리는 다음과 같은 방식으로 질병을 진단한다. 우리의 지식은 모든 인간에게서 공통적으로 나타나는 본성과 환자 각 개인에게 나타나는 본성에 의거한다. 질병과 환자, 처방하는 성분, 처방을 내리는 사람(누가 내리느냐에 따라 좋은 쪽으로 또는 나쁜 쪽으로 변화가 생길 수 있다), 대기의 일반적인 성분과 각 지방이나 하늘에 따른 개별적인 성분, 환자의 습관, 생활방식, 직업, 나이, 말, 태도, 침묵, 관심사, 수면, 불면, 공상의 특징과 공상을 즐기는 시간, 별 생각 없이 하는 손동작, 가려움증, 눈물, 감정의 절정, 대변, 소변, 가래, 구토, 환자가 이제까지 걸렸던 질병의 성격과 병의 침착(沈着) 또는 파괴나 발작의 원리, 땀, 오한, 기침, 딸꾹질, 트림, 소리 없는 가스, 소리 나는 방귀, 출혈, 치질 등 이 모든 자료와 그 자료를 통해서 파악할 수 있는 것들을 세심하게 살펴보아야 한다."

이렇듯 우리는 이러한 요구들이 얼마나 방대한 영역에 걸쳐 있는

지 알 수 있다. 의사는 환자 몸의 현재 상태를 살펴야 할 뿐 아니라 이전에 앓았던 질병들과 그 질병들이 몸에 남겼을 수도 있는 흔적, 생활방식, 살고 있는 곳의 기후 등도 고려해야 한다. 의사는 또한 환자도 일반인과 똑같은 사람이며, 환자를 알기 위해서는 일반 사람들을 알아야 하고, 그의 생각을 살펴야 한다. 환자의 '침묵'은 그 자체가 이미 중요한 정보가 된다! 한마디로 누구라도 압도당할 수밖에 없는 임무다. 역량이 안 되는 사람이라면 우왕좌왕하기 십상이다.

히포크라테스가 정의하는 의학을 오늘날의 용어로 말하면 정신 신체 의학이라고 할 수 있다. 좀 더 쉽게 말하자면, 자신이 몸담고 있는 생태계 및 과거에 연결되어 있는 총체적 인간(육체와 영혼)을 다루는 의학을 가리킨다. 이처럼 방대한 자료를 섭렵한 결과는 당연히 치료에 반영될 것이다. 환자 역시 의사의 지시에 따라 몸과 마음을 다하여 적극적으로 참여하는 치료가 될 것이다.

탐구의 방대함에 눈의 신속함이 더해져야 한다. 질병의 진행을 좋은 쪽으로 바꾸어놓을 수 있는 "기회는 순식간에 지나가버리기" 때문이다. 저 유명한 '히포크라테스적 안색(사망이 임박했음을 알려주는 안색)'의 묘사는 거장의 예리한 눈썰미를 입증한다.

"급성 질환의 경우, 의사는 다음과 같은 사항들을 관찰해야 한다. 우선 환자의 안색을 보면서 그 생김새가 건강한 사람의 생김새와 비슷한지, 특히 환자 자신의 원래 생김새와 비슷한지 확인해야 한다. 원래 모습이면 가장 좋고, 반대로 원래 모습에서 멀어지면 멀어질수록 위험하다고 보면 된다. 코가 뾰족해지고 두 눈이 움푹 들어가며 관자놀이가 내려앉거나…… 귓불이 벌어지게 되었거나, 이마 부근의 피부가 건조하고 땅기는 것 같으며, 얼굴 전체의 피부가 누렇거나 검거나 혹은 납빛이 되었거나…… 이럴 경우엔 환자가 말기 단계에 접어든 것이다. 두 눈이 빛을 피한다거나, 자신도 모르는 사이에 눈물이 흥건히 고일 때, 눈동자가 중심축에서 바깥쪽으로 빠졌거나, 한쪽 눈이 다른 눈보다 작아졌을 때, 몹시 흔들리거나 앞으로 툭 튀어나왔을 때 또는 유난히 안으로 쑥 들어갔을 때, 동공에 물기가 없거나 흐릿할 때, 이 모든 신호는 좋은 징조가 아니다. 또한 양 입술이 벌어지거나 아래로 축 처지고, 차갑거나 완전히 핏기가 가셨을 때에도 곧 사망하리라는 예측을 내놓을 수 있다"고 《경과 예측》의 저자는 말한다.

《전염병》이라는 제목으로 펴낸 여러 편의 논문에 제시된 사례가 모두 그렇듯이, 이 대목에서는 환자에 대한 지극한 배려가 느껴진다. 의사는 아무리 바빠도 부정확하고 '감각'에 의거한 판단에 의지해서는 안 된다. 환자에 대해서 이처럼 다양한 내용을 순간적이고 직접적으로 관찰해야 한다고 해서, 힙포크라테스가 인간이 사는 생태계 관찰을 소홀히 한 것은 아니다. 그는 사람들이 사는 환경에도 동등한 관심을 보였다.

《공기》, 《물》, 《장소》, 이 세 편은 주민들의 건강과 환경의 상관관계에 대한 흥미진진한 연구 논문이다.

루이 부르제는 이렇게 말한다. "(고대) 의사는 환자들에게만 관심을 보인 것이 아니라, 인간의 건강한 삶, 즉 보건에 대해서도 오늘날의 의사들보다 훨씬 더 지대한 관심을 보였으며, 이를 위해서 위생 면에서 필요한 처방을 중시했다." 《고대 의학에 대하여》에서 철학에 끌려다니거나 궤변으로 치장되었던 의술이 건강한 인간과 병든 인간에게 적합한 식품에 대한 연구를 통해서 새로이 태어나는 과정을 우리는 앞에서 이미 살펴보았다. 힙포크라테스는 말하자면 연구라고 하는 방향을 택한 셈이다. 그는 병을 고쳐주는 치료사의 역할에 머물지 않고 건강이라고 하는 가장 소중한 재산을 지킬 수 있는 방법을 가르쳐주고자 노력했다. 힙포크라테스는 병을 고치는 의사이기보다 건강을 지켜주는 의사라고 하는 편이 더 어울린다.

《공기》,《물》,《장소》 같은 논문을 보면, 그가 적잖은 수의 종족들의 생활양식을 관찰하고, 놀라운 정확성과 눈앞에 생생하게 그릴 수 있을 정도의 풍부한 입체감으로 이를 묘사하고 있음을 알 수 있다. 그는 의사가 각 개인의 생활양식을 알아야 치료는 물론 환자에게 올바른 위생 생활습관을 알려주는 데에도 유용하다는 사실을 잘 알고 있었다.

의사는 환자가 포도주를 좋아하는지, 식탐이 있는지, 쾌락을 즐기는지, 또는 손쉬운 쾌락보다는 노력하기를 즐기는지, 가령 운동을 좋아하는지 등을 알아야 한다. 환자가 속한 사회적 생태계, 그중에서도 물리적 환경이 의사에게 많은 정보를 제공한다. 힙포크라테스는 사회적 생태계가 거기에 속한 인간에게 미치는 영향을 뛰어난 통찰력과 확고한 의지로 밝혀낸다. 유럽과 아시아의 상당수 나라가 그의 연구 결과를 풍성하게 만드는 데 한몫 거들었다.

각 나라에서 그는 기후를 살폈고, 그것으로부터 일부 풍토병과 관련 있는 결과를 도출해냈다. 덕분에 특정 열병의 경우 원인을 알고 나니 한결 효과적으로 치료할 수 있었다.

그는 또한 주의 깊게 계절을 관찰했다. 각 계절의 영향과 계절이 바뀌는 환절기, 즉 하지와 동지가 다양한 질병에 미치는 영향도 살폈다. 어떤 계절은 '과도한' 성격, 그러니까 비정상적인 성격을 지니고 있다(그는 다른 논문에서 이 주제를 다루고 있다). 이러한 계절은 한 해의 질병에 해당한다고 볼 수 있으며, 주민들에게도 질병을 야기한다. 힙포크라테스는 여름철이면 간헐적인 열병 환자들이 급격하게 증가하는 현상을 주목한다.

그는 또한 물에 대해서도 연구한다. 몇몇 특징적인 물, 특히 연못같이 고여 있는 늪지대의 물이나 지나치게 차가운 물이 신체기관에 초래할 수 있는 결과에 대해 천착한다. 고인 물은 사일열(학질─옮긴이)을 야기한다. 그러므로 몇몇 물은 반드시 끓여 먹으라고 지시한다.

이 모든 것이 인간은 물리적 환경의 지배를 받으며, 대지의 속성에 따라 인체가 만들어진다는 식의 상투적인 문장으로 제시되지 않는다. 오히려 그와는 반대로 힙포크라테스는 이러저러한 것을 먹고 마시는 특정 인간은 혹시 특정 질병에 걸릴 가능성이 높지는 않은지를 알기 위해 전념했다.

유럽과 아시아 각지를 돌아다니면서 구체적인 조사를 진행한 결과 힙포크라테스는 진정한 의미에서의 풍습 연구를 발전시켰으며, 토양과 하늘이 그곳에 사는 사람들의 심리적인 특성을 결정짓는 데 어느 정도 영향을 끼친다는 사실을 입증했다. 요컨대 그는 한때 민족정신세계(ethnopsychie)라고 부르던 분야를 개척한 것이다. 인간은 자신이 살고 있는 환경에 부응하는 방식으로 사고하고 행동한다.

이 모든 과정의 진행과 더불어 힙포크라테스는 신체기관의 형성과 발전에 미치는 사회적 조건의 영향력을 상기시키는 것도 잊지 않는다. 그는 이 문제에 대해서 소피스트들이 즐겨 쓰는 자연(퓌시스)과 관습(노모스)의 구분이라는 기준을 도입한다.

그의 이러한 고려와 여기에서 언급하지 않은 여타 세부 사항들로 말미암아 《공기》, 《물》, 《장소》 등은 기초 자료가 매우 풍성한 논문으로 인정받고 있다. 어쩌면 지난 2천여 년간 의학적 사실과 지리학적 사실은 물론 기상학적 사실까지 같은 비중으로 연구한 유일한 사례일지도 모른다. 이 소박한 저술이 고대가 우리에게 남겨준 가장 독창적이고 뛰어난 논문으로 평가받는 것도 바로 이런 이유다. 학문의 폐쇄성에 익숙한 우리 현대인들의 정신은 힙포크라테스가 수집한 사실들의 무진장한 다양성과 방대함에 놀라고, 그것들이 인간의 건강이라고 하는 오직 하나의 목표를 지향하고 있음에 다시 한 번 놀라게 된다.

인본주의 의학을 꽃피우다

힙포크라테스에게서는 관찰이 관찰만으로 끝나지 않는다.

《힙포크라테스 전집》 중에서 엄밀한 의미에서의 힙포크라테스 논문들(이 논문들은 얼핏 보기에는 관찰 결과를 기록해놓은 것에 불과해 보인다)에서는 강한 의지가 돋보이는데, 바로 수집된 사실들을 이해하고, 거기에 인간에게 유용한 의미를 부여하겠다는 의지다.

"지성을 의술의 어느 분야에나 적용해야 마땅하다"고, 《급성 질환을 위한 식이요법》의 저자는 주장한다. 이와 비슷한 주장이 힙포크라테스가 썼다고 여겨지는 대부분의 논문들에서도 자주 등장한다. 관찰이 진행되고 있을 때에도 비록 "보류 중인 한이 있어도" 사고 작용은 멈추지 않고 계속되고 있는 것이다. 이것이야말로 코스 학파 의사와 크니도스 학파 의사의 결정적인 차이다.

《경과 예측》편을 보자. 의사는 중이염 환자를 살피는 중이다. 그는 여러 증세를 꼼꼼하게 기록한다. 특히 "환자에게서 나타나는 여러 신호를 즉시, 다시 말해서 진료 첫날부터 하나의 총체로 간주하고 여기에 주의(마음과 지성)를 기울여야 한다"고 덧붙인다. 이번엔 임상의사의 진료 기록 모음집이라고 할 수 있는 《전염병》 편이다. 관찰에 매진하는 것으로 여겨졌던 의사가 문득 관찰로부터 빠져나와, 아니 그동안의 관찰에 의거하여 개별적인 사례를 일반화하거나 하나의 추리 체계를 정립하려고 애쓰는 모습을 볼 수 있다. 반복적으로 자꾸 걸리는 질병에 대해서 힙포크라테스는 이렇게 말한다. "반복적으로 나타나는 신호를 주의 깊게 살피고, 어떠어떠한 신호가 나타날 때 위기를 동반했는지 기억해내야 한다. 그래야 환자를 사망으로부터 구할 수 있다. 아니, 그렇게까지는 아니더라도 그 같은 신호가 나타나면 병세가 호전되었는지 악화되었는지 예측할 수 있어야 한다." 언제든 지성을 동원할 만반의 태세를 갖추고 있어야만 적시에 대처할 수 있는 법이다.

또 《머리의 상처》 편에서는 이렇게 쓰고 있다. "속수무책일 경우라도 최소한 육안으로 볼 수 있는 것과 볼 수 없는 것을 구분하고, 뼈가 부러지고 타박상을 입었는지, 아니면 단순히 타박상만 입었는지, 그리고 상처가 사선 방향으로 나면서 타박상 또는 골절을 동반했는지, 아니면 타박상과 골절이 동시에 이루어졌는지 등을 판단하기 위해 지성을 동원해야 한다." 의사의 정신은 항상 경계를 늦추지 말고 깨어 있어야 하며, 그래야만 관찰 내용을 제대로 해석할 수 있다. 이런 예는 수없이 많이 나온다.

이처럼 아무리 열심히 관찰한다고 해도 의사가 관찰 내용을 이해하려 들지 않으면 아무 소용이 없다. 그리스어에서 '생각하다', '성찰하다'를 의미하는 동사는 매우 다양하다. 힙포크라테스는 대부분의 경우 성찰이라는 말을 정신의 항구적인 태도라는 의미로 사용하며, 이를 지속을 의미하는 시제와 함께 사용한다. 그렇기 때문에 '성찰하다'는 '항상 마음에 품고 있다'는 의미가 된다. 힙포크라테스는 그의 내부에서 관찰하게 된 사례들, 즉 눈을 통해서, 청진을 통해서, 촉진(觸診)을 통해서 의미를 지니게 된 자료들로부터 얻을 수 있는 사고를 마음에 품고 있었고, 이를 자양분 삼아 사고를 키워나갔다. 힙포크라테스는 어려운 문제와 정면대결을 가능하게 하며, 이 문제를 해결하도록 도와주는 유일한 수단인 인내심을 겸비한 사람이었다.

좋은 예를 하나만 들겠다. 이 예는 코스 학파가 시도하는 방식이 크니도스 학파의 방식과 비교할 때, 전혀 새로운 것임을 입증해준다. 외과에 관한 논문인 《관절》편에서는 팔다리를 상하게 할 수 있는 각종 사고들이 열거되어 있다. 팔·코·다리의 골절, 상박골, 대퇴골 탈구 등…… 힙포크라테스는 자세한 세부 사항을 곁들여가면서 골절과 탈구를 줄일 수 있는 여러 가지 방법을 기록해놓았다. 그런 다음 그중에서 취사선택을 하고, 그것을 선택한 명확한 이유를 첨부한다. 이처럼 성찰을 통해서 선택을 하고 자신의 선택을 정당화하지 못하는 의사들, 다시 말해서 크니도스 학파에 속하는 의사들을 그는 신랄하게 비판한다. 힙포크라테스는 "의사들 중에는 손재주는 좋으나 지성이 부족한 사람들이 있다"고 말했다. 크니도스 학파가 보기 좋게 손가락질당하는 대목이다.

경과 예측은 힙포크라테스 학파 의사들이 추구하는 본질적인 목표 중의 하나다. 경과 예측이야말로 관찰 결과와 사고가 결합하는 결정판이기 때문이다.

힙포크라테스 학파 의사들은 질병을 하나의 총체, 즉 원인과 합병

증, 결과, 후유증 등을 모두 포함하는 복합체로 파악하고자 한다. 《전염병》과 《경과 예측》에 따르면, 이들은 과거에 있었던 일, 현재 진행되고 있는 일, 앞으로 일어날 일을 모두 말하고자 한다. 훗날 알렉산드리아 학파는 이 세 가지 작업에 대해서 기왕증(既往症)(anamnese: 과거의 병력), 진단(diagnostic: 현재의 증세를 토대로 어떤 질병인지 결정하는 것), 예측(pronostic: 미래에 대한 예측)이라는 이름을 붙여주었다.

대부분의 의학사 연구자들은 힙포크라테스 학파 의사들의 예측에 대해서 제대로 된 평가를 내리는 데 인색하다. 예측이 환자와 환자 보호자들을 상대로 의사의 권위를 세우기 위한 방편이라는 정도로만 평가하는 것이다. 분명 그런 면도 있고, 《힙포크라테스 전집》에서도 군데군데 그런 대목이 나온다. 예측에 대한 이러한 평가는 로잔 출신 교수가 학생들에게 한 재미있는 이야기를 떠오르게 한다. "정확한 진단은 진단을 내린 사람 스스로를 놀라게 한다. 적절한 치료는 동료들을 놀라게 한다. 그런데 환자를 놀라게 하는 것은 정확한 예측이다." 물론 유머 섞인 평가다.

그런데 이 유머는 사실을 왜곡한다. 어쨌든 예측은 환자를 현혹하기 위해 환자의 눈에 뿌리는 마법사의 묘약이 아니다. 부분적으로는 환자에게 믿음을 주기 위한 방편이 되기도 하지만, 의사에게 예측은 무엇보다도 질병이라고 하는 매우 복잡한 문제에 대한 해결책이다.

병석에 누워 있는 환자는 말하자면 풀기 어려운 매듭이다. 과거가 되었건 현재가 되었건 확실하게 알 수 없는 어떤 이유 때문에 그는 그런 처지가 되었다. 그러니 그 이유란 과연 무엇일까? 환자는 앞으로 어떻게 될 것인가? 죽을 것인가, 살아날 것인가? 예측(예측이 긍정적이지 않을 경우 환자에게는 비밀에 부치는 경우도 많다)이란 의사의 사고 작용을 통해서, 관찰 결과 드러난 복잡하게 뒤엉킨 신호들을 질서정연하게 바로잡는 것이다. 힙포크라테스는 모든 질병이 의사들에게 제공하는 각종 사실들이 지니는 복잡성에 무척 민감했다. 다른 한편으로는 이러한 사실들이 지니는 상대적인 가치에 대해서도 잘 알고 있었다. 가령, 일부 질병에서는 가장 확실하게 드러나는 죽음의 징후조차도 우호적으로 보이는 몇몇 징후들에 의해서 반대 결과를 낳을 수도 있으므로, 의사들은 이러한 호의적인 징후들을 놓치지 말아야 한다고 그는 강조한다. 그러므로 의사는 무수히 많은 신호 전체에 의거해서 경과를 예측해야 한다. 그렇게 하더라도 예측은 불확실한 상태로 남아 있게 마련이다. 말하자면 예측은 항상 가변적이다. 힙포크라테스가 쓴 논문에서 다양한 형태로 곧잘 등장하는 근사한 표현이 있다. "그렇다면 다른 징후들을 살펴야 한다"라는 것이다. 이 말에는 지적 성실함이 가득 담겨 있으며 희망이 담겨 있기도 하다. 생명이란 너무도 복잡한 현상이므로 무슨 수를 써서라도(비록 그것이 전혀 예상하지 못했던 수단이더라도) 생명을 구하려고 시도해야 하며, 그러다 보면 성공하기도 한다.

현대의 학자들은 힙포크라테스의 예측이 지니는 약점을 지적하곤 한다. 이 약점들은 힙포크라테스에게 해부학 및 생리학에 대한 지식이 거의 없었다는 사실에서 기인한다. 예를 들어 대동맥이 공기를 실어 나른다고 철석같이 믿는 의사가 어떻게 의욕만 가지고 질병의 원인에 근거해 정확한 예측을 내놓을 수 있겠는가? 하지만 그가 이 방면에 대해 거의 무지했음에도 불구하고 정확히 예측한 예가 분명히 있다. 그러니 좀 더 많은 것을 알게 된다면, 그의 예측이 훨씬 탄력을 받을 것은 자명한 이치다.

더구나 예측은 힙포크라테스에게 그 자체로 궁극적인 목적이 될 수 없었다. 예측은 치료의 근거였다(그런 의미에서 보자면, 이때의 예측은 요즘으로 치면 진단과 같은 것이다). 치료로 말하자면, 코스 학파 의사들이 아닌 다른 의사들은 상상력에 따르거나 우연에 의존하는 경향을 보였다. 그것도 아니면 자의적인 이론적 성찰에 의거하거나, 소위 전통에 의해서 검증된 치료법이라고 하면, 아무런 문제의식 없이 받아들이기도 했다. 《급성 질환을 위한 식이요법》의 저자는 이 같은 치료가 난무하다 보니 급기야는 무지한 의사들이 서로 모순되는 치료법도 개의치 않고 남용하는 경우가 있음을 힐책조로 언급한다.

"의사들에게는 그러한 종류의 문제들을 드러내놓고 토론하는 습관이 없다. 설사 토론을 한다고 해도 틀림없이 해결책을 찾아내지 못할 것이다. 하지만 그러다 보면 대중들 사이에 의학계 전체에 대한 불신이 다시금 부상하게 된다. 불신이 도를 넘게 되면 의학은 존재 가치를 상실하고 만다. 급성 질환의 경우, 임상 의사들은 저마다 의견이 달라서 이 의사가 가장 좋은 치료법이라고 처방한 것이 다른 의사에게는 나쁜 처방이 되기도 한다. 이런 식이라면, 의학은 똑같은 새를 놓고도 그 새가 왼쪽으로 날아가면 길조요, 오른쪽으로 날아가면 흉조라고 하는 점술과 다를 바 없지 않은가? 점쟁이들도 똑같은 현상을 놓고 정반대의 점괘를 내놓으니 말이다. 그러므로 나는 내가 방금 제기한 문제는 지극히 아름다울 뿐 아니라, 의술 전반에 걸친 중요한 문제라고 강조하고 싶다. 이 문제는 모든 환자들의 회복을 위해서, 건강한 모든 사람들이 건강을 유지하기 위해서, 운동을 즐기는 모든 사람들의 체력 증진을 위해서 크게 공헌할 수 있는 핵심적인 문제이기 때문이다. 한마디로 이 문제는 모든 이들과 관련이 있다."

깊은 양식이 느껴지는 이 대목은 몰리에르의 작품들을 상기시킨다. 전체적으로 빈정거림이 느껴지는 가운데 저자의 분노, "지극히 아름다운" 문제를 제기하는 의학에 대한 열광 등이 묻어나오기 때문이다.

다른 논문에서도 처방을 내릴 때 따르면 좋은 방법들이 명쾌하게 제시된다. 하지만 세부적인 내용으로까지 들어가지는 않겠다. 그보다는 이 문제와 관련하여 《힙포크라테스 전집》이 추구하는 방향을 제시할까 한다. 이 방향은 곧 절정기에 도달한 힙포크라테스 사상이라는 산맥의 한 능선이기도 하니까 말이다.

힙포크라테스는 자신이 정립해가고 있는 학문의 한계를 잘 알고 있었다. 그 한계는 인간의 본성과 동시에 우주의 본성에서 비롯되는 것이었다. 소우주로서의 인간과 대우주로서의 세계는 각각 서로를 비추는 거울이다. 이 같은 사고방식에는 자연적인 세계에 부여되는 신화적인 개념이 들어설 자리가 없다. 오로지 철저한 사실주의만 있을 뿐이다. 힙포크라테스는 질병과 사망에 관한 의학을 정복하는 데에는 높다란 벽이 가로막고 있음을 인정했다.

그는 다른 한편으로는 서로에게 의지하고 있는 소우주와 대우주라고 하는 두 세계는 학문의 경계인 동시에 치료를 향해 열린 길이기도 하다는 사실을 인정했다. 인간의 치유는 자연의 도움과 인간 신체기관의 도움이 어우러져 이루어진다. 힙포크라테스의 목표는 자연의 치유 행위에 도움을 주는 것으로, 얼핏 보기엔 매우 소박하다. 《전염병 V》에는 "자연은 질병을 고쳐주는 의사"라는 대목도 나온다. "자연은 스스로가 자신의 행위에 길을 열어준다. 자연은 생각할 필요도 없다······. 혀는 혼자 알아서 모든 역할을 수행한다. 다른 것들도 마찬가지다. 아무런 교육도 받지 않았고, 아무것도 학습하지 않은 자연이지만, 꼭 필요한 것은 알아서 이행한다." 이런 대목도 있다. "자연은 스승 없이 행동한다." 인간의 건강을 유지시켜주는 것이 임무인 의사는 말하자면 자연의 세계에서, 인간의 신체 속에서 그를 도와주는 자기편을 만난다. 환자에 대한 일상적인 치료는 그러므로 "의사 역할을 하는 자연"의 행위에 적당한 길, 개별적인 각각의 사례에 적합한 길을 열어주는 것이 되어야 한다. 인간의 신체는 고유의 적극적인 활력을 가지고 있다. 그러므로 인체는 이 다양한 활력소들을 활용해서 스스로를 유지하려는 경향이 있다. 따라서 의술을 업으로 삼은 사람들이 스스로를 구하려고 하는 인체의 행위에 대해 그들의 지식을 이용해서 도움을 줄 수 있다면, 이는 절대 무시할 일이 아니다. 그 도움이 결정적으로 작용하는 경우가 수두룩하기 때문이다.

　의사 역할을 하는 자연이라는 개념은 일부 역사학자들이 주장하는 것처럼 가만히 내버려두면 저절로 낫는다고 주장하는 나태한 의술에 대한 고백이 아니다. 오히려 그와 반대로 사실의 관찰을 통해서 얻게 된 깨달음이다. 이 깨달음에 따르면, 각 신체기관은 자신들의 사멸에 대항하기 위해 자발적으로 스스로를 보호하려는 생물학적 힘의 보고다. 인간 개개인에게 활력을 주고 생명을 유지시키는 이 힘의 균형을 아는 의사는 환자를 도와줄 수 있다. 깨달음이 곧 행위인 것이다. 이것이야말로 그리스 문명에 면면히 흐르고 있는 고전적인 주제다.

　인체가 지닌 방어기제의 일부는 자동으로 이루어진다. 하지만 이 방어기제 역시 그 힘의 존재를 간파한 의사의 도움을 받을 수 있다. 자연은 때때로 지지를 필요로 한다. 힙포크라테스는 의사들에게 항상 신체기관의 호소에 응답하고 각 기관의 가능성을 염두에 두어야 하며, 그 과정에서 자연의 힘만으로 불충분할 때에는 개입할 것을 주문했다.

그것의 고전적인 예가 인공호흡이다. 산소가 부족하면 폐의 호흡 리듬은 매우 빨라진다. 혈액 속의 적혈구가 증가하기 시작한다. 이는 자연적이고 자발적인 방어기제다. 이때 인공호흡을 실시하는 의사는 자연이 작동시킨 방어기제의 부족분을 메워주고 있는 것이다. 신체에 남아 있는 마지막 저장고, 이제 곧 바닥을 드러내게 될 그 저장고를 작동시키는 것이 바로 인공호흡이다.

자연의 협력자인 이 의사는 무(無)의 상태에서 '건강을 창조' 하겠다고 큰소리치는 무지몽매한 마술사보다 훨씬 고귀하고 지성적인 역할을 수행하고 있는 게 아닐까?

"순식간에 지나가는 기회"를 포착하기 위해 "유동적인 경험"의 현장에서 관찰을 게을리 하지 않는 의사는 겸손하지만 매우 효율적인 생명 제조자라고 할 수 있다. 시인이 무가 아닌 현실에서 이미지를 만들어내는 것처럼, 의사도 그가 환자의 몸에서 발견한 것, 즉 관찰되고 활용되는 인간의 고유한 특성으로부터 건강한 인간을 만들어낸다.

힙포크라테스 선서

이것이 힙포크라테스 학파 의사가 진료에 임하는 엄격한 과정이며, 힙포크라테스가 자연과 인간의 신체로부터 얻어낸 의학적 소신이자 철학이다. 나는 이번 장에서 힙포크라테스가 정립한 학문을 소개하면서 그 학문을 통해서 얻은 결과보다 방법을 강조했다. 학문의 발전은 결과의 축적보다는 방법의 정당함을 통해서 이루어지기 때문이다.

높은 지적 수준, 겸손함, 사고의 고양, 이 모든 것이 힙포크라테스가 제자들에게 요구하고 그 자신도 실천에 옮긴 도덕적 태도를 통해 동시에 찬란하게 완성된다.

나는 앞에서 《힙포크라테스 전집》(《선서》, 《법》, 《의사》 등)이 지니는 윤리적인 특성에 대해서 언급했다. 이 논문들은 틀림없이 힙포크라테스의 노년 시절 또는 그의 사망 직후에 작성되었으며, 그의 원칙과 실천에 비추어 어긋남이 없음을 다시 한 번 강조하고 싶다. 특히 《선서》는 코스 학파 초창기부터 이어져 내려오는 관습을 문자로 정형화한 것으로, 이 사실만을 고려한다면 《힙포크라테스 전집》에서 가장 오래된 글이겠으나, 현재에 사용되는 형태만을 고려한다면 기원전 5세기에 발표된 위대한 논문들보다 다소 젊은 편에 든다고 말할 수 있다. 《선서》는 또한 윤리적인 성격의 글 가운데에서 가장 중요하게 읽힌다.

의사들은 의술의 길에 들어설 때 선서를 하게 되는데, 전문을 옮기면 다음과 같다.

> 나는 의사 아폴론, 아스클레피오스, 히기에이아(건강·위생의 여신)와 파나케이아(치료의 여신), 모든 신과 여신들의 이름으로, 그들을 증인으로 삼아, 나의 능력과 판단이 허락하는 한도 내에서 다음과 같은 내용의 선서와 서약을 이행할 것을 맹세합니다.
>
> 나는 나에게 의술을 가르쳐준 자를 나를 이 세상에 태어나게 해준 자들과 똑같은 존경심으로 대할 것입니다. 나는 그와 더불어 내가 가진 것을 나눌 것입니다. 그것이 여의치 않을 경우 그가 필요로 하는 것을 제공할 것입니다. 나는 그의 자식들을 나의 형제들처럼 대할 것이며, 그들이 의술을 배우기를 원한다면 월급이나 대가를 요구하지 않고 그것을 가르쳐줄 것입니다.

나는 내가 받은 가르침, 내가 말로 전수받은 수업과 그 외의 교육을 나의 아들들과 내 스승의 아들들, 그리고 의학법, 다른 어느 법도 아닌 의학법에 따른 약속과 서약으로 맺어진 제자들에게 전수할 것입니다.

나는 환자들의 섭생을 나의 능력과 판단이 허락하는 한도 내에서 모든 병과 손실을 그들로부터 멀리 떼어내기 위해서, 그들에게 도움이 되는 쪽으로 이끌 것입니다.

나는 누군가가 요청을 하더라도 절대로 독약을 주지 않을 것이며, 누구에게도 그렇게 하라고 부추기지 않을 것입니다. 마찬가지로, 나는 어느 여자에게도 피임용 페서리를 주지 않을 것입니다.

나는 평생 절제와 순수함으로 의술을 행할 것입니다.

나는 중대한 수술을 함부로 행하지 않을 것이며, 그것을 전문으로 하는 사람들에게 맡기겠습니다.

나는 어느 집에 들어가든지, 환자에게 좋은 일을 하기 위해 들어갈 것이며, 의도적인 실수나 부패 행위, 특히 자유인이 되었건 노예가 되었건 남자나 여자를 유혹하는 행위는 하지 않을 것입니다.

내가 의술을 행하면서 목격하게 된 모든 것, 의술을 행하는 동안이 아닐 때라도 목격하였으되 남에게 공표되어서는 안 되는 것이라면 침묵을 내가 반드시 지켜야 할 의무로 여기며 입을 다물겠습니다.

내가 이 선서를 충실히 이행하고 이를 어기지 않으면, 행복하게 주어진 삶과 의술을 누릴 것이고 영원토록 사람들 사이에서 존경을 받을 것이며, 만일 이를 어기고 거짓 맹세를 하였다면 그와 반대되는 운명을 맞게 될 것입니다.

대부분의 현대 국가들은 의사들에게 선서를 할 것을 종용한다. 하

지만 선서라고 하는 용어 자체가 이미 지나친 감이 없지 않은 세태가 되어버렸다. 일반적으로 의사는 자신의 명예만을 걸거나 서약을 한다. 신앙심의 변모, 과학의 진보로 인해 힙포크라테스 선서의 상당 부분은 이미 낡고 오래전부터 무용지물이 되어버렸다.

내 고향 스위스의 보 주에서는 의사들이 국가의 대리인으로 행정권을 위임받은 관할 구역 책임자 앞에서 다음과 같은 선서를 한다.

> 나는 나의 직업을 관장하는 윤리 규정과 법적 규정의 원칙을 숙지하였으며, 나의 명예를 걸고 그 모든 원칙을 충실하게 준수할 것을 약속하며, 나의 명예를 걸고 양심과 품위, 인류애를 가지고 남을 도울 것을 요구하는 이 직업을 수행할 것을 약속합니다.

독약 제공을 금지한다는 조항 따위는 완전히 사라져버렸다. 오늘날의 의사들은 치료 과정에 포함될 수도 있는 독성 물질을 충분히 숙지하고 있을뿐더러 '독이면서 치료제'인 물질을 하루 종일 처방한다. 임신 중절을 원하는 환자에게 이를 금지하는 대목도 자취를 감추었다. 임신 중절은 여러 경우에 합법적이 되었다. 남은 거라곤 윤리 규정에 의해 명시된 동료들에 대한 존중 정도다. 직업상 비밀 유지 의무는 적어도 이론상으로는 1952년 12월 9일에 제정된 보 주의 위생법과 스위스 형법에 의해서 보호받는다. 스위스 형법 제321조는 "직업상의 이유로 알게 된 의료 비밀을 폭로한 자는 수감이나 벌금형을 받을 수 있다"고 규정하고 있다.

위에서 예시한 보 주의 서약에서는 특히 양심, 품위, 인류애라는 좋은 말들과, 남을 돕는다는 유일한 목표 추구라는 표현이 눈에 띈다. 이는 힙포크라테스가 환자들에게 보여주었으며 제자들에게도 요구했던 사랑의 아득히 먼, 그렇지만 온전한 반향처럼 느껴진다.

제네바 의사들의 서약인 '제네바 선서'는 힙포크라테스 선서 원형에 훨씬 가깝다. 이 서약은 정치권력이 아닌 의사협회의 총회에서 이루어진다. 내용은 다음과 같다.

> 의료계의 구성원으로 받아들여지는 순간부터,
> 나는 평생 인류를 위해 봉사할 것을 엄숙하게 선서합니다.
> 나는 나의 스승들에게 그들이 마땅히 받아야 할 존경과 감사의 마음을 간직할 것입니다.
> 나는 환자의 건강을 첫째가는 관심사로 여길 것입니다.
> 나는 나에게 의탁한 자의 비밀을 준수할 것입니다.
> 나는 나의 힘이 닿는 데까지 의료계의 명예와 고귀한 전통을 유지할 것입니다.
> 나의 동료들은 나의 형제들입니다.
> 나는 국가와 인종, 정당이나 사회적 신분 같은 요소들이 나의 의무와 환자 사이에 개입하는 것을 용납하지 않을 것입니다.
> 나는 인간의 생명을, 잉태되는 그 순간부터 절대적으로 존중할 것입니다.
> 어떠한 위협이 있더라도, 나는 나의 의학 지식을 인류애 정신에 반대되는 일에 사용하는 것을 용납하지 않을 것입니다.
> 나는 엄숙하게, 자유의사에 따라 명예를 걸고 이 서약을 합니다.

'제네바 선서'는 1948년 제네바에서 열린 세계의사협회 총회에서 채택되었다.

인간에 대한 사랑, 의술에 대한 열정

《선서》,《법》, 그리고 힙포크라테스의 다른 윤리적 경향의 논문들은 여전히 몇 가지 점에서 주목할 만하다.

첫째, 실전 경험을 통해서 의사가 얻은 가르침은 선서라는 형태를 통해 한자리에 모이고 강화되었는데, 이는 단 한 번도 《힙포크라테스 전집》속에 포함되어 있는 다른 글들에 의해서 이의가 제기된 적이 없으며, 오히려 힙포크라테스가 썼을 것으로 여겨지는 글들에 의해 한층 공고해졌다는 사실이다. 따라서 우리는 이것이 예전의 관습을 규약화한 것이며, 이러한 규약화는 스승의 주도하에 전적으로 그의 기억에 의지해 이루어졌으리라고 판단할 수 있다.

그렇기 때문에《선서》에서 금지하는 그 어떤 행위도 일곱 편의《전염병》에 등장하지 않는다.《전염병》은 앞에서도 보았듯이 홍보를 하겠다는 의도 따위는 전혀 없이 되는 대로 적어놓은 모음집이며, 이 중에서 일부는 힙포크라테스가 쓴 것으로 여겨진다. 전체적으로는 당시 힙포크라테스 학파에서 사용하던 의술을 반영하는 충실한 거울이다.

또 다른 특성도 있다. 윤리적인 저작은 의사의 태도, 즉 신체적, 도덕적 행동 방식에 중요성을 부여한다. 의사는 "환자에게 좋은 일을 하기 위해서" 그들의 집에 들어간다. 의사에게 환자는 그가 누구든지, 사회적 신분이 어떻게 되든지, 여자건 남자건 어린아이건, 그가 자유인이건 노예이건 상관없이 고통 받는 자, 어원적인 의미 그대로 '참는 자'일 뿐이다. 환자는 의사의 관심과 존중을 받을 권리가 있으며, 의사는 자신을 존중하듯이 환자를 존중해야 한다.

"의사들은 그들과 닮은꼴인 훌륭한 철학자들과 마찬가지로 아무런 사심 없이 신중함과 조심성을 지녀야 한다. 의사들은 검소하게 옷을 입으며, 진지하고, 판단을 함에 있어서 안정적이어야 하며, 평온함과 청렴함을 갖추어야 한다……. 의사는 유용하고 필요한 모든 지식을 지니고 있어야 하며, 미신으로부터 벗어나야 한다."

한편《의사에 대하여》의 저자에 따르면 의사는 절제력을 지녀야 하며, "항상 손을 깨끗하게 유지해야 한다……. 의사의 생활방식은 존경할 만하고 흠잡을 데 없어야 한다. 이와 아울러 의사는 모든 사람들을 진중하고 인간적인 마음으로 대해야 한다."

의사는 한마디로 '교양인'의 태도로, "정직한 사람들을 친절하게 대해야 한다." 환자를 대할 때에는 "충동적이어서도 안 되고 너무 성급해도 안 된다." 의사는 절대 나쁜 기분에 사로잡혀도 안 되지만, 그렇다고 해서 "지나치게 명랑해서도 안 된다."

"요컨대 의사와 환자의 관계는 손쉬운 관계가 아니고", "정의", 즉 판단하거나 행동하는 데 모두 적절함을 유지해야 하는 관계라고《의사에 대하여》의 저자는 덧붙인다.

교양인으로서의 의사에게 가장 필요한 덕목 중의 하나는 겸손이다. 이는 지적, 도덕적 겸양을 모두 포함한다. 의사도 틀릴 수 있다. 이럴 경우, 의사는 실수를 깨닫는 즉시 이를 인정해야 하며, "사소한 실수"라면 환자 앞에서 인정해야 한다. 의사는 오랜 기간 양식 있는 스승 밑에서 수련을 거쳤으므로 대체로 심각한 실수는 하지 않을 것이다. 만일 심각한 실수를 저질렀는데, 그로 인해 환자가 사망할 수도 있다면, 환자 앞에서 실수를 인정하는 일은 삼가는 것이 좋다. 환자의 안정을 해칠 수도 있기 때문이다. 이 경우 의사는 자신의 실수를 기록으로 남겨 후배들이 지침으로 삼을 수 있도록 한다.

겸손이라고 하는 덕목은 다른 한편으로는, 의사가 예기치 못한 상황에 처하게 되었을 때, 동료 의사들에게 도움을 청하도록 이끈다. 《규범》에는 "경험 부족으로 상황을 제대로 판단할 수 없을 경우, 다른 의사들의 도움을 요청한다. 다른 의사들과 함께 환자의 사례를 의논하고, 다른 의사들은 그 의사와 하나가 되어 함께 해결 방법을 모색한다……. 함께 환자를 보는 의사들은 싸움을 벌이거나 서로를 비방하지 말아야 한다. 결단코, 하나의 추론을 제시하는 의사는 동료 의사의 추론을 시샘해서는 안 된다. 만일 그렇게 한다면, 자신의 약점을 드러내 보일 뿐이다"라는 따끔한 지적도 등장한다.

겸손의 덕목을 실천하기 위하여, 의사는 지나치게 뻐기는 듯한 방식을 사용함으로써 환자가 강요당한다는 느낌을 받지 않도록 해야 한다. 왜냐하면 "소문과 말, 전시적인 행동만 무성하다가 결국 아무런 효용도 거두지 못할 수도 있기" 때문이다. 의사는 어떤 상황에서도 환자를 치료할 때 가장 덜 과시적인 수단을 선택해야 한다. 이러한 태도만이 "마음과 기술을 겸비한" 의사에게 어울린다고 할 수 있다. 마음과 기술이라는 두 가지 용어는 서로가 서로를 연상시킨다. 의술이란 궁극적으로 인간을 위해 봉사하는 것이기 때문이다. 《규범》은 이 사실을 매우 인상적인 표현을 통해 거듭 상기시킨다. "인간에 대한 사랑이 있는 곳에 기술에 대한 사랑도 있다."

의사의 겸손은 그러므로 우선 의사가 자신이 행하는 기술에 대해 가지는 사랑에서 비롯된다. 의사는 그가 행하는 의술이 요구하는 것이 방대하다는 사실을 잘 알고 있다. 의사는 매일 의술을 행하면서 자신이 지닌 능력의 한계를 뼈저리게 통감한다. 다음으로, 의사는 자신이 돌보는 사람들을 사랑하며, 생명이란 매우 복잡한 현상이고 매우 소중하기 때문에 보호해야 한다는 감정을 늘 지니고 있다. 따라서 생명을 책임지는 의사에게는 겸손이 반드시 필요하다.

인간에 대한 사랑과 의술에 대한 사랑은 의사의 인류애를 받치는 두 기둥이다.

노예와 여자를 차별하지 않는 의학

이 장을 마치면서, 지금까지는 거의 언급하지 않았던 마지막 특성을 강조해볼까 한다.

《힙포크라테스 전집》을 통틀어, 어떤 논문에서도 노예와 자유시민 사이의 차별은 눈에 띄지 않는다. 이 두 부류는 의사의 똑같은 관심과 똑같은 존중, 똑같은 치료를 받을 권리를 누린다. 노예뿐만 아니라 기원전 5세기 말엽 그리스 전역에 그 수가 부쩍 늘어나기 시작했으며, 노예들 못지않게 팍팍한 삶을 살아야 했던 빈민들도 그런 권리를 가졌다.

《전염병》에 할애되었으며, 힙포크라테스가 직접 집필하지 않은(힙포크라테스는 기록을 정리할 때, 환자의 직업을 밝히는 경우가 드물다) 여러 편의 논문을 통해서 환자들의 직업군이 드러난다. 가령 목수, 구두 수선공, 가죽 무두장이, 직물 축융공, 포도 재배자, 정원사, 광부, 석수, 술집 주인, 요리사, 마부, 전업 운동선수, 다양한 공무원(이들은 공노비일 수도 있다) 등이다. 하지만 그 외 상당수는 직업이 명시되지 않았다. 또한 자유인이건 노예이건 여자도 많았다. 보다시피 환자들의 직업은 소박하거나, 대단히 소박한 편이다. 여기에 소개된 환자들 가운데에서 상당수는 노예였을 가능성이 높다. 그런 단서들이 이따금씩 나타나기 때문이다.

 확실한 것은 노예나 이방인 또는 자유시민 등의 신분 차이가 의사 앞에 가면 아무런 소용이 없다는 사실이다. 《규범》의 저자는 "이방인 환자나 빈민 환자는 한층 더 세심하게 보살펴야 한다"고 말할 정도다.

 이 규범들은 실전에서도 매우 잘 이행되었다. 아니, 그 이상이었다. 여러 권의 《전염병》 중에서 아무 책이나 뽑아서 한 권만 읽어보면, 가령 5권을 읽는다면, 그 책에 등장하는 100명의 환자들 가운데 19명 혹은 그 이상(정확한 숫자를 말하기가 곤란하다)이 노예(남자 12명, 여자 7명)였다. 《전염병 V》의 저자인 순회 의사가 텟살리아의 라릿사에서 장기 체류하는 동안 여러 명이 치료를 받았다. 이들은 모두 빈틈없는 치료를 받은 것으로 보이며, 치료 기간은 자주 연장되었다. 여자 노예 중 한 명은 뇌의 염증으로 치료를 받던 중 40일 만에 숨졌는데, 숨지기 이미 오래전부터 의식을 잃은 것으로 보인다.

 마부 소년의 예를 소개한다. 노예 신분이 확실한 것으로 집계된 19명 중의 한 명이다. 소년은 열한 살이었으며, 오른쪽 눈 바로 위 이마를 다쳤다. 말의 발에 걷어차였다고 한다. "뼈가 정상이 아닌 것 같다"고 의사는 기록했다. "상처 부위에서 출혈도 약간 있었다. 소년 환자는 두정골(頭頂骨)의 판간층(두개골의 내부와 외부 표면을 형성하는 봉합뼈)까지 넓게 개두 수술을 받았다. 수술 후 소년은 뼈를 드러내놓은 채 치료를 받는데, 그 때문에 절단된 뼈 부분의 수분이 증발했다. 20일째 되었을 때, 귀 근처가 부어오르면서 열이 나고 오한이 일었다. 부어오르는 증세는 낮에 더 심했으며 통증도 심했다. 발열 증세는 처음엔 오한으로 시작했다. 두 눈이 부어올랐으며, 차츰 이마와 얼굴 전체가 부었다. 머리의 오른쪽이 더 심했고, 곧 왼쪽도 부어올랐다. 이 같은 증세가 일주일 동안 계속되다가 환자는 위기를 넘겼다. 화농 방지를 위해 상처를 태우는 처방을 받은 후 하제를 복용했으며, 부어오른 부위에 약도 발랐다. 수술로 인한 상처는 이 사고와 아무런 관련이 없었다."

《전염병 V》에 등장하는 환자들의 질환은 참으로 다양하다. 구협염, 청각 장애, 괴저 또는 탈저, 늑막염, 폐렴, 폐결핵, 이질 또는 다른 위장 질환, 위종양, 신장 질환, 담낭 질환, 결석, 열을 동반한 거식증, 단독 등. 사고로 인한 상처나 임신 등의 경우도 자주 눈에 띈다. 대체로 의사는 중환자의 사례만 특별히 기록을 남긴 것으로 보인다. 가벼운 상처 따위엔 별다른 관심을 보이지 않은 것이다.

사망률은 매우 높은 편이었다. 《전염병 V》에서 치료를 받은 19명의 노예 중에서 12명이 사망했다. 전체 치료 환자의 사망률도 노예 환자들의 사망률과 맞먹는다. 《전염병 I》과 《전염병 II》에서 찾아낸 환자 42명 중에서 25명이 사망했다. 기독교 이전 시대가 막을 내리려는 시기에 활동한 한 의사는 《전염병》을 반드시 읽어야 한다고 권유했다. "죽음에 대해 성찰하게 만드는 책"이라는 이유에서였다. 이 시대의 사람들은 말하자면 파리 떼처럼 맥없이 죽어갔다! 달리 어찌해 볼 도리가 있었겠는가? 우리가 이제까지 살펴본 의학은 관습상 인체 해부가 금지되었으므로 해부학에 대해서는 거의 무지한 상태였고, 따라서 '자연적인' 사망률을 낮추는 데에는 역부족이었다. '자연적'이라고? 나는 '자연적'이라고 하는 말을 자연 생태계와 자신의 신체가 정해준 삶의 기간이라는 의미로 사용한다. 하지만 언젠가는 의사들이, 몰리에르의 희극이 아닌 다른 곳에서, "우리는 이 모든 것을 바꾸었다"라고 말하는 날이 올 것이다.

적어도 이 점만은 확실하다. 의학은 너나할 것 없이 죽어야 할 운명을 타고난 사람들 사이에 차별을 두지 않는다. 의학에 있어서는 노예들도 다른 사람들과 다름없는 인간 피조물일 뿐이다. 한 가지 놀라운 사실이 있는데, 결론을 대신해서 조명할 만한 가치가 있다. 확실히 노예를 소유한 주인은 이 인간 재화를 오래도록 보존해야 이득을 볼 수 있다. 그런데 위에서 언급한 열한 살짜리 마부는 얼마만 한 가치를 지니고 있었을까? 의사에게 지불해야 할 치료비 정도의 가치도 없었을 것이 확실하다.

더구나 의사가 환자를 판단하는 어조가 환자의 사회적 지위와 상관없이 동일한 것을 보면, 힙포크라테스의 인본주의가 추구하는 학문적인 관심과 인간에 대한 호의를 짐작할 수 있다.

다음 세기에 출현하게 되는 위대한 두 명의 철학자가 "살아 있는 연장(바로 노예를 가리킨다!)"에 대해 가졌던 경멸을 상기해보라!

지식에 대한 놀라운 식욕, 이성적인 추론에 의해서 생생한 활력을 얻는 연구의 엄정성, 고통스러워하는 환자들을 향한 헌신, 모든 인간에게 차별 없이 베푼 우정으로 말미암아 힙포크라테스 의학은 당당히 기원전 5세기 무렵의 인본주의가 표방하던 가장 높은 고지를 차지한다. 아니, 적어도 신분고하를 따지지 않는 그의 인간에 대한 보편적 우애 정신만큼은 그 고지마저도 훌쩍 뛰어넘는다.

모든 인간들에게 몸의 구원을 제공하기 위해 어렵게 전진해나간 힙포크라테스 의학은 무지의 어둠 속에서도 찬란하게 빛나는 아름다운 약속이었다.

그 나머지에 대해서는 "의학은 아는 것보다 더 많은 일을 할 수 있다"고 한 베이컨의 말을 잊지 말자.

chapter 8

아리스토파네스의 웃음

아리스토파네스의 웃음

 아리스토파네스의 웃음이라면, 가장 덜 앗티케적이고 가장 갈리아적이며 가장 천박한 웃음이다? 아니다. 그렇다면 세계에서 가장 우아하고 가장 높이 하늘로 날아오를 듯한 웃음이다? 그것도 아니다. 아니, 어쩌면 둘 다 맞을 수도 있다. 모든 종류의 웃음이 동시에 들어 있는 웃음이다. 풍자적인 웃음과 기쁨의 웃음이라는 두 개의 축을 가진 웃음이다. 그러니 그 안에 자리하고 있는 모든 웃음을 포함할 수밖에.

 요컨대 두 가지 중요한 웃음이 있음을 잊지 말아야 한다. 첫째, 분노의 기운을 머금고 있는 웃음이다. 기원전 5세기 말 아테나이가 위치한 '사회적 체제' 위에서 무성하게 자라나고 있던 어리석음과 부조리함을 낱낱이 파헤치고 박살내는 웃음이다. 아테나이의 황금기는 아무도 완전하게 마무리 짓지 않는 대리석 조각품을 생산하느라 따

아리스토파네스. 청동 두상. 기원전 200년경에 제작된 유명한 원본의 복제품.
쉐폴트의 《고대 시인들의 초상》(바젤)에 실린 사진.

분해하고 있었다. 돈과 노력으로 이것들을 끌어모으던 거대한 제국은 서서히 해체되고 있었다. 도시는 피비린내 나는 억압을 통해서 부서진 조각들을 이어 맞추려고 안간힘을 써보지만 소용없는 짓이었다……. 이런 상황에서 디오뉘소스 극장 무대에서는 기원전 5세기의 마지막 4분기 내내 아리스토파네스의 웃음 벼락이 그치지 않았다. 풍자극은 제국주의적 민주주의가 빠져들고 있는 모순들을 가차 없이 고발했으며, 전쟁으로 인한 참화, 민중들의 비참함을 주요 주제로 다루었다. 또한 거짓말을 일삼거나 남의 이득을 가로채거나 강도질을 업으로 삼는 궤변가들, 허영심 많고 어리석은 장군, 궤변과 아첨으로 찌들 대로 찌든 최고 주권자 민중들의 바보짓 등에 주저 없이 지탄을 보냈다. 풍자극은 또 신교육의 폐해를 백일하에 드러냈으며, 팔짱낀 무심한 민중들에게 세 치 혀가 맹목적으로 군림하는 파렴치한 상황에도 일갈을 가했다. 이런 이야기들로 극장에는 웃음이 그치지 않았으며, 하늘 아래 펼쳐진 노천 무대에서는 곡예사들의 재주넘기가 한창이었다. 이 웃음, 이 풍자적인 웃음은 역(易)웃음이라고 할 수 있다.

그런데 순(順)웃음도 있음을 잊지 말자. 순웃음은 사물에 대한 사랑, 시골에 대한 사랑, 빵과 포도주, 평화 등 인간적인 냄새를 물씬 풍기는 가장 기본적인 재화들에 대한 사랑을 우리에게 선사하는 웃음이다. 순웃음은 우리 안에서 나무와 꽃의 아름다움, 농장과 숲 속에서 노니는 짐승들의 그늘진 우아함을 일깨워주며, 새들의 끊임없는 재잘거림에 귀 기울이게 해준다. 순웃음은 우리의 '자연스러운' 몸짓, 사랑의 몸짓과 더불어 만개하는 생리적인 웃음, 기쁨으로 충만한 서정적인 웃음이다.

이 웃음, 대지 위, 태양 아래에서 사는 것이 행복한 피조물들의 소박한 기쁨의 표현인 이 웃음은 우리로 하여금 현실의 의미를 되찾게 해주며, 중력의 법칙을 비웃기라도 하는 듯이 공중에서 도는 마지막 재주넘기가 끝나면, 다시금 두 다리로 굳건하게 땅을 딛고 서게 만든다. 이 웃음은 풍자는 모두 잊어버리고 피와 살로 이루어진 피조물로서 온갖 아름다운 색상과 형태로 가득 찬 세상에서 살아가는 쾌락, 현실을 제 것으로 삼는 쾌락을 표현한다. 이 세계의 아름다움 속에서 한자리를 차지하고 있는 인간으로 사는 기쁨, 그리고 인간으로 태어난 기쁨을 표현한다. "인간은 살아 있는 생명체 중에서 웃을 줄 아는 유일한 존재"라고 한 아리스토텔레스가 옳다. 라블레는 그의 작품 《가르강튀아》의 서두에서 이를 아주 근사하게 재해석했다. "웃음은 인간만의 고유한 본성"이라고 말이다.

풍자적인 웃음과 서정적인 웃음, 이렇게 두 부류의 웃음은 분리하기도 어렵지만 공통된 기능을 지니고 있다. 바로 치유의 기능이다. 아리스토파네스는 자칭 아테나이 사회의 '선생님', 아테나이 민중을 가르치는 교육자였다. 웃음은 그가 제공하는 치료법의 한 부분이다. 되찾은 기쁨 속에서 인간은 충만함을 만끽하고, 사회는 균형을 찾는다. 웃음을 통한 '카타르시스', 즉 정화 작용이 분명히 존재한다. 우리에게 상식을 돌려주는 웃음은 우리의 진정한 본성을 돌아보게 한다. 우리는 모두 환자들인데, 웃음이 우리에게 건강을 되돌려준다.

서로 떨어질 수 없을 정도로 하나로 묶여 있는 아리스토파네스의 두 가지 웃음은 현실과 사람의 마음속에서 하나로 결합되어 있거나 서로 대립하는 것을 억지로 떼어놓지 않는다. 이 두 가지 웃음은 말을 그 말이 지시하는 사물로부터 분리하지 않으며, 그 말이 지시하는

행위로부터 분리하지 않는다. 두 가지 웃음은 전쟁에 대한 증오와 온몸으로 하는 평화에 대한 사랑을 분리하지 않는다. 두 가지 웃음은 마치 영혼이 육체로부터 분리되어야 불구가 아닌 온전한 삶을 유지할 수 있기라도 한 듯, 육체와 영혼이 하나가 되면 당연히 서로가 서로의 숨결이 되기를 포기해야 한다는 듯, 그렇게 쉽사리 영혼과 육체를 분리하지 않는다.

서로 붙어 다니며 연대감을 자랑하는 이 쌍둥이 웃음의 근원을 거슬러 올라가보자.

분노를 머금은 풍자의 웃음

풍자적인 웃음은 모든 시대에 모든 나라에 존재하던 오랜 민속에 뿌리를 내리고 있다. 아리스토파네스 이전 시대부터 그리스에는, 그중에서도 특히 도리스 지방(스파르타와 메가라)에는 대중적인 즉흥 익살극이 있었다. 이는 단지 어리석은 자들을 흉내 내고 희화하는 데에서 즐거움을 얻는 소극이었다. 우리가 가지고 있는 정보가 너무도 보잘것없음에도 불구하고, 우리는 무시무시하거나 익살스러운 가면을 쓰고 진행하는 스파르타의 마임이 이 빠진 노파, 과일이나 고기 도둑, 유식한 타지인 학자 등을 재현한다는 것 정도는 알고 있다. 최근에 실시된 발굴 조사에서 이 가면들이 다소 발견되었다. 메가라의 익살극에는 가면 일습이 필요한데, 이중에서 가장 잘 알려진 인물은 요리사, 흡혈귀-요리사다.

그리스에서는 희극적인 가면과 관련하여 전형적인 유형이 여럿 탄생했다. 이 전형적인 인물들은 고전극이건 현대극이건 모든 대중 희극에 어김없이 등장한다. 이탈리아의 콤메디아델라르테나 프랑스 발루아 왕실 극장, 독일의 브란덴부르크나 영국 마을(심지어는 몰리에르나 셰익스피어 작품까지도)의 소규모 무대 할 것 없이, 라틴 계통의 어릿광대나 아리스토파네스 또는 메난드로스의 희극에 등장하는 인물들과 매우 닮은 인물들이 출연한다는 점은 신기하기 짝이 없다. 도덕적으로 혹은 신체적으로 우스꽝스러운 특징을 지닌 인물들, 가령 곱사등이 폴리시넬이나 알아들을 수 없는 말만 늘어놓는 타지인 의사들은 여러 세기를 지나오면서도, 시공간을 넘어 관객들에게 인간만이 지닌 고유한 특성이라는 웃음을 선사하고 있으니 신기하지 않은가. 아리스토파네스의 희극을 즐기는 데 도움이 될 만한 전형적인 인물 몇을 소개해보자.

우선 잘난 척, 아는 척하기를 좋아하는 현학자, 즉 타지인 박사의 가면이 있다. 이 유형은 라틴 계통의 익살극에도 등장하며, 주로 도센누스라는 이름을 가진 곱사등이 학자로 묘사된다. 이탈리아 극에서는 일 도토레, 즉 박사님으로 나오며 대개 법의학자이거나 의사다. 이 인물은 뛰어난 학문적 지식을 갖추고 있으며 유식하고 어려운 말로 표현하는 것이 장기다. 독일의 인형극 푸펜슈필에는 마술사와 파우스트 박사라고 하는 사기꾼이 나온다. 그런가 하면 몰리에르 극에는 디아푸아뤼스 박사, 데스퐁드레스와 그 일당들이 등장한다. 셰익스피어의 희극에는 《윈저의 유쾌한 아낙네들》에서처럼 개성 만점 카이우스 박사가 나오는데, 그가 하는 괴상한 말들은 프랑스 출신 물리학자의 말인 것으로 알려져 있다.

대중들을 대상으로 하는 익살극에 등장하는 또 다른 전형적 인물로는 방탕하고 질투심 강한 구두쇠 늙은이를 들 수 있다. 이탈리아

고대 로마의 익살극에 등장하는 희극적 인물(도센누스로 추정된다). 앤더슨-비올레 소장 사진.

이탈리아식 희극에 등장하는 광대. 앤더슨-비올레 소장 사진.

극에서는 파푸스, 플라우투스의 극에서는 에우클리온, 베네치아에서는 판탈론, 벤 존슨의 작품에서는 볼포네, 그리고 좀 더 현대로 넘어와 고전주의 연극에서는 아르파공과 바르톨로가 바로 그런 역할을 맡고 있다. 아르파공은 물론 구두쇠라는 성격을 극단적으로 드러내는 인물이지만, 그게 전부가 아니다. 아르파공의 우스꽝스러운 사랑 타령이나 아들과 경쟁을 벌이는 작태 등을 보면 그보다 훨씬 선배격인 방탕한 판탈론의 자취마저도 느껴진다.

나는 앞에서 커다란 입에 긴 이빨을 가진 흡혈귀-요리사에 대해서 운을 뗀 바 있다. 이 요리사는 폭식가인 데다 매우 잔인하다. 그를 가리켜 메가라에서는 메손이라고 불렀는데, 이는 아리스토파네스보다 훨씬 앞선 시대부터 있어왔다. 라틴 계통 익살극에서는 같은 인물이 만두쿠스라는 이름으로 등장하며, 독일 인형극에서는 먹보에 술주정뱅이인 데다 외설스럽기까지 한 한스 부르스트(아이들을 벌벌 떨게 만드는 귀신)로 나온다. 이탈리아 희극으로 건너오면 흑인 가면을 쓰고 때로는 큰 식칼을 물고 있는 사람으로 표현되는 아를레키노가 된다.

자, 이상이 아리스토텔레스가 그리스 희극에 빠져서는 안 되는 중요 요소로 지적한 일련의 허풍선이들이다. 이들 허풍선이들은 대개 사기꾼이며, 항상 성가신 방해꾼이다. 이들은 온갖 터무니없는 주장들로 아리스토파네스 희극의 후반부를 정신없게 만든다. 이들은 항상 비겁하고 어디에서나 얻어맞는다. 나폴리의 풀치넬라, 프랑스의 폴리시넬은 모두 이처럼 얻어맞는 허풍선이 집안 출신들이다. 몇 년 전만 하더라도 독일 북부에서 공연되었던 희한한 대중극 카스페를 극에 등장하는 인물들도 마찬가지다. 카스페를은 아리스토파네스의 극에 등장하는 디카이오폴리스나 트뤼가이오스처럼 모든 사람들과 평화롭게 지내기를 소망하는 소박한 인물이다. 그런데 그의 소망은 세금 징수원, 폴란드 출신 보따리장수, 아내, 장모, 악마, 저승사자, 그 외 여러 인물들이 줄줄이 나타남으로써 방해를 받는다. 그는 방망이를 휘둘러 이들을 쫓는데, 그 과정이 매우 익살스럽다. 카스페를의 시나리오는 아리스토파네스의 《아카르나이인들》, 《평화》, 《새》 같은 작품에서 내내 이어지는 몽둥이찜질과 매우 흡사하다.

허풍선이들 중의 한 명인 병정에 대해서는 특별히 짚고 넘어갈 필요가 있다. 희극의 역사에서 병정의 가면은 인간의 역사에서 전쟁이라는 인물만큼이나 널리 애용되었다. 플라우투스의 작품에 등장하는 '밀레스 글로리오수스(허풍선이 병정)' 이자 '힘센 도시를 정복하는 자(퓌르고폴리니케스)'가 그렇고, 콤메디아델라르테의 카피탄, 스페인 익살극의 마타모로스(마타모라는 인물이 코르네유의 작품 《환상》에 등장하는데, 이 인물은 재치 있고 동화 같은 상상력으로 작품을 즐겁게 만든다)도 같은 부류라고 할 수 있다. 또 프랑스와 이탈리아가 합작해서 창조해낸 카피텐 프라카스도 빼놓을 수 없다. 이 정도만 해두자.

가령 하인 가면 같은 다른 가면들은 건너뛰려 한다.

아리스토파네스의 연극은 이런 가면들로 가득 차 있거나, 적어도 등장인물들의 성격에서 이런 가면들의 흔적이 엿보인다. 아리스토파네스는 분명히 이전 시대 대중 소극으로부터 웃음을 자아내는 인물군, 즉 지금까지 언급한 잘난 척하는 학자, 쩨쩨하고 외설스러운 노인, 흡혈귀-요리사, 온갖 종류의 허풍선이 같은 인물들을 이어받았다. 그는 동시대를 주름잡던 아테나이의 역사적인 인물들, 실제로 객석에 앉아서 극을 관람할 수도 있는 당대의 유명 인사들을 극중에 등장시켜 이 전통적인 인물의 가면을 씌웠다. 말하자면 전통을 젊게 재해석했다. 아니, 동시대 거물들에게 정확하게 가면의 의미를 부여하지는 않더라도, 적어도 인물을 창조하는 시적인 작업에서 그 가면들이 제공하는 이미지에서 영감을 받은 것만은 확실하다.

예를 들어, 그의 연극에서는 두 명의 인물이 마타모로스의 가면을 쓴 것으로 보인다. 첫째,《아카르나이인들》에 등장하는 라마코스다. 이 작품은 그가 스무 살에 쓴 희극으로, 아테나이의 제국주의와 그 때문에 일어난 전쟁에 반대하는 내용을 담고 있다. 라마코스는 정직하고 용감한 장군으로, 후에 시켈리아 전장에서 전사했다. 라마코스 장군은 그리스어로 싸움광을 의미한다. 싸움광 라마코스 장군에게 아리스토파네스는 카피텐 프라카스의 옷을 입힌 다음, 눈 덮인 국경으로 보내 희한한 모험의 영웅이 되게 한다. 라마코스는 발목 탈구로 두 사람의 부축을 받으며 국경에서 돌아온다. 돌아온 장군은 상투적이고 장황한 서사적 문체로 자신의 어리석은 모험담을 늘어놓는다. 그러고는 이피게네이아가 대낮의 햇살에 작별을 고하듯, 철모에 달린 깃털에 작별 인사를 고한다. 이 모든 행위는 선한 시민인 디카이오폴리스의 비웃는 듯한 시선 속에서 진행된다. 자신과 가족들만을 위한 평화를 지키겠다던 그는 술 마시기 대회에서 승리를 거둔 다음 얼큰하게 취해서 두 명의 반나체 화류계 여인의 부축을 받으며 돌아온다.

허풍선이 병정 가면의 정신을 이어받은 한층 더 중요한 인물은《개구리》에 등장하는 아이스퀼로스다. 풍자 전문가 아리스토파네스는 병사들 이야기와 허세를 전문으로 쓰는 시인 아이스퀼로스에게 찬사를 보내면서도 한편으로는 우정 어린 투로 비아냥거리는 입장이었다. 아리스토파네스는 아이스퀼로스의 시에 등장하는 영웅들은 "그

저 창과 검, 하얀 깃털 달린 모자, 투구, 각반, 일곱 마리 소의 가죽으로 덮인 영혼에만 관심이 있다"고 빈정거렸다. 게다가 그게 무슨 대단한 자랑거리나 되는 것처럼 뻐긴다고 했다. 그의 문체는 군사 용어의 나열로 정의되며, 따라서 그는 시인이라기보다 마타모로스의 가면에 훨씬 잘 어울린다. "눈썹과 깃털을 강조한, 괴상한 귀신같은 스타일의 가면, 군마에 걸터앉은 귀신같은 스타일⋯⋯."

한편 아리스토파네스는 동시대인 가운데 가장 유명한 인물이자 수수께끼 같은 존재였던 소크라테스에게 현학적인 학자의 가면을 적용한 것으로 보인다. 그는 따지기 좋아하고 섬세한 시인인 에우리피데스에게도 같은 가면을 씌웠다. 소크라테스는 인간과 자연의 신비를 파헤치겠다는 주장과, 상대방을 어이없게 만들거나 당황하게 하며 끝없이 이어지는 변증법적인 대화 방식, 입으로는 아무것도 모른다고 주장하면서 사실은 경이적인 아이러니의 외투 속에 슬그머니 숨겨둔 대단한 학식 등과 더불어 아테나이 주민들에게는 유쾌한 마법사 같은 인물로 통했다. 그는 말하자면 현자가 아니라 소피스트 중의 소피스트로 여겨졌다. 그런가 하면 지성인이자 "날카로운 혀를 가지고 언어를 잘게 쪼개며, 따지기 좋아하는 섬세한 정신으로 고귀한 영감을 모조리 파괴해버리는 시인" 에우리피데스는 코를 납작하게 해주어야 할 사기꾼이었다. 에우리피데스와 소크라테스, 이 둘은 "현학적인 타지인 학자"의 가면의 유래를 확실하게 기억하는 사람들로서, 두 사람 모두 아리스토파네스에게서 가면 세례를 받아야 했다.

이번엔 흡혈귀-요리사를 보자. 《기사들》이라는 희극에는 흡혈귀-요리사 가면으로 인정할 수 있는 두 인물이 나온다. 두 사람은 각각 먹성 좋은 흡혈귀와 그로부터 파생된 기생충 같은 아첨꾼을 상징한다. 우선 흡혈귀 가면은 이 희극의 주인공인 무시무시한 아고라크리토스의 창조에 영감을 불어넣었다. 아고라크리토스는 돼지고기 장수이며, 타고난 선동가다. 무식하지만 목소리 큰 이 연설가는 아이들을 벌벌 떨게 만드는 귀신같은 요리사를 상기시킨다. 그는 어린 시절 요리사의 조수 노릇을 했다고 자기 입으로 말한다. "난 펄펄 끓는 가마 속에서 주먹세례를 받으면서 컸지……. 내가 요리사들을 붙잡고는 말했지. '잘 보세요, 형님들. 뭔가 보이지 않나요? 봄이 왔다고요, 제비가 왔다니까요.' 그러면 요리사들은 주변을 두리번거렸지. 그 사이에 나는 고깃덩어리를 슬쩍하곤 했다니까." 이 인물이 풍기는 가장 감칠맛 나는 이미지는 역시 요리와 관계되는 것이다. "오, 민중이여! 내가 그대를 사랑하지 않고 그대를 소중하게 여기지 않는다면, 이 자리에서 내 몸을 산산조각 내서 고기스튜로 만들어버릴지어다! 내가 만일 나의 말을 믿지 않는다면, 이 탁자 위에서 나를 잘게 채 쳐서 치즈를 넣고 마늘 소스로 버무려버릴지어다!" 돼지고기 타령에서 정치 이야기로 넘어가지만 아고라크리토스는 여전히 요리사에 머물러 있다. "민중을 지배한다는 건 아주 간단한 일이지. 잘 섞고, 주물럭거리고, 여러 가지 재료들을 한꺼번에 범벅을 만들고 달콤한 몇 마디 말로 대중들을 사로잡고, 고기찜을 하는 방식으로 대중들에게 말을 하는 거라니까." 아고라크리토스는 흡혈귀처럼 왕성한 식욕을 자랑한다. "나한테 소의 주름위와 돼지의 뱃가죽을 주시오! 그것들을 다 먹어치우고 국물까지 몽땅 마셔버린 다음 입도 닦지 않고 연설가들을 물어뜯어줄 테니까." 그가 경쟁자를 물리치고 데모스의 호감을 얻어낸 것도 요리 대회에서였음을 상기해보라. 뿐만 아니라 극이 끝나갈 무렵 데모스(주권자 민중)를 회춘시키는 것도 요리를 통해서였다. "나는 당신을 위해서 데모스를 구워냈고, 못생겼던 데모스를 아름답게 만들었지······."

《기사들》에서 아고라크리토스라고 하는 걸출한 인물이 창조된 이면에는 메가라의 흡혈귀-요리사 메손의 가면이라고 하는 전통이 자리 잡고 있었다고 할 수 있다. 아리스토파네스가 그 가면을 당시의 정치 현실에서 가져온 맛깔스러운 색상들로 다시금 손질을 한 건 분명하다. 하지만 그건 그의 천재성이 지닌 또 다른 면모로서, 지금은 그 점에 대해서 특별히 다루지 않고 넘어가려고 한다.

《기사들》에는 또 다른 인물이 등장하는데, 바로 아고라크리토스의 적인 파플라고니아 출신 노예 클레온이다. 클레온은 아리스토파네스 이전부터 존재했던 대중 희극의 전형적 등장인물에 비추어 부분적으로는 파악이 가능한 인물로, 흡혈귀-요리사와 그 맥을 같이하고 있으나 무시할 수 없는 차이점을 지니고 있다. 요컨대 클레온은 기생충 같은 아첨꾼이다.

클레온은 데모스(아테나이에서라면 의심할 여지가 없을 정도로 명백한 의미, 즉 민중을 뜻하는 상징적인 이름)라는 이름을 가진 부잣집에 슬그머니 들어온 노예다. 그는 주인에게 온갖 아첨과 소소한 서비스를 끊임없이 제공하여 주인의 마음을 얻는다. 주인이 앉으려고 하면 주인의 엉덩이 아래에 잽싸게 방석을 놓아준다거나 코를 풀고 난 주인이 손가락을 닦을 수 있도록 얼른 자기 머리카락을 제공하는 식이다. 능란한 기생충은 마침내 이 부잣집의 관리인이 된다. 그런데 이 집이 마침 아테나이 민중의 집인지라(주인의 이름이 데모스였음을 상기하라!), 부자 등쳐먹는 이 기생충 같은 인간은 우의(寓意)와 은유를 통해 아테나이 민주주의의 악용자가 된다. 개인적인 차원에서의 기생충 같은 인간

을 공적인 차원의 기생충으로 이동시킨 시인의 능란함에 대해서는 더 언급할 필요가 없으리라. 다만 아리스토파네스가 이러한 창의성을 발휘하기 위해서는 그 이면에 공화국을 이용해 사리사욕을 채우는 기생충 같은 인물의 가면이 배경처럼 자리하고 있었음을 지적하고 싶을 따름이다.

풍자적 웃음의 근원은 대략 이 정도로 설명할 수 있다. 이 웃음은 여러 세기 동안 희극의 자양분이 되어주고 있는 대중 익살극의 오랜 전통에 뿌리를 내리고 있다. 그 외에 아리스토파네스의 풍자극이 찬란하게 개화할 수 있었던 데에는 시인의 가슴 한가운데 자리 잡고서 그의 가슴에 방망이질을 하고 가슴을 뜨겁게 불태우는 분노, 민주주의 제도가 쇠퇴하는 데 대한 분노, 공적·사적 차원에서 두루 감지되는 문란한 풍속에 대한 분노도 한몫했음을 덧붙여야 한다. 그 모습 그대로의 아테나이, 점차 와해되어가는 그 사회를 거부하는 그의 분노심이야말로 과거로부터 이어받은 가면 전통에 새로운 감칠맛을 부여하는 수액인 것이다.

기쁨으로 충만한 서정적인 웃음

분노의 웃음 옆에는 그 웃음과 밀접하게 연결된 또 하나의 웃음, 즉 기쁨의 웃음이 있다. 그 기쁨의 웃음은 어디에서 오는가?

그 웃음은 앗티케 시골 마을의 잔치에서 온다. 바람 속에서 발갛게 곱은 두 손으로 일꾼용 단지를 들고 머리카락을 흩날리며 뛰어다니는 처녀들의 웃음이다. 그 웃음은 잔칫날이나 비 오는 날 화롯불 곁에서 친구들과 둘러앉아 분홍빛 포도주를 마실 때 터져 나오는 웃음이다. 그 웃음소리를 들어보라.

아, 정말 좋구나, 정말 좋아
마침내 투구와 치즈, 양파에서 벗어나다니!
난 전쟁이라면 딱 질색이야.
난 말이지, 내가 좋아하는 건, 불가에 앉아서
친구들하고 한잔하는 거야, 제일 잘 마른 장작을 때면서,
여름에 패놓은 늙은 나무 등걸 말이지, 이집트 콩을 굽고,
너도밤나무 열매도 굽지, 트랏타에게 키스를 하면서 말이지,
내 아내가 몸을 씻는 동안에. 이보다 더 좋은 건 없어.
파종이 끝나고 나면, 신에게
소나기를 내리는 건 맡겨야지. 그리고 이웃이 이렇게 말하도록 해야지.
─이보게, 내 친구 코마르키데스여,
이 시간에 우리가 뭘 하면 좋겠나? 내 맘 같아선 말일세,
신이 우리에게 복을 내려주는 동안 자네랑 한잔하는 게 좋을 것 같은데 말
일세.
이봐요, 주모, 콩깍지나 좀 구워주시게.
밀알도 좀 섞어서 말이지, 무화과도 좀 가져다주게나.
쉬라에게 휘파람을 불어 마네스를 밭에서 돌아오도록 하라고 하게.
오늘은 포도 순을 자를 도리가 없지,
땅을 일굴 도리도 없고, 땅이 온통 젖었을 테니 말이지.
─아, 그리고 말이지, 상대방이 말하는데, 우리 집에서,
개똥지빠귀하고 방울새도 두 마리쯤 가져오게나.
우유도 조금 있고, 토끼 고기도 넉 점쯤 있을 걸세,

샘물가에서 이야기를 나누는 소녀들.
기원전 6세기경에 제작된 범아테나이 제례용 단지의 부분. A. 에거 사진.

족제비란 녀석이 어젯밤에 물어가지만 않았다면 말이지.
말이 나왔으니 말인데, 아주 대단한 토론을 들었거든.
그걸 가져오너라, 아들아, 우리 먹게 세 조각만,
가져온 건 아버지 드려라. 그리고 아이스키나데스에게
도금양을 달라고 해, 열매 달린 가지채로. 그리고 가는 길에
카리나데스에게 와서 같이 한잔하자고 전해라,
마침 신이 일을 잘하고, 우리가 애써 일하는 걸 도와주시니 말이다.
―매미가 나른한 노래를 부르기 시작하는 철이 되면,
난 내 포도밭을 바라보는 일이 즐겁다네.
렘노스 모종도 바라본다네, 녀석들이 잘 자라고 있는지 말이지
(모종을 일찍 했거든). 어린 무화과나무가 통통해지는지도 살피지.
녀석이 다 크면,
녀석을 내 입가에 대고 깨물어본다네.
'좋아하는 계절' 노래를 흥얼거리면서 말이야.
그러곤 타임을 으깨서 차를 끓이지.
난 여름 이 무렵이면 살이 오른다네.

아리스토파네스는 시골 출신이었다. 《아카르나이인들》에 따르면, 그는 아이기나 섬에서 태어났다. 섬 주민들이 섬기던 여신을 위해 신전을 건축한 지 얼마 지나지 않은 때였다. 그 후 폐허가 된 신전의 잔해는 여전히 올리브나무들과 소나무들 사이로 여행객들을 불러모은다. 그의 아버지는 그 섬에서 작은 땅을 소유했던 것으로 보인다. 그곳에서 그는 그가 작품 전반에 걸쳐서 줄기차게 옹호하는 전원생활에 깊은 애정을 느끼게 되었다. 들판이나 정원에 핀 꽃들을 알았으

며, 하늘을 나는 새들의 이름과 노랫소리를 구별하는 법을 배웠다. 그는 새들의 지저귐 속에서 관목 숲에 사는 요정의 음성을 들었다. 가래와 괭이를 다룰 때면, 금속의 연장이 햇빛을 받아 반짝이는 것을 보며 가슴 깊이 농부들이 느끼는 기쁨을 맛보았다. 그는 또한 수확량을 늘리기 위해 천진하게도 그 세대의 상징인 거대한 '남근'을 온갖 색으로 치장한 다음 농장 소유주와 그의 가족들이 그것을 들고 곡물이 자라는 밭과 포도밭 주변을 거니는 엄숙하면서도 즐거운 마을 축제에도 참석했다. 전쟁이 끝나고 고향으로 돌아온 그가 부르는 노래, 아리스토텔레스가 앗티케 고대 희극의 원조라고 평가했으며, 남근 숭배로 가득 찬 그의 노래를 들어보자.

"팔로스(그리스 신화에서 전원에 사는 정령 또는 남근 행렬의 주인공인 호색한 신. 디오뉘소스 축제에서는 다산성과 풍요의 상징으로 추앙받는다―옮긴이), 박코스의 동료이며

즐거운 손님, 밤이면 활개 치며

여자들을 매혹하며, 남자들의 연인인 그대

내가 5년 동안이나 자리를 비웠다가 이제야 그대에게 인사를 전하네.

고향 마을에 돌아와, 즐거운 마음으로

나는 이제 평화를 체결했으니

나만을 위해, 물론 내 가족들도 포함하여

모든 걱정과 전투, 싸움꾼들로부터 해방되었다네.

이 얼마나 유쾌한가,

팔로스, 내 오랜 친구 팔로스여,

숲을 지나가다 우물에서

스트뤼모도로스의 노예 트랏타를 만나면 얼마나 유쾌한가 말이다.

그 싱싱한 나무꾼 아낙을 만나

그 여자의 허리를 끌어안고

바닥에 넘어뜨린 다음

여자랑 재미를 본다면 말일세…….

팔로스, 내 소중한 벗 팔로스여,

자네가 오늘 저녁 우리와 같이 한잔하고 싶다면.

내일은, 머리가 지끈거리는 두통을 떨쳐버리기 위해

해뜰 무렵 내가 자네에게 평화의 술을 한턱 내지

그런 다음 우리 둘이서 내 방패를

벽난로 입구에 매달아버리세.

이 '남근 숭배 노래'에서 희극의 한 원천을 본 아리스토텔레스의 생각은 틀리지 않았다. 이런 노래는 비록 농담이 슬쩍슬쩍 가미되어 있다고는 하지만 아주 건전한 웃음이며, 《일리아스》에 등장하는 신들의 에덴동산 같은 평온함 속에서 살아가는 기쁨으로 충만하다. '원죄'나 율법이 등장하기 이전 시대, 즉 호메로스적인 웃음으로 빛난다.

아리스토파네스는 어린 나이에 도시로 나왔다. 그는 도시에서 일찌감치 명성을 얻었으며, 그와 동시에 대머리가 되었다(이건 그 자신이 한 말이다). 그는 시골에서 보낸 어린 시절을 결코 잊지 못했다. 그는 농부의 웃음으로 도시 사람들을 조롱했고, 농부의 웃음으로 도시 사람들의 어리석음과 심술궂음을 비꼬았다. 심성 나쁘고, 허영심 많으며 공연히 점잖을 빼거나 어리석은 시민들은 그를 분노하게 만들었

지만, 그렇다고 해서 그에게서 기쁨을 빼앗아가지는 못했다.

한바탕 웃음으로 드러나는 희화적 진실

이쯤이면 아리스토파네스 희극의 다양성을 대략 짐작할 수 있지 않을까? 그의 희극이 풍자적인 동시에 서정적이라고 표현하는 것만으로는 부족하다. 신랄한 분노의 감정을 분출하는 많은 정보를 담고 있는 비아냥과 독설, 권력자들에게나 민중들에게 퍼붓는 가장 천박한 쓰레기로 뒤덮인 진실, 아리스토파네스의 희극은 외설스러움 속에 웅크리고 있다가 '시'라고 하는 왕관을 쓰고 나온다. 민중적인 웃음, 술집에서 들려 나오는 웃음이 섬세한 아이러니, 보기 드문 유머, 교묘한 패러디 등과 어우러진다. 하지만 이렇듯 들쭉날쭉한 어조 속에서도 모든 요소들은 아리스토파네스라고 하는 작가만이 지니고 있는 색깔을 드러낸다.

그가 이룩한 희극적 발명은 우선 이종적인 인물들의 창조라는 점에서 두드러진다. 그의 작품에는 말벌이면서 동시에 판사인 희한한 시적 동물들이 등장한다. 이들은 희화적인 진실, 즉 붕붕거리며 침을 쏘는 말벌의 진실과 매사에 꼬투리를 잡고 남을 심판하려는 판사의 진실을 동시에 드러낸다. 아리스토파네스는 마타모로스를 아이스퀼로스에게 이식하고, 흡혈귀를 궤변가에게, 또는 에우리피데스를 아름다운 헬레네 또는 낭만적인 안드로메다에 이식하듯이 말벌을 판사에게 이식한다. 이처럼 진실하면서 희한한 인물들이 무더기로 탄생한다. 상상력에 의해 잉태된 이 괴물들은 진실 그 자체이기도 하다. 그리고 이는 시인이 이들을 빌려서 진행해나가는 행위를 통해서 가능해진다.

아리스토파네스를 굉장한 인물 창조자라고만 생각하면 오산이다. 그는 무엇보다도 희극적인 행위의 창조자다. 그의 희극 작품들 중에서 괴상한 상황에서 출발하지 않는 작품은 아주 드물다. 그러니까 대부분의 작품이 전혀 논리적이지 않다거나, 사회적 또는 도덕적 균형의 법칙을 무시하는 상황에서 출발하는데, 이러한 상황은 곧 일관성이라고는 없는 각종 불화로 좀먹어가는 인간의 삶, 도시의 삶에 질서와 상식을 되찾아주게 된다.

희극적 행위의 발명은 우리의 삶과 비슷하기에 그럴듯하면서도 어딘지 다른 세계로 우리를 데려간다는 점에서 현실과 어느 정도 괴리가 있다. 아리스토파네스는 그의 희극에서 자연의 법칙, 이성의 원칙이 우리의 현실에서와는 약간 다르게 작용하는 일련의 세계를 제시한다. 마치 중력의 법칙이 다르게 작용하기 때문에 아무런 힘을 들이지 않고도 훌쩍 멀리 뛰거나 어마어마한 무게를 들어올리는 것이 가능한 행성으로 우리를 데려가는 것 같다고나 할까. 그의 작품 속에서 창조된 세계에 의해서, 그 세계 안에서만 아리스토파네스의 인물들은 진정성을 가진다. 그 세계에서는 인물들의 갑작스러운 행동들이 보여주는 당돌함이 자연스럽게 여겨진다.

세 번에 걸친 전쟁으로 아테나이가 황폐해지고 인근 시골까지 초토화되었던 기원전 5세기의 마지막 4분기에 우리의 시인은 동시대인들에게 신선한 평화를 선사하기 위해 뭔가 새로운 것을 상상했다. 아테나이의 가장 진정한 현실에 약간의 산초만 섞어서 잘 버무리면 되는 일이었다. 산초 향이 아테나이로부터 전쟁의 악취를 제거해주고 전쟁의 광기도 날려줄 것이었다. 이와 동시에 아리스토파네스는 자신의 관객, 즉 아테나이 시민들을 기분 좋은 유쾌함으로 뒤뚱거리며 상상적인 현실 세계 속으로 들어가도록 이끌었다. 그 세계에서는 또 하나의 광기, 즉 평화의 광기가 깃들어 있었다. 시의 특권으로 그토록 아름다운 이름을 갖게 된 이 세계는 단연코 인간들을 매혹하게 될 것이었다. 과연 사람들은 이 새로운 종류의 현실을 믿기 시작했으며, 이 세계의 매력에 푹 빠져들었다. 그리고 자신들에게 소중한 꿈을 선사하는 시인과 협력하기에 이르렀다. 아리스토파네스는 언젠가 사람들이 평화 속에서 살게 되기를, 잔칫날처럼 가족들이 손에 손을 잡고 한가로운 시골에서 산책을 즐기게 되기를 소망했다.

전쟁 없는 도시를 꿈꾸는 《아카르나이인들》

자, 이제 그의 발명품들을 살펴보자.

《아카르나이인들》(때는 기원전 425년, 아테나이인들이 6년째 전쟁을 치르고 있을 무렵이다)에는 선량한 시민 디카이오폴리스가 나온다. 그는 의회에서 평화 제안서가 판관들에게 우롱당하고, 속아 넘어간 시민들에 의해 매도되었음을 알고 한 가지 꾀를 낸다. 나 혼자서, 나 혼자만을 위해서 전쟁을 그만두고 평화를 체결하면 어떨까? 이것은 지극히 단순하고, 너무도 상식적이라 오히려 부조리해 보이는 꾀였다. 디카이오폴리스는 평화를 체결하고 곧 고향 마을로 돌아온다. 그러자 모든 재화가 시장에 넘쳐나기 시작한다. 메가라의 돼지, 보이오티아의 장어, 그 외에 수많은 것들이 열거된다. 물론 디카이오폴리스가 그전에 대중들 앞에서 전쟁 책임자들, 특히 양파 형태의 위엄 있는 얼굴을 한 페리클레스가 메가라 사람들을 겨냥하여 앗티케 항구를 봉쇄한 나머지 아테나이 사람들은 굶주리게 되고, 메가라 사람들은 가산을 탕진하게 되었으며, 결국 그리스 전체가 뒤죽박죽이 되었다고 한바탕 흉을 본 다음에 일어난 일이다. 게다가 이 모든 일들은 페리클레스가 총애하는 매춘부 아스파시아가 포주로 있는 집에서 매춘부들이 납치되는 사건과 얽히게 된다……. "거 보시게, 고작 마늘 몇 쪽과 창녀 세 명 때문에 그리스 전체가 불구덩이가 되지 않았나!"

하지만 디카이오폴리스는 개의치 않는다. 그는 자신이 되찾은 평화 속에서, 열에 들뜬 헛소리만 외쳐대는 전쟁광들, 포도밭이 엉망이 되었다면서 신 포도즙을 마신 사람처럼 떫은 표정을 지으며 그에게 돌팔매질을 해대는 포도밭 일꾼들, 호전적인 선전이 쏟아내는 거짓말 때문에 자만심과 복수심에 눈이 먼 도시 시민들 모두에게 승리를 거둔다. "혼자서 평화를 체결한" 이 남자는 아리스토파네스가 도시 전체를 상대로 건 내기에서 이긴다. 어릿광대 짓과 이성으로 이긴 셈이다. 그는 기쁨을 만끽한다. 그의 기쁨은 마치 소나기처럼 폭발한다. 시민들은 그를 따라할 수밖에 없다.

이처럼 아리스토파네스의 발명은 아테나이의 역사적이고 일상적인 현실에 밀착되어 있다. 메가라에 내려진 칙령은 역사가 투퀴디데스에 의해 사실임이 입증되었으며, 그는 이것이 전쟁이 발발하게 된 외교적 상황이었다고 주장한다. 그런데 아리스토파네스는 이 현실을 처음엔 희화적으로, 그리고 차츰 상상 속에 재구성하여 대중들에게 제시함으로써 재미를 더하면서 동시에 생각할 거리를 제공한다. 전체적으로 기상천외하며 이따금씩 창조된 행위에서 배어나는 시학은 대중들의 우둔함으로 말미암아 그대로 유지될 뿐 아니라 오히려 더욱 공고해지는 정치적 현실의 천박함과 어리석음을 통쾌하게 산산조각 낸다.

《뤼시스트라테》, 여자들의 파업 선언

전쟁을 비판하는 또 다른 희극인 《뤼시스트라테》를 보자. 이 작품은 기원전 411년, 도시들 간에 자행되던 살육전으로 더욱 암울했던 시기에 공연되었다. 아리스토파네스는 고대 최초의 '세계대전'이라고 할 수 있는 펠로폰네소스 전쟁의 소용돌이에 휘말린 대다수 민중들의 고충을 모르지 않았다. 전쟁터에서 희생되는 젊은 피, 기근, 비참함 등은 그리스 세계 도처로 확산되었다. 전쟁이 발발한 이후 20년 동안 고충은 줄곧 늘어나기만 할 뿐, 줄어들 기미가 보이지 않았다. 이런 상황에서 아리스토파네스는 용감하게도 가장 외설스럽고 가장 우스꽝스러운 희극적인 행위를 고안해냈다. 전쟁(여기서 잊지 말아야 할 점은 전쟁이란 기본적으로 강한 성, 즉 남성의 발명품이라는 사실이다)에 치욕을 가하고 전쟁을 저주하며 전쟁을 종식시키기 위해, 그리고 편협한 민족주의에서 벗어나기 위해, 다시 말해서 모든 그리스인들은 물론, 시켈리아에서 페르시아에 이르기까지 그때까지 알려져 있던 모든 나라에 사는 모든 사람들에게 인류애적인 우애의 메시지를 전하기 위해, 아리스토파네스는 작품의 중심에 여자들을 상대로 이야기하는 여자를 내세웠다. 바로 고집스러운 생각과 너그러운 마음을 가진 아테나이의 여인 뤼시스트라테였다. 그는 이 여장부의 추진력을 빌려 엉뚱한 상상력을 발동시켰다. 전쟁 중인 나라의 모든 여인들이 남자들의 어리석음에 대항하기 위해 똘똘 뭉쳐서 남편 또는 연인들을 대상으로 잠자리 거부 운동을 벌이기로 맹세한다는 것이다. 이렇듯 생리적 법칙을 잠시 중단하는 정도의 상상은 그에겐 어려운 일이 아니었다. 평화를 너무도 간절하게 사랑하는 까닭에 세상의 모든 여자들이 세상의 모든 남자들에게 절제를 강요한다면 과연 어떤 일이 벌어질 것인가? 이것이 바로 아리스토파네스가 던진 질문이다. 이제 세상이 이 질문에 답해야 한다. 이 얼마나 기발한 생각인가! 휴가를 받아 모처럼 고향에 돌아온 병사들에겐 이 얼마나 몹쓸 형벌인가! 아크로폴리스를 점령한 여인들과 입씨름을 벌여야 하는 고상한 판관 나리들에게도 이 무슨 해괴한 형벌이란 말인가! 이 형벌은 매우 명확하게 묘사되어 있으며, 무대에서도 노골적으로 표현된다. 웃음과 분노가 한데 엉켜 극장의 계단을 데굴데굴 구른다. 그가 고안해낸 상황, 천재적인 단순성이 빛나는 설정은 무대에서 과감하다 못해 음란한, 그렇지만 너무도 유쾌하고 건강해서 남녀 누구나 즐길 수 있는 장면들을 연출한다. 여인들이 자연의 법칙을 거부한 결과는 대단히 치밀하게 전개된다. 그 결과 중의 하나로, 뤼시스트라테가 아니라 작가가 예측하지 못했던 현상이 나타나는데, 여인들이 자기 꾀에 자기가 넘어가는 움직임을 보인다는 점이었다. 요컨대 온갖 사소한 변명을 늘어놓으면서 남편과 함께 여자 진영을 벗어나려 하는 것이었다. 방금 전만 하더라도 절대로 그런 일은 없다고 하던 여자들이 남자들만큼이나 아쉬워하는 것이다. "난 집에 가고 싶어. 밀레토스산 양털을 벌레가 갉아먹기 시작했을 거야. 잠깐 가서 양털을 침대에 펼쳐놓고 오면 되는데……"라고 한 여인이 말한다. 그러자 다른 여인이 말을 받는다. "난 임신 중이야. 산통이 오는 것 같아." 뤼시스트라테는 이런저런 핑계를 훤히 꿰뚫어본다. "넌 침대에 아무것도 널지 않을 거야." 첫 번째 여인에게 이렇게 대답하고, 두 번째 여인에게는 "넌 어제만 해도 임신 중이 아니었잖아!" 하고 쏘아붙이며 못 믿겠다는 듯 여인의 배를 만져본다. "여기, 이 단단한 건 뭐야?" "사내아이"라고 여인이 대꾸한다. "아, 그래, 정말 재미있군." 뤼시스트라테는 여인의 치마 속에서 속이 빈 청동 제품을 꺼낸다. "이건 아테네 여신의 성스러운 투구로군!" 뤼시스트라테는 여인들을 진영으로 데려온다. 한편 여자들을 달래기 위해 찾아온 남편을 도마 위에 올려놓고 잘근잘근 씹으면서, 그야말로 "아프로디테의 분노에 사로잡혀" 악마적인 쾌감을 맛보는 여인들도 있다. 도발적인 뮈르리나는 도저히 못 참겠다고 애원하는 남편 키네시아스에게 스무 번씩이나 몸을 허락하려 한다. 하지만 그러려면 간이침대라도 있어야 하지 않겠느냐며 남편에게서 몸을 빼고 나간다. 돌아온 다음엔 땋은 머리. 다시 나간다. 그 다음엔 향수가 필요하다며 다시 나간다. 마침내 뮈르리나는 옷을 벗지만, 이번엔 쪽지만 달랑 남기고 아예 사라져버린다. "여보, 평화를 위해서 투표하는 걸 잊지 마세요……."

결말에 가서는 결국 평화가 이기고, 전쟁 중이던 나라와, 전쟁 중이던 여자들과 남자들은 화해하고 함께 노래를 부른다.

이 작품 역시 외설스럽다면 외설스러운 작품이다. 어쩌면 이제까지 무대에 오른 작품들 중에서 가장 외설스러운 작품일 수도 있다. 하지만 이모저모 따져볼 때, 절대 음탕하거나 불결한 작품은 아니다. 《뤼시스트라테》에는 풍기 문란을 부추기는 점이라고는 전혀 없기 때문이다. 이 작품은 모든 인간에게 깊숙이 뿌리내리고 있는 가장 근본적인 감정, 곧 평화를 사랑하며, 아니 그보다 더 원초적으로 삶에 대한 사랑과 한바탕 웃음이 들어 있는 작품이다. 삶에 대한 사랑이란 적어도 우리가 아는 한 육체적인 사랑과 그로 인해 얻는 즐거움을 통해서만 영속될 수 있지 않은가.

《뤼시스트라테》가 주는 웃음은 그리스인들의 건강한 활력, 아니 더 나아가서 인류 전체의 건강한 활력을 표현하고 있다.

아테나이 민중의 소망을 담은 《평화》

아리스토파네스가 전쟁에 반대하기 위해 쓴 작품 중에서도 걸작은 《평화》다. 기원전 421년, 임박한 휴전에 대한 기대감으로(헛된 기대감에 불과했지만) 기뻐하는 농부들의 이야기를 그린 작품으로,《뤼시스트라테》보다 조금 먼저 발표되었다.

트뤼가이오스라는 이름(이 이름은 새로 나온 포도주를 맛보는 사람을 의미한다)을 가진 포도밭 일꾼의 이야기다. 트뤼가이오스는 늘 입으로만 평화 협정을 체결할 것이라고 말하면서 정작 협정은 체결하지 않는 정치가들의 번지르르한 말에 신물이 난 나머지, 혼자서 평화를 찾아 하늘, 그러니까 신들이 거주하는 올륌포스 산으로 올라가기로 결심한다. 그런데 인간들이 어찌나 들들 볶아대는지 거기에서도 평화는 벌써 오래전에 사라져버렸다. 그러자 그에게 불행이 닥쳤다. 무시무시한 거인이며 전쟁 귀신인 폴레모스가 평화를 동굴 속에 가둬버린 것이다. 한편 신들은 더 이상 인간들의 일에 간섭하지 않았다. 솔직히 그놈의 전쟁에만 정신이 팔린 인간들은 아둔하기 짝이 없었다! 신들은 올륌포스를 떠나 천상으로 이사를 가버렸다. 헤르메스 신만 그릇들을 지키기 위해서 올륌포스에 남아 있었다. 말하자면 그는 신들의 나라의 경비원 노릇을 하고 있었다.

여기서 다시금 아리스토파네스의 단순하면서 기발한 상상력이 즐거운 충격을 선사한다. 평화는 하늘에 있다. 트뤼가이오스는 따라서 하늘로 가서 평화를 되찾은 다음 그걸 가지고 지상으로 돌아오기로 한다. 그는 제우스의 궁전에 가기 위해서 어린 시절에 읽었던 우화(라퐁텐은 이 우화를 조금 손질해서 그의 우화집에 수록했다)를 떠올린다. 그는 거대한 풍뎅이를 타고 우주를 향해 날아간다. 풍뎅이는 쇠똥구리라고도 하는데, 그건 녀석이 쇠똥과 염소 똥을 양분으로 삼고 있기 때문이다. 여하튼 트뤼가이오스는 쇠똥구리를 한 마리 잡아서 두 명의 노예를 시켜 녀석이 좋아하는 밥을 먹이도록 했는데, 그중 한 노예가 반쯤 질식한 듯한 표정으로 관객들에게 혹시 콧구멍 없는 코가 있으면 구해달라고 애원을 한다.

그러니 이 작품의 연출이 어떠할지 상상해보라! 무대는 두 부분으로 나뉜다. 트뤼가이오스의 농가가 관객의 오른쪽에, 올림포스와 신들이 거주하는 궁궐이 왼쪽에 자리 잡고 있다. 두 집 사이에는 거대한 동굴의 입구가 있고, 입구는 커다란 돌들로 꽉 막혀 있다. 연극용 기계가 자기 집 앞에 나와 있는 트뤼가이오스를 쇠똥구리에 태우고 공중에서 반원을 그린다. 아버지가 하늘로 솟아오르는 모습에 감탄을 금치 못하는 딸들은 아버지에게 잘 다녀오라는 인사를 건네고는 아버지가 약속한 대로 파이와 덧신을 가지고 돌아오기를 기다린다. 마침내 기계는 트뤼가이오스를 제우스가 거처하는 곳의 입구에 내려놓는다. 이제 우리의 용감한 포도밭 일꾼은 본격적으로 작업에 돌입한다. 동굴로부터 평화를 끌어내려고 안간힘을 쓰기 시작한 것이다. 그는 희극에 등장하는 합창단의 도움을 받는다. 합창단은 모든 참전국 출신들로 이루어졌다. 이 부분에서 아리스토파네스의 입장이 드러난다. 전쟁에 참여한 모든 나라의 민중들은 너나없이 평화를 원한다는 것이다. 트뤼가이오스는 합창단에는 농부와 수공업 장인, 노동자, 상인들이 대다수임을 분명히 한다. 그들은 땀을 뻘뻘 흘리며 애를 쓴 끝에 마침내 막혀 있던 동굴 입구를 여는 데 성공한다. 하지만 그것으로 끝이 아니다. 굵은 동아줄을 사용해서 깊은 우물 바닥에 웅크리고 있는 것으로 보이는 평화를 밝은 빛 가운데로 끌어내는 일이 남아 있었다. 그런데 모든 사람들이 똑같이 열심히 동아줄을 당기는 것은 아니었다. 트뤼가이오스는 게으름을 부리는 자들을 나무라면서, 각자에게 그들 각각의 정치적 성향에 맞는 농담을 건넨다. "영치기 영차! 영치기 영차!"를 거듭한 끝에 평화의 여신이 동굴 밖으로 모습을 드러낸다. 두 명의 아름다운 여자, 그러니까 피와 살로 이루어진 실제 여자들이 입상으로 표현된 여신과 동행한다. 여자들은 태어날 때 자연이 입혀준 차림 그대로다. 한 명은 오포라, 즉 추수와 과일의 여신이며, 다른 한 명은 테오리아, 곧 축제와 향연의 여신이다. 아테나이인들은 전쟁이 계속된 지난 10년 동안 빵과 과일, 축제와는 담을 쌓고 지내야 했다.

트뤼가이오스는 두 여신의 등장을 시와 농담, 풍자가 적당히 버무려진 매력과 우아함, 그리고 더 나은 날들에 대한 희망이 넘치는 서정적인 열정으로 열렬히 환영한다.

오, 고귀한 여신이여, 우리에게 포도를 주는 그대여,
어떻게 그대에게 인사를 해야 할까요?
어디에 가면 그대에게 전할 인사를 담을 만한
물 단지 만 개만큼 큰 말을 찾아올 수 있을까요?
우리 집에는 그렇게 큰 말은 없거든요!
안녕, 오포라 여신! 그리고 그대, 테오리아 여신도 안녕!
아, 그대는 정말 아름다운 얼굴을 가졌군요, 테오리아!
아, 이 숨결! 내 가슴에 얼마나 부드럽고 감미롭게 와닿는지!
그대의 숨결은 전쟁의 끝을 향기롭게 만드는군요, 아, 이 몰약……

그곳에 있던 헤르메스(헤르메스는 매우 인기 있는 신으로, 소박한 서민들의 친구다)가 묻는다. "이건 병사의 배낭에서 나는 냄새가 아닌 것 같은데?" 트뤼가이오스가 대답한다. "체! 그건 양파 대장의 트림보다도 고약하지."

> 이 숨결은 수확의 계절을 향기롭게 만들지,
> 환대의 기쁨, 디오뉘소스 신 축제, 피리 소리
> 비극 시인, 소포클레스의 노래, 잘 구워진 개똥지빠귀,
> 에우리피데스의 새콤달콤한 시구……
> 담쟁이, 포도주 거르는 체, 매 우는 어린 양들,
> 들판을 뛰어다니는 여인네들의 가슴팍,
> 술 취한 하녀, 엎질러진 포도주 항아리,
> 그 외 다른 많은 좋은 것들.

헤르메스 신은 화해하기로 결정한 도시들을 보여준다. "친구가 된 도시들이 서로 농담을 주고받고 주위가 떠나가도록 크게 웃는 모습들을 보게, 모두들 흡족해하는군."

평화가 돌아왔다. 이제 모두 들판에 나가 일을 할 수 있게 되었다. 트뤼가이오스는 그 사실만으로도 감격해 자빠질 지경이다.

희극의 후반부에서 우리는 트뤼가이오스와 오포라 여신의 결혼식에 참석하게 된다. 즐거움으로 충만한 결혼식! 하지만 이 흥겨워야 할 결혼식은 수많은 방해꾼들 때문에 흥이 깨지고 만다. 예를 들면 이런 식이다. 무기 제조업자가 나타나 장례식에 온 사람처럼 우는 소리를 한다. 무기 제조업자, 갑옷 제조업자, 창 판매상, 나팔 제조업자

등이 저마다 자신이 만든 물건들을 들고 나타난다. 트뤼가이오스는 이 무기들을 가정에서 사용할 목적으로 구입하겠다는 시늉을 하며 유쾌하게, 하지만 단호한 태도로 이들을 돌려보낸다. 하지만 어쩌랴. 전쟁용 무기는 집 안에서는 아무짝에도 쓸모없는 천덕꾸러기에 불과하니 말이다. 오로지 창만이 포도밭 일꾼 트뤼가이오스의 눈에 그런대로 쓸모 있어 보인다. 그는 1드라크메에 100개를 사기로 하고는 이렇게 외친다. "둘로 쪼개면 포도 버팀목으로 쓸 수 있겠군!"

또 학교에 다니는 어린이들에게 결혼식 축가를 부탁하는데, 이 아이들이 아는 노래라고는 군가밖에 없다는 것을 알고 트뤼가이오스는 반쯤 돌아버린다.

《평화》는 푸짐한 잔칫상이 등장하면서 막을 내린다.

아리스토파네스가 평화를 얻기 위해 고안해낸 희극적 행위는 대략 이런 식이다. 그의 상상력이 빚어낸 행동들은 무척 환상적이지만, 현실을 벗어나지 않는다. 오히려 우리에게 현실, 즉 당시의 역사적 상황에서 그리스 민족이 요구하는 평화라고 하는 현실을 더 깊이 들여다보도록 이끈다.

아리스토파네스는 구제 불능의 현실주의자다. 그는 현재의 현실을 묘사하는 데 만족하지 않고 한층 더 치열하게 파고들어 그리스 민족이 미래의 현실이라고 부르는 먼 앞날의 현실까지도 알려주려 애를 쓴다. 이 미래의 현실을 그는 상상력이라는 수단을 이용해서 발견한다. 그가 상상해낸 연극적 행위들은 그의 희극을 일종의 시간 여행기로 만든다. 그리고 이 점은 평화를 주제로 쓴 작품뿐만 아니라 다른 작품에서도 공통적으로 통용된다.

팍팍한 현실에 웃음을 주는 풍자 시인

아리스토파네스의 작품 중에서 현실로부터 거리를 둔 채 비약을 거듭하며, 유난히 시적인 도약이 느껴지는 작품이 있는데, 바로 희극시 《새》다. 아테나이는 시켈리아에서의 참패로 사기가 땅에 떨어지고, 내부 분열이 그 어느 때보다도 심해지면서, 비참함이 극도에 달한 상태. 이런 아테나이를 대상으로 오랜 적군, 새로운 적군, 뿐만 아니라 제국 내에서도 반기를 든 도시들이 마지막 일격을 가할 준비를 하고 있을 때, 아리스토파네스는 시민들에게 근사한 세계, 웃음과 기쁨으로 충만한 세계를 보여주려고 했다. 이는 현실 도피 수단도 아니고 잠시나마 현실을 망각하도록 하기 위해서도 아니다. 오히려 '파라다이스(이 말은 원래 아름다운 정원을 뜻한다)', 즉 인간이 어느 때라도 갈 수 있는 유일한 정원, 인간에게 노동과 노동의 결실, 일용할 양식과 휴식을 동시에 제공하는 유일한 정원, 특히 그리스인들이 피조물 간의 원초적인 형제애, 동물들과 나무들과의 우정, 신들과의 친근한 교류 등을 되찾을 수 있는 유일한 정원을 선사하기 위해서라고 보아야 한다. 이 정원은 바로 자연이다. 아리스토파네스는 다시 한 번 자연에서 어린 시절의 감미로움을 맛본다. 그는 아테나이인들에게 황금시대를 되찾아준다.

그는 물론 유쾌한 장치들을 통해서 그렇게 한다. 자, 이제부터 그것을 살펴보자. 아테나이인들에게, 역사적 재앙의 시기에 《새》가 주는 웃음보다 더 중요하고, 더 진지한 것이 과연 무엇이 있단 말인가?

자연과의 합일에서 원초적인 기쁨을 찾는 《새》

어느 날 훌륭한 시민 두 명이 아테나이라면 이제 지긋지긋하다고 결론을 내린다. 자신들의 고향인 이 도시를 증오하지 않는 것이 오히려 이상할 정도다. "아테나이는 벌금 내기 좋아하는 사람들에게는 호의적인 도시지"라고 에우엘피데스가 농담처럼 말한다. "매미들은 한두 달가량만 줄곧 나뭇가지에 앉아서 노래를 부르지. 그런데 아테나이 사람들은 평생 쉴 새도 없이 재판정에 걸터앉아서 노래를 불러댄다니까." (여기서 소송이란 전문적인 고발자들이 아테나이가 처한 위기 상황에서 조금이라도 미심쩍은 데가 있는 시민들을 대상으로 하는 정치적 송사를 가리킨다).

자, 우리의 에우엘피데스와 피스테타이로스는 정말 지긋지긋하다. 아니 그 정도가 아니다. 저질 정치 싸움과 모함, 징징대는 억지 주장만 일삼는 아테나이가 꼴도 보기 싫다. 아리스토파네스는 아테나이가 이미 와해되기 시작했다는 것을 잘 알고 있다. 우리는 시골의 숲 근처에서 "양털처럼 포근한 도시, 푹신한 모피에서처럼 편안히 두 다리를 펴고 쉴 수 있는 도시"를 찾고 있는 두 사람을 본다. 두 사람은 축제날처럼 삶을 향유할 수 있는 도시, 파벌이나 사기 행각, 소송, 빚, 돈 문제 따위는 없는 도시를 찾거나, 그게 불가능하면 그런 도시를 세우고 싶어한다. 그렇다면 새들을 찾아가보는 건 어떨까? 하고 두 사람은 생각한다. 새들은 도금양이나 양귀비, 박하 덤불 속에서 편안히 지내지 않던가. 새들은 게다가 늘 신혼부부처럼 사이좋게 지낸다. 거창한 계획으로 항상 머리가 꽉 차 있는 에우엘피데스는 새들이 사는 곳에서 새들과 더불어 하늘과 땅 사이, 구름 속에 새로운 도시를 세우면 안 될까 하고 심각하게 고심한다.

새가 되기 전에 한동안 인간의 삶을 산 적이 있는 오디새와 의기투

합한 두 사람은 오디새에게 이 세상의 새란 새들은 모두 불러달라고 부탁한다.

오디새는 우선 꾀꼬리 필로멜라를 부른다. 필로멜라는 오디새의 아내이기도 하다.

  오, 내 사랑, 오, 갈색 머리, 오, 새들 중에서 가장 사랑받는 새.
  너는 나의 모든 노래에 등장하지,
  꾀꼬리, 어린 시절의 동반자
  네가 왔구나, 네가 왔어, 난 너를 보았지,
  너는 부드러운 네 목소리를 내게 가져다주었지,
  오, 아름다운 피리 소리를 들려주는 너
  봄의 목소리.

  꾀꼬리, 너의 갈색 목이
  물처럼 흐르는 멜로디로 떨릴 때, 너의 노래가,
  주목 잎들 사이로 올라와
  제우스 신의 거처에 다다르면, 금발의 포이보스가
  너의 노래를 듣고 상아가 박힌 그의 리라를
  너의 노랫가락에 맞춘다네. 그는 신들로 이루어진 합창단을 소집하며
  영원히 사는 그들의 입으로부터
  너의 노래에 맞추는
  행복한 자들의 신성한 노래가 흘러나온다네.

덤불숲에서 피리 소리가 꾀꼬리의 노래를 흉내 내자, 감격한 에우

엘피데스가 외친다.

오! 작은 새의 목소리,
그 목소리가 덤불숲 전체를 꿀로 가득 채우는구나.

오디새는 아내를 부를 때 이미 그 같은 이야기를 들려주었다. 꾀꼬리의 노래는 너무도 아름다워서 신들의 합창단마저 그 소리에 맞춰 노래한다고. 이런 시보다 더 그리스적인 것이 있을까? 이 시는 자연과의 깊은 합일을 말한다. 신들로부터 새에 이르기까지 자연의 조화는 동일하다.

하지만 오디새의 부름을 받고 땅과 하늘, 바다의 모든 새들이 무대에 모여들기 시작하면서 괴상한 합창단이 만들어진다.

아리스토파네스는 새들에 대해서라면 훤하다. 새들의 보금자리, 양식, 생활방식 등을 환히 꿰고 있다. 오디새가 모든 새들을 부르는 소리를 통해서, 그는 이 새들을 영역별로, 요즘 말로 해서 거주지별로 분류한다. 새들의 지저귐 속에 들어 있는 멜로디, 떨리는 울음소리에서 파악되는 일련의 분절음별로 구분하는 것이다.

오디새의 부름은 대략 이런 식이다.

에포포포이, 포포이, 포포포이, 포포이,
이오, 이오, 모여라, 모두 모여라, 날개 달린 내 친구들아!
농부들이 파종한 들판에서 모이를 쪼아 먹는 너희들,
보리를 갉아먹는 엄청난 녀석들, 낟알을 쪼아 먹는 녀석들,
단숨에 우리를 매혹시키는 노래를 부르며 날아오르는 너희들!

하루 종일 흙덩어리 근처를 뛰어다니면서 지저귀는 너희들

지금 이 즐거운 작은 소리처럼.

티오, 티오, 티오, 티오, 티오, 티오, 티오, 티오!

정원에서 담쟁이 열매를 따 먹는 너희들도

모두 모여라, 산에 사는 너희들도

들판의 올리브를 쪼아 먹는 녀석, 관목 풀을 뜯어 먹는 녀석들,

날개를 퍼덕이며 내 노랫소리를 따라 오너라,

트리오토, 트리오토, 토토브릭스!

그리고 너희들, 늪지대 계곡에서

날카로운 가시를 가진 친구들을 덥석 물어 올리는 녀석들,

습한 지방과 마라톤의 아름다운 초원에 사는 녀석들!

그리고 너, 색색가지 날개를 가진 꿩, 꿩!

그리고 바닷새들과 더불어 성난 파도 위를 유유히 날아가는 너희들

바다로부터 이리로 와서 이 소식을 들어보라!

우리는 이곳에 이 세상에 존재하는 모든 종류의 새들을 모을 것이다.

웬 사람, 나이 든 꾀돌이가 우리를 보려고 찾아왔다.

그는 혁신적인 정신의 소유자이며, 대담한 추진력을 겸비했다.

그러니 오라, 모두들 와서 각자의 의견을 말하라.

오라, 하늘을 나는 새들이여, 오라, 이곳으로 오라.

토로토로, 토로토로로틱스, 키카바우, 키카바우,

토로, 토로, 토로, 토로릴리릭스!

얼마 지나지 않아 합창단의 춤을 위해 마련된 널찍한 반원의 공간은 온갖 지저귐으로 가득 찬다. 새들이 도착하자, 에우엘피데스와 피

스테타이로스, 이 두 남자는 한껏 속도를 내어 목록을 읽는다. "자, 자고새, 상오리, 바닷새…… 올빼미…… 딱따구리, 멧비둘기, 종달새, 꾀꼬리…… 비둘기…… 매, 산비둘기, 뻐꾸기, 울새…… 황조롱이, 흰꼬리수리……." 그 밖에도 우리가 모르는 새들이 수두룩하다.

이 모든 새들이 서정적인 아름다운 가락에 맞춰 함께 짹짹거리고 춤을 춘다. 새들의 노래와 춤은 자자손손 원수인 인간에 대한 적개심과 도전으로 가득 차 있다.

웃음을 이끌어내기 위한 싸움이 시작된다. 두 남자는 복수심으로 가득 찬 새들이 주둥이를 뾰족하게 세우고 날개를 활짝 펼친 다음 날카로운 발톱을 내밀면서 그들의 눈을 파버리겠다고 노발대발하며 분노에 찬 위협을 가하는 것을 가까스로 피한다.

그때 오디새가 개입하면서 피스테타이로스는 그제야 새들에게 그들이 세운 굉장한 계획을 설명할 기회를 얻는다.

그는 뛰어난 말솜씨로 수많은 예를 들어가면서 엄숙하면서도 환상적인 멋진 연설을 늘어놓는다. 올림포스의 신들은 모두 일종의 왕위 찬탈자로, 이 세상이라는 왕국은 원래 새들의 것이었다는 이야기도 빼놓지 않았다. 이 대목에서 벌써 아리스토파네스가 어느 날 희극 무대에서 웃자고 발명해낸 새를 섬기는 종교가 윤곽을 잡아가기 시작한다. 사실 새에 대한 숭배는 그리스 영혼의 깊은 곳에 자리하고 있으며, 아리스토파네스가 활동할 당시에도 몇몇 농촌 지역에서는 그 흔적이 남아 있던 원시 종교를 상기시킨다.

"가장 먼저 나는 수탉의 예를 들겠습니다. 예전엔 수탉들이 권력을 잡았고, 페르시아 전체를 지배했습니다. 그게 그러니까, 다리우스 이전, 메가바조스 이전이 되겠죠. 수탉이 오랫동안 왕권을 유지했기 때문에 수탉을 페르시아의 새라고 부르는 겁니다……. 그 당시 수탉은 너무도 위대하고 힘이 세며, 강한 권력을 쥐고 있었으므로, 그 오래된 권력의 결과로 지금도 수탉이 새벽에 울기만 하면 모두들 자다가 벌떡 일어납니다. 대장장이나 도공, 가죽 무두장이나 구두장이, 목욕탕 일꾼이나 밀가루 장수, 리라 제조공이나 방패 제조공에 이르기까지 모두들 일을 시작하는 겁니다. 모두들 신발을 신고 아직 깜깜한데도 일을 하러 나간다니까요."

새들의 지고함을 증명하는 사례들을 열거한 다음, 피스테타이로스는 이번엔 새들의 굴욕에 대해서 이야기한다. 오늘날 새잡이들은 새들을 잡아서 시장에 내다팔지 않느냐는 것이었다. "요새는 사람들이 새들을 노예로 취급합니다. 그대들을 어리석은 천민 취급한다, 이 말입니다. 돌팔매질도 마다하지 않죠. 새잡이들은 성소에서도 아랑곳하지 않고 그대들에게 큰 올가미나 작은 올가미, 그물, 끈끈이 막대, 덫, 망 등을 마구 던질 정도입니다. 그렇게 해서 그대들을 잡은 다음 꼬치로 만들어서 팔죠. 사람들은 그대들을 삽니다. 요모조모 만져보고 더듬어보고 난 다음에 말이죠. 더구나 그대들을 적당하게 구워서 먹는 것으로도 모자라, 그대들 위에 잘게 간 치즈며 기름, 아위(阿魏), 식초 등을 뿌려댑니다. 그런 다음 달콤하고 끈적거리는 소스를 준비해서 펄펄 끓을 때, 그대들이 마치…… 고깃덩어리인 것처럼 그대들 위에 부어버립니다."

새들의 분노심을 한껏 달군 피스테타이로스는 그러니 잃어버린 왕국을 되찾자고 새들의 전의를 북돋는다. 그는 새들에게 하늘 한복판에 새로운 도시를 만들자고 제안했다. 이 도시가 신들과 인간들 사이에 오가는 교류를 가로채서 올림포스 신들의 양식인 제물들의 연기를 차단시키면, 배가 고파진 신들은 결국 새로운 도시가 요구하는 대로 하지 않겠느냐는 구상이었다. 한편 인간들로 말하자면, 날개 달린 종족이 마치 메뚜기들을 지배하듯이 인간들도 지배하게 될 것이었다.

피스테타이로스의 제안은 총회에서 표결에 부쳐졌으며, 압도적인 지지를 받아 가결되었다. 마침내 새들에 대한 숭배가 결정된 것이다. 따라서 인간들은 이제까지 숭배해오던 신들에게 제물을 바칠 때면 최소한 한 마리의 새에게도 제물을 바쳐야 할 것이다. "포세이돈 신에게 암양 한 마리를 번제로 바칠 때면, 최소한 오리에게 밀알 몇 알 정도는 바쳐야 한다! 신들의 제왕인 제우스에게 숫양 한 마리를 바친다면, 그 양을 태우기에 앞서 새들의 제왕인 굴뚝새를 위해 불알 달린 파리 한 마리 정도는 목을 따야 한다!" 장광설을 끝낸 시인은 다시 서정적인 투로 돌아간다.

> 날개 달린 신들을 위해서라면, 우리는
> 대리석 신전을 지을 필요도 없다네.
> 그 신전을 황금 문으로 걸어 잠글 필요도 없지.
> 왜냐하면 그들은 털가시나무 덤불숲에
> 살 테니까. 날개 달린 신들 중에 가장 고귀한 신은
> 올리브나무를 성소로 삼을 거라네.
> 그러면 우리는 신들에게 제사 지내기 위해
> 델포이에도 암몬에도 갈 필요가 없다네. 소귀나무와
> 올리브나무 가운데에서 기도하기 위해 자리를 잡고 선 다음,
> 두 손을 나뭇잎을 향해 벌리고, 우리는 신들을 부르리라.
> 우리는 신들에게 우리 몫의 재화를 달라고 기도하리라.

그러면 보리나 밀 한 줌에 곧 흡족해진
신들이 우리의 기도를 이루어주시리라!

피스테타이로스의 열정적인 연설에 홀딱 빠진 새들은 곧 그와 장단을 맞추어, 새로운 도시를 지을 것이라고 화답한다. 새로운 도시에 멋진 이름도 선사한다. 새 도시의 이름은 네펠로코퀴기아인데, 구름-뻐꾸기 도시라는 뜻이다.

도시 건설과 공화국 조직에 있어서 새들은 각자 생활양식이나 신체적 특징에 따라 기능을 부여받았다. 가령 제비는 목수 보조 역할을 맡았다. 아리스토파네스는 부리에 회반죽을 문 제비를 본 적이 있다. 게다가 제비 꼬리는 흙손 모양이 아니던가. 딱따구리는 부리로 부지런히 대들보를 다듬는 영락없는 목수다. 하얀 앞치마를 두른 오리는 석공 일이 제격이라 벽돌을 나른다. 국경을 자유롭게 넘나드는 백조는 하늘 여행객들에게 통행증을 발급하는 일을 맡았다. 새매는 하늘의 헌병대가 되었다. 네펠로코퀴기아에 대항해서 벌써부터 고개를 드는 위협에 대비하기 위해 정찰이 필요할 때면 새매를 보내야 한다.

사실 하늘과 땅 사이에 지어지는 새들의 도시는 인간과 신들로부터 동시에 위협을 받을 수밖에 없다.

인간들은 새로 생긴 도시에 도움을 주겠노라며 그곳으로 들어오려 한다. 그렇게 되면 에우엘피데스와 그의 친구가 피하고 싶어하던 인간들과 또다시 부딪치게 되는 셈이다. 끝도 없이 계속되는 제사를 고집하는 사제들, 새들의 도시의 영예를 위해서 자기가 쓴 엉터리 시구를 팔려고 혈안이 된 삼류 시인들. 그뿐인가. 노동 감시자며 법률 제정자, 고발자와 직업적 공갈범들도 있다. 게다가 유명한 도시 계획가이며 한창 유행하는 학문 때문에 자만심이 하늘을 찌르는 메톤도 있다. 그 외에도 피스테타이로스와 그의 친구를 열받게 할 시시한 사람들이 수두룩하다.

그런가 하면 불만을 품기는 신들도 마찬가지다. 네펠로코퀴기아를 세우면서, 피스테타이로스가 예견했듯이, 새들이 신들의 양식인 제물을 태우는 연기를 차단해버린 탓에 가장 높은 하늘에 앉아 있는 신들은 꼼짝없이 굶어 죽게 생긴 것이다. 새들은 이제 인간의 신이 되었다. 신들은 인간이 행복과 빵을 얻는 자연 속에서 가장 높은 곳에 위치한 존재에 지나지 않는 딱한 처지가 되어버렸다.

《새》에 나오는 합창단의 노래는 피스테타이로스의 연설 내용보다 한 술 더 떠서 인간들에게 새로운 종교의 매력과 이득을 몇 번이고 되풀이해서 말한다.

> 그렇지, 우리를 신으로 받아들인다면,
> 당신은 우리에게서 예언자 뮤즈를 얻게 되는 셈이지.
> 미풍과 계절,
> 겨울, 여름, 따뜻한 햇볕을 알려주는 뮤즈.
> 우리는 당신에게서 멀리 도망가지 않아.
> 저 높은 곳, 구름 속에서,
> 제우스처럼 근엄하게 앉아 있지 않는다니까. 곁에 있으면서,
> 우리는 당신에게, 당신과 당신 아이들에게,
> 당신 아이들의 아이들에게, 부와 건강,
> 생명과 평화, 젊음, 춤과 축제,
> 그리고…… 새 젖도 주겠어.

새 젖이라는 단어는 물론 농담이다. 새의 젖이란 실제로는 존재하지 않지만, 그리스어로는 '완벽한 행복'을 뜻한다. 이쯤 되면 아리스토파네스도 대놓고 농담을 하는 것이라고 보아야 한다. 그는 정말로 마음을 쏟는 일에는 스스로의 감정을 비웃기라도 하듯이 꼭 조롱 섞인 한두 마디를 덧붙여야 직성이 풀린다.

어쨌든 배가 고픈 신들은 화가 날 대로 났다. 그래서 세 명의 신을 뽑아 이 괘씸한 도시에 대사로 파견한다. 셋 중 하나는 다름 아닌 위대한 포세이돈으로, 위엄이 넘친다. 두 번째는 헤라클레스다. 그는 폭식가인 데다 늘 먹는 것만 생각하는 인물이다. 세 번째는 타지인의 신으로, 그리스어는 한마디도 할 줄 모르는 위인이다.

피스테타이로스는 대사들을 영접했으며, 신들에게 경배와 제물을 올리기 위해서 조건을 내걸었다. 제우스 신이 '바실레이아(왕권)'라는 이름을 가진 딸을 그에게 내주어서 결혼을 하도록 해야 한다는 것이었다. 그런 다음 그는 대사들을 오찬 자리에 초대했다. 위엄 있는 신 포세이돈은 점잖게 피스테타이로스가 내건 조건과 오찬을 거절했다. 헤라클레스는 협상을 하는 도중에 피스테타이로스가 준비 중인 찜요리 냄새를 맡고 그 자리에서 모든 것을 수락해버렸다. 따라서 최후의 결정은 아무것도 모르는 데다 아무도 알아듣지 못하는 말만 하는 타지인 신에게로 넘어갔다. 결국 그가 한 말은 전반적으로 화해를 하는 방향으로 해석되었다.

이처럼 아리스토파네스는 풍자 시인(그의 시는 몇몇 동시대인들에 대해서는 가혹할 정도였고, 정치가들이 벌이는 정쟁과 그리스 전역을 분열로 몰아가는 전쟁 속에서 고대 문명 전체를 위협하는 기미를 일찌감치 간파했다)인 동시에 즐거움, 삶과 자연, 자연 속에 사는 모든 생명체에 대한 세속적인 사랑을 노래한 시인이기도 하다.

이런 식으로 풍자 희극이라기보다는 우화 같은 행위가 계속되는 내내 아리스토파네스는 새들에게 강한 우정을 드러낸다. 그는 웃음 속에서 새들로 하여금 새들이 세계에서 가장 오래된 존재임을 증명한다고 주장하는 신통계보학(神統系譜學)을 전개시키게 한다.

> 태초에 혼돈과 밤, 검은 에레보스(암흑), 그리고 거대한 타르타로스(하계의 가장 아래)가 있었다. 대지도, 공기도, 하늘도 아직 존재하지 않았다. 에레보스의 끝없는 심연 한가운데에서 제일 먼저 검은 날개를 지닌 밤이 배(胚)가 없는 알을 낳았다. 시간이 흘러 그 알에서 욕망의 에로스가 태어났다. 에로스의 등에는 반짝거리는 황금 날개가 달려 있었으며, 세찬 소용돌이 바람만큼이나 날쌨다. 어느 어두운 밤에 저 깊은 곳에 자리한 타르타로스에서 날개 달린 혼돈과 하나가 되어 우리 종족을 탄생시키고, 제일 먼저 우리 종족을 빛 가운데로 올려 보낸 것은 바로 에로스였다. 불멸의 종족이 아직 태어나기도 전에, 에로스는 이 세계의 구성 요소들과 짝짓기를 한 것이었다. 이 짝짓기로부터 하늘과 바다, 대지, 그리고 행복한 자들의 청렴한 종족이 태어났다. 그러므로 보다시피 우리는 불멸의 존재들보다 훨씬 선배격이다.

이런 식으로 새들은 그림자나 다를 바 없는 실체 없는 유령들, 날개도 없으며 일장춘몽에 지나지 않는 인간과 비슷한 존재들을 향해 말했다. 요컨대 새들은 노화도 모르고, 영원을 생각하며, 죽을 운명을 타고난 존재들에게 "천상의 것들의 속성에 관한 모든 진실"을 가르쳐주는 소중한 존재라는 것이다.

이야기가 좀 더 진행되면, 새들은 관객들에게 자신들이 인간에게 베풀어준 혜택을 상기시킨다. 새들은 농부들이나 뱃사람들이 쓰는 책력과 마찬가지이며, 가장 확실한 전조이자 가장 정확한 신탁이라고 주장한다.

> 죽을 운명을 타고난 존재들에게 계절을 알려주는 건 우리지.
> 봄, 겨울, 가을. 우리는 그들에게 파종을 하라고 말해주지,
> 두루미가 울면서 리뷔에로 날아갈 때면 말이지.
> 두루미는 뱃사공에게도 알려주지.
> 키를 멈추고 실컷 잠이나 자라고 말이지…….
> 소리개는 그보다 늦게 나타나 새로운 계절을 알리지.
> 그러면 암양들의 봄 털을 깎아주어야 할 때가 온 거지.
> 그다음엔 제비가 당신들의 두터운 양털 외투를 팔고
> 가벼운 튜닉을 사라고 알려주지.
> 우리는 당신들에게 암몬이고 델포이이며 도도네,
> 포이보스-아폴론이라네.

작품의 다른 부분에서는(아리스토파네스의 새에 대한 절대적인 우정을 보여주는 또 다른 증거다) 날개 달린 종족의 총회에서 자신들의 동료들을 박해하며 죽은 새들을 모독하는 유명한 새 상인을 대상으로 하는 엄중한 법령이 채택된다.

> 당신들 가운데 새잡이 필로크라테스를 죽이는 자는
> 1탈란톤을 받을 것이다. 우리에게 그자를 산 채로 데려오는 자는

4탈란톤을 받을 것이다. 그가 그물로 방울새들을 잡아

일곱 마리를 6분의 1오볼로스에 팔고

개똥지빠귀에 바람을 잔뜩 집어넣어(더 크게 보이려고)

전시하고 훼손하며,

티티새의 콧구멍 속에

깃털을 꽂아 넣고, 비둘기들을 잡아

가두어두었다가 올가미에 달아매어

미끼 새로 사용하기 때문이다.

이런 대목을 읽으면 익살스러운 항의가 느껴지지 않는가? 연민의 정도 물론 느껴진다. 아니, 연민 이상이 아닐까? 인간의 삶과 비교해 볼 때, 모든 것이 즐겁고 웃음을 머금게 하며, 젊음과 노래로 가득 찬 듯이 보이는 날개 달린 종족에 대한 절제되었으나 확실한 호의라고나 할까.

아리스토파네스의 시는 절대로 글자 그대로 해석해서는 안 된다. 위에서 인용한 몇몇 대목에서는 비록 그런 기미가 엿보였을지 모르나 그는 절대로 새들에 대한 숭배를 정립하고자 진지하게 생각한 적이 없다. 하지만 그의 작품 일부를 두고 볼 때, 도대체 웃음은 어디에서 끝나는가? 꿈은 어디에서 시작되는가? 우리의 시인은 자신의 조상들이 섬겨왔던 종교와 비슷한 형태를 지닌 숭배를 꿈꾸었다. 이 점을 반드시 기억해야 한다. 대부분의 다른 원시 종족 사회에서 그렇듯이 그리스 땅에서는 숭배라고 하면 인간의 모습을 한 신들을 생각해 내기에 앞서 동물, 그중에서도 특히 새들을 그 대상으로 삼았다. 피스테타이로스의 입을 빌려 제우스 신에 앞서서 독수리가, 아테네 여신에 앞서서 올빼미가 사랑을 받았음을 만천하에 알린 아리스토파네스의 주장은 너무도 적절했다. 다른 곳도 아닌 아크로폴리스에서도 아테네보다 올빼미가 먼저 숭배의 대상이 되었음을 우리는 잘 알고 있다(정작 아리스토파네스는 이 사실을 몰랐다). 아테네 여신은 호메로스가 의미도 제대로 모르면서 어느 대목에서 묘사한 것처럼, "올빼미 같은 얼굴"을 한 여신이었다. 그리스인들은 신화나 고고학 발굴 작업에서 드러나듯이 소리개와 비둘기, 뻐꾸기와 백조, 제비와 꾀꼬리를 사랑했다. 신화는 변신의 의미를 전복시킨다. 백조가 시간이 지나면서 제우스로 변하는 식으로, 역방향의 변신이 이루어지는 경우는 없다. 대중의 의식, 농부의 기억은 새들을 숭배하는 종교에 대해 막연하고 어렴풋한 추억을 간직하고 있다. 아리스토파네스는 새들과 놀던 중에, 혹은 과거의 제례의식에서 영감을 받아서, 그것도 아니면 단순히 직관에 의해 농촌의 영혼 저 깊은 곳에 웅크리고 있던 신성한 추억을 뒤흔들고, 이것들을 반쯤 부활시킨 격이라고 할 수 있다.

아리스토파네스는 꿈을 꾸고, 신명나는 놀이를 벌인다. 하지만 누구나 자기가 원하는 꿈과 놀이를 벌일 수 있는 것은 아니다. 꿈과 놀이는 깊이 숨겨진 우리의 본성, 우리의 과거, 우리의 조상, 우리 민족에게서 애써서 퍼올려야 한다. 어떤 의미에서는 꿈과 놀이는 우리 자신을 표현하는 것이다. 나무 사이에서 놀기만 한다고 해서, 새와 나무를 사랑해본 적도 없는 사람이 어느 날 갑자기 새들에 대한 숭배를 떠올릴 수는 없는 노릇이다. 아리스토파네스는 《새》라는 작품을 구상하면서, 그 자신이 생각했던 것보다도 훨씬 진지했다.

아리스토파네스가 구사하는 희극적인 분위기 또는 유머는 사실 자연으로부터 적잖은 영향을 받은 자신의 감수성을 감추기 위한 일종의 저항 형태에 불과함을 보여주는 몇몇 대목을 인용해보겠다.

합창단은 노래한다.

> 날개 달린 새의 종족은 행복하도다!
> 겨울에 우리는 외투로 우리 몸을 감쌀 필요가 없지.
> 여름이면 숨이 막힐 것 같은 타는 듯한 열기도
> 우리를 괴롭히지 못한다네.
> 우리는 초원의 꽃들 사이에서 살지.
> 덤불숲의 신선함이 우리의 은신처라네.
> 신의 음성을 지닌 매미가
> 날카로운 고함소리를 내지르고, 정오의 태양의 열기에 취해
> 호소할 때 말이지. 우리는 깊은 동굴 속에서 겨울을 난다네,
> 산의 요정들과 놀면서 말이지.
> 우리는 백도금양의 부드러운 열매와
> 카리테스 여신들의 정원에 열린 과실을 쪼아 먹는다네.

아리스토파네스가 자연 속에서 찾아낸 존재와 사물들을 희극을 위해 사용하기를 멈추고, 문득 그것들의 아름다움에 사로잡힌 것처럼 보이는 대목도 있다. 플라톤의 표현을 빌리자면 "헛소리의 망령에 혼을 빼앗긴" 것 같은 순간이다. 그런 순간에 아리스토파네스는 "신의 음성"인 매미나 꾀꼬리처럼 평소 과묵함 속에 침잠해 있던 자연이 우리와 소통하기 위해 선택한 하나의 음성에 불과해 보인다. 그는 그에게 영감을 주는 '덤불숲의 요정'을 창조해내는데, 이때의 그에게서는 웃음기가 전혀 느껴지지 않는다(나는 그의 시를 옮김에 있어서 유

성 음절의 흐름은 번역하지 않았고, 사실 번역을 한다는 게 불가능하다. 그 음절들은 시구와 시구 사이에 끼어 있으면서 숨이 가쁠 정도로 목청을 돋우게 한다).

> 덤불숲의 뮤즈여, 언제나 다양한
> 그대를 통해서 계곡과 언덕의 꼭대기에서
> 물푸레나무의 가지에 올라앉아
> 나는 내 갈색 목덜미에서 신성한 음률을 뽑아낸다네,
> 판 신을 위하여, 그리고 진중한 춤곡은
> 산의 어머니 여신을 위하여 부르지. 바로 그곳이라네,
> 프뤼니코스가, 꿀벌처럼,
> 우리 노래의 과실로 배를 불린 곳이.
> 새들의 노래를 들으면서 그가
> 그의 달콤한 찬가를 딴 곳도.

이런 대목에 이르면 아리스토파네스의 웃음은 비장미와 결합한다. 그는 자신의 가슴속에서 판 신으로 상징되는 자연을 찬미하기 위해 새들이 부르는 이 "신성한 음률"과 여신 중에서 가장 위대한 산의 어머니 여신을 위해 바치는 "진중한 춤곡"이 방망이질하는 것을 듣기 위해 침묵한다. 우리의 시인은 새들의 노래를 들으면서 자연의 위대한 존재들이 내는 신성한 침묵의 소리에 귀를 기울인다. 요컨대 그에게 새의 소리는 말로 표현할 수 없는 것의 표현이다.

그 점에 대해서 언급하면서 시인의 목소리도 엄숙해진다. 그가 언급하는 프뤼니코스는 아이스퀼로스보다 선배 시인으로, 비극의 아버지가 아니던가?

극의 한 끝에서 다른 한 끝으로 옮겨가면서 아리스토파네스는 이 세상의 근저에 존재하는 본질적인 조화(다른 많은 것들과 더불어)에 대해 들려준다. 신들과 새들을 비롯한 모든 존재들이 다 함께 이 장엄한 음악회에 참여한다.

그렇게 백조들은 헤브로스 강변에서,
모두 함께 목소리를 모아
모두 함께 날개를 퍼덕이며,
아폴론 찬가를 부르지.
그들의 소리는 하늘의 구름 속으로 올라간다네.
숲에서는 야생 동물들이 침묵하지.
바다의 물결도 잠잠해지고, 쪽빛으로 빛난다네.
올륌포스 전체가 쩌렁쩌렁 울리고, 신들은 놀라움에 사로잡히지.
하늘에서는 카리테스 여신들과 뮤즈들의 합창이
기쁨의 외침과 더불어 이들의 노래에 화답한다네.

chapter 9

지는해

지는 해

 이쯤에서 정리를 해보자.

 이제까지 그리스 문명 황금기의 몇몇 작품을 소개했다. 이 황금기는 더도 아니고 고작 50년 정도 지속되었으며, 주로 기원전 5세기 후반부를 가리킨다. 인류 전체의 역사에서 50년이라고 하면, 어느 여름날 하루 정도나 될까……. "정오의 열기 속에서, 태양 때문에 정신이 나간 매미는 소리를 지른다"고 아리스토파네스는 노래했다. 그리스 문명의 정오에는 천재적인 작품을 내놓느라 산고를 겪는 인간 종족의 오장육부에서 끌어낸 기쁨의 고함소리가 들린다.

 어쩌면 여름날 하루보다는 좀 길어질 수도 있다. 절정에 접어든 여름 한철 내내 정도로 해두면 어떨까. 여름과 풍성한 과실. 농부의 노동을 보상해주는 계절, 그리스인들이 오포라라고 부르는 계절. 과수원에서는 바구니마다 사과, 배, 자두가 그득하게 채워진다. 벌써 수

델포이의 저녁 풍경. G. 레알 사진.

확한 곡식은 곳간에 저장되었고, 포도밭에서는 반투명해지기 시작하는 포도가 수확의 계절이 다가옴을 예고한다. 가장 오래되고, 가장 가까이에서 만질 수 있고, 가장 많은 양분을 주는 대지의 신은 이번에도 약속을 지켰다……. 오포라는 막바지에 접어든 여름의 영광을 뜻한다. 오포라는 동시에 이제 막 시작되려는 가을을 의미한다……. 태양은 이제 지평선을 향해 내려간다.

문명의 황금기에 드리워진 그늘

기원전 4세기 초에 그리스 문명이 급작스럽게 멸망의 길에 접어든 것은 아니다. 그리스 문명은 여전히 건재했으며, 그 후로도 여러 세기 동안 기독교 시대가 시작되기 전까지는 스스로 개척한 인간의 새로운 활동 영역에서 몇몇 걸작품들을 생산했다. 걸작에는 못 미치더라도 매우 흥미로운 수작들도 여럿 나왔다. 황금기가 끝나자, 그리스 문명의 가치에 대한 질문, 아니 좀 더 노골적으로 말하자면 그리스 문명이 성공이냐 실패냐에 대한 질문이 제기되기 시작했다.

하나의 문명은 역사가 재미삼아 즐겨보는 일종의 놀이, 미래의 학자들에 의해 분류되어야 할 관습과 작품의 덩어리가 아니다. 하나의 문명이란 오히려 하나의 민족이 자신들과 남들을 위해서 만들어내는 하나의 기회, 아니 일련의 기회와 상황이라고 할 수 있다. 그 기회와 상황은, 인간의 손에 의해 야무지게 가다듬어져서, 오랜 기간에 걸쳐 인간 공동체에 균형을 가져다주고 최대한 많은 사람들에게 좀 더 인간적인 세상, 각자가 자신이 지닌 인류애를 더욱 완벽하게 꽃피울 수 있는 세상을 알게 해준다.

그런데 기원전 4세기경부터 그리스 문명에 서서히 찾아오기 시작한 쇠락과 급격한 방향 전환을 확인하고 보면, 이미 기원전 5세기경부터 그 전조를 보여왔던 것은 아닌지 자문하게 된다. 전조는 황금기의 절정에서도 명백하게 감지된다. 따라서 내가 그리스 문명의 방향 전환이라고 부른 현상을 본격적으로 살펴보려고 하는 이 장에서, 독자들에게 중요한 몇몇 조짐 정도는 미리 알려줄 필요가 있을 것이다.

끊임없는 전쟁과 내부 분열

우선 전쟁의 상시화를 들 수 있다. 전쟁은 27년이라는 긴 세월 동안 계속되었다. 그리스 도시국가들은 기원전 5세기의 후반 3분기 내내 아테나이를 필두로 활력을 잃고 기진맥진했다. 이 전쟁을 펠로폰네소스 전쟁이라고 부르는데, 이는 부적절한 이름이다. 앞에서도 말했지만, 이 전쟁은 고대 사회에서 일어난 최초의 세계대전이라고 보아야 마땅하다. 이름이야 어찌 되었든, 전쟁은 모든 그리스 국가들(예외가 있다면 극소수에 지나지 않는다)과 주변의 몇몇 타민족 왕국들까지 그 소용돌이 속으로 끌어들였다. 펠로폰네소스 전쟁만이 유일하게 황금기, 즉 내가 앞에서 묘사한 문명을 탄생시킨 바로 그 시기에 아테나이와 그리스 전역의 에너지를 소모시키고, 황금기를 갉아먹은 것은 아니다. 또 다른 전쟁, 그러니까 아테나이가 영토를 확장하고 제국의 토대를 공고히 하며, 연합국을 복속시키기 위해 일으킨 전쟁이 펠로폰네소스 전쟁에 앞서서 발발하여 12년 동안이나 지속되었다. 그러니 거의 40년 동안이나 전쟁은 황금기와 공존한 셈이다. 당연히 위험이 따랐고, 이 때문에 뒤를 잇는 세기가 시작되자마자 그리스 민족의 창조적 도약은 주춤거리게 되었다.

 이 전쟁들은 어느 모로 보나 제국주의 성향을 띠고 있었다. 기원전 5세기 초에 치른 페르시아 전쟁과는 달리 영토를 방어하기 위한 전쟁이 아니라는 말이다. 요컨대 '정의로운 전쟁'과는 거리가 멀었다. 두 전쟁은 어디까지나 정복을 위한 전쟁이요, 지배를 위한 전쟁이었다. 자국의 영향력과 위엄을 높이기 위해 전쟁을 원했다는 말이다. 전쟁을 주도한 아테나이뿐만 아니었다. 아테나이의 적군들은 자신들의 독립을 수호하고 도시국가들의 자유를 위해 싸운다고 주장하면서도, 일단 전쟁에서 승리하자 이 도시들을 제각기 자신들에게 복속시키기에 바빴다.

 제국주의 전쟁인 데다, 거의 모든 도시국가에서 시민들끼리 싸운 내란이기도 하다. 펠로폰네소스 전쟁에서 서로 싸우는 양측은, 특히 아테나이의 민주주의자들과 그들의 동맹은 내부적으로 두 개의 파벌, 즉 귀족파와 민주주의파로 분열되어 있었으며, 이들 중에서 힘이 약한 쪽은 적군 쪽의 지도자들과 동맹을 맺고 조국을 배신하는 일도 서슴지 않았다. 하긴 배신은 정복과 복속이 있는 곳에는 늘 따라다니게 마련이었다. 아테나이는 과거에도 그랬고 당시에도 좋게 말해서 동맹국이라고 부르는 도시국가들 내부에서 민주주의당을 권력에 앉히고 귀족당을 배제하는 혁명을 획책하지 않고서는 제국 내부에서도 지배력을 제대로 행사하지 못하고 있는 형편이었다. 민주주의를 신봉하며 호전적인 아테나이는 민회에서 과거의 에우파트리다이와 그들의 고객들, 즉 스파르타와 보이오티아 귀족들과의 협약을 지지하는 자들에 대한 세금을 끊임없이 인상함으로써 제국주의 전쟁을 지탱해왔다. 기원전 411년, 전쟁 기간 중에 한번은 소수파가 주도한 정변이 일어나, 아테나이의 민주 체제를 여러 달 동안이나 모조리 쓸어 내버렸다. 적국을 지도하고 있는 귀족들로부터 평화를 얻어내자는 의도에서였다. 이 시도는 아무런 성과 없이 끝났으나, 나름대로 다음 기회를 기약했다는 소득은 챙겼다고 보아야 한다. 기원전 404년에 아테나이가 백기를 들자, 승자는 패배한 민주정 대신 독재정권(30인 참주정)을 수립했다. 30인의 참주들은 귀족당에 속하는 아테나이 시민들로서, 스파르타는 그간의 충성에 대해 이런 식으로 보상했다.

이렇듯 그리스 도시들 간의 전쟁은 내란이기도 했으며, 내란은 대부분의 도시국가로 번졌다. 특히 민주정치를 실시하던 도시에서 이러한 현상이 심하게 나타났다.

내부 분열은 각 도시마다 너무도 강력한 양상을 띠고 나타났으므로, 펠로폰네소스 전쟁이 혹시 제국주의 전쟁이면서 동시에 계급 투쟁의 성격을 띠지는 않았는지 세밀하게 살펴볼 필요가 생긴다. 물론 이러한 표현은 기원전 5세기 말 도시국가들 간의 갈등을 기술하는 데에는 적합하지 못하다. 새로운 세기의 시작과 더불어 시대는 바뀌었다. 계급 투쟁의 의미는 이제 변질되었다. 아테나이나 다른 곳의 민주주의자들에게는 더 이상 정복을 한다거나 민주주의를 확산시키는 것이 문제가 아니었다. 이들은 부자들의 참여를 막는 데 한층 골몰했다. 또한 호적에서 신참자들을 배제하는 일도 이들의 중대 관심사였다. 전리품 배분이 있을 경우 기존 시민들의 몫을 늘리기 위해서였다. 한마디로 부자 민주주의자들의 기득권과 특권을 유지하는 방편이었다. 도시 내부에서 진행되는 투쟁은 더 이상 솔론이나 클레이스테네스 시절에 그랬던 것처럼 넓고 풍성한 의미에서의 계급 투쟁이라는 이름엔 걸맞지 않았다. 그 투쟁은 편협하고 비생산적인 의미,

즉 부정적인 의미만 지닐 뿐이었다.

펠로폰네소스 전쟁은 도저히 진정시킬 수 없는 잔혹성이라는 면모를 드러낸 전쟁이기도 했다. 이전의 그리스인들끼리의 싸움에서는 볼 수 없었던 새로운 현상이었다.

도처에서 살육에는 살육으로 응수했다. 인권에 대한 배려라고는 전혀 없이 광적으로 상대방을 말살했으며, 협약 등도 거기에 반대하거나 이를 무시할 때에만 언급되었다. 전쟁의 규칙 따위는 완전히 나 몰라라였다. 공격을 받은 도시에서 무기를 들고 있는 사람은 무차별적으로 처형되었다. 여자들과 어린아이들은 노예 시장에서 팔려나갔다. 이곳에서는 오라두르(1944년 독일 비밀경찰이 프랑스의 오라두르 쉬르 글란 마을 주민 642명을 학살한 일을 가리킨다—옮긴이)가 자행되는가 하면, 저곳에서는 봉급을 받지 못한 용병들이 복수를 하기 위해서 또는 단순히 기분전환을 위해서 학교 다니는 아이들을 죽였다. 동맹을 맺은 도시국가, 그러니까 '우호협약을 맺은' 도시들로 말하자면, 아테나이의 압력에 불복종의 기미를 보이기만 해도 복수심에 불타 "갈 데까지 가보자"는 자들 때문에 잔뜩 신경이 곤두선 아테나이 민회에 의해 즉석에서 처형 결정이 내려지곤 했다(기원전 428년, 레스보스 섬의 뮈틸레네가 이런 식으로 사라질 운명에 처했다. 다음 날 우연히도 다수당이 전복된 덕분에 오래도록 우방으로 지내왔던 이 도시의 주민들은 가혹행위를 면할 수 있었다). 라케다이몬인들에 의해 점령되어 초토화된 플라타이아이의 운명은 레스보스 섬의 도시가 당한 운명에 대한 대답이었다. 스파르타 출신 판관들로 이루어진 보잘것없는 재판정이 법을 들먹거리더니 결국 그 법을 보란 듯이 능멸했다. 또 다른 곳에서는 아테나이와 스파르타의 엄격성에서 영감을 얻은 공포정치가 잔뜩 겁먹은 주민들의 집단 자살을 야기하기도 했다……. 투퀴디데스(그가 쓴 역사에는 이와 같은 공포가 수도 없이 등장한다)는 이에 대해 "전쟁은 폭력을 가르치고, 수많은 사람들의 열정으로 하여금 난폭한 행동을 자행하게 만든다"고 논평했다.

이처럼 펠로폰네소스 전쟁이 계속되는 동안 도처에서 완력이 버젓이 맹위를 떨쳤으며, 법은 완전히 무시되었다.

고삐 풀린 제국주의

황금기와 동시대에 일어난 이 끔찍한 전쟁의 성격을 가장 잘 요약해 주는 주목할 만한 사건이 있으니, 바로 멜로스 섬 사건이다. 아테나이의 고삐 풀린 제국주의를 잘 보여주며, 분파 간의 배신 정도를 적나라하게 드러내는 이 사건은 대학살 속에서 막을 내린다.

때는 기원전 416년, 불안한 평화가 유지되던 시기였다. 아테나이는 멜로스 섬 원정을 결정했다. 하지만 솔직히 아테나이로서는 이 도시에 대해서 아무런 불만이 없었으며, 그 사실을 멜로스 주민들에게 대놓고 말할 정도로 파렴치했다. 한 가지 예외는 있었다. 앞서 일어난 전쟁에서 멜로스가 중립을 지켰다는 점이다. 그런데 모름지기 바다의 통제권을 가진 국가는 섬의 중립을 자국에 대한 공격으로 간주하는 경향이 있다. 아테나이도 예외가 아니었다. 그러니까 섬의 중립이란 힘을 가진 자에게는 그 힘에 대한 모욕이며, 제3자에게는 약점을 보여주는 게 된다. 아테나이는 멜로스 섬 주민들에게 그들의 제국에 복종할 것을 요구했다. 그래야 하는 이유는 오로지 다른 해상국가들에게 두려움을 심어주기 위해서였다. 멜로스 사람들은 자신들의 주장의 정당성을 설명하려 했으나 부질없는 짓이었다. 아테나이의 요지부동한 태도를 바꾸어놓기엔 역부족이었다. 결국 멜로스 사람들은 아테나이의 명령을 거부하기로 했다. 아테나이의 함대가 멜로스의 항구를 봉쇄했으며, 군대는 섬에 상륙했다.

 섬 주민들은 거의 1년간이나 끈질기게 저항했다. 그러나 "내부 배신자들이 생겨나면서" 주민들은 슬그머니 백기를 들고 투항했다. 아테나이인들은 성인 남자들을 모조리 죽이고, 여자들과 아이들은 노예로 만들었다.

 그 후 아테나이 주민들을 그 섬으로 이주시키는 정책이 실시되었고, 멜로스인들의 토지는 이들에게 분배되었다.

 멜로스는 기원전 416년에서 415년 사이에 완전히 초토화되었다. 소포클레스는 그해 겨울에 안티고네의 자매 같은 인물을 주제로《엘렉트라》를 썼고, 아리스토파네스는《새》를 구상했다.

민주주의의 붕괴

그런데 기원전 5세기 말엽, 쇠락이 임박했음을, 머지않은 미래에 그리스 문명이 소멸할 것임을, 그리스 문명이 실패였음을 예감하게 하는, 전쟁보다 더 심각한 현상이 있었다. 그것은 아테나이의 황금기를 수놓은 민주주의라는 현상으로서, 이 현상은 미완성인 동시에 이미 붕괴의 길을 걷고 있었다.

 아테나이의 민주주의는 초기에는 성공적인 정복이었다. 정복의 성과는 풍성했다. 소규모 농부, 자영업자, 상인, 뱃사람들이 모두 민주주의에 의해 정복되었으며, 이 정복은 지극히 창의적인 도약 속에서 이루어졌다. 정복의 결과물인 정치적, 문화적 창조 행위는 기원전 6세기부터 5세기 말엽까지 풍성하게 이루어졌으며, 이 시기의 말기(기원전 450년부터 400년까지의 황금기)에 해당하는 기간에는 창조가 창조를 낳는 선순환 구조가 정착되었다. 적어도 문화적인 영역에서는 그랬다. 귀족들 대다수가 여기에 참여했다고는 하지만, 그래도 이것은 민주주의의 비약적인 발전이 이루어낸 성과물이라고 할 수 있다. 왜냐하면 이 성과물이라고 하는 것이 따지고 보면 민주주의를 통해 자신들의 운명의 주인공이 된 시민 대중들의 필요를 충족시키고 이들에게 즐거움을 주기 위해 고안된 것들이기 때문이다.

그런데 페리클레스와 더불어, 그리고 부분적으로는 페리클레스 때문에 민주주의는 안정권에 접어들면서 벌써 쇠락의 길로 접어들었다. 페리클레스는 권좌에 오르자마자, 그러니까 기원전 451년에서 450년 무렵에 시민의 직계 아들이나 딸이 아닌 사람에게는 시민의 자격 부여를 거부하는 정책을 실시했다. 그의 발의로 의회에서 채택된 이 법령은 시민 등록부를 폐쇄적으로 제한하는 동시에 아테나이 민주주의까지 제한하는 결과를 낳았다. 시민의 자격은 이 정책으로 말미암아 고작 2만 명(이 숫자는 기원전 422년에 발표된 아리스토파네스의 《말벌》에서 인용했다) 남짓한 기존 시민들만을 위한 일종의 특혜로 변질되었다. 참고로 당시 아테나이의 인구는 약 40만 명이었다. 여기에 거대한 제국 전체의 주민을 더한다면, 시민 수를 2만 명으로 제한한 정책의 의미가 확실하게 다가온다.

페리클레스의 큰 걱정 중의 하나는 이 시민이라고 하는 특권 계급에게 다양한 업무를 관장하는 행정관직을 비롯하여 헬리아이아라고 하는 시민 법정(6천 명의 재판관으로 이루어진 법정)에 종사하는 판관 자리를 보장해주는 일이었다. 당연히 보수도 지급해야 했다. 결국 페리클레스는 수많은 공무원들에게 얼마 안 되는 액수라도 급여를 주기로 결정했으며, 이 액수는 그의 후계자 중의 한 사람인 클레온에 의해 조금 더 높게 책정되었다.

페리클레스가 실시한 제국주의 정책은 주민의 대다수를 형성하는 사람들의 생계 문제를 해결한다는 목표(나로서는 이 목표가 최우선의 목표였는지, 아니면 부수적인 목표였는지까지는 알 수 없으나, 어쨌든 그러한 목표가 있었음은 확실하다)에 따른 것이었다. 그는 이 목표를 달성하기 위해 군인에게 급여를 지급하거나 일거리를 제공했으며, 이는 동맹국에서 거두어들인 조공으로 해결했다.

하지만 제국주의적인 정책은 결국 제국주의 전쟁을 낳고 말았다. 제국은 급속도로, 심지어는 아테나이 스스로에게도 가혹한 '독재'의 온상이 되고 말았다(투퀴디데스는 페리클레스의 입을 빌려 '독재'라는 말을 사용한다). 다시 말해서 아테나이는 제 꾀에 제가 넘어간 격이 되었다고 하겠다. 결국 그로 인해 와해되었으니 말이다. 연일 폭동이 일어났다. 스파르타는 호시탐탐 기회를 노렸다. 그래도 달리 도리가 없었다. 아테나이 주민들을 먹이고 즐겁게 해주기 위해서는 동맹국이 바치는 조공이 절대적으로 필요했기 때문이다. 전쟁에서 승리를 거두는 것만이 유일한 해결책이었다. 하지만 아테나이는 전쟁에서 패했고, 그로 인해 파산했다.

소규모 농부들이 제일 먼저 직격탄을 맞았다. 그때까지 추진해온 정책에 대한 반발로 적들이 동맹을 맺자 아테나이가 믿을 것이라고는 해군력밖에 없었다. 페리클레스는 따라서 바다에서만 싸우기로 결심하고, 앗티케의 모든 주민들에게 성안에서만 생활할 것을 명령했다. 이렇게 되자 아테나이와 페이라이에우스는 일종의 섬이 되어 버렸다. 농부들은 토지와 마을을 등져야 했다. 스파르타의 적들은 해마다 봄이면 찾아와 농촌을 휘젓고 다녔다. 삶의 터전을 잃은 농부들은 도시에서 비참한 생활을 영위해야만 했다. 이들은 주로 아테나이와 페이라이에우스를 잇는 장성 주변에서 피난민으로 살았다. 기원전 430년에 발생한 페스트는 좁은 지역에 집단으로 모여 살면서 기근으로 피폐해진 이들을 제일 먼저 덮쳤다. 전쟁과 전염병으로 떼죽음을 당한 아테나이 농민들(이들의 재산은 그때까지만 해도 제국으로부터 독립적인 지위를 누리고 있었다)은 자영업자, 뱃사람, 하급관리들과 마찬가지로 제국주의 전쟁에 동원되었다. 이들은 그 대가로 전쟁이 자신들에게 일거리와 빵을 가져다주기를 기대했다.

페리클레스가 아테나이인들을 "게으르고 비겁하며 말만 많고 탐욕스러운" 인간으로 전락시켰다고 비판하는 플라톤 저술 속의 소크라테스의 말은 과장이 아니었다. 페리클레스는 아닌 게 아니라 아테나이 내부에 국가가 먹여살려주고 즐겁게 해주기를 기다리는 백수 시민들을 대량으로 탄생시킨 장본인이었다. 국가는 이들에게 봉급을 주고, 공연장에 갈 돈을 대주었으며, 그 대신 펠로폰네소스나 트라케 전쟁터에 나가서 목숨을 바칠 것을 요구했다. 하지만 이들은 자신들을 돌보아주는 아테나이를 수호하는 일마저도 곧 싫증내기 시작했다. 그러니 머지않아 시민 군대는 사라질 운명이었다. '배당금'을 분배해주는 전쟁을 유지하기 위해서 아테나이 민주주의의 시민-주주들은 용병을 고용할 것을 요구했다. 시민정신은 비싼 대가를 치르고 얻어냈으나 더 이상 발전하지 못하고 사문화되어버린 것으로 보이는 민주주의 제도와 더불어 곧 시들어갔다.

사실상 민주주의 제도들은 죽지 않고 고스란히 보존되고 있었으나, 황금기가 계속되는 반세기 동안 복지부동으로 일관했기 때문에 생존을 위협받게 되었다고 볼 수 있다. 요컨대 민주주의를 수호하고 개선할 만한 열정적인 세력이 더 이상 존재하지 않았다. 이 제도들을 고안해낸 계급은 묘한 무기력에 빠져버렸다. 이들은 더 이상 생산에 종사하는 계급이 아니었으며, 이방인(아테나이가 아닌 다른 도시의 시민들 또는 타지 왕국 출신들로서 아테나이에 거주하는 자들), 동맹국 주민들, 그리고 특히 노예들이 주류를 이루는 생산자 계급을 착취하는 계급으로 변신했다. 말하자면 제도의 혜택을 누리는 자들과 아테나이라는 도시를 생산한 자들 사이에 괴리가 생긴 것이다.

민주주의와 그 제국에 대한 착취는 끔찍한 혼란의 와중에서 벌어질 수밖에 없었으며, 이 혼란에 대해서는 아마도 아리스토파네스만큼 명철하고 확실한 증인을 찾기도 어려울 것이다. 그러니 그의 작품을 다시 한 번 읽어볼 필요가 있다. 이는 웃기 위한 제안이 아니라 그 작품을 통해서 그가 자신이 속한 종족에 대해 지니고 있던 이미지를 되새겨보기 위함이다.

《기사들》과 《말벌》을 보면, 희극적인 행동들 너머로 페리클레스의 뒤를 이어 민중의 새로운 주인으로 부상한 자들의 이미지와 이 새로운 주인들, 다시 말해서 선동가들이 상대해야 하는 그리스 민족의 이미지를 찾아낼 수 있다.

《기사들》의 등장인물인 클레온을 보자. 그는 아첨꾼인 데다 탐욕스러운 연설가다. 권력을 장악하기 위해 민중에게 아첨하고, 그 권력을 이용해서 재물로 두둑하게 주머니를 채우는 자인 것이다! 투퀴디데스가 묘사한 페리클레스, "전적으로 매수 불가능하고", 민중이 모인

집회에서는 "가장 좋은 충고"만을 해주는 그 페리클레스와는 거리가 멀어도 한참 멀다! 아첨은 전쟁으로 할 일 없이 지내는 민중을 상대하는 지배 수단이 되어버렸다. 당시의 민중들은 이미 훗날 로마인들의 표어가 되어버린 "빵과 놀이", 즉 배불리 먹을 것과 재미난 놀 거리만 있으면 대충 만족하는 양상을 보였다.

이 선동자 클레온이 지고의 주권자 민중(나는 이 작품의 이 대목 저 대목을 요약하거나 선택해서 인용하려고 한다)에게 하는 말을 들어보자. "데모스, 나는 그대를 사랑합니다. 나는 그대에게 홀딱 반했어요. 데모스, 그대는 언젠가 모든 그리스인들 위에 군림하게 될 겁니다. 하루에 6분의 5드라크메를 받는 아르카디아의 판관이 되겠죠……. 데모스, 여기 그대가 장미 화환을 쓰고 온 땅을 호령하게 되리라는 신탁이 있습니다……. 데모스, 그렇게 애쓰지 말아요. 목욕을 하고 기운을 내십시오. 맛있는 음식을 배불리 잡수십시오……. 여기 산토끼찜이 있습니다. 달콤한 후식도 있고요……. 이건 내 튜닉입니다……. 자, 여기, 아무 일을 하지 않아도 그대가 받을 월급은 이렇게 두둑합니다." 극 전체를 통해서 클레온은 지치지도 않고 아첨을 하고, 쾌락과 돈, 빈둥빈둥 놀기라는 미끼를 통해서 민중을 부패시킨다. 그에게 아첨은 민중을 이끄는 데 가장 중요한 원칙이다. "난 민중을 알죠. 그 자들을 어떻게 낚아야 하는지 안다니까요. 그렇기 때문에 민중은 내 사유물이나 다름없죠"라고 그는 말한다.

이번엔 클레온이 아첨이라는 변장을 잠깐 벗어두었을 때, 그러니까 그의 원래 모습을 보자. 그는 폭력꾼 튀폰("아테나이의 모든 시민을 통틀어 가장 난폭한 자")처럼, 폭풍의 위협처럼 길길이 날뛴다. 그는 고발을 일삼으며, 선한 민중의 종복들을 채찍질한다. 왜냐고? 돈을 내놓으라고, 그를 매수해달라고 그러는 것이다. 말하자면 그는 늘 협박을 일삼는다. "매사에, 도처에서, 독을 지닌 장미에 내려앉는다." 그는 요구하고 갈취하고 빼앗는다. 그는 부자들 중에서 자신의 적들은 세금 징수 대상자 명부에 올려놓는다. "그는 판관들이 제대로 숙성했는지 혹은 익어가고 있는지 보기 위해서 무화과 눌러보듯이 꾹꾹 찔러본다. 그는 말하자면 심연 같다. 남의 것 빼앗아가는 데에 있어서는 단연 카립디스(바다의 신 포세이돈과 대지의 여신 가이아의 딸로 엄청난 대식가. 하루에 세 번 바닷물을 마실 때마다 엄청난 소용돌이가 일어난다—옮긴이)다. 클레온은 굶주린 배를 움켜쥐고 시청으로 들어가더니 어느새 배가 불룩해져서 나온다. 그는 어부들이 물속의 참치 떼를 내려다보듯이 앗티케의 높은 바위에 올라가서 동맹국들이 보낸 조공을 굽어본다. 또한 개들이 요란스러운 소리를 내며 접시를 핥아 먹듯이 섬들을 집어삼킨다." 그뿐 아니다. 그는 지고의 주권자 민중, 즉 데모스에게는 보잘것없는 부스러기만 건네주면서 정작 자신은 "커다란 조각"을 혼자서 착복한다(시대가 변했어도 우리의 은유는 전혀 달라지지 않았다).

요컨대 클레온은 아첨꾼이며, 욕심이 많은 데다 도둑놈이고, 그걸 자랑이라고 떠벌리고 다닌다. "나는 내가 한 도둑질을 자랑한다네. 그런데 자네는 그러지 않더군! ……그리고 나는 누군가 나를 범행 현장에서 잡으면 욕을 퍼부어주지!"

다른 부수적인 특성들이 이 인물을 부각시키기 위해 동원된다. 클레온은 비겁하고(투퀴디데스도 똑같은 평가를 내린다) 천박하며 무식한, 말하자면 '건달'이다. 그는 외설스러우며 방탕하다. 불쾌감을 주는 외모는 말할 필요도 없다. 그는 물개처럼 악취를 풍기는 빨간 머리이고, 개의 얼굴을 한 원숭이인 데다, 뒤에서 보면 영락없는 낙타 엉덩

이이며…… 이 정도만 해두겠다.

페리클레스의 후계자에 대한 원색적인 표현 모음은 대략 이 정도다.

소송 망국 아테나이

그런데 도대체 왜 이런 일이 생기는 걸까? 그거야 민중은 언제나 자신들에게 걸맞은 주인을 갖는 법이니까. 이 문제에 대해서는 다시 이야기하기로 하자. 지금은 우선 아테나이의 사법 기관을 주제로 한 작품인 《말벌》을 보자. 이 작품은 뭐든 송사로 해결하려 하고, 절차와 소송으로 피폐해지는 아테나이 민중을 희화적으로 그리고 있다. 프랑스의 극작가 라신은 이 작품을 근간으로 하여 《소송인》이라고 하는 재미난 작품을 썼다.

《말벌》은 시민 판관들에게 월급을 주기 위해 끊임없이 소송을 걸어야 하는 희한한 상황을 극명하게 보여준다. 그렇게라도 하지 않으면, 일할 의욕도 없고 가능성도 상실한 대다수 민중들은 굶어야 한다. "아버님, 집정관이 오늘 재판정을 열지 않으면, 우리는 무슨 돈으로 점심거리를 해결하죠?" 아직 동도 트지 않은 깜깜한 새벽에 재판정으로 향하는 늙은 판관의 앞길을 작은 등불로 밝히며 어린 아들이 묻는다.

이렇듯 소송이 많아야만 먹고살 수 있는 사람들이 생겨났다. 여기서 먹고산다는 말은 다른 수입이 없다면 겨우 목구멍에 풀칠하는 정도로 가까스로 생활한다는 뜻이다. 소송은 고발이 있어야 성립된다. 선동가와 판관들 사이에는 암묵적이지만 다분히 의도적인 협약이 존재한다. 이 하층 공무원들의 생계를 보장해주기 위해서 정치가들은 수없이 많은 소송을 걸거나 소송을 당한다. 자신들을 먹여살리는 사람에 대해서 굴욕적일 정도로 감사한 마음을 보이는 민중들은 의회에서 자신들에게 소송거리를 제공하는 자들의 정책을 지지한다. 아리스토파네스는 이 같은 상호 협약을 비판했다.《말벌》의 주인공인 필로클레온 판관은 선동가들을 유순하게 길들였노라고 자랑한다. 그럴 만도 하다. 그의 말을 들어보자. "천하의 고함쟁이 클레온도 우리는 어쩌지 못하지. 아니, 오히려 그 반대지. 그는 우리를 품에 안고, 우리를 위해서 파리 떼도 쫓아주니까……. 테오로스는 우리 구두의 광도 내주지……." 아리스토파네스는 브델뤼클레온('클레온이라면 구역질을 느끼는 자'라는 의미)을 통해서 그의 아버지 필로클레온이 제일 좋아하는 주제인 "너는 노예다. 그런데 너는 자신이 노예라고는 꿈에도 생각하지 않는다"는 명제를 발전시킨다. 이 역시 상당히 일리가 있다. 선동자들은 사실 공무원들보다 훨씬 약아서 양자 간의 협약에서 더 큰 이익을 챙긴다. "이들은 도시로부터 단숨에 50탈란톤을 챙긴다." 반면 "판관들에게는 왕권의 너절한 쓰레기만 넘겨준다." 이 점을 브델뤼클레온은 정확한 숫자를 들이대면서 입증해 보인다. 바로 세금 내역과 제국에서 거두어들인 조공 내역으로, 그 액수가 2천 탈란톤에 달한다. 시민-판관에게 지급해야 할 월급은 150탈란톤이다. 그렇다면 그 차액은 어디로 가는가? 하고 브델뤼클레온이 묻는다. "나는 절대로 고함치는 아테나이의 군중들을 배신하지 않을 것이다. 나는 언제나 대다수 민중을 위해 투쟁할 것이다, 라고 말하는 자들의 주머니로 가지."

 하지만 판관들에게 매일 필요한 만큼의 소송을 제공하기로 한 협약 조항을 정치가들은 정확하게 준수한다. 이것이 바로 아테나이의 불행이다. 정치가들은 밀고자들(아테나이에서는 폭로하는 자나 직업적 고발자들을 이렇게 불렀다)에게 부탁한다. 한몫 두둑하게 챙길 수 있는 이 일에 자신들이 직접 뛰어드는 경우가 아니라면 말이다. 밀고자들은 아테나이 민주주의에 빌붙어서 먹고사는 최악의 기생충이었다. 아리스토파네스의 희극 작품에는 그런 자들이 득시글거린다. 밀고는 특히 펠로폰네소스 전쟁 기간 동안 극성을 부렸다. 첫째, 판관들이 그날그날의 급여를 받기 위해서, 둘째, 패전이 임박해지면서 당파 간의 갈등이 첨예화하는 양상을 보인 까닭에 아테나이는 이래저래 소송 망국이라는 참담한 나락으로 빠져들었다.

소송이라는 전염병이 그토록 대대적으로 확산될 수 있었던 이유 중 하나는 사법제도상의 구멍 때문이었다. 아테나이에는 검찰도, 중죄기소부도 존재하지 않았다. 다시 말해서 사회는 기소하지 않았다. 오로지 피해를 본 개인만이 기소할 권리가 있었다. 그 결과 공공의 이익을 해치는 행위에 대해 책임을 묻고자 한다면, 시민(공동체의 한 부분) 중에 누구라도 기소자가 되어 이 행위를 지탄할 수 있었다. 밀고자들이 그토록 양산된 까닭이다. 이들 중의 상당수는 국가의 안전과 관계되는 사안을 가지고 최대한 많은 소송을 제기함으로써 민중들의 마음을 얻고자 하는 정치가들이었다.

그러므로 너도나도 일단 소송을 걸고 보는 것이 대세였다. 가령 조공액을 늘리기 위해 동맹국 도시를 고발한다거나, 재산을 빼앗기 위해 부자들을 고발했다. 또 적국과 공모했다고 고발하거나, 공무원들의 부패, 공금 횡령 등을 고발했다. 독재 정권을 세우려고 시도했다는 고발도 자주 접수되었으며, 그 외에 수도 없이 많은 고발이 잇달았다. 아테나이는 이처럼 불안과 공포 속에서 연명했다. 이 같은 분위기는 아리스토파네스의 작품뿐만 아니라 투퀴디데스의 저작에도 고스란히 투영되어 있다.

　희극은 본질적으로 극단적인 사례를 선택하거나 웃음을 자아낼 수 있는 내용의 고발을 소재로 삼는다. 예를 들면, 술 장식이 달린 외투를 입는다거나 턱수염을 정성들여 손질한 나머지 민중의 적이나 귀족 또는 왕정주의자로 기소당하기에는 지나치게 우아한 인상을 주는 것도 웃음을 이끌어낼 수 있다. 독재 정권 수립을 꿈꾸었다는 이유로 기소당한 브델뤼클레온은 이렇게 말한다. "독재라니, 난 그런 말은 오십 평생에 처음 듣는단 말이오! 그런데 이젠 그 독재란 놈이 소금에 절인 생선보다 더 흔해빠져서 온 시장에 널려 있더군요. 누군가가 어떤 상인에게서 청어를 사고, 정어리는 사기를 거부한다면, 옆에서 정어리를 팔던 상인이 냉큼 나서서, 이자는 독재 정권에 대비해서 식량을 비축해놓는 것 같다고 말하죠. 게다가 그자가 멸치 맛을 내는 데 쓸 파를 달라고 한다면, 향신료를 파는 여자 상인은 대번에 상대방을 비스듬히 흘겨보면서 '아, 파가 필요하다고요! 혹시 독재하시려고 그러는 거요?' 하고 묻습니다."

　아리스토파네스는 아테나이 민중과 그들의 지도자에 대해서 희극으로 시작해서 암울하게 바뀌는 적나라한 초상화를 보여준다! 예전에 사람들은 아리스토파네스를 민주주의의 적으로 간주했다. 하지만 완전히 그릇된 판단이었다! 아리스토파네스는 아테나이 민중의 제일 좋은 친구, 진실을 말해줄 정도로 아테나이 민중을 사랑하는 친구였다. 그가 보여주는 초상화는 과장된 터치 속에서도 균형 감각을 잃지 않는 불편부당함을 자랑한다. 그의 과장은 기원전 4세기 중엽에 이르면 민주주의가 어떤 모습을 하게 될지를 미리 보여준다.

폐허가 된 올림피아. S. 보티에 사진.

시민의 감소와 노예의 급증

솔론의 시대에는(이 대목은 질리도록 반복할 필요가 있다. 너무도 빨리 유산되어버린 희망을 다시 한 번 되새겨보자) 앗티케에 하나의 계급이 형성되어 생산을 담당했다. 이들 대부분은 소규모 농부들이었다. 도시의 자영업자들도 이들과 합세했다. 물질적, 문화적 재화의 생산을 담당했던 이들은 함께 새로운 제도를 마련하는 혁명적이고 창조적인 활동에 가담했다.

전쟁, 제국의 형성, 그리고 그 제국의 유지로 인해 이들의 생산은 고갈되었으며, 동일한 목표를 이루기 위한 사업에 참여한다는 탄탄한 결속감마저도 단절되었다. 그들이 추구했던 사업이 점점 사라져가고 있었다. 아테나이에는 권리에 있어서 동등하며, 그들의 노동의 결과인 그 권리를 소유하는 데 대해 연대감을 느끼는 계급이 더 이상 존재하지 않았다. 그저 각자의 곤궁함으로, 또 자신들을 이용해먹는 몇몇 인물들에 대한 증오심으로 느슨하게 이어진 개인의 집합만이 있을 뿐이었다.

섬처럼 고립된 아테나이에 갇혀서 일없이 빈둥거리며, 무너져가고 있는 제국을 희생시켜 얻어낸 부를 나눠먹는다는 것이 이들을 이어주는 유일한 공통점이었다. 이들은 행정관이며, 공무원이었고, 수천 명은 판관이었다. 봉급을 받기 위해서 이들의 상당수는 시민 법정의 여러 분야에 동시에 등록을 했으며, 사건 하나를 재판하고 나면 즉시 수당을 받았다. 이따금씩 이루어지는 화폐와 현물의 분배로 이들의 보잘것없는 봉급은 약간 늘어나기도 했다. 동맹국들이 바치는 조공의 상당 부분은 군사비로 지출되거나 선동가 주인들의 주머니 속으로 들어가고, 자신들은 극히 작은 부분밖에 받지 못한다는 사실 때문에 이들은 늘 우는 소리를 했다(이 내용은 《말벌》에 나온다). 아테나이 시민들이 의존하는 경제란 말하자면 사상누각이었다. 오직 동맹국의 조공과 노예들의 노동만이 이들에게 구체적인 실존감을 줄 수 있었다.

조공이 패전(기원전 404년)으로 탕진되면서, 아테나이 시민들은 오래도록 비참한 생활에서 헤어날 수 없었다. 농민으로 이루어진 대다수 피난민들은 농촌에 돌아가서도 자신들의 재산을 되찾지 못했다. 가장 가난한 사람들은 외지로 이민을 떠나고, 이에 못지않게 참담한 처지에 있던 사람들은 타지에 노예로 팔리거나 용병이 되는 길을 택했다. 그 결과 기원전 4세기에 시민의 수는 50퍼센트 이상 감소했다. 벼락부자가 된 극소수의 사람들이 앗티케 농촌 지역 토지를 차지했다. 대규모 농지 소유자가 소규모 농지를 집어삼키는 형국이었다. 기원전 4세기에는 가난한 사람들의 땅이 부자에게 저당 잡혔음을 알려주는 돌들이 다시금 나타나기 시작했다. 이 돌들은 솔론이 기원전 6세기에 뽑아내도록 지시한 이후로 한동안 자취를 감추었다. 새로운 땅 임자들은 수많은 노예들을 부려 땅을 가꾸었다. 노예노동의 확산으로 자유노동자들은 예전에 비해 운신의 폭이 훨씬 줄어들었다.

도시 간의 전쟁, 파당으로 인한 전쟁, 민주주의의 붕괴 등으로 말미암아 노예제도가 기승을 부리기 시작했다. 노예제도는 고대 사회의 근간을 이루는 한편 고대 사회를 붕괴시키는 지반 무른 토지이기도 하다. 노예들은 기원전 4세기 초반 무렵 사회의 진정한 생산 계급이 되었으며, 적어도 아테나이에서는 생산에 종사하는 유일한 계급이었다.

이 무렵 노예의 값은 무척 쌌다. 끊임없이 계속되는 전쟁으로 인해 시장에 나온 인간 재화가 넘쳤기 때문이다. 노예 한 명을 유지하는 데 드는 비용도 지극히 미미했다. 아무것도 가진 게 없는 불쌍한 자유인보다 유지비가 훨씬 덜 들었다. 그러다 보니 자영업이나 농촌의 노예노동이 점점 더 번성하게 되었다.

또한 육체노동에 대한 자유인들의 경멸이 국가에 빌붙어 무위도식하는 사람을 양산했다는 주장도 제기된다. 그런데 유감천만으로, 육체노동이냐 무위도식이냐를 놓고 선택의 기로에 선 사람들에게 기아라는 불청객은 필요악이었다. 게다가 나는 지금 우리가 다루는 시기에는 육체노동에 대한 경멸이 만연했다고 보지 않는다. 크세노폰이나 플라톤 같은 일부 지식인이라면 모를까. 더구나 그들도 그런 생각을 확대하거나 강조하는 입장과는 거리가 멀다. 그로부터 한참 후인 서기 2세기경이 되어서야 플루타르코스가 그런 발언을 하기는 했다. 좋은 집안에서 태어난 젊은이치고 페이디아스나 폴뤼클레이토스처럼 되고 싶어하는 사람은 한 명도 없을 것이라며, 예술가들이란 비천하고 경멸스러운 육체노동자라는 식의 폭탄 발언을 했다.

자유시민과 노예 수의 통계를 보면 노예노동이 자유노동보다 어느 정도 우세했는지 쉽게 알 수 있다. 앞에서도 보았지만, 시민의 수는 감소 추세에 있었다. 반면 노예의 수(이런 문제에 대해서 정확한 숫자를 확보한다는 것은 솔직히 매우 어려운 일이다)는 정반대로 나타난다. 노예는 끊임없이 증가했으며, 기원전 4세기 말엽 아테나이에서는 그 수가 무려 40만 명에 이르렀다. 반세기 전인 5세기 중엽엔 20만 명 정도였던 것에 비하면 엄청난 증가다.

노예의 급속한 증가(이 현상은 황금기가 내리막길을 걸을 무렵에야 뚜렷하게 나타난다)에도 불구하고, 당시 아테나이에 자유노동자가 없었으리라

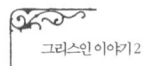

고 지레 짐작한다면 그건 큰 오산이다. 아테나이에 자유노동자들은 여전히 많았으며, 이들은 대부분 자영 수공업자들이었다. 고대 희극 작품들이나, 이 당시의 상황을 다룬 것으로 평가되는 플라톤의 소크라테스와의 대화편에서 이에 대한 언급을 찾아볼 수 있다. 자영 수공업자들 가운데 도기 제조공들의 비중이 가장 컸다. 이들은 도시 변두리의 광대한 지역을 차지하고서 도기를 구워냈다. 하지만 이들이 반나절만 일을 했다고 해도 그리 놀라운 일은 아니다. 당시 아테나이 경제가 심각한 위기를 맞고 있었기 때문이다. 이탈리아, 페르시아, 스퀴티아 등의 먼 나라들도 자국의 수요를 충족시키기 위해 현지에서 같은 방식으로 도기 단지를 제조하기 시작했으며, 때로는 수출도 했다. 이들 지역에서는 요즈음에도 기원전 5세기경에 앗티케 지역에서 제작된 원본 단지들이 출토되기도 한다. 생산 분야에서 확인된 이 같은 현상은 처음에는 아테나이에서 독점적으로 생산했으나, 후발 국가들이 제조법을 배워 생산하기 시작한 많은 물품들에도 적용되었을 것이다. 아테나이는 틀림없이 펠로폰네소스 전쟁을 치르는 동안 이들 시장을 빼앗겼을 것으로 보인다.

하지만 이러한 사실로도 시민, 그중에서도 특히 자유노동자에 비해 노예가 급증하게 된 현상을 설명하기엔 역부족이다.

자유노동력 대비 노예노동력의 급증은 사회를 불안하게 하는 요인이었다. 하지만 앗티케 영토의 상당 부분을 차지하게 된 농촌의 몇몇 대규모 영지들을 제외하고는 아직 사회 전체를 질식으로 몰아갈 정도는 아니었다. 노예 급증 문제를 제대로 다루기 위해서는 도시국가들의 점진적인 쇠퇴를 기다려야 한다. 도시국가들의 점진적인 쇠퇴에는 그리스 문명이 황혼기에 접어들면서 대두된 많은 요소들이 개입되는데, 우리는 아직 그 시기를 다루고 있지 않다. 그러니 미래를 너무 성급하게 앞당기지는 말자.

다만 한 가지, 노예제도에 대해서 기대하지 말아야 할 것이 있다면, 바로 고대 도시국가들의 경제, 사회 구조의 변화나 회춘일 것이다. 그리스의 대규모 노예 집단은 자신들의 계급이나 단합에 대해서는 아무런 의식이 없었다. 이들은 스스로에게 아무런 목표도 부여하지 않았다. 따라서 정치적, 혁명적 의미를 지닌 계급을 형성하지 못했다. 이들은 또한 집단적인 도주나 가물에 콩 나기 식으로 이루어지는 개인적 차원의 해방 외에는 자신들의 비참한 상황을 타개할 수 있는 아무런 출구를 제시하지 못했다. 참고로 집단적인 도주 현상은 펠로폰네소스 전쟁 후반기에 발생했다. 대부분이 라우리온 출신의 광부였던 2만 명의 노예가 스파르타로 건너간 것이다. 하지만 이 사건은 극단적인 비참함이 빚어낸 일시적인 동요였을 뿐이었다. 바꿔 말해서, 착취당하는 자들이 착취하는 자들에 대항해서 벌인 정치적 투쟁 행위와는 거리가 멀었다.

따라서 기원전 5세기 말엽의 사회에서 노예제도가 위협받는 도시국가의 부활을 알리는 새로운 활력소가 될 수 있음을 보여주는 단서는 전혀 없다. 노예제도는 그저 오합지졸을 한곳으로 운집시킬 뿐이었다. 어떤 의미도 지니지 않는 양적인 현상에 불과했다.

궁극적으로 노예제도는 자유시민들로 이루어진 사회에 시간과 더불어 그 사회가 지니게 될 이미지를 보여주는 역할 외에는 달리 제시할 것이 없었다. 그리고 그로 인해서 드러난 이미지는 재앙에 가까웠다. 한마디로 비참함이 최고조에 달했기 때문이다.

노예제도는 그러므로 물질적인 재화에 국한된 생산의 원천이고,

그 분야에 있어서만큼은 가장 활성화된 수단이었으나, 이와 동시에 점점 더 무거워지는 부담이요, 끔찍할 정도로 거추장스러운 짐이었다. 이 짐으로부터 고대 사회를 구원해줄 수단을 기대한다는 것은 한 마디로 어불성설이었다.

쇠락하는 도시

헬레니즘 시대의 막바지를 지배하는 비참함의 이미지가 그리스의 지평선에 그림자를 드리웠다. 우리는 그 이미지가 온갖 부정한 방식으로 긁어모은 부의 이미지와 더불어 아리스토파네스의 예언자적인 희극 《플루토스》에서 내내 중첩되어 나타나는 것을 본다. 기원전 388년에 발표된 이 희극은 벌써 100년 뒤를 내다보고 있었던 것이다(나는 개혁가 중의 개혁가 울리히 츠빙글리가 《플루토스》의 그리스어 공연을 성사시켰음을 덧붙이고 싶다).

작품의 줄거리는 이렇다. 용감한 농부이자 앗티케의 한 마을에 사는 아테나이 시민 크레밀로스는 노후를 생각하며 아들을 어떻게 해야 하나 고민한다. 아들 녀석을 시골에서 손바닥만 한 땅뙈기나 갈면서 가난뱅이로 살게 내버려두느냐, 아니면 도시로 보내서 영리한 녀석들과 같이 온갖 수단을 동원해서 일확천금을 노려보라고, 그래서 플루토스가 그들에게 어떤 보상을 내려주는지 기다려보라고 할 것인가. 고민 끝에 그는 신탁을 듣기 위해 델포이로 간다. 신탁을 전해주는 퓌티아는 그의 질문에 대답하는 대신 그에게 신전을 나가면서 제일 먼저 만나는 남자를 따라가 보라고 말한다. 남자는 생김새가 꾀죄죄하고 누더기를 걸친 데다 앞을 보지 못하는 장님 걸인이었다. 바로 플루토스, 부를 상징하는 인물이었던 것이다.

크레밀로스는 잠자코 그를 따라가다가, 그를 멈춰 세웠다. 크레밀로스는 정의로운 사람들에게만 상을 내림으로써 신 중의 신 제우스의 질투심을 불러일으킨 죄로 앞을 보지 못하게 된 걸인의 눈을 고쳐주기로 결심했다. 걸인은 시력을 되찾게 되면 정직한 크레밀로스와, 평생을 비참하게 일만 하고 살아도 죽어서 묻힐 땅 한 조각도 마련할 수 없는 크레밀로스의 마을 농부들에게 큰 상으로 보답하겠다고 말했다.

플루토스는 기적적으로 에피다우로스 성소에서 완치된다. 밀고자, 불량배, 강도들이 정기적으로 공화국에서 뜯어가는 돈으로 슬슬 병폐가 나타나기 시작하자, 선량한 늙은 농부들은 오히려 기뻐한다.

아테나이의 삶에서 돈이 가지는 위력을 《플루토스》보다 더 잘 표현한 작품은 없다. 이 작품은 관객들에게 비참함의 문제를 주제로 제시한다. "돈에 대한 사랑이 우리 모두를 지배한다"고 극중 인물이 선언하지 않는가.

가난하고 굶주린 자들은 오래전부터 아테나이에 상존하고 있었다. 특히 전쟁이 끊이지 않으면서 이 같은 현상은 더욱 눈에 띄기 시작했다. 하지만 《구름》(기원전 423년)이 발표될 때에만 해도 이따금씩 농담 삼아 할 수 있었던 말들이 기원전 388년엔 아예 하지 않는 편이 좋은 말이 되어버렸거나, 농담이 아닌 비장한 의미로 받아들여지게 되었다. 아무리 연극이라지만 외투나 침대, 담요 등을 구비하지 못한 사람들에 대해 이야기하는 것이 농담일 수 없는 상황이었다. 계단식 극장에 앉아 공연을 보는 관객들 중에 그런 사람들이 너무도 많았기 때문이다.

싼값에 또는 무료로 밀을 배급하는 일이 더 많아졌지만, 배급량은 갈수록 줄어들었다. 사람들은 배급을 타기 위해 몸싸움을 벌였고, 돈이 되는 거라면 무엇이든 가리지 않았다. 가구는 물론 군사 장비도 저당 잡혔다. 정치가들이 내놓는 정책도, 농부들의 검소한 생활도 끝없이 오르는 물가를 잡기엔 역부족이었다. 소금 같은 생활필수품의 가격 상승을 억제하는 법령들도 무용지물이었다.

이렇듯 아리스토파네스의 후기 작품들은 비참함이 아테나이인들의 일상적인 일이 되었으며, 돈은 만져볼 수 없는 머나먼 꿈이 되어버렸음을 적나라하게 보여준다.

《플루토스》에는 또 하나 눈길을 끄는 장면이 있다. 크레밀로스가 플루토스, 즉 부(富)의 눈을 치료해주기로 마음먹을 때, 예기치 않았던 우화적 인물이 그의 앞에 나타난다. 바로 가난이다. 가난은 자신을 대지에서 몰아내는 것은 인간에게 진정으로 혜택을 주는 은인을 몰아내는 일이라고 말한다. 오직 가난만이 에너지를 자극하고 여유와 행복을 가져다준다고 주장한다. 하지만 아무도 그의 말에 대꾸하지 않는다. 인류 역사의 그 시점에서는 그의 궤변에 속 시원하게 반박할 수 있는 자가 아무도 없었던 것이다. 크레밀로스는 말이 아닌 행동으로 대답을 대신한다. 그는 가난을 쫓아버리고는 그런 말도 안 되는 소리들일랑 잊어버리기로 한다. 하지만 그도 가난의 행렬을 바짝 뒤따라가고 있는 비참함의 행렬, 즉 비참하게 사는 자들을 괴롭히고 잠도 못 자게 하는 이와 벼룩, 기생충들의 행렬에 대해서 언급한다. "너는 배가 고플 것이다. 하지만 일어나거라! …… 너는 외투라고는 다 떨어진 누더기밖에 없다. 침대라고 해봐야 빈대가 들끓는 등 나무 줄기 한 아름이다……. 양탄자라고는 썩어빠진 가마니가 전부이며, 베개라고는 머리 밑에 괴는 돌멩이가 전부다. 빵 대신 접시꽃 줄기나 따 먹어야 하고, 밀전병 대신 무 잎사귀나 씹는 것으로 만족해야 한다. 나무의자 대신 깨진 단지 조각……." 이 외에도 질릴 정도로 줄줄이 이어진다.

전쟁이 끝나는가 했더니 또다시 시작되어 10년이나 계속되는 와중에서 아테나이가 가장 사랑하는 시인이 그들의 서글프고 비참한 삶을 마치 패배와 재앙, 기근이 시작될 것임을 알리는 경고처럼 샅샅이 파헤치는 것을 보면서, 기원전 388년의 어느 봄날 디오뉘소스 극장에 모인 대중들은 과연 기분 좋게 웃었을까?

아리스토파네스는 도대체 어째서 평소에 장기로 삼았던 기쁨의 웃음을 잃어버리게 된 것일까? 그가 그토록 사랑한 도시의 쇠락, 그 도시에 사는 유쾌한 대중들의 비참함 때문이 아니라면, 다른 무슨 이유가 있겠는가? 발육 나쁜 어린아이들과 떼 지어 몰려다니는 할머니들의 비참함 말이다.

계속되는 전쟁과 민주주의의 와해, 노예제도와 곤궁한 삶. 이 같은 구름이 하늘 전체를 뒤덮도록 두 손 놓고 기다리고만 있을 것인가?

아니, 그렇지 않을 것이다. 그리스 민족은 강인한 삶을 이어간다. 아직도 여러 세기를 기다려야 그들이 모든 것을 자신들의 이미지에 맞도록 빚어나가게 될 것이다. 지금은 기원전 5세기 말이다. 유스티아누스 황제가 세속적인 철학을 가르친다는 이유로 아테나이 학당의 폐쇄를 명하는 것은 그로부터 천 년 후의 일이다.

소크라테스가 그만의 독특한 방식으로 인간의 정신에 대해 질문하기 시작한 지 천 년 만에 그런 일이 벌어진다.

양봉지가 된 라코니아의 풍경. S. 보티에 사진.

그리스 민족은 전쟁과 비참함, 퇴행을 거듭하는 제도, 문학과 예술, 이성과 지혜, 지칠 줄 모르는 용기 등과 더불어 앞으로 천 년 동안 줄기차게 뛸 것이다…….

　아테나이의 길거리에서 소크라테스는 지나가는 사람들을 붙잡고 묻는다. 자, 이제 꿀을 따기 위해 준비 중인 그에게로 가보자.

chapter 10

소크라테스라는
수수께끼

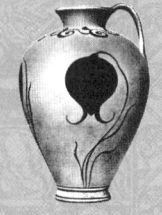

소크라테스라는 수수께끼

소크라테스는 동시대인들에게도 그랬지만 우리에게도 여전히 수수께끼로 남아 있는 인물이다. 우리는 앞으로도 이 수수께끼를 풀 수 있는 열쇠를 손에 넣기 힘들 것이다. 참으로 희한한, 아니 괴짜이면서 동시에 매우 상식적이며 엄격한 논리 추종자였던 이 인물은 지금까지도 우리를 놀라게 하며, 가르침을 주고, 그가 발견한 지식과 그 못지않게 소중한 무지(無知)를 나누어준다.

독특하면서도 지극히 평범했던 그의 생애에서 가장 놀라운 점은 그의 죽음이 가져온 엄청난 다산성이다. 그의 죽음 이후 그의 제자들 또는 적수들 중에서 일군의 증인들이 나타났다. 이들의 진술은 비록 서로 모순되는 것이라 할지라도 여러 세기에 걸쳐 소크라테스가 남긴 말과 그가 일생을 바친 진리의 중요성을 일깨워주는 역할을 한다.

그렇다면 그는 어떤 말을 남겼는가? 소크라테스는 왜 죽었는가?

그에게는 진리가 삶보다 더 소중했던 것일까? 우리의 당혹감, 역사학자들이 느끼는 곤혹스러움은 바로 여기에서 출발한다. 우리는 제자임을 자처하는 자들의 증언이 서로 모순된다는 점을 지적하지 않을 수 없다. 하물며 그의 적으로 간주되던 자들의 증언이야 두말할 필요도 없다. 생전의 소크라테스를 알았던 사람들의 증언 중에서 몇 가지 사례만 열거해보도록 하자.

소크라테스 문제: 어떤 소크라테스가 진짜인가?
우선 아리스토파네스가 있다. 그는 기원전 423년, 소크라테스를 주인공으로 하는 작품 《구름》을 발표했다. 이 무렵 소크라테스는 마흔여섯 살이었다. 그는 벌써 오래전부터 광장이나 거리에서 사람들을 가르치고 있었음이 분명하다. 그는 사법권에 의해 시민 법정에 서기 전까지, 그러니까 《구름》이 발표된 이후로도 24년이나 더 활동을 한다. 아리스토파네스는 희극 시인이었고, 그러한 직업에서 통용되는 관례대로 소크라테스를 개성 넘치게 희화했다. 요컨대 관객들은 딱 보면 누구를 모델로 했는지 알 수 있었다. 아리스토파네스는 이 희생양에게 "잘난 체하는 타지인 학자"의 가면을 씌웠다. 앞에서도 살펴본 것처럼, 이 인물은 원시적인 대중극의 흔적을 간직한 채 전 세계 모든 대중 소극에 등장하는 캐릭터다. 아리스토파네스가 그린 소크라테스는 분명 희극에 등장하는 학자들의 공통적인 몇몇 특성을 과장함으로써 단순화되었을 것이다. 그럼에도 희극 시인에 의해 과장된 특성이 소크라테스에게 실제로 어떤 형태로든 존재했음을 인정하자. 《구름》에 나타난 소크라테스는 두 가지 특성을 지녔다. 첫째, 신

들을 끌어들이지 않고 자연현상을 설명한다는 점이다. 아리스토파네스의 소크라테스는 가랑비나 폭풍우를 제우스의 행동이 아닌 구름으로 인해 나타나는 현상으로 본다. 이런 의미, 즉 어원적인 의미에서 본다면, 소크라테스는 무신론자다. 두 번째 특성은 궤변학을 일삼는다는 것이다. 그런데 희극 시인의 눈에 비친 궤변학이란 "법정에서 가장 설득력이 약한 논변을 가장 설득력이 강한 논변으로 바꿔놓는 학문"으로, 이는 젊은 층에게 자신이 저지른 실수, 가령 간통을 저지르고도 형벌을 피할 수 있는 영악한 수단을 제공한다. 아리스토파네스의 눈에 비친 소크라테스의 두 가지 특성(무신론자이며 젊은 층을 타락시키는 자)이 그로부터 24년 후 소크라테스를 고발하는 고소장에 그대로 기록되어 있음을 우리는 확인할 수 있다. 플라톤은 소크라테스에 대한 묘사가 지나치게 중상모략적이기 때문에 그 신뢰성에 대해 이의를 제기하면서도 이 동일성에는 주목한다.

이번에는 제자들, 그러니까 소크라테스 옹호자들의 증언을 보자. 이들 중에서 가장 비중 있는 자들은 제각기 철학 학파를 세웠으며, 학문적 입장이 완전히 상반됨에도 불구하고 저마다 소크라테스의 제자임을 내세운다.

우선 제일 먼저 플라톤. 그는 문학사에서 유일하게도 50여 년에 걸친 철학자 생활을 통해서 자신의 생각을 스승의 입을 빌려 발표했다. 플라톤은 저술 속에서 자신에게 지혜를 길러준 소크라테스를 플라톤식 관념주의의 창시자로 만들었다. 플라톤은 위대한 시인으로, 스승의 이미지를 왜곡시켰다. 왜곡의 정도는 희극 시인 아리스토파네스의 왜곡과 비교해도 절대 뒤지지 않는다. 더구나 플라톤은 아리스토파네스의 입장을 반박하는 동시에 그와 동일한 입장을 보이기도 했다.

그런데 플라톤은 시인일 뿐 아니라 '정치적인' 신화를 제조하는 사람이기도 했다. 어쩌면 그는 다른 무엇보다도 '정치가'였으며, 아테나이의 민주주의를 증오하는 정치가였을 개연성이 높다. 그의 저술 상당 부분이 이를 입증해줄 뿐 아니라, 현재까지도 보존되고 있는 그의 유명한 편지에서 스스로 정치적 성향이 있음을 인정하고 있다. 따라서 그가 소크라테스를 '정치화'했으며, 그것도 반민주주의적으로 정치화했을 것이라고 짐작할 수 있다. 하지만 이따금씩 너무나 당연하게 받아들여졌던 사항, 즉 민중의 아들로 태어난 아테나이인 소크라테스가 플라톤식 반동주의적 관념주의를 최초로 창안했다는 점을 입증해주는 자료는 하나도 없다.

또 다른 증인들인 안티스테네스와 아리스팁포스를 보자. 기원전 4세기 사고의 두 축을 형성했던 철학자로, 둘 다 소크라테스의 제자임을 주장한다. 안티스테네스는 금욕주의적인 견유학파를 세웠으며, 아리스팁포스는 합리적인 향유를 추구하는 쾌락주의 학파의 창시자다.

철학자가 아니라 역사학자 또는 스스로 역사학자라고 주장하는 크세노폰도 빼놓을 수 없다. 소크라테스의 충실한 친구였던 그는 수많은 증언을 쏟아냈다. 그동안 그를 헐뜯는 자들도 많았으나, 그는 흔히들 말하는 것처럼 편협한 견해의 소유자는 절대 아니다. 크세노폰은 자신이 직접 들은 소크라테스의 대화를 들려준다고 주장한다. 여기서 한 가지, 시골 농지의 소유주이며 기병대 대장이었던 그의 사회적 지위를 고려한다면, 그가 소크라테스의 가르침을 충실하게 전달하기엔 적합하지 않은 위치에 있었음을 알 수 있다. 따라서 크세노폰도 소크라테스의 이미지를 왜곡하고 있다고 보아야 한다. 희극 시인만큼? 또는 철학자-시인만큼? 정치가-시인만큼? 나는 이 질문에 대해서는 답하지 않겠다.

소크라테스의 유죄를 주장하는 측의 증인도 적어도 한 명쯤은 들어야 할 것이다. 소크라테스 고소문(이것은 '아르콘'이라고 하는 집정관에게 제출된 정식 고소장이 아니라 독립적인 저술을 가리킨다). 작성자 폴뤼크라테스가 적격이다. 이 책은 남아 있지 않지만, 이 책에 대한 정확한 보고서를 참고할 수 있다. 이 보고서는 뒤늦게 알려졌으나 그 정확성을 신뢰할 만하다.

물론 증인들은 서로 모순되는 증언을 늘어놓는다. 이 증언들의 가치를 재고, 그중에서 가장 믿을 만한 것을 선택해야 한다. 만일 그게 불가능하다면 모든 증언을 거부해야 한다. 그러니 학자들에게는 큰 숙제거리다.

최근 소크라테스에 대한 연구가 대거 쏟아져 나왔는데, 언제나 그렇듯이, 그의 말을 보존하고 있다는 전통에 대해 의문을 제기하는 글들이 대다수다. 특히 두 개의 두툼한 연구서(소르본 대학에 제출된 박사학위 논문)가 눈에 띈다. 하나는 M. 마갈레-빌레나의 논문으로, 박학다식을 자랑한다. 주제와 직접적인 관련이 없는 논지 전개로 분량이 많이 늘어나긴 했으나 상당히 뛰어난 지적 연구라고 할 수 있다. 또 하나는 스위스의 기곤 교수의 논문이다. 얼핏 보기엔 빌레나의 논문보다 훨씬 공정한 것 같지만 역시 부정적인 면도 지니고 있다. 텍스트의 독해에서 매우 치밀하며, 그 치밀하고 집요한 방식으로 소크라테스에 관한 이제까지의 모든 연구가 허구라는 가설을 정립한다. 소크라테스에 관한 고대인들의 증언을 하나하나 물고 늘어지며 이를 파기해버리려는 집요함은 다소 짜증스럽기까지 하며, 그 때문에 저의가 의심스러워지기도 한다.

어쨌든 두 저자 모두 소크라테스라는 이름을 가진 고대인이 실존 인물이며, 그가 기원전 5세기 말엽에 강의를 하고 다녔음을 부인하지는 않는다. 또한 그로 인해서 고발당했으며, 소크라테스의 사형으로 이 소송이 일단락되었다는 사실에 대해서도 이의를 제기하지 않는다.

하지만 그 나머지에 대해서는 두 사람 모두 전설이나 신화, 시적인 상상력이 빚어낸 산물이라고 주장한다. 기곤 교수는 플라톤의 대화편에 대해서는 디히퉁(Dichtung), 즉 철학적 시라는 표현도 서슴지 않는다.

자, 상황이 이렇기 때문에 나는 소크라테스에 관한 장을 시작하면서 이들의 주장에 대해서 잠시 비판을 하지 않을 수 없다. 이들의 주장은 언뜻 보기엔 마음을 동요시키고 매력적으로 들리는 것도 사실이지만, 솔직히 전혀 수긍할 수 없다.

이들의 주장을 들으면 몇 가지 기억나는 일이 있다. 우선, 지금으로부터 30~40년쯤 전에 플라톤 연구 전문가인 유명한 문헌학자 두 사람이 빌레나와 기곤만큼 열정적으로 정반대되는 주장을 펼친 적이 있다. 버넷과 테일러는 플라톤의 대화편이 신화나 시와는 거리가 멀며, 소크라테스와의 실제 대화를 정확하게, 거의 판사의 조서(調書) 수준으로 옮겨놓은 기록이라고 주장했다. 결론적으로 이 두 사람의 주장은 틀렸지만, 그럼에도 이들의 주장은 상당 기간 우세를 보였다.

또 한 가지. 여러 사람의 증언이 서로 모순된다고는 하지만 실제로 모순은 그렇게 많지 않으며, 사람들이 특별히 강조하지 않고 지나치는 일치점들과 비교해볼 때 더 많은 것도 아니다. 그래서 기원전 423

년에 《구름》을 발표한 아리스토파네스는 '별똥별', 다시 말해서 별들과 천체의 현상을 아낙사고라스식으로 관찰하는 소크라테스를 재미나게 놀렸다. 소크라테스는 이 현상들을 좀 더 자세히 관찰하기 위해 공중에 바구니를 매달고 그 안에 들어가 있었던 것이다. 그런데 그보다 40년 후에 쓰인 플라톤의 《파이돈》을 보면, 소크라테스가 아낙사고라스의 제자로 자처한다. 소크라테스는 처음엔 지구의 형태를 탐구하고, 이어서 태양과 달에 대해서 탐구했다. 이 과정에서 도덕 같은 건 끼어들 여지가 없다. 그러니 해석의 차이만을 이 잡듯이 골라내는 데에만 골몰하고, 이처럼 증언이 명백하게 일치하는 대목은 어째서 강조하지 않는단 말인가?

 결론만 말하자면, 후세 사람들의 증언 가운데에는 일치하는 점도 분명히 있다. 하지만 사람들은 소크라테스의 삶을 증언하는 내용이 모든 점에서 일치할 것을 요구한다. 다시 말해서 아리스토파네스와 플라톤, 안티스테네스, 아리스팁포스, 크세노폰, 그리고 다른 모든 증인들이 언급하는 사실들이 일치할 때에만 그것이 실제로 일어났던 일로 간주하려 한다. 하지만 그 정도의 엄격성은 말도 안 된다. 어떤 사실에 대해 증인들의 말이 만장일치로 수렴된다면, 그것이야말로 세상에서 제일 이상한 일, 제일 수상쩍은 일이다. 그런 일은 결코 있을 수 없다. 뿐만 아니라 이 증인들은 모두가 같은 대담에 참석했던 것도 아니다. 역설적인 인물인 소크라테스를 한날 한시에 만난 것이 아니라는 말이다. 이들이 소크라테스를 같은 시기에 안 것도 아니다. 그런데 도대체 무슨 말도 안 되는 기적이 일어나기를 바란단 말인가? 나이와 직업, 기질, 사고 등 모든 것이 서로 다른 사람들이 천편일률적이거나, 최소한 비슷한 증언을 해주기를 바라는 것은 말이 안

된다. 더구나 사실을 증언하는 것이 아니라 사실에 대한 해석을 증언해야 하는 문제가 아닌가. 요컨대 소크라테스의 생각에 대해서 증언해야 한다는 말이다. 고대인들은 소크라테스가 자신의 생각을 감추고 애매한 아이러니로 그것을 포장했다는 식으로 말한다. 농지 소유주와 관념주의적 철학자, 다시 말해서 회개라고는 모르는 시인 플라톤, 가장 자유분방한 희극 시인, 쾌락의 철학자, 금욕의 철학자가 똑같은 사실과 생각을 똑같은 방식으로 해석하지 않았다고 해서 그것이 정말로 깜짝 놀랄 일이겠는가? 오히려 그 반대의 경우, 즉 똑같은 방식으로 해석했다면 놀라 자빠질 일이며, 따라서 그런 경우는 생각조차 할 수 없다.

그렇다면 너무도 자연스러운 차이점과 모순을 빌미로, 그것이 진정성이 없다고 치부해야 하는가? 고대 문헌들을 통해서 드러나는 소크라테스는 신화적이고 전설적이며 허구적인 인물에 불과하다고 결론을 내려야 하는가? 한마디로 터무니없는 결론이다.

다만 한 가지, 확실하다고 장담할 수 있으며, 버넷과 테일러의 주장에 힘을 실어주는 것처럼 보이는 것이 있다면, 그건 바로 여러 동시대인들이 묘사한 소크라테스의 각기 다른 초상화들, 다시 말해서 소크라테스에 대한 동시대인들의 해석이 모두 역사적인 소크라테스와 어느 정도 유사한 점이 있으며, 따라서 그가 실존했던 인물임을 인정할 수 있다는 사실이다.

하긴, 기원전 469년에 산파의 몸에서 태어나 기원전 399년 독약과 불의가 마지막 숨결을 앗아갈 때까지 동시대인들은 물론 자신의 눈에도 수수께끼처럼 보이는 삶을 산 소크라테스만을 유일하게 역사적인 소크라테스라고 부를 수 있을까? 진정한 소크라테스는 지금까지도 인간의 기억 속에서 살아 숨 쉬는 소크라테스일 것이다. 반면 역사적 소크라테스는 사상의 역사 속에서, 우리 같은 인간들의 이야기 속에서 영향을 미치는 인물이며, 그에 관해 이야기하는 자들이 새로이 등장할 때마다 우리는 그에게 새롭게 접근하게 된다. 역사적인 소크라테스와 전설적인 소크라테스는 동일한 인물, 여전히 살아서 영향력을 끼치는 존재인 것이다.

'전설적인' 소크라테스는 그가 생존해 있을 당시에도 이미 존재했다. 전설적인 소크라테스는 '진짜' 소크라테스의 마음속에도 존재했으며, 그 자신의 눈에도 희한한 존재였다. 그렇기 때문에 소크라테스 문제는 전형적인 역사적 문제로 남아 있다. 그러고 보면 모든 역사적 사실들에 대해서 정도는 각각 다르지만 역사를 '구축'하고 있다고 말할 수 있지 않을까? 어쨌든 그것들은 사실이다. 그러므로 어떤 식으로든 영향력을 행사한다.

이렇듯 소크라테스에게서 두 명의 소크라테스를 구분하겠다고 주장하는 것은 그의 삶에서 두 가지 생존방식을 분리해야 한다고 주장하는 것과 다를 바 없다. 두 가지 생존방식 중 어느 것이 더 가치 있다고 말할 수 없다. 둘은 대등한 가치를 가진다. 두 가지 생존방식을 분리하려 드는 것은 진정한 소크라테스, 우리 안에서, 그리고 제자들의 증언을 통해서(소크라테스 자신은 아무런 저술도 남기지 않았다) 그를 알게 된 모든 사람들의 마음속에서 살고 있는 그에게 또 한 번 사형선고를 내리는 것이다.

나는 추호도 이 같은 범죄 행위를 저지르고 싶지 않다. 비평은 소크라테스의 서로 모순되는 '변이체들'을 구분하겠다는 의지에 불탄 나머지 사라져버린 소크라테스와의 가상의 대화까지도 상상해내고,

이것들이 현재 우리 손에 남아 있는 대화들보다 더 중요하다는 듯이 설명하겠다고 덤빌 때마다 이 같은 범죄를 저지르는 형국이다.

솔직히 이런 양상을 보이는 문헌학자들을 꼭 진지하다고만 볼 수는 없다. 그들에게 소크라테스는 하나의 소일거리, 대부분의 조각이 분실된 퍼즐이다. 그래서 그들은 부족한 조각들을 새로 만들었다. 그렇지만 소크라테스는 소일거리가 아니다. 그는 우리를 살아가도록 만드는 생명체다. 역사적이고 전설적인 생명체, 요컨대 하나의 통합체다. 나는 그를 그렇게 간주할 것이다. 다양한 증언들 중에서 나에게 충격을 주는 것들, 아니 나뿐만 아니라 인류 역사 전체에 충격을 가한 것들을 택해 나를 인도하도록 하겠다는 말이다.

바로 이 점에서 오늘날의 소크라테스 비평은 큰 결점을 안고 있다. 오늘날의 소크라테스 비평은 소크라테스 충격이라고 불러 마땅한 것들을 까마득하게 잊고 있기 때문이다.

그런데 반세기가량이나 아테나이의 길거리에서 계속된 소크라테스의 가르침이 아니었다면, 특히 기원전 399년에 소크라테스가 죽는 사건이 아니었다면, 그 후에 일어난 일들을 설명할 길이 없다. 오직 제자들이 받은 강도 높은 충격만이 소크라테스에 관한 저작의 풍성함과 다양함을 설명할 수 있다. 진정한 실존 인물이 준 진정한 충격을 그들은 각기 다른 방식으로 받아들였으되, 그 충격은 모두의 안에서 뼈와 살이 되었다. 소크라테스의 죽음에서 시작된 그 어떤 시도, 아무리 예술의 힘이 크다고 하더라도, 그토록 대대적으로 시인과 역사가, 철학자들의 관심을 동원할 수는 없다. 그것도 여러 세기 동안 지속적으로 말이다. 살아 있는 텍스트를 가지고 마치 시체 해부 하듯이 이리저리 잘라내느라 여념이 없는 근시안적인 비평에 대한 명백

한 답이 여기에 있다. 가령 플라톤이 들려주는 소크라테스의 죽음에 관한 이야기(이 이야기는 지극히 다양한 청중들에게 동일한 감성적 영향력을 발휘한다고 나는 감히 말하겠다)를 "소크라테스의 철학적 시"라는 서랍 속에 분류해두는 것은 거의 의미 없는 비상식적 판단으로 보인다. 그러한 시는 무(無), 아니 거의 무에서는 도저히 나올 수 없다.

어쩐지 악의가 의심되며, 우리에게 여전히 영향력을 끼치는 소크라테스를 빼앗아가려는 연구들일랑 알아서 제 갈 길을 가도록 내버려두고, 우리는 다른 방식으로 이 문제에 접근해서 역사적이고 전설적인 수수께끼 같은 인물 소크라테스에게 생명을 불어넣어 보도록 하자. 이 인물은 잡으려고 하면 아이러니라는 그럴싸한 가면 속으로 달아나는 것 같지만 결국 우리에게 더 큰 감동을 선사한다.

'나는 누구인가'를 물은 최초의 철학자

소크라테스는 젊은이들을 무척 좋아했다. 그러니 그의 젊은 시절은 어땠는지 궁금해진다.

그는 신동은 아니었다. 마흔 살이 되어서야, 그나마도 신이 그에게 신호를 보냈기에, 그는 자신에게 주어진 사명을 알게 되었다. 그는 끈끈이대나물 껍질 같은 피부 속에 들어 있는 괴상망측한 정신의 소유자가 누구인지, 자신도 모르는 무엇인가에 강렬하게 사로잡혀 있는 이 영혼, 소크라테스라는 이름을 가진 이 이방인이 누구인지 알 수 없었다. 그는 델포이의 아폴론 신전에 새겨진 "너 자신을 알라"는 글귀, 그리스에서 대대로 전해 내려오는 지혜가 담긴 그 글귀를 읽었다. 이리저리 한눈파는 순례자의 눈으로 한번 쓱 읽은 게 아니었다.

젊은 시절 내내 그의 마음속에서는 "너는 누구냐? 너는 무슨 쓸모가 있느냐? 너는 무엇을 아느냐? 네가 아는 것은 너한테 무슨 도움이 되느냐?" 등의 질문이 메아리쳤다. 그 정도로 깊은 인상을 받았다. 그는 열렬하면서 동시에 숙고하는 영혼을 가진 사람이었다. 열정적인 기질과 냉정한 이성을 겸비했던 것이다. 그는 자신의 인생을 송두리째 걸되, 분별 있게 그렇게 하고자 했다. 그에게는 자신을 아는 것이 급선무였다.

그가 아직 어린아이였을 때에는 시인들이 그를 도왔다. 부분적으로나마 그 자신을 파악하도록 도와주었다는 말이다. 그러나 기대와는 다른 방식으로였다. 그는 학교에서 시인들의 아름다운 이야기들을 배웠고, 스승 앞에서 그들의 아름다운 문장을 암송했다. 그는 신들의 권능과 인간의 노동에 대해서 들려주는 그 음성을 사랑했다. 하지만 그의 정신만큼은 시의 운율을 따라 흐느적거리는 법이 없었다. 시인들은 그에게 이 세상에서 그가 가장 알고 싶어하는 것, 즉 신들과 인간들에 대해서 말해주는 존재였다. 어린 소크라테스는 시인들이 혼자 떠들도록 내버려두지 않았다. 그는 질문 공세를 퍼부었다. 호메로스와 헤시오도스, 그리고 핀다로스에게도 "당신은 지금 진실을 말하고 있습니까?"라고 물었다. 이들이 거짓말을 하고 있다는 의심이 들 때, 그가 항상 정의롭고 선하기를 바라는 이 세상의 주인, 즉 신들이 몹쓸 짓을 하고 있다는 말을 시인들로부터 듣게 될 때, 시인들이 영웅이라고 칭하는 자들이 정직한 사람에게 걸맞지 않게 겉으로만 그럴듯한 행동을 할 때, 어린 소크라테스는 시에 대해서 항의하고 화를 냈다. 그는 자신이 품고 있으며 진실이라고 믿는 이상에 대한 기만적인 모방이라면 조금도 망설이지 않고 내쳤다. 시인들과의 교류는 그에게 그 자신이 누구인지를 알게 해주지는 못했지만, 적어도 그가 무엇을 추구하는지, 무엇을 사랑하는지를 알게 해주었다. 소크라테스는 진실을 사랑하는 사람이었다.

학자들도 역시 진실을 추구하는 사람들이다. 당시 몇몇 학자들은 하늘을 탐구했으며, 별들의 운행을 이해하고, 이 세상이 어떤 형태일까를 상상했으며, 세계의 본질을 파악하기 위해 노력했다. 청소년기의 소크라테스는 이들의 말을 주의 깊게, 그리고 신뢰를 가지고 들었다. 흔히 '자연철학자'라고 불리던 이 학자들이야말로 그에게 인식의 열쇠를 건네준 장본인일 것이다. 이들은 그에게 세계가 무엇인지를 설명하면서, 소크라테스 자신이 왜 이 세상에 존재하는지, 무엇을 해야 하는지 알려주었을 것이다. 소크라테스는 머지않아 살기 위해 그가 풀어야 하는 유일한 질문, 즉 "나는 누구인가?"에 대해서는 학자들도 시인들처럼 만족할 만한 답을 주지 못한다는 사실을 깨닫게 된다. 자기 자신의 본성에 대해서는 아무것도 모르는 채 우주를 탐색하는 것이 다 무슨 소용이란 말인가? 신들이라면 이 세상이 어떻게 형성되었는지는 알고 있을 것이다. 그들이 이 세상을 가득 채웠으며, 이 세상을 이끌고 있으니 말이다. 그렇다면 신들이 살고 있는 이 자연의 비밀을 억지로 캐려 드는 것은 부질없고, 불경한 짓일 것이다. 하지만 행복해지려는 욕구와 덕성의 힘을 지닌 인간의 영혼에 대해서는 어떤 학자가 과연 진실을 밝혀낼 수 있단 말인가? 자연은 신의 영역이며, 인간의 정신은 인간에게 속한다. 일식과 별똥별을 아무리 탐구한다 한들 그것들이 우리에게 어떻게 살라고는 말해주지 않는다. 그러니 우리는 우리 안에서 소곤거리는 작은 목소리, 인간 각자의 안에서 소곤거리다가 문득 모든 인간에게 공통적인 동의를 이끌어내는 힘을 가진 그 목소리에 귀를 기울여야 하지 않을까? 소크라테스는 인간과 인간을 위해 봉사하는 길을 회피하고, 천체 속에서 살아가는 데 필요한 유일한 질문에 대해 침묵하는 알리바이를 만드는 하찮은 과학 따위는 단호하게 거부했다. 그로부터 파생된 여러 학파들의 영향력을 감안할 때, 고대인들로 하여금 엄밀한 의미에서의 과학보다 철학을 중시하도록 이끈 소크라테스의 영향력은 가히 엄청나다. 잠정적으로 과학을 도외시하며 인간에 대한 인식만을 추구하는 '철학'을 택하다니, 이 얼마나 치명적인 선택인가! 소크라테스에게는 이보다 더 중요한 것이 없었다. 인간에 의한 인간 정신, 아니 당시 표현대로라면 인간 영혼의 정복만큼 그가 집착한 것은 없었다. 어쩌면 인류의 역사를 고려할 때, 명확한 규범에 따라 정신적인 학문을 정립시키기엔 너무 이른 감이 있었다. 소크라테스도 이를 모르지 않았다. 하지만 그는 성큼성큼 여러 세기를 건너뛰기를 즐겼다…….

영혼의 산파

소크라테스가 추구하는 이 같은 태도에는 시인이나 학자들보다 수공업자들이 훨씬 가깝게 다가왔다. 소크라테스에 따르면, 인간은 누구나 그에게 가르쳐줄 무언가를 지니고 있는데, 인간은 누구나 그 안에 인간으로서의 진실을 품고 있기 때문이다. 그런 관점에서 볼 때, 특히 직업을 수행함에 있어서 섬세하고 엄격한 규칙을 따라야만 하는 수공업자들, 이들 보통 사람들이 훨씬 유리한 입장이라는 것이 그의 견해였다. 소크라테스 자신도 민중의 아들이었다. 그는 거리에서 생활했다. 그는 스스로 타고난 장인(무엇을 만들어내는 장인일까?)이라고 느꼈으며, 자신이 만들어내는 사물들의 기술적 언어로 이야기하는 모든 사람들을 형제처럼 여겼다. 그를 따르는 제자들의 대다수는 평범한 집안의 아들들로서, 적지 않은 이들이 그저 한가로운 시간을 때우기 위해 그를 따라다녔다. 소크라테스는 노동자인 민중에게서 태어났으며, 그 역시 노동자였다. 산파였던 어머니는 인류의 가장 오래된 직업에 종사한 셈이다. 아버지는 파르테논 신전을 세운 석조 블록을 각지게 자르고, 모서리를 갈고 닦는 석공이었다. 소크라테스는 노동자들과 자주 어울렸다. 쓸모 있는 것과 아름다운 것, 덕성과 공공재산을 정의하기 위해 그는 대장간에서 머물렀으며, 구두장이에게서 사례를 차용하고, 일꾼들에게 끊임없이 질문을 던졌다. 대목, 소목, 석공, 도공들이 평생 동안 그의 이야기와 함께했으며, 그의 입을 통해 정치가들과 소피스트들에게 일갈을 가했다. 수공업자들이야말로 소크라테스의 제일가는 정신적 지도자였다. 그들은 자신들이 언급하는 사물들에 대해서 속속들이 알지 않으면 안 되었다. 그들은 자신들이 다루는 자재들을 속일 수 없었으며, 스스로에게 부과한 목표를 저버릴 수도 없었다. 그들의 손으로 만드는 물건들은 사람들이 그 물건에 기대하는 역할을 제대로 해내야만 했다. 그러므로 수공업자들은 자신이 필요로 하는 기술을 익히며, 익힌 기술을 실수 없이 그들의 손으로 실행에 옮겨야 했다. 소크라테스는 하나의 사물을 만들어내기까지 요구되는 엄격한 규칙들에 감탄해 마지않았다. 그는 노동자의 몸짓이나 언어 구사에서도 그 엄격한 규칙들이 동일하게 배어나오는 것을 보고 놀라움을 감추지 않았다. 그는 확실한 규칙을 실행에 옮기며, 하나의 사물을 정확하게 그 사물의 존재 이유에 적합하도록 조율해나가는 그들의 일을 항상 부러워했다. 그런 일은 아름다웠다.

이따금씩 소크라테스는 석공인 아버지의 끌을 잡기도 했다. 하지만 그는 돌이 아닌 다른 자재에 마음이 끌렸으며, 그 자재를 아버지가 돌을 다듬을 때처럼 확실성을 가지고, 확실한 과학을 통해서, 노동자의 확실한 직업의식으로 다듬고 싶어했다. 그가 마음에 둔 자재는 바로 인간의 영혼이었다. 소크라테스는 아름다운 영혼을 생산해내는 기술을 창조하고 싶어했다.

점진적인 학습 끝에 소크라테스는 마침내 그가 찾던 것이 무엇인지, 그가 누구인지를 알게 된다. 그는 인간으로부터 인간 안에 깃들어 있으며 인간과 관계있는 진실을 이끌어낼 방법을 모색하고 있었던 것이다. 말하자면 인간의 삶에 관한 학문을 찾고 있었다. 그는 결단력 있게 자신의 직업을 선택할 수 있을 만큼 자기 자신에 대해 잘 알고 있었다. 그는 결국 산파였던 어머니의 직업을 물려받는다. 인간의 영혼이 잉태하고 있는 진실의 열매로부터 영혼을 꺼내주는 산파가 될 것이었다.

그는 영혼의 산파가 되기 위해 태어난 사람이었다.

이러한 선택에 이르기까지, 그는 젊은 시절 얼마나 오랫동안 암흑 같은 시간 속을 달려야 했던가? 진실을 찾겠다는 의지로 점철된 그 어려운 길에서, 정신적인 장애물들과 중첩되는 육체적인 장애물들은 또 얼마나 많이 만나야 했던가? 반수신(半獸神)의 가면을 상기해보라. 영혼에 대한 사랑 외에 어떤 욕심이 그를 사로잡았는지 곧 알게 될 것이다.

소크라테스는 포도주를 좋아했다. 하지만 이 못 말리는 애주가의 취한 모습을 본 사람은 아무도 없다. 소크라테스는 젊은이들의 싱싱

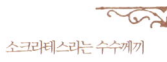

한 몸을 좋아했다. 그렇지만 재판이 진행되는 동안 이 주제에 대해서 그가 부적절한 처신을 했다고 주장하는 사람은 아무도 없었다. 그의 기질을 끓어오르게 하는 관능에 대한 욕구를 그는 유일한 집착 대상, 즉 진실에 대한 욕구로 바꾸어놓았다. 머지않아 짐승 같은 얼굴 위로, 그의 마술 같은 입술 위로 정신의 언어가 내려앉게 된다.

무지를 폭로하는 거리의 철학자

내면의 투쟁을 통해서 쟁취한 이 소명, 우리가 전혀 예상하지 못했던 소명을 그는 어느 날 델포이의 신을 통해서 분명하게 전달받는다. 틀림없이 고집스러운 거부의 대가였을 것이다.

 우리는 그 이야기를 알고 있다. 그 당시 소크라테스는 벌써 성년이 되어 있었으며, 이미 오래전부터 자기 자신, 그리고 몇몇 친한 사람들과 자주 대화를 나누고 있었다. 하지만 신에게 봉사해야 할 뿐만 아니라 공공의 이익을 위해서 어떤 직업을 택해야 할지에 대해서는 아무런 생각이 없었다. 어린 시절 친구 하나가 아폴론의 신탁에 이 세상에 소크라테스보다 더 현명한 사람이 있는지 물어보라는 꾀를 냈다. "그런 사람은 없다"고 신은 대답했다. 소크라테스는 깜짝 놀랐다. 오로지 자신의 무지함만을 알고 있다고 말할 때의 그는 진심이었다. 때문에 그는 몹시 당황했다. 그는 신은 거짓말을 하지 않는다고 확신하고 있었지만, 자신이 그 증거를 제시할 필요가 없다고는 믿지 않았다. 그러니 신탁이 옳음을 증명하기 위해서는 이미 정립되어 있는 모든 지혜를 찬찬히 검토하는 길 외에는 다른 방법이 없었다……. 이렇게 해서 30년 동안 아테나이와 그리스 전역에서 가장 뛰어난 정신의 소유자로 간주되는 사람들과의 대담이 시작되었다. 대담에서 그는 번번이 정치가들의 지식과 사제들, 학자들, 시인들의 지식을 당황하게 만들었으며, 그럴 때마다 소크라테스가 가장 현명한 사람이라고 말한 신의 판단을 증언했다. 오직 그만이 자신의 무지함을 인정할 정도로 현명했으므로, 그것은 적절한 처사였다.

참으로 희한한 직업이며, 참으로 희한한 현자였다. 30년 동안 줄곧 그는 질문하고, 반박하며, "바람을 뺐다." 30년 동안 줄곧 그는 모두를 비웃었으며, 그 자신도 비웃음을 당했다.

30년 동안 줄곧 그는 사람들을 당황하게 했으며, 빈축을 샀고, 절망하게 만들었으며, 때로는 사람들의 마음을 사로잡기도 했다.

누가 아테나이의 모든 지혜, 인간의 모든 지혜를 고발한 검사로서의 그의 역할을 제대로 이해할 수 있었을까? 단 한 명의 제자라도 제대로 이해했을까? 그러니 일반 대중들이야 더 말할 필요도 없다. 소크라테스도 이를 잘 알았지만, 그렇다고 상심할 그가 아니었다. 신이 그것을 원하므로, 그는 쉬지 않고 어리석음의 가면을 벗겨내는 일에 매진했다. 그는 월급도 없고, 미래에 대한 희망도 거의 없는 이 일, 가장 고집 세기로 유명한 그리스 민족을 가르치는 교사로서의 일을 계속했다. 그것이 시민으로 사는 그의 방식, 진정한 정치 기술(정치 기술엔 다른 방식이 있을 수 없다고 그는 늘 말했다), 즉 동료 시민들을 "더 낫게 만드는" 기술을 실천하는 그의 방식이었다.

그는 짜증난 그리스 민족이 마치 자꾸 물어서 가렵게 만드는 등에 녀석을 때려서 잡는 것처럼 그를 후려치기 전까지, 그렇게 계속했다.

왜 아테나이 사람들은 그를 죽게 했을까?

소크라테스는 형제애로 그들을 사랑했다. 그는 그들을 위해 살았으며, 그들을 위해 죽음을 받아들였다.

그의 삶과 그 삶을 완성시키는 그의 죽음이 지니는 의미를 이해하기 위해서는, 소크라테스와 아테나이인, 이렇게 양자가 그의 죽음을 향해서 밟아간 두 개의 경로를 따라가 보아야 한다. 소크라테스와 더불어 오래도록 아테나이라는 도시, 그가 목숨을 내놓고 지킨 그 도시의 거리에서 살아보아야 한다. 그가 애지중지했지만 끝끝내 그를 이해하지 못했던 아테나이 사람의 눈으로 그를 보아야 한다.

오전 10시, 시장이 서는 광장, 소크라테스의 포교 생활 30년(흔히 페리클레스의 세기라고 부르는 세기의 마지막 3분기. 페리클레스 치세의 아테나이를 좋아하지 않았던 소크라테스가 들으면 그다지 좋아하지 않을 표현이다) 중의 어느 하루. 광장은 사람들로 북적인다. 돼지고기 장사꾼은 순대를 사라고 외치며, 기병대 장교는 청어 장수 앞으로 철모를 내민다. 이발소 앞, 환전상들의 탁자 주변에 모여서 아테나이 시민들은 수다를 떤다.

소크라테스가 지나간다. 모두가 그를 알아본다. 사실 그를 몰라보는 것이 더 어렵다. 그는 아테나이에서 제일 못생긴 추남이다. 넓적한 얼굴에 납작한 코, 지나치게 넓고 벗겨진 이마. 두터운 눈썹 아래로 툭 튀어나온 딱부리 눈은 황소 같은 시선을 던진다. 이 세상 모든 코 중에서 가장 덜 그리스적인 코에 뚫린 두 개의 콧구멍은 부끄러운 줄도 모르고 벌름거린다. 듬성듬성 난 턱수염은 물어뜯는 용도로 생긴 것처럼 보이는 입을 가리기엔 턱없이 부족하다고 한 제자는 평한다. 당나귀 입보다도 더 미운 입이라고 소크라테스 자신은 아예 한 술 더 뜬다. 땅딸막한 두 다리 위에 놓인 건장한 상체. 추남 소크라테스의 신상명세는 대충 이 정도다. 자신의 우스꽝스러운 생김새에 대해서는 소크라테스 자신이 제일 먼저 나서서 놀림감으로 삼으며, 못생김도 그 정도면 아름다움이 된다고 주장한다. 만일 아름다움이 쓸모 있는 것과 동의어라면, 하늘을 보는 들창코, 하늘의 입김인 모든 바람을 향해 열려 있는 코보다 콧구멍이 아래로 향해 있어 바닥에서 올라오는 냄새만 맡게 되는 곧게 뻗어 내린 코를 어느 누가 좋아하겠는가? 올림포스 신들의 충실한 신도들과 체육관 애호가들에게는 전혀 씨가 먹히지 않는 비유일까? 아무튼 추함이 과도해지면 하늘로부터도 버림받은 것이라고 생각하는 사람들도 더러 있다. 오직 측근만이 그와 반대로 스승이 고대의 정령들, 가령 빈정거리기 좋아하는 사튀로스와 비밀스러운 인척관계를 맺고 있음을 간파하고, 매혹적인 끈끈이 대나무풀 같은 애칭을 붙여주기도 한다.

이 못생긴 남자는 차림새에도 전혀 신경 쓰지 않았다. 몸을 대수롭지 않게 여겨 잘 씻지도 않았다. 그가 체력 단련장을 자주 찾은 것은 세월의 시계를 되돌리고 불어나는 살덩어리를 덜어보기 위해서가 아니라, 쓸데없는 말을 늘어놓기 위해서였다. 어디 그뿐인가. 북풍이 돌풍처럼 몰아치는 겨울이건 작열하는 태양 때문에 머리가 제대로 된 사람이라면 당나귀 그늘이라도 차지하려고 싸우는 여름이건 1년 365일 내내 걸치고 다니는 낡아빠진 외투는 또 어떻고! 소크라테스는 가난한 사람들이 입는 옷을 입었다. 평범한 사람들로서는 소크라테스가 여러 세기를 앞서가는 선구자이며, 낡은 외투만 하더라도 소크라테스를 기념하기 위해 철학자들이 즐겨 입게 될 그 외투가 수도사의 제복이 될 것임을 알 도리가 없었다.

소크라테스는 광장에서 유명한 인물을 만난다. 말 한마디로 시민의회를 좌지우지할 수 있는 사람이다. 그는 뛰어난 연설가이며, 어쩌면 정직한 사람일 수도 있는데, 신중하다고 하기엔 지나치게 자주 정의라는 말을 입에 달고 사는 사람이다. 인간관계가 자유롭게 맺어지던 고대 시대인 만큼, 소크라테스는 부담 없이 그에게 말을 건다. "어이, 이보게, 정의로운 일이건 정의롭지 못한 일이건 간에 모든 일에서 시민의 자문을 맡은 자네, 우리 함께 정의가 뭔지 생각해보지 않겠나?"* 또는 "정치가란 모름지기 법이 제대로 지켜지는지 감시하는 것이 임무일 테니, 어디 우리에게 법이란 무엇인지 정의해주겠나?" 같은 질문을 던질 수도 있다. 그러면 사람들이 옹기종기 모여들어 두 사람을 에워싼다. 유명 인사는 확신에 차서 말한다. "법? 정의? 그보다 더 간단한 게 어디 있겠나!" 그가 각 단어의 정의를 말한다. 소크라테스는 그가 내린 정의를 요모조모 뜯어본다. 그중에서 어느 단어의 의미가 모호한 것 같다. 그러면 소크라테스의 질문이 이어진다. 이 모호한 단어를 정의해보세. 혹은 요리나 말 사육처럼 우리가 잘 알고 있는 분야에서 사례를 하나 들어보세. 두 사람의 대담은 아주 기본적인 것에서 다시 시작된다. 예상하지 못했던 놀라움과 명백함, 겉보기엔 에둘러 가는 것 같지만 정곡을 찌르는 지적으로 가득찬 대화가 이어지다 보면, "예" 또는 "아니요"로 간단하게 대답할 수 있는 질문을 퍼붓는 이 추남 앞에서, 그럴듯하게 들리는 번지르르한 말을 늘어놓는 선수인 정치가는 번번이 말을 중단당하고, 반듯한 논리에 의해 추궁당하면서 딜레마에 빠진다. 이러지도 저러지도 못하던 그는 급기야 법은 불법이라고 버럭 결론짓게 된다. 그리고 정의

---

* 저자는 부분적으로는 상상에 의지하거나 '짜깁기'로 구성한 대화를 예로 든다. 하지만 이 모든 대화는 소크라테스적인 노선만큼은 철저하게 고수한다.

란…… 에, 또, 정의란…… 그는 차라리 입을 다물고 포기하는 쪽을 택한다. 그러면 하는 수 없이 소크라테스가 모여든 군중 앞에서 그 자신은 전혀 모르는 주제에 대해서 연설을 시작한다. 주변이 웃음바다가 되는 사이, 유명 인사는 슬그머니 꽁무니를 빼고 도망친다. 이렇게 해서 소크라테스는 또 한 명의 적을 만들게 된다.

하지만 대중들은 일단 실컷 웃긴 했지만 마음 한켠에서는 불안 심리가 발동한다. 도대체 소크라테스는 뭘하자는 걸까? 말을 이용한 이 대량 살상은 무엇을 의미하는가? 내로라하는 인사들에게 끝없이 질문을 던짐으로써 그자들의 입에서 "나는 아무것도 모른다"는 말을 이끌어내려는 집요함은 뭐란 말인가? 소크라테스 자신은 아무것도 모른다고 선언하는 그 가증스러운 태도는 또 뭔가? 기회 있을 때마다, 자신이 딱 하나 아는 게 있다면 그건 자신은 아무것도 모른다는 사실이라고 누누이 강조하는 건 무슨 속셈일까? 어제만 하더라도 그는 윤리에 대해서 이야기해보자고 제안했고, 지고의 재화니 시민의 의무니 하며 썩 괜찮은 정의를 얻어내더니, 그다음엔 거기에 대해서 질문공세를 퍼부음으로써 모여든 사람들을 웃겼다. 그렇다면 이 아이러니의 대가는 시민이 갖추어야 할 덕성이나 의무를 믿지 않는다는 말인가?

신에 대한 소크라테스의 주장 또한 굉장히 놀라운 것들 중의 하나였다. 그는 만일 우리가 합리적이라면(이는 그 자신이 한 말이다), 지금 당장이라도 우리는 신에 관한 문제에 있어서는 아무것도 알지 못한다고 인정해야 할 것이라고 주장했다. 그는 신의 섭리에 대해서 많은 말을 했다. 신은 모든 것을 보고 모든 것을 들으며 도처에 존재하고 우리의 생각까지도 모두 읽고 있다는 것이다. 다 좋은 말이다. 반면 그는 우리가 축제를 정해서 섬기는 신들이나, 조상 대대로 섬기면서 조상들이 부르던 이름 그대로 부르는 신에 대해서는 그다지 자주 언급하지 않았다! 소크라테스는 그 이름은 신들의 진정한 이름이 아니라고 말했다! 우리의 아버지들이 신들에 대해서 우리에게 들려준 이야기들 가운데에서 그는 일부는 받아들였지만, 나머지 대부분은 거부했다. 나쁜 짓을 행하는 신들이 자주 등장하는 그런 이야기에 신앙심까지 접목시켜서는 안 된다는 것이 그 이유였다. 인간에게 나쁘다고 해서 신들에게도 반드시 나쁜 건 아니라는 걸 이해하기란 별로 어렵지 않다. 어쨌든 이 이야기들은 신성하게 여겨지기 때문에 그걸 가지고 이러쿵저러쿵하는 것은 도시 전체로 보아 위험할 수도 있었다. 소크라테스는 또한 우리는 이제까지 기도했던 것처럼, 그러니까 이렇게 해주시고 저렇게 해주십시오, 하는 식의 구복적인 기도를 해서는 안 된다고 했다. 왜냐하면 우리에게 무엇이 필요한지는 신이 더 잘 알고 있기 때문이다. 소크라테스 자신은 판 신에게 "내면의 아름다움"을 요청한다. 이건 또 무슨 뜻일까? 이어서 그는 자신이 특별하게 생각하는 신이 있는데, 자신은 그 특별한 신을 '다이몬(악마)'이라고 부르며, 그의 목소리를 듣기도 한다고 말했다. 하지만 아무도 그의 목소리를 들을 권리는 없다. 퓌티아와 몇몇 사람들만이 예외인데, 사제들이 이를 통제한다. 아무도 우리가 모르는 신, 가령 이방인들의 신에 대해서 우리에게 말할 권리는 없다. 하지만 신에 대해서건 다른 것들에 대해서건 그가 이렇게 말하는 게 아무 소용도 없는 것이, 그 자신이 아무것도 모르기 때문이다. 그렇지만 이건 발뺌하려는 수작이 아니다. 모든 사람들이 다 아는 것들이 있고, 선량한 시민이라면 반드시 알아야 하는 것도 있기 때문이다.

시민 정부에 대한 소크라테스의 발언은 아테나이의 보통 시민들에게는 더더욱 충격적이었다. 아테나이인들은 민주주의 제도에 대해서 대단한 자부심을 가지고 있었다. 비록 지나친 감이 없진 않았지만 그래도 충분히 그럴 만했다. 게다가 민주주의 제도는 아테나이를 먹여 살리는 제도가 아니었던가. 거의 모든 사람들이 저마다 돌아가면서 행정직을 맡았으며, 이 같은 직책의 임기는 보통 1년이었지만, 때로는 하루 만에 끝나기도 했다. 아테나이인들은 소크라테스가 행정 관리를 선발하는 투표 방식, 간단히 말해서 제비뽑기를 비판하자 놀라움을 금치 못했다. 그것이 도시의 대표를 선택하는 가장 합리적이고 진정으로 민주주의적인 방식이 아니라는 투의 비판을 쏟아내는 것이 아닌가! 소크라테스는 시민의회가 "되는 대로" 결정을 한다고 말했다. 통치행위는 아주 어려운 일이므로 소수의 적임자들에게만 권한을 주어야 한다고 말했다는 이야기도 들렸다. 그렇다면 소크라테스는 시민의 평등권에 대해서는 어떻게 생각한단 말인가? 어느 날엔가는 마침 소크라테스가 탄핵 심의를 위해 꾸려진 시민의회의 일을 볼 차례였다(모두가 이를 목격했고, 이 이야기를 들었다). 그는 가히 혁명적인 방식으로 토론을 주재했다. 그는 사람들이 평소의 방식대로 투표하는 것을 막으려고 했다. 사람들은 아르기누사이 해전에서 승리를 거둔 열 명의 장군에게 집단으로 사형선고를 내리려고 했다. 그들은 마침 폭풍이 일었다는 이유로 물에 빠진 부하들을 구하려 하지 않았던 것이다. 그런데 소크라테스는 이 열 사람에 대해 따로따로 투표를 해야 한다고 주장했다. 공동으로 토론을 주재하던 그의 동료들은 마침내 사람들에게 원하는 방식대로 하라, 즉 열 명의 장군에게 집단으로 사형선고를 내려도 좋다는 결정을 내렸다. 그러자 소크라테스는 민주주의가 지닌 가장 큰 약점은 통치자들이 언제나 민중에게 영합하는 결정을 내리는 것이라고 말했다. 아니, 그게 얼마나 다행한 일인가 말이다! 그는 또 어느 날엔가 민주주의는 독재의 한 종류라고 말한 적도 있다. 늘 자기는 아무것도 모른다고 자랑삼아 떠들더니 이런 주장을 하는 것도 그렇고 자기 의견을 고집하는 것을 보면 정말 놀라울 따름이다…….

대부분의 아테나이인들은 대략 이런 식으로 생각했다. 반면 소크라테스는 진실과 아테나이인들을 위한 일을 한다는 이유로 스스로의 운명에 위험을 자초했다.

소피스트들의 전성시대

여기서 한 가지 잊지 말아야 할 점이 있다. 당시 아테나이에서 소위 철학을 하는 사람은 소크라테스만이 아니었다는 사실이다. 다른 철학자들에 비해 그의 방식이 가장 독특하고, 그의 주장이 가장 날카롭다고는 해도, 사실 아시아나 이탈리아의 그리스 지역에서 아테나이로 건너온 새로운 스승들, 흔히 소피스트, 즉 궤변가(이 용어는 당시에는 학자라는 말과 같은 의미로 사용되었다)로 불리던 자들과 그를 혼동하는 일은 얼마든지 가능했다. 가령 프로타고라스, 고르기아스, 프로디코스 등은 새벽 동이 트기 무섭게 아테나이의 유복한 집안 젊은이들이 이들 집의 문을 두드릴 만큼 인기를 누렸다. 이들은 인간과 신에 관해서, 문법이나 천문학, 기하학, 음악, 윤리 등 모든 학문과 지혜에 걸쳐서 제자들을 가르치는 일을 사명으로 여겼다. 이들은 물론 지식의 문제도 다루었으며, 때로는 구두 제조에 대해서도 일가견이 있다고 자처했다. 소크라테스는 지혜의 거래는 아름다움의 거래와 마찬가지로 매춘이라 불러야 마땅하다면서, 돈을 매개로 지식을 사고파는 일을 대단한 수치로 여긴 반면, 이들은 수업료를 받고 젊은이들을 가르쳤다. 소피스트들은 자신이 가르치는 다양한 학문들 중에서도 특히 언변이 지고의 권력으로 통하는 민주주의 체제에서 가장 돋보이며 가장 필요하고, 따라서 가장 수입도 좋은 과목, 즉 웅변술의 학문인 수사학을 집중적으로 다루었다. 이 도시 저 도시를 순회하면서 자신들의 지식을 과시하는 교수이자 기자격인 이들은 당시 민주주의가 가장 개화한 아테나이에 머무는 것을 가장 선호했다. 이들은 아테나이를 빛의 도시로 만드는 데 일조하노라고 자랑했다. 소피스트들의 강의와 공개 강연에는 새로움에 목말라하는 젊은 층이 몰려들었다. 기초가 단단한 지식에 반한 젊은이들도 일부 있었지만, 요란스러운 선전에 현혹되어 유명한 스승들로부터 군중을 지배할 수 있는 언변이나 좀 배워볼까 하는 젊은이들이 대다수였다. 소피스트들 자신이 마음만 먹으면 나쁜 생각도 좋은 생각인 것처럼 승승장구하게 만들 수 있노라고, 또 그들이 가장 좋아하는 선전 문구처럼, "허점이 많은 약한 주장도 가장 강력한 주장으로 바꾸어놓을 수 있다"고 큰소리치지 않았던가. 하루빨리 출세하고 싶어하는 젊은 야심가들에게 세 치 혀로 "상대방을 때려눕히는" 소피스트들의 웅변술보다 더 소중한 기술이 어디 있겠는가?

그건 그렇고, 지금은 소피스트들의 본성을 파헤치는 시간이 아니다. 사실 우리는 그들을 충분히 알지도 못하거니와 우리가 알고 있는 지식이라는 것도 그들의 경쟁자들의 증언을 통해서 손에 넣은 것들뿐이다. 이들이 정말로 "유식한 체하는 사람들"이었는지, 이들이

주어진 사고에 대해서 스스로를 효과적으로 비판하기 위해서 그 사고를 뒤집어서 생각해보라고 가르쳤는지, 또 이들이 진실한 것을 그때그때 유용한 것에 종속시키기 위해서 백과사전적인 방대한 지식을 교묘하게 활용했는지 등등을 밝히는 자리가 아니므로 여기서는 전혀 중요하지 않다. 지금은 다만 이들이 아테나이의 보통 사람들 눈에 어떻게 비쳤는지를 아는 것으로 충분하다. 이 점에 있어서는 의심할 여지가 없다. 아테나이 사람들은 이들 소피스트들을 지적 딜레탄트, 즉 지식 애호가로 여겼다. 기발하지만 위험스러운 악덕 상인들이며, 회의적인 스승, 기존 진실의 파괴자, 불효와 비도덕을 파종하는 자, 당시에 통용되던 말로 표현하자면 젊은 층을 타락시키는 자들이었다.

영원한 의심자

한편 아테나이의 평균적인 시민들에게 소크라테스라고 하는 영원한 의심자, 끊임없는 질문으로 대화 상대방의 사고를 마비시키며, (그와 상대했던 누군가의 표현대로라면 닿기만 하면 어부의 손을 마비시키는 전기가오리처럼) 자신을 따르는 자들에게 머릿속에 들어 있는 모든 개념을 거부하고 무지함을 고백하라고 권유하는 이 인물은 소피스트들 중에 단연 최고였다. 그들이 보기에 소크라테스는 젊은 층을 타락시키는 사람들 중에서도 가장 기만적이었다. 따라서 가장 책임이 무거운 자이기도 했다. 다른 소피스트들은 모두 타지인이었던 것과 대조적으로 그는 어엿한 아테나이 시민이었던 것이다.

아테나이는 완전히 잘못 생각하고 있었다. 소피스트들에 대한 판단이 어떻든 간에, 소크라테스는 이들과 한 통속이 아니었다. 그는 이들 소피스트들을 반박했으며, 그들이 진실을 정립하는 것이 아니라 진실스러운 겉모습만을 만들어내는 데 치중하는 식으로 언변을 활용하는 방식을 통렬하게 비판했다. 우리는 최소한 공식적으로 드러난 소크라테스는 반드시 필요한 치료의 과정이라도 되는 듯이 상대방을 의혹에 빠뜨려 곤혹스럽게 만들었음을 알고 있거나, 최소한 그랬으리라고 짐작하고 있다. 반면 좀 더 은밀한 대담을 나누는 소크라테스는 제자들의 머릿속에서 지적인 나태함에 의해 차곡차곡 쌓인 잘못된 개념들을 깨끗하게 비우는 세척 작업을 한 후, 오류에서 벗어나게 된 그들의 영혼이 진실을 열망한다면, 그때부터 어머니가 늘 하던 산파 작업을 통해서 그들 자신도 모르는 사이에 이미 그들의 내부에 깃들어 있던 지혜를 끌어내도록 인도했다. 소크라테스에 따르면, 소피스트들이 부추기는 의심은 각 개인에게 100가지 오류 중에서 자신의 이익에 가장 도움이 될 만한 것을 선택하도록 하는 편리한 회의주의의 한 방편에 지나지 않았다. 궤변술은 아첨술에 지나지 않으며, 편식하는 아이들을 위한 요리사의 편법에 불과했다. 반면 소크라테스는 일종의 의술을 행하는 셈이었다. 그가 부과하는 의심은 병든 조직을 태우는 소훼처럼, 영혼의 고장 난 부분을 파괴함으로써 태어날 때의 건강과 비옥함을 되찾아주는 것이었다.

이제 시간을 되돌려서 생각해보면, 소크라테스적인 혁명을 통해서 가능해진 깨달음은 오늘날 우리에게 소크라테스를 소피스트 부류에서 완전히 떼어내어, 그가 소피스트들에게는 없는 지적, 윤리적 위대함을 지닌 위인이었음을 인정하게 한다. 소크라테스도 겉으로 보기에는 젊은이들을 가르치고 공공장소에서 정치와 윤리, 종교, 그리고

때로는 예술에 대해서 논쟁을 벌였고, 이러한 분야에서 전통적으로 통용되던 가치들을 격렬하면서 교묘하게 비판하는 등 소피스트들과 다르지 않은 일을 했으므로, 그의 동시대인들에게는 오해의 소지가 많았음을 인정해야 한다.

  그러니 샤를 페기가 말했듯이, 혼자 "잘난 척하는" 어리석은 짓일랑 하지 말자. 기원전 5세기 무렵 아테나이에, 대중들이 아이스퀼로스나 에우리피데스의 어려운 시를 즐겨 암송하던 이 도시에, 다른 곳보다 유난히 바보가 많았던 것은 절대 아니다. 어쩌면 다른 데보다 어리석은 자들이 훨씬 적었을 수도 있다. 다른 시대의 다른 민족들도 위대한 정신적인 장인들을 기존 질서 파괴자로 몰거나 이들의 업적을 부인하고 때로는 형벌에 처하기도 했다. 이들은 위대하면 위대할수록 제대로 알아보기 어려운 법이다.

아리스토파네스의 웃음 소재가 되다

그런데 소크라테스에 대해서 잘못 판단한 건 하역인부나 보따리장수니 백수 같은 아테나이 소시민들만이 아니었다. 대대로 고급문화와 교육에 종사해오던 아테나이 지식인들도 잘못 생각하기는 마찬가지였다. 예를 들어, 그를 직접적으로 알았으며, 한 테이블에서 밥도 같이 먹으면서 이 유쾌한 철학자와 가벼운 주제, 묵직한 주제를 가리지 않고 많은 이야기를 나눴던 아리스토파네스만 하더라도 잘못 생각했다.

  소크라테스가 광장에서 "신의 영광을 찬양하는 프리마돈나 댄서(이는 키르케고르의 표현이다)"로 일하기 시작한 지 10여 년의 세월이 흘렀을 때, 아리스토파네스는 희극 무대에서 신교육의 폐해를 고발하기로 마음을 먹었다. 아니 그걸 웃음거리로 만들어보겠다고 작정했다. 그건 어디까지나 그의 권리인 동시에 아테나이인들의 즐거움이었다. 이를 위해서 그는 아테나이 시민들의 눈앞에 철학자, 수사학자, 천문학자, 자연철학자를 비롯하여 구름만 바라보는 학자 등 온갖 부류의 지식인을 상징하기 위해 단 한 사람을 선택했다. 바로 소크라테스였다. 그리하여 반세기 동안 이루어진 연구와 사고의 결과에 대한 의견과 폐해를 뭉뚱그려 그에게 짐처럼 부과했다. 희극 《구름》은 소크라테스의 재판이 있기 24년 전인 기원전 423년에 무대에 올랐다. 이 작품은 소크라테스의 기소에 간접적이지만 그럼에도 확실한 근거가 되었다는 것이 플라톤의 입장이었다.

  도시에 사는 아들 때문에 알거지가 된 부자 농부가 있었다. 그는 학교에도 다녀본 적이 없고 똑똑한 척을 하기엔 너무도 어리석은 사람이었는데, 고심 끝에 소크라테스의 '생각하는 곳(pensoir)'의 문을 두드렸다. 그곳에서 가르치는 그는 하층계급 출신의 스승이며 교활한 소피스트로, 재판에서 술책을 쓰는 법, 채권자들을 속이는 법 등을 가르쳐서 많은 돈을 벌고 있었다. 알거지가 된 부자가 소크라테스로부터 들은 속임수 강의는 너무도 비비꼬여 알아듣기 어려웠지만, 그래도 그는 대번에 소크라테스에 대한 경멸과 신들은 바보들의 거짓말만 처벌하신다는 확신을 얻었다. 그런데 무례함을 가르치는 학교에 다니는 그의 아들은 아버지보다 훨씬 빨리 기회를 포착했다. 아들은 자신을 낳아준 아버지의 등을 몽둥이로 여러 차례 내리침으로써 도덕에 대해서 보기 좋게 복수를 한다. 그러자 아버지는 "현학적인 영혼들의 생각하는 곳"에 불을 질러, 이 두 부류의 협잡꾼을 쓸어버린다.

《구름》에 등장하는 소크라테스는 즐거움을 선사한다. 그는 관객들에게 상당히 설득력 있게 다가온다. 복잡한 구성 때문에 사상사를 전공한 역사학자의 분석에서만 그의 통찰력이 드러난다. 아리스토파네스가 소크라테스적인 혁명이 지니는 가장 독창적인 양상을 날카로운 직관으로 포착함으로써 현자에 대한 희화 작업은 설득력을 얻는다. 육체에 대한 정신의 우위, 영혼과 육체의 관계에 있어서 가치의 전도(신체적인 아름다움에 경도된 민족에게는 말도 안 되는 가치 전복이다), 그 결과로 시간이 지난 후에, 그러니까 안티스테네스에서부터 시작하여 플라톤에 이를 때까지 이어지는 금욕주의 등이 아리스토파네스의 희극에서 꾀죄죄한 차림새와 누더기 옷, 살집이라고는 없는 바싹 마른 얼굴 가면, 반쯤 육체와 분리되어 생각하는 곳 밖에서 어슬렁거리는 영혼 등과 아주 잘 어우러진다.

예술의 힘은 가공할 만하다. 소크라테스보다는 아낙사고라스나 고르기아스, 또는 학문을 팔아먹는 다른 사람에게 훨씬 가까웠던 아리스토파네스라고 하는 인물은 몸짓이나 언어 구사의 독창성에 있어서는 상당히 소크라테스적이다. 아이러니가 가득 담긴 독설이나 기발한 역설 등은 아테나이인들의 머릿속에 대번에 소크라테스를 떠오르게 하며, 소피스트들 중에서 소크라테스만이 유일하게 훗날 재판정에 섰다. 시민 법정에 끌려나온 자는 분명 아리스토파네스의 소크라테스였다. 시민 판관들의 머릿속에 아리스토파네스의 작품이 너무도 뚜렷이 각인되어 있던 터라, 그들은 재판정에 서 있는 소크라테스가 극중 인물과는 다른 소크라테스임을 깨닫지 못했다. 결국 아테나이인들은 시인의 천재적인 작품 덕에 그들을 사로잡게 된 소크라테스

의 유령에게 사형선고를 내린 것이다.

두 가지 오해: 무신론자, 타락시키는 자

기원전 423년에 공연된 작품에서 두 가지 죄목(무신론과 젊은 층의 타락)을 거론하여 그에게 선고를 내렸듯이, 기원전 399년 법정에 제출된 기소장("신을 믿지 않은 죄, 젊은이들을 타락시킨 죄")에도 이와 똑같은 두 가지 죄목이 명시되어 있었음은 상당히 충격적이다.

　무신론자 소크라테스. 아리스토파네스와 시민 법정은 한목소리로 말했다. 무신론자라니? 빛의 도시 아테나이에서 어느 누구보다도 알 수 없는 존재로서의 신을 탐구했던 그가 무신론자라고? 알 수 없는 존재라고? 소크라테스는 신성을 박탈하기 위해서였건 부여하기 위해서였건, 어떠한 이유로든 신성, 즉 고대의 영혼에게는 자연 속에서 성스러움을 담는 틀 같은 기능을 하는 신성을 강요하기를 거부하고, 신의 입으로 인간의 어리석은 언어가 말해지는 것을 경계했다. 그 대신 온전한 이성의 언어, 정의로운 태도만을 신의 것으로 삼았으며, 신을 언어로 표현할 수 없는 침묵 속에 머물게 할 줄 알았던 소크라테스는 신이라고 하는 지고의 신비 앞에서 언제나처럼 겸손함과 정직함을 보였다. 신성이라는 확고한 실체에 대해서 그는 아무것도 모른다는 사실만을 유일하게 알고 있다고 공공연하게 선언했다. 여기서 무지는 가장 진정한 경외심의 가장 순수한 증언이라고 보아야 한다. 이처럼 신중한 태도를 보이는 아무것도 모르는 현자는 얼마나 신에 근접해 있는가. 아마도 인간이 자신의 인간성을 포기하지 않으면서 접근할 수 있는 최대치가 아닐까. 알 수 없는 신, 그는 이 신을 온전히 정의롭고 선한 존재, 인간 중에서 가장 뛰어난 자, 모든 지혜를 지니고 있는 자의 모습으로만 그리며, 이 같은 뛰어남만이 신을 구현할 수 있다고 믿었다. 소크라테스는 그의 내부에서 끈기 있고 참을성 있는 검토를 통해서 정의와 선함의 법칙을 파헤친다. 그것을 실현하는 것이야말로 자신의 운명을 완벽으로 이끄는 길이라고 믿는다. 이 법칙은 그의 안에만 있는 것이 아니다. 모든 인간은 누구나 그 법칙 안에서 스스로를 발견할 수 있다. 그러니 알려지지 않은 신, 지고의 선 자체인 신이 아니라면 누가 그 같은 법칙을 인간의 영혼 속에 심어두었겠는가?

이것이 무신론자 소크라테스의 실상이다. 이것이 바로 그가 늘 사랑하고 섬기던 그 젊은이들을 타락시킨다는 지탄을 받은 자의 참모습이다.

소크라테스는 육체의 아름다움을 열성적으로 가꾸는 그리스의 젊은이들을 사랑했다. 그는 아직 단단하게 영글지 않은 그들의 영혼이 보장하는 약속과 더불어 그들을 한층 더 사랑했다. 젊은이들의 영혼은 참을성을 가지고 열심히 일구면 파종한 씨보다 더 많은 수확을 허락해주는 질 좋은 토양이나 마찬가지이기 때문이다. 용기와 정의, 절제, 지혜의 씨로부터 소크라테스는 이 지상에서 수확을 거두지 못했다. 그 자신이 젊은이들을 전통에 대항하도록 길렀기 때문이 아닐까?

분명 그럴 것이다. 그는 진정한 의미에서의 교육자였고, 정신적인 단절 없이 성장하는 청소년은 없기 때문이다. 소크라테스는 그리스 민족을 고양시키고, 이들에게 진정한 선에 대한 의식, 즉 선택이 주는 위험성과 고귀함을 일깨워주고자 했다. 그는 그리스 민족을 기존

관념에 대한 노예적인 복종과 답습으로부터 끌어내어 엄격하게 통제되는 진리를 위해 봉사하게 만들고자 했다. 모방이나 강요에 의해 사고하고 행동하는 식의 유아기 상태에 머물러 있는 그리스 민족을 합리적인 이성에 따라 행동하며, 법이나 권력(또는 신을 향한 맹목적)에 대한 두려움 때문이 아니라 덕성에 따라 행동하는 성인으로 인도하고자 했다. 왜냐하면 행복이란 덕성과 같은 말이라는 것을 그는 확신하고 있었기 때문이다.

 이런 내용을 날이면 날마다 가르치고, 평생을 가난과 조롱 속에 살면서 이 같은 생각을 실천에 옮기려 한 것이 젊은이들을 타락시키는 행동이란 말인가? 그러나 아리스토파네스나 아테나이 시민들(아테나이가 아니면 다른 어디겠는가?)은 소크라테스가 스스로에게 부과한 임무의 심오함을 이해하지 못했다. 소크라테스는 결국 자신의 삶을 허비한 셈이 되었다. 시대가 아직 그를 받아들일 만큼 성숙하지 못했던 것이다. 그의 삶은 비록 그가 장수했다고는 하지만 그의 존재가 성가신 수수께끼에서 인간에게 광명을 제시하는 불씨로 탈바꿈하는 데 필요한 여러 세기만큼의 시간 동안 지탱되지는 못했다.

 하지만 그에게는 자신이 염두에 두었던 목표에 도달하기 위한 방편이 남아 있긴 했다. 적어도 몇몇 제자들 정도는 설득함으로써 단번에 그의 진실을 인류 역사 속에 안착시킬 수 있는, 약간 과격하긴 해도 효과적인 방편 말이다. 살아 있는 나날을 헛되게 남을 위해 내주었다면, 마지막으로 죽음을 선사할 수도 있는 노릇이었다.

고발

기원전 399년 2월 어느 날(당시 소크라테스는 일흔 살이었다), 멜레토스라는 이름을 가진 젊은 아테나이 출신 시인이 법원에 소크라테스에 대한 고소장을 제출했다. 멜레토스는 자신의 종교적 또는 정치적 신념에 따랐던 것일까? 아니면 일종의 간접적인 광고 방식을 통해서 자신의 저작을 알리고 싶었던 것일까? 정확한 이유야 우리로서는 알 수 없다. 게다가 그는 스스로를 온건한 민주주의자라고 칭하면서 실제로는 지식인들에 대해서 극도의 적개심을 불태우는 고소 전문 정치가의 허수아비에 불과했다. 아뉘토스라는 이 정치가는 대단히 성실한 애국자임에 틀림없지만, 편협한 정신의 소유자였던 것도 확실하다. 아뉘토스는 다른 사람들이야 뭐라고 말하건 소크라테스에 대해서 개인적인 원한 따위를 품을 동기는 없었던 것으로 보인다. 하지만 그는 당시 몰아닥친 여러 불행들로 아테나이가 험한 시련을 겪은 터라, 소피스트들의 비뚤어진 교육으로 기강이 흔들리는 아테나이가 그 이전의 생활방식과 사고방식을 되찾지 못하면 절대 예전의 영광을 누릴 수 없을 것이라고 내다보았다. 뤼콘이라고 하는 연설가는 멜레토스가 제출한 고소장에 아뉘토스와 함께 서명했다. 고소장 내용은 다음과 같았다. "소크라테스는 국가가 인정하는 신을 믿지 않으며, 도시에 새로운 신들을 끌어들이는 죄를 범했다. 그는 또한 젊은 이들을 타락시키는 죄도 범했다. 사형이라는 벌을 제안한다."

죽음마저도 수수께끼가 되다

기원전 399년, 아테나이는 역사상 가장 힘든 위기에서 가까스로 벗어나려던 참이었다. 거의 30년 동안 줄기차게 계속되어온 전쟁과 혁명으로 인한 영토의 침공, 페스트, 함대 전멸, 제국의 몰락, 해상 봉쇄, 항복, 타지인들에 의한 점령, 독재, 추방, 내란과 내막이 의심스러운 휴전 등 아테나이는 기나긴 시련으로부터 차츰 벗어나고 있긴 했으나, 신경은 바짝 곤두서고, 모든 활력은 소진되었으며, 오래도록 군대와 빵, 용기를 대신해준 거대 제국으로서의 자부심마저 짓밟힌 상태는 쉽게 회복되지 않았다.

이와 같은 상황에서 아뉘토스를 비롯한 권력자들은 아테나이인들에게 징벌과 노동의 언어만을 들려주었다. 이들은 아테나이인들에게 모든 정치적 야망을 포기하고, 피눈물 나는 노력을 통해서 폐허가 되어버린 경제와 재정을 재정비하며, 농장을 새로 짓고, 포도와 올리브 나무를 새로 심고, 배를 다시 만들며, 광산으로 내려가 광물을 캐냄으로써 산업과 상거래에 다시금 활력을 불어넣어야 한다고 채찍질했다. 요컨대 추상적인 대화만을 일삼는 지식인들이나 그들이 걸핏하면 벌이는 논쟁 따위는 아무짝에도 쓸모없다는 것이었다. 말하자면, 아테나이가 처한 상황에서 정신은 사치에 불과하며, 물질적인 생산이 먼저였다.

하지만 소크라테스는 몇몇 한가한 백수들에 둘러싸여 공공장소에서 지고의 선에 대한 성찰을 계속했으며, 사람들의 의견을 한데 모아 그 의견의 옳고 그름을 판가름하며, 시민들에게 그들의 영혼을 제외한 다른 아무것에도 마음을 쓸 필요가 없다고 부추겼다. "나한테 중요한 단 한 가지는 바로 거리로 나가, 젊은이가 되었건 노인이 되었건, 당신들을 만나, 그처럼 열정적으로 당신들의 육체나 재산에 관심을 기울일 것이 아니라 당신들의 영혼과 그 영혼을 더 낫게 만드는 방법을 모색해야 한다고 설득하는 일이다. 나의 사명은 당신들에게 부(富)는 덕성을 가져다주지 않으며, 덕성이야말로 인간들에게 번영의 원천이자 공적, 사적 재화의 원천이라고 말하는 것"이라고 그는 강조했다. 어쩌면 알쏭달쏭한 지식인의 언어로 된 그의 말이 옳을 것이다. 하지만 이 같은 이념을 설파하는 그의 연설에 대해서 아테나이인들은 그 연설이 밥을 먹여주는 것도 아니고, 나라를 지키는 데 힘을 보태주는 것도 아니며, 권력에 복종하게 만들지도 않는다고나 말하면 다행이었다. 아뉘토스와 아테나이의 지도자들도 같은 생각이었을 것이다.

보통 사람들은 여기서 한발 더 나아갔다. 이들은 소크라테스의 가르침과 조국의 불행에 대해서 원인과 결과라는 상관관계를 설정했다. 다음에 예로 드는 관계를 우선적으로 살펴보자. 아테나이의 패배는 철학자들의 불경스러운 탐구에 화가 난 신들이 내린 벌이었으며, 스파르타의 승리는 조상 대대로 섬겨오던 신들을 존중한 데 대한 보상이다. 이보다 인과관계가 훨씬 뚜렷하게 드러나는 것도 있다. 소크라테스와 가까이 지내던 사람들 중에서 두 명이 아테나이에 재앙이 겹치는 동안 이 도시의 악령 같은 존재로 지목받았다. 우선 알키비아데스. 헤르메스 신의 조각들을 모독하고, 자신의 집에서 친구들과 비의(秘儀)를 패러디했으며, 그럴듯한 장밋빛 약속으로 아테나이를 시켈리아 원정길에 오르도록 꼬인 다음 정작 자신은 적군 진영으로 넘어가 자신이 지닌 천재적인 재능을 스파르타와 페르시아와 더불어 조국을 폐허로 만드는 데 사용한 배신자 알키비아데스는 바로 소크라테스가 가장 아낀 제자들 중의 하나가 아니었던가? 소크라테스 밑에서 수학한 또 한 명의 영향력 있는 정치가는 무신론자 크리티아스였다. 그는 주인공의 입을 통해서 신중하지 못하게도 신이란 유익한 거짓말에 불과하다고 말하는 내용의 비극을 썼으며, 또한 외세 덕분에 권좌에 앉게 된 피에 굶주린 독재 정권의 우두머리이기도 했다. 이 독재 정권의 하수인인 경찰은 수천 명의 선한 시민들을 강제로 추방하거나 죽음으로 내몰았다. 둘 다 "소크라테스가 나의 스승이었다"고 말할 만한 사람들이다. 스승은 제자들이 저지른 잘못에 책임을 져야 한다고 믿는 사람이건 믿지 않는 사람이건, 하여간 정치가들에게는 소크라테스를 희생양으로 만들기에 충분했다. 두 이름을 거론해서 대중들의 분노가 소크라테스에게 향하게끔 한 다음 아테나이의 모든 해묵은 죄악을 그에게 덮어씌워 그를 죽음으로 모는 일쯤은 식은 죽 먹기다.

아테나이의 불행은 소크라테스의 사형을 부분적으로는 설명해줄 수 있다. 하지만 불경(不敬)과 관련한 소송은 아테나이에서는 전혀 새로울 것이 없다. 소크라테스 이전에 적어도 세 명의 철학자, 즉 아낙사고라스, 프로타고라스, 밀레토스의 디아고라스 같은 철학자들이 같은 경험을 했음을 잊어서는 안 될 것이다. 아테나이는 분명 관용의 도시였다. 기원전 5세기에 아테나이라고 하는 빛의 도시에서는 신이나 국가에 관한 아무리 대담한 의견도 일반적으로 상당히 자유로운 가운데 다양한 형태로 표현될 수 있었다. 특히 연극이 좋은 예라고 할 수 있다. 그런 이야기를 무대에 올린다고 해서, 불경한 사람들에 대항해서 자신들의 도시를 지키는 신들을 수호해온 벌써 여러 세기 전에 성립된 법칙이 흔들린다고 생각하는 사람은 아무도 없었다. 그리스 도시들 중에서 유독 아테나이가 영예롭게 지켜온 이 같은 극단적인 자유를 입증해줄 자료라면 얼마든지 있다. 그러니 소크라테스 때문에 아테나이를 광적인 종교재판이 난무하는 곳으로 취급하는 실수는 하지 말자. 다만 이처럼 행복한 자유 속에서도 정치가들은 오로지 정치적인 이유 때문에 불경죄를 이용해서 공동체에 위협을 가하는 발언을 잠재우는 경우도 있었다는 정도로만 정리해두자. 정적들의 입 막기, 그 이상도 그 이하도 아니다. 아닌 게 아니라 당시엔 재판을 위협의 수단으로 사용한 것이 사실이다. 그래서 재판 과정에서 피고가 원고와의 합의하에, 가령 짜고 입을 다물기로 한다거나 망명을 통해서 자취를 감추는 일도 흔했다. 따라서 소크라테스 외에 다른 철학자들도 재판을 받는 일이 있었음에도 불구하고, 유독 소크라테스만이 사형을 받았음에 주목할 필요가 있다. 왜 그랬을까? 부분적으로는 앞에서 누누이 기술한 불행 때문이었을 것이다. 기나긴 시련이 아테나이인들의 자유분방한 심성에 일시적으로나마 상처를 입혔을 테니까 말이다. 또 이것도 역시 부분적인 설명에 불과하겠지만, 소크라테스가 자신에게 가해진 공격을 굳이 피하려고 애쓰지 않았으며, 오히려 법정 공방 과정에서 아테나이 민중들의 분노를 야기했다는 점도 들 수 있다. 따라서 우리는 소크라테스가 그를 고발한 자들보다 훨씬 더 강력하게 자신의 죽음을 원했을 것이라고 추측해봄직하다.

우리는 여기서 그의 죽음이 지니는 심오한 의미와 만나게 된다. 가장 납득하기 어려운 의미이기도 하다. 소크라테스는 한 번 더 수수께끼 같은 인물의 면모를 보여주며, 자기만의 비밀을 간직한다. 우리가 입수한 자료들만 가지고는 왜 그가 죽기를 원했는지, 정말 그는 죽기를 원했던 것인지에 대해서 말할 수 없다. 적어도 확실한 이유를 제시할 수 없다. 더구나 그 자신이 측근들에게조차 알려주지 않았던 비밀을 억지로 파헤칠 권리가 우리에게 있을까? 기껏해야 그는 자신의 죽음을 원했으며, 그건 자신이 이제까지 말로만 가르쳐왔던 진실을 실천하는 행위이기 때문이라는 정도만 말할 수 있을 뿐이다. 어찌 되었든 그의 가르침은 죽음으로 완성된다. 소크라테스는 죽음을 통해서 우리 안에 오늘날까지 여전히 살게 되었다.

재판

소크라테스 사건은 시민 법정의 한 재판소에 배당되었다. 재판소에는 시민들 가운데에서 제비뽑기로 뽑힌 501명의 판관이 참석했다. 이들은 사회의 모든 계층에서 선발된 자들이었다. 소문과는 다르게 뱃사람들이 소시민들보다 반드시 더 많은 것도 아니었다. 이 시장바닥 같은 재판소는 공공 광장에 자리 잡았다. 재판소 공간을 제한하는 울타리 뒤로 군중들은 마치 큰 구경거리라도 생긴 것처럼 꾸역꾸역 모여들었다. 경비원들은 이들을 통제하느라 애를 먹었다. 판관들은 무대에 선 배우들처럼 행동했다. 이들은 큰 소리로 피고를 매도하는가 하면, 피고의 운명에 동정의 눈물을 보이기도 했다.

소크라테스는 법정에서 정의로운 판결이 내려지리라고는 애초부터 기대하지 않았다. 그는 아테나이인들이 아직 유아기 상태를 벗어나지 못했다고 보았다. 그는 이 아이가 변덕스러우며, 진실 앞에서는 분노하고 아첨 앞에서는 갖은 애교를 부린다는 것도 잘 알고 있었다. 소크라테스 자신은 결코 달콤한 사탕으로 아이의 버릇을 망쳐놓은 적이 없었다. 그는 물론 스스로에게도 그렇게 한 적이 없었다. 사회 정의의 이름으로 아테나이 민중들과 대면하는 이날이라고 해서, 이

아이에게 정의롭고 현명한 사람으로서 자신의 모습을 드러내는 일 말고는 아무것도 제공할 마음이 없었다. 마지막으로 그는 시련을 겪을 참이었다. 그랬다. 그는 재판을 하나의 시련으로, 그에게 주어진 시련이 아니라(그 자신은 이미 오래전부터 모든 것을 준비하고 있었다) 아테나이인들의 시련으로 간주했다.

우리는 그를 고발하는 세 명의 원고의 연설에 대해서는 별로 아는 것이 없다. 공식적인 원고인 젊은 시인의 논고는 상당히 약했던 것으로 보인다. 만일 재판정에서 승리를 거머쥐기를 원했다면, 그는 가장 우스꽝스러웠던 사람에게 주는 월계관으로 만족해야 했을 것이다. 적어도 소크라테스의 친구들의 증언을 들어보면 그렇다. 정치가 아뉘토스와 그를 보완하는 역할을 맡은 연설가 뤼콘은 반대로 대단히 멋진 연설을 했다. 두 사람은 당시 유행하던 수사학 기법은 모조리 동원하여 너무도 설득력 있는 연설을 했다. 소크라테스의 표현에 따르면, 그자들의 말을 듣고 있노라니 자신이 누구인지 확신할 수조차 없게 되었다고 한다.

불경죄라는 죄목의 근거 있음을 입증하기 위하여 원고 측은 천체의 현상을 설명하려 드는 자들에게 부과하던 케케묵은 고발 사례까지 들이댔다. 소크라테스는 이미 오래전에 천문학에서 손을 뗀 상태였다. 다른 이유도 아니고 그가 보기에 불경하다는 이유에서였다. 어쨌거나 철학자는 일반인이 보기엔 늘 별을 관측하다가 우물에 빠지는 자이며, 그럴 수밖에 없는 자였다. 원고들은 또한 소크라테스가 시도했던 신화 비판 역시 불경함, 아니 심지어는 무신론을 내포하고 있다고 주장했는데, 이런 주장이 먹히려면 뇌물이라도 좀 필요했을 것이다. 왜냐하면 고대인들에게 신화란 신조 같은 것이 아니었으며,

아테나이인들은 가장 경건한 신앙심을 지닌 시인들조차도 끊임없이 신화를 다시 쓰는 데 익숙해져 있었기 때문이다. 새로운 신격을 도입했다는 죄목에 대해서는 소크라테스가 목소리를 들었다면서 다이몬을 섬겼다는 얘기를 토대로 말도 안 되는 주장을 폈다. 소크라테스는 자신이 새로 옹립한 신에게 경배를 드린 적이 단 한 번도 없었다. 그는 또한 이 문제에 있어서, 고소장의 내용과는 달리 '다이몬'이라는 단어를 복수형으로 사용한 적도 없었고, 아테나이 시민들에게 그 다이몬들을 경배하라고 권유한 적은 더더구나 없었다. 그는 자신에게 말을 걸어오는 '신성한 음성'을 신이 그에게 보여주는 특별한 호의라고 간주하는 사람이었다. 그러나 무신론자라는 이유로 고발된 자가 신의 음성을 듣는다는 이유로 비난을 받는데도 아테나이 민중들은 놀라지 않는다. 이처럼 역설적이며 미묘한 상황에서 앞뒤를 제대로 가리지 못했던 것이다.

원고들은 사실 불경죄보다 젊은이들을 타락시킨 죄에 고발의 주안점을 두었다. 그자들에 따르면, 소크라테스는 젊은이들에게 "어리석은 짓거리"에 대한 취향을 불어넣는다는 것이었다. '현실주의적' 정신의 소유자들에게 '어리석은 짓거리'라는 말은 성찰과 탐구의 통칭이었다. 이들은 또 소크라테스가 젊은이들을 '행동'으로부터, 특히 국가의 중대사에 참여하는 행동으로부터 멀어지게 한다고도 비난했다. 젊은이들을 자기 곁에 붙잡아두면서 가정을 해체한다고도 했다. 특히 아뉘토스와 그의 측근들은 가정의 공고한 결합을 위해 매진한다고 덧붙였다. 소크라테스는 대놓고 아버지의 권위를 경멸하라고 가르치며, 그가 제자들에게 가르치는 유사 학문은 젊은이들을 기존의 지혜에 반대하고, 기존에 도시에서 통용되던 법률과 질서, 전통에 반대하게 만든다는 주장도 잊지 않았다.

결론적으로 여러 다양한 형태가 사용되었지만, 비난의 내용은 늘 한 가지였다. 소크라테스가 젊은이들에게 생각하라고 가르친다는 것이었다. 그것은 맞는 말이었다.

소크라테스의 변론

아테나이 법률에 따르면 피고는 스스로 자신을 변호해야 했다. 하지만 대부분의 경우 직업적 전문가, 즉 연설문 작성자가 써준 변론문을 피고가 재판정에서 읽는 것이 관례였다. 당시 가장 유명한 연설문 작성자였던 뤼시아스는 소크라테스에게 변론문을 작성해주겠노라고 제안했다. 소크라테스는 그에게 어떻게 썼는지 어디 한 번 읽어보라고 주문했다. 상당히 고민한 문체였다. 그는 웃으면서 뤼시아스의 제안을 거절했다. "아름다운 연설이로군. 하지만 나한테는 그다지 어울리지 않소"라고 말했다. "아니, 아름다운 연설인데, 당신한테는 어울리지 않는다니, 그게 말이 되는 소리요?"라고 뤼시아스가 반박하자 소크라테스는 "아름다운 구두와 아름다운 의복도 나한테는 어울리지 않는다는 걸 모르고 있었소?"라고 반문했다. 그의 취향으로 볼 때, 아름다운 문장은 자신의 무죄에 어울리는 복장이 아니었던 것이다.

소크라테스는 그래서 스스로 자신을 변호했다. 불의라고는 저지르지 않았으며 평생 열심히 일하면서 살았다고 자부해온 그는 특별히 변론을 준비하지도 않았다. 전적으로 도시를 위해 봉사하면서 올바른 삶을 살았다는 의식 하나만으로 무장한 채 그는 판관들 앞에 섰다. 더구나 그는 아테나이 민중들과 만나는 마지막 기회가 될 이 변론을 위해서는 지나치게 뛰어난 언변도, 긴 시간을 들여 준비한 변론을 읽으면서 즉석에서 연설하는 듯한 착각을 주는 가식도 배제했다. 공들여서 준비한 문장들로 머릿속을 꽉 채우는 일도, 아직 제대로 가늠해보지도 않은 어설픈 논리의 토대 위에 가상의 답을 마련하는 일도 시도하지 않았다. 소크라테스는 즉흥적으로 그 상황에 임했다. 플라톤은 그의 저서 《소크라테스의 변명》을 통해서 소크라테스의 변론의 정확한 내용이라기보다 이 변론에 대한 생생한 메아리, 곧 스승의 그 발언이 있기까지 스승에게 영감을 주었을 원천을 거슬러 올라가는 제자의 자유로운 반응을 우리에게 전해준다.

　소크라테스의 변론은 대화하는 투로 진행되었다. 마치 소크라테스가 여느 때처럼 매력적이면서도 다짜고짜식의 친근함으로 이야기하는 것을 듣는 듯했다. 그의 대화는 우선 원고를 상대로 시작된다. 법이 허락하는 권리, 즉 원고와 "대담을 나눌 수 있는" 권리를 십분 활용하면서 그는 멜레토스를 도마 위에 올려놓는다. 소크라테스는 멜레토스를 특유의 역설적인 변증법의 그물로 에워싼 다음, 그를 소피스트들이 애용하는 수법으로 소크라테스 자신도 이따금씩 사용하던 함정 속으로 던진다. 요컨대 그가 입도 뻥끗하지 못하도록 제압해버린 것이다.

　하지만 무엇보다 중요한 건 판관들과의 대화였다. 이 대화야말로 아테나이 민중들과 나누는 결정적인 대화였기 때문이다. 마지막으로 소크라테스는 자신의 진의를 알리고자 시도했으며, 자신의 임무를 설명했다. 이는 자신의 목숨을 구명하기 위해서라기보다는(솔직히 소크라테스는 자신의 구명에는 별반 관심이 없었다) 아테나이로부터 자신의 삶을 더 낫게 만들 수 있는 이성적인 행위를 얻어내기 위해서라고 보아야 할 것이다. 소크라테스는 아테나이로부터 정의로운 행위를 이끌어내려고 했다. 다시 말해서 자신의 목숨을 몇 년 더 연장해주는 차원을 떠나 사회의 병폐 중에서도 최악의 병폐인 불의로부터 시민들의 영혼을 구제하고자 했다. 피고 소크라테스가 주도한 논쟁의 최종 목표는 아테나이의 구원이었던 것이다. "당신들이 나에게 사형을 언도한다면, 그 결정은 내가 아닌 당신들에게 부당하게 해를 입히는 결과를 낳을 것입니다……. 나는 지금 나 자신을 변호하는 것이 아닙니다. 오히려 그 반대입니다. 나는 지금 당신들을 변호하고 있습니다."

그렇기 때문에 소크라테스는 그토록 당당하게 판관들의 관대한 처사 따위는 거절했다. 보통 피고들은 주권자들의 마음을 움직이기 위해 애원을 한다거나, 가족들이 법정에 나와 눈물로 선처를 호소하곤 했다. 그런 촌극을 벌이면 판관석을 차지하고 있는 민중들이 심경의 변화를 일으키게 마련이었다. 하지만 소크라테스가 보기에는 동정심에 호소해서 무죄 판결을 얻어내는 것만큼 고약한 것은 없었다. 그는 판관들에게 값싸고 비겁한 감상주의가 아니라 이성적이고 합리적인 용기를 호소했다. 그는 판관들의 동정을 바라지 않았으며, 그들이 정의롭기를 원했다. 그는 그들의 허영심에 빌붙는 아첨꾼이 되기를 거부했으며, 최고의 주권자인 민중 앞에서 수치스러운 목숨 구걸자가 되는 건 더더구나 받아들일 수 없었다. 그는 사랑하기 때문에 채찍을 드는 스승이었다.

이런 식의 끌고 당기기에 그는 자신의 목숨을 걸었다. 소크라테스도 알고 있었다. 그의 말 한마디 한마디는 자신이 직면한 죽음에 대한 초연함으로 인해 그 무게를 더했다. 그의 목숨은 이들 판관들의 손에 달려 있었다. 그럼에도 그는 특유의 아이러니로 시종일관 이들을 겨냥했으며, 그가 평소에 하던 말을 조금도 바꾸지 않았고, 어조 변화도 없었다. 그에게 중요한 것은 자신의 목숨이 아니라 아테나이 민중을 타락시키지 않는 것, 아니 이들을 한층 더 높은 곳으로 이끄는 것이었으니 그럴 수밖에 없는 노릇이었다. 소크라테스는 공적인 삶을 마감하는 이 자리에서도 평소의 모습 그대로였다. 그는 천생 아테나이의 교육자였다.

그의 주변에서는 웅성거림이 끊이지 않았다. "포기하게, 소크라테스. 그쯤 해두게나. 자네 나이쯤 되면 사람들을 자극하고, 그들에게 늘 교훈을 주려는 끓는 마음은 접어둘 수 있지 않겠나. 우리는 자네를 해하려는 마음은 없다네. 그러니 제발 그 쓸데없는 열성만 거두게나. 거리에서 철학하는 일도 그만두고. 우리는 그저 자네가 평화롭기만 바란다네." 소위 소크라테스의 친구라는 사람들이 다들 그렇게 말했다.

소크라테스는 그 말들을 잠재웠다. 그는 당당하게 자신의 신성한 의무를 힘주어 말했다. "나는 당신들을 더 나은 사람으로 만들기 위해 신이 당신들에게 내려준 사람입니다……. 당신들이 나를 사형에 처하면 앞으로 두 번 다시 이런 좋은 기회를 얻지 못할 겁니다." 그는 계속 판관들의 심기를 자극하는 말을 쏟아냈다.

이 얼마나 얄미운 시건방이란 말인가! 판관들은 고함을 질러 이 오만방자한 연설을 뚝뚝 끊었다. 하지만 소크라테스는 전혀 개의치 않고 의연했다. "그렇게 소리 지를 것 없습니다, 아테나이 시민 여러분…… 자신의 재물과 목숨을 남을 위해 내놓는 사람에게는 신성한 무엇인가가 있습니다."

　법정은 다시 들끓어 올랐다. 아! 소크라테스가 이들에게 지고의 선이 무엇인지 납득시킬 수만 있었다면, 이들 시민들을 지혜에 눈뜨게 할 수만 있었다면, 그래서 그들이 승리하게 할 수 있었다면! 하지만 설득하기엔 이미 너무 늦었다. 소크라테스는 아테나이인들을 향한 자신의 사랑과 신에 대한 충절만을 다시 한 번 확인시킬 수 있었다. "나는 당신들을 사랑합니다, 아테나이 시민 여러분…… 그렇지만 당신들보다는 신에게 복종하겠습니다."

　소크라테스와 아테나이의 마지막 대화는 이렇게 끝난다. 하나의 민족과 그 민족의 영혼이 나눈 마지막 대화다.

유죄 판결

판관들은 투표에 들어갔다. 유죄 281표, 무죄 220표로 소크라테스는 유죄 판결을 받았다. 아테나이인들은 졌다.

　아니, 아직 그렇게 말하기엔 이르다. 소크라테스는 다시 앞으로 나와 아테나이에 마지막 기회를 제공한다.

　유죄 판결을 받은 자에게 어떤 형을 내릴지를 결정하는 문제가 남아 있었다. 법은 원고가 제안한 형보다 가벼운 벌을 피고 스스로가 제안할 수 있는 길을 터놓고 있었다. 그러니 그 순간에 소크라테스는 마음만 먹는다면 망명이나 수감 또는 플라톤을 비롯한 친구들이라면 대신 내줄 수도 있을 상당한 액수의 벌금형을 제안해서 목숨을 구할 수 있었다. 법정은 별문제 없이 그의 제안을 받아들여 그를 가볍게 처벌했을 것이다. 그렇지만 소크라테스는 그렇게 되기를 바라지 않았다. 무엇이 되었든 벌을 제안한다는 것은 스스로 죄를 지었음을 인정하는 일이었고, 판관들로 하여금 가장 참담한 불의, 즉 죄 없는 사람을 벌하도록 방관하는 일이었다. 그는 죄가 없었다. 무죄일 뿐 아니라 도시에 도움을 주는 사람이었다. 그러므로 정의에 따르면 그는 벌을 받지 말아야 할 뿐 아니라 오히려 보상을 받아야 마땅했다. 따라서 그는 판관들에게 조국을 위해 수고한 자들에게 주어지는 영예, 즉 프뤼타네이온(현대 도시의 시청 같은 곳으로, 도시의 상징이며 정치의 중심. 성화가 이곳에서 채취된다—옮긴이)에 들어가게 해달라고 요구했다. 그렇게 해야만 판관들의 마음속에 정의가 회복될 수 있다고 믿었다.

두 번째 변론에서 드러나는 소크라테스는 한층 더 가혹하며, 그가 길을 잃고 방황하는 아테나이인들에게 던지는 호소는 한층 더 준엄하고, 그가 스스로에게 부여했던 임무, 남들로부터 제대로 인정받지 못한 그 임무에 대한 증언은 자부심으로 한층 더 격앙된다. 법정이 어떤 선택을 할지 이미 알고 있었으며, 죽음만이 그가 가장 사랑했던 자들의 가슴에 도달하는 유일한 방법임을 알고 있었을 그는 외친다. "나에게 보상을 달라, 그게 아니면 차라리 죽음을 달라!"

마지막 한두 문장 정도에서만 친구들의 청에 못 이겨 약간 누그러졌을 뿐, 전체적으로 도발적인 연설은 법정을 곤혹에 빠뜨렸다. 판관들은 허세를 넘어서 아테나이를 부르는 그의 다급하면서도 온화한 부름을 듣지 못했다. 앞선 투표에서 약간의 표 차이로 소크라테스의 유죄를 인정했던 이들이 이번엔 거의 만장일치로 그의 사형을 결정했다. 참으로 희한한 법정이었다. 많은 판관들이 무죄라고 선언했던 피고가 사형을 받아 마땅하다고 결정했으니 말이다.

소크라테스는 절대 포기하지 않는 사람이었다. 그의 임무는 아직 완성되지 않았다. 그는 다시 한 번 일어나서 아테나이인들에게 경고를 보냈다. 그는 우선 자신에게 사형을 선고한 판관들을 상대로 말했다. "명심하십시오! 사람들을 죽인다고 해서 진실이 사라지지는 않습니다. 오히려 그 반대죠. 진실은 한층 더 강력하게 공격해올 겁니다. 진실을 위해 봉사하는 자들의 소리는 선한 사람이 됨으로써만 멈추게 할 수 있습니다."

그런 다음 그는 자신을 무죄라고 판단해준 자들, 정의로운 판관들에게 죽음은 그들에게나 소크라테스에게나 해악이 되지 못한다고 말하면서 작별 인사를 건넸다. 이들은 계속해서 살 것이나 소크라테스 자신은 죽음으로써 그들 곁을 떠나야 한다. 그렇다면 누구의 운명이 더 나은가? "그건 아무도 모릅니다. 신만이 아시겠지요."

신의 전지하심만이 소크라테스의 무지가 마지막으로 기댈 곳이었다. 신이라고 하는 이 신성한 단어가 아테나이의 신들을 우습게 여겼다는 죄목으로 사형을 선고받은 자가 아테나이인들 앞에서 한 마지막 말이었다.

마지막 대화

소크라테스의 판결이 있기 전날, 아테나이인들은 델로스로 가는 신성한 배의 앞머리를 꽃다발로 치장했다. 아폴론 신의 탄생을 기념하기 위해 해마다 열리는 축제를 집전하는 사절단을 델로스로 실어가는 배였다. 법에 따르면, 이 순례 여행 기간에는 도시 안에서 사형이 금지되었다. 그러므로 배가 돌아오기를 기다려야 했다. 바람이 반대

방향으로 분다면 여행은 예정보다 훨씬 길어지게 마련이었다. 소크라테스는 덕분에 한 달이나 기다려야 했다.

그 사이에 그는 감옥에서 제자들의 방문을 받았으며, 평온한 가운데 여느 때처럼 이들과 대화를 나눴다. 그는 또한 그에게 시인이 되라고 하는 꿈에 따르기 위해 아폴론 신에게 바치는 시도 지었다. 하지만 그는 자신이 평생을 바친 '철학' 이야말로 가장 높은 경지의 시라고 믿었다.

그에게는 가장 견디기 어려운 시련이 남아 있었다. 제자들이 스승 모르게 탈주를 준비해둔 것이었다. 이들이 세운 계획은 아무런 장애도 만나지 않았다. 정치가들은 소크라테스가 공연히 판관들에게 자신을 처형하라고 자극하는 바람에 일이 그런 식으로 마무리된 것을 유감스럽게 생각했다. 전문 공갈범이나 고발자들의 패거리들의 도움 없이 탈출 계획은 성공할 수가 없는데, 그들도 반대하는 입장이 아니었다. 소크라테스의 몇몇 재력가 친구들을 알고 있는 이들은 오히려 조금 더 일찍 그런 제안을 받지 않은 것을 이상하게 여길 정도였다. 감옥의 간수들은 온화한 성품의 이 죄수에게 우정을 느낀 나머지 눈을 감아주라는 명령이 떨어지기만 하면 기꺼이 그렇게 할 준비가 되어 있었다. 소크라테스의 친구들 중에서 가장 나이가 많은 크리톤은 텟살리아에 인맥이 있었고, 이들이라면 언제라도 소크라테스를 두 손 들어 환영할 터였다. 그러므로 이들은 특별히 비밀이랄 것도 없이 소크라테스를 탈출시키는 계획에 열성을 보였다. 모든 준비는 완벽했고, 일은 쉬워 보였다.

문제는 소크라테스의 동의를 얻는 일이었다. 스승을 잘 아는 그의 제자들은 힘든 논쟁을 벌이지 않고는 도저히 승산이 없음을 알고 있었다. 논쟁이 계속되는 동안 이들은 소크라테스의 마음이 죽음 쪽으로 기우는 것을 알았다. 이들은 스승의 입에서 엄한 꾸중이 나올까 봐 속으로 전전긍긍했다. 하루하루 시간은 지나가는데(스승과의 오붓한 대화가 이어지는 기나긴 한 달이었다) 아무도 감히 스승 앞에서 자기들이 세운 계획에 대해 운을 떼지 못했다. 델로스로 떠났던 배가 수니온 곶에 도착했다는 소식이 전해지자, 크리톤이 마침내 결심했다.

그는 이른 새벽에 감옥으로 갔다. 소크라테스는 잠을 자고 있었다. 크리톤은 평화롭게 잠든 소크라테스의 모습을 물끄러미 바라보았다. 깨워야 하나, 한참을 망설였다……. 소크라테스가 마침내 눈을 떴다.

"아니, 이렇게 이른 시간에. 자네가 여기 어쩐 일인가?"

"새 소식을 가져왔네."

"무슨 소식인지 알고 있네. 모레 아침에…… 꿈속에서 그러더군."

그러자 크리톤은 격한 감정과 온화한 감정을 번갈아 구사하면서 그를 공략하기 시작했다. 그는 스승을 위해서 아무 일도 할 수 없다면 제자들이 두고두고 얼마나 수치스럽겠느냐면서 운을 뗐다. 그러고는 계획을 단계별로 설명했다. 소크라테스에게 제발 아무 말 말고 자기들이 하자는 대로 따라달라고, 자식들과 친구들을 저버리지 말라고 애원했다. 크리톤은 가만히 앉아서 죽음을 기다리는 건 제자들에 대한 배신이라고까지 말했다. 더 나아가서, 나약하기 때문에 그처럼 불공정한 죽음에 동의하는 거라고, 그 죽음을 받아들이는 것은 심술궂은 자들이 부정한 짓을 저지르는 것을 도와주는 꼴이라고 소크라테스를 비난했다. 이렇듯 평생 소크라테스 주위에서 그를 배려해주고, 그를 늘 이해하지는 못해도 본능적으로 그가 옳다고 인정해주고, 경건한 마음으로 그를 숭배했던 오랜 친구 크리톤은 자신을 버리고 맹목적으로 멍청한 다이몬을 따라가려는 소크라테스에 대해, 그가 죽지 못해 안달하는 것에 대해 분연히 반기를 들었다. 급기야 소크라테스의 마음을 돌리기 위해 그에게 할 수 있는 가장 심한 모욕, 즉 불의를 저지르는 것이라는 말까지 토해냈다. "그런 게 아닐세, 소크라테스, 자네는 그런 잘못을 저지른 적이 없네. 그러니 오늘 밤 나하고 같이 떠나세."

소크라테스는 그의 간절한 청원에 처음엔 약간 냉랭한 투로 이미 결심이 섰다고 답한다. 그렇지만 언제나 그랬듯이 다시 한 번 생각해 보겠노라고 덧붙인다. "자네의 부탁은 칭찬받아 마땅하군. 그것이 친구로서의 의무 때문에 하는 부탁이라면 말일세. 하지만 그 부탁이 압력이 된다면, 그럴수록 불쾌해지고 말 걸세." 그러고는 평소에 늘 하던 방식대로 크리톤이 제안하는 도주가 과연 자신이 지금까지 평생 동안 가르쳐온 원칙과 일치하는지, 또 지금이 과연 그렇게 해야 하는 시점인지를 살펴보자고 권유했다. 왜냐하면 불행이 그를 위협한다고 해서 원칙을 바꿀 수는 없기 때문이었다. 중요한 건 사는 것이 아니라 제대로 사는 것이다. 크리톤과 소크라테스 같은 노인은 평생 상상 가능한 일에 관해서만 대화를 나누었던 것일까? 아니면 원칙이란, 그 원칙이 진정한 것이라면, 언제고 실천에 옮겨야 할 순간이 온다는 사실을 두 사람이 모르고 있는 것일까?

이윽고 소크라테스는 크리톤과 함께 시민의 의무에 대해 긴 논쟁을 벌인다. 부당하게 형을 선고받은 시민은 법이 정한 형벌을 피해도 좋은가? 부당하게 형을 선고받았다고 해서 그 자신도 불의를 행하고, 악에는 악으로 대할 권리를 가지는가? 불복종 행위를 통해서 무질서의 사례가 되어도 좋은가? 도시로부터 이제까지 받았던 온갖 혜택들을 그 도시를 파괴하는 것으로 보답해도 좋단 말인가? 분명 그렇지 않다. 악은 언제나 악이며, 따라서 항상 피해야 한다. 소크라테스의 입에서는 이 같은 논리가 쉴 새 없이 흘러나왔다.

마침내 그가 입을 다물었다. 그의 귀에는 그에게 늘 영감을 주던 아테나이의 법률이 마치 피리 소리처럼 감미롭게 들려왔다.

크리톤은 더 할 말이 없었다.

소크라테스를 심판한 판관들은 법을 무시하라고 가르쳤다는 이유로 자신들이 유죄라고 선고한 사람이 이런 말을 하는 것을 들었다면, 그 사람이 탄원을 하느니 차라리 죽겠다고 말하는 것을 들었다면, 뭐라고 말했을까?

죽어서 영원한 이름을 남기다

이틀 후 배는 페이라이에우스에 입항했다. 평소보다 조금 이른 시간에 제자들은 감옥으로 갔다. 아테나이의 관습에 따르면 소크라테스는 해가 떨어진 후에야 죽음에 처해질 예정이었다. 생애의 마지막 날을 소크라테스는 자신이 사랑했던 사람들과 하루 종일 죽음과 죽음이 인간의 이성에게 선사하는 불멸의 희망에 대해서 토론하며 보내기를 원했다.

여기서 영원히 플라톤의 것이 되어버린 형태와 다른 형태로 이 논쟁을 서술한다거나 현자의 마지막 순간을 묘사하는 것은 부질없어 보인다. 플라톤은 이를 기술함에 있어서 틀림없이 그 자신만의 논지였을 내용을 많이 첨부했다. 하지만 그래도 스승에 대한 사랑을 아낌

없이 담은 것도 사실이다. 그 한 가지 이유만으로도 그의 논증, 아니 논증까지는 아니더라도 적어도 기술을 정당한 것으로 인정하기에 부족함이 없다. 스승의 평온한 죽음으로 그의 불멸성에 대한 믿음은 완성되었다. 진실에 대한 집요한 사랑을 무기로 소크라테스는 머지않아 해체될 자신의 존재의 문제와 대면했다. 그가 추구한 불멸성은 혼자서만 좋아라 만족하는 그럴듯한 거짓말이 아니라 이성의 확실함을 토대로 정립되는 깨달음의 불멸성이었다. 그와 함께 탐구하던 이들이 내세운 모든 반대 의견들을 그는 기쁘게 받아들였다. 반대 의견들은 그에게 논증을 좀 더 단단하게 다지고, 그가 저지른 실수를 고치라는 재촉이었기 때문이다. 대담이 끝나고, 찬반을 찬찬히 따져보았을 때, 정의로운 사람의 영혼이 느끼는 죽음을 넘어서는 기쁨이 "아름다운 위협"으로 나타난다 해도, 그 정도만으로도 그는 기대감에 부풀어 평온한 마음으로 출발의 순간을 맞이할 수 있었다.

혹시 누가 아는가? 삶으로부터 치유되어야 마침내 무지로부터도 치유될 수 있는 건 아닌지……

크리톤이 물었다. "소크라테스, 자네를 어떻게 매장해야 하겠나?" 소크라테스가 미소를 지으며 대답했다. "그야 뭐, 마음대로 하게나. 물론 자네들이 나를 붙잡을 수 있어야 가능하겠지만 말일세." 용감한 크리톤은 조금 후면 시체가 되어버릴 그의 육신을 감히 소크라테스라고 불렀다. 그는 영원히 살아남으리라고 판단했어야 마땅한 핵심 덩어리 앞에서 어떻게 매장을 해야 하느냐고 물었다. "하지만 이거 하나는 반드시 알아두게나, 크리톤. 부정확하게 말을 하는 건 영혼에 해악을 가하는 거라네."

그러니 죽은 사람에 대해서 말하듯이 소크라테스에 대해서 말하지 말자. 육신의 해체가 그의 삶의 종착역이 아니며, 그가 제자들의 영혼 속에서 지속하게 될 새로운 삶의 시작임을 우리가 이해했다면 말이다. 이 충성스러운 영혼들은 그 후 그를 기리는 신전이 되었을 뿐 아니라 그가 새롭게 태어나는 곳, 끊임없이('소크라테스식'으로라는 말이 어울릴 것이다. 비록 그것이 소크라테스가 앞세운 이성을 타파하기 위해서였을지라도 말이다) 지식 탐구라는 모험을 시작하는 장소가 되었다.

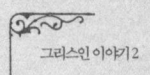

고대 그리스사 연표

기원전
2000년경   인도유럽어족, 펠로폰네소스에 정착 / 크레테 미노아 문명
1600년경   뮈케나이 문명
1400년경   크놋소스 궁전 불에 탐
1200년경   그리스에서 뮈케나이 문명 쇠락
1180년경   트로이아 전쟁 발발
1100년경   페니키아인, 알파벳 발명
1000년경   에트루리아인, 이탈리아에 도래
800년경   스파르타 체제의 형성
776년   최초의 올림픽 개최
753년   로마 건국
750년경   호메로스, 《일리아스》 완성
650년경   참주의 등장 / 뤼디아에서 최초의 주화 등장
612년경   여류 시인 삽포 탄생
594년   솔론, 집정관에 취임
585년   탈레스, 일식을 예언
560년경   참주 페이시스트라토스 등장
546년   아테나이 참주 정치 시작
528년   페이시스트라토스 사망
510년   참주정의 종식
508년   클레이스테네스, 개혁 추진
492년   페리클레스 출생
490년   아테나이, 마라톤 전투에서 페르시아에 승리
480년경   헤로도토스 출생
480년   테르모퓔라이 전투 발발 / 그리스, 살라미스 해전에서 승리
479년   델로스 동맹 체결
472년   아이스퀼로스의 《페르시아인들》 상연
469년   소크라테스 출생
461년   페리클레스, 최고재판소의 특권을 폐지
460년경   데모크리토스 출생
460년   데모크리토스, 힙포크라테스, 투퀴디데스 출생
460~450년 아이스퀼로스, 《사슬에 묶인 프로메테우스》 지음

458년	《오레스테이아》 상연
451~450년경	부모 모두 아테나이 시민일 경우에만 자식에게 시민권 부여
431년	펠로폰네소스 전쟁 발발
429년	페리클레스, 전염병으로 사망
427년	플라톤 출생
423년	아리스토파네스, 《구름》 지음
421년	아리스토파네스, 《평화》 지음
420년	소포클레스, 《오이디푸스 왕》 지음
411년	아테나이, 시켈리아 원정 참패
411년	《뤼시스트라테》 상연
406년	에우리피데스 사망
405년	소포클레스, 《콜로노스의 오이디푸스》 지음
404년	아테나이 패배, 펠로폰네소스 전쟁 종결
399년	소크라테스 사망
384년	아리스토텔레스 출생
380년	이소크라테스, 《파네귀리코스》 지음
371년	스파르타, 테바이에 패배
359~336년	필립포스 왕, 마케도니아 통치
347년	플라톤 사망
341년	에피쿠로스 탄생
338년	카이로네이아 전투 발발
334년	알렉산드로스, 동방 원정 시작
333년	잇수스 전투 발발
332년	튀루스 함락
323년	알렉산드로스 사망
301년	제논, 스토아 학파 설립
300년경	헤로필로스 출생
287년	아르키메데스 출생
275년	에라스토테네스 출생
240년경	에라시스트라토스 사망
195년	에라스토테네스 사망
146년	로마, 코린토스 정벌, 그리스 지배

참고문헌

《그리스인 이야기》 2권을 집필하기 위해 참고했거나 보다 직접적으로 인용한 주요 저서들과 논문들의 목록은 아래와 같다. 무엇보다도 중요한 자료인 고대 그리스 작가들의 원전은 대체로 명시하지 않았다. 반면 저자 자신이 쓴 책에 대해서는, 한 쪽 이상을 재인용하는 경우가 대부분이었으므로, 출처를 명시하는 것이 올바른 태도라고 생각되어 여기에 분명하게 밝혀두었다.

Chapter 1

C. M. Bowra, *Sophoclean Tragedy*, Oxford, The Clarendon Press, 1944.

André Bonnard, *La Tragédie et l'Homme*, Neuchâtel, La Baconnière, 1950.

Max Pohlenz, *Die Griechische Tragödie*, Leipzig, Teubner, 1930.

Heinrich Weinstock, *Sophokles*, Leipzig, Teubner, 1931.

Chapter 2

J. Charbonneaux, *La Sculpture grecque archaïque*, Lausanne, La Guilde du Livre, 1938.

J. Charbonneaux, *La Sculpture grecque classique*, Lausanne, La Guilde du Livre, 1942.

Elie Faure, *Histoire de l'Art, L'Art antique*, Paris, H. Floury, 1909.

Henri Lechat, *La Sculpture grecque*, Paris, Payot, 1922.

Henri Lechat, *Phidias et la Sculpture grecque au Ve Siècle*, Paris, Librairie de l'Art ancien et moderne s. d.

A. de Ridder et W. Deonna, *L'Art en Grèce*, Paris, La Renaissance du Livre, 1924.

Max Wegner, *L'Art grec*, Paris, Editions Charles Massin, 1955.

Chapter 3

J. D. Bernal, *Science in History*. London, Watts & Co., 1954.

Jean T. Desanti, *Remarques sur les Origines de la Science en Grèce*, Paris, La Pensée N° 66 mars-avril 1956, pp. 86 ss.

Benjamin Farrington, *Greek Science*, vol. 1, *Thales to Aristotle*, Harmondsworth Middlesex, Penguin Books, 1944.

Abel Rey, *La Jeunesse de la Science grecque*, Paris, La Renaissance du Livre, 1933.

Arnold Reymond, *Histoire des Sciences exactes et naturells dans l'Antiquité*. Paris, Librairie Albert Blanchard, 1924.

Maurice Solovine, *Démocrite*, Paris, Félix Alcan, 1928.

George Thomson, *The First Philosophers*, London, Laurence & Wishart, 1955.

V. E. Timochenko, *Le Matérialisme de Démocrite*, Paris, La Pensée N° 62 juillet-août 1955, pp. 50 ss.

Chapter 4

Mêmes ouvrages qu'au chapitre premier.

Chapter 5

Jaqueline Duchemin, *Pindare poète et prophète*, Paris, 《Les Belles Lettres》, 1955.

Pindare, *Odes*, Version Willy Borgeaud(avec commentaires). Lausanne, Rencontre, 1951.

André Rivier, *Mythe et Poésie, Leurs rapports et leur fonction dans trois épincies de Pindare*, Paris, Lettres d'Humanité, IX, pp. 60 ss.

Marguerite Yourcenar, *Pindare*, Paris, Grasset, 1932.

Ulrich von Wilamowitz, *Pindaros*, Berlin, Weidmann, 1922.

Chapter 6

Hérodote, *Histoire*, Traduction de P.-H. Larcher. Paris, Musier, 1786.

Hérodote, *Découverte du Monde*, Version André Bonnard. Lausanne, Rencontre, 1951.

W. W. How and J. Wells, *A Commentary on Herodotus*, vol. I. Oxford, The Clarendon Press, 1912.

Charles Parain, *L'Entrée des Scythes*. Paris, Lettres Françaises N° 633 du 23.8.56.

S. I. Rudenko, *Der zweite kurgan von Pasyryk*, Berlin, Verlag Kultur und Fortschritt, 1951.

Chapter 7

Louis Bourgey, *Observation et Expérience chez les Médecins de la Collection hippocratique*, Paris, J. Vrin, 1953.

Hippocrate, *Œuvres complètes* (Texte et traduction, avec commentaires médicaux) par E. Littré. 10 vol. Paris, J.-B. Baillière, 1839-1861.

Hippocrate, *Œuvres médicales*, d'après l'édition de Foës. 4 vol. Lyon, Aux Editions du Fleuve, 1953-1954.

Gaston Baissette, *Hippocrate*, Paris, Grasset, 1931.

J. Bidez et G. Leboucq, *Une Anatomie antique du Cœur humain*, Paris, Revue des Etudes grecques, 1944, pp. 7 ss.

A. Castiglioni, *Histoire de la Médecine*, Paris, Payot, 1931.

Ch. Daremberg, *La Médecine dans Homère*, Paris, Didier, 1895.

B. Farrington, Cf. *bibliographie ch. III.*

A. J. Festugière O. P., *Hippocrate, L'Ancienne Médecine.* Paris, Klincksieck, 1948.

W. Jaeger, *Paideia, Die Formung des Griechischen Menschen,* III. Berlin, Walter de Gruyter, 1947.

Dr Charles Lichtenthaeler, *La Médecine hippocratique*, I. Lausanne, Gonin frères, 1948.

Chapter 8

Q. Cataudella, *La Poesia di Aristofane*, Bari, Gius. Laterza, 1934.

Francis Macdonald cornford, *The Origin of Attic Comedy*, London, Edward Arnold, 1914.

Pierre-Louis Duchartre, *La Commedia dell'arte et ses enfants*, Paris, Editions d'art et d'industrie, 1955.

Paul Mazon, *Essai sur la Composition des Comédies d'Aristophane*, Paris, Hachette, 1904.

Gilbert Murray, *Aristophanes a Study*, Oxford, The Clarendon Press, 1933.

Octave Navarre, *Les Cavaliers d'Aristophane*, Paris, Mellottée, 1956.

A. W. Pickard-Cambridge, *Dithyramb, Tragedy and Comedy*, Oxford, The Clarendon Press, 1927.

Chapter 9

W. Deonna, *L'Eternel Présent*, Paris, *Revue des Etudes grecques*, 1922, pp. 1 ss. et 113 ss.

Victor Ehrenberg, *The People of Aristophanes*, Oxford, Blackwell, 1951.

Claude Mossé, *La Formation de l'Etat esclavagiste en Grèce*, Paris, *La Pensée*, N° mars-avril, 1956, pp. 67 ss.

Lucien Sebag, *La Démocratie athénienne et la guerre du Péloponèse,*

Ibidem pp. 114 ss.

R. F. Willets, *The Critical Realism of the Last Play of Aristophanes*, London, *The Modern Quarterly*, Vol. 8, pp. 34 ss.

Chapter 10

Georges Bastide, *Le Moment historique de Socrate*, Paris, Félix Alcan, 1939.

André Bonnard, *Socrate selon Platon*, Lausanne, Mermod, 1945.

Olof Gigon, *Sokrates, Sein Bild in Dichtung und Geschichte*, Bern, Francke Verlag, 1947.

V. de Magalhaes-Vilhena, *Le Problème de Socrate, Le Socrate historique et le Socrate de Platon*, Paris, Presses universitaires, 1952.

V. de Magalhaes-Vilhena, *Socrate et la Légende platonicienne*, Paris, Presses universitaires, 1952.

찾아보기

ㄱ

가이아 415
가이아(땅) 128
갈레노스 145
《개구리》 359
갠지스 강 268
게타이족 274
《격언》 315, 321
견유학파 438
《경과 예측》 315, 327, 330
《고대 의학에 대하여》 315, 317, 324
고르곤 215
고르기아스 459, 465
고전주의 조각 89~93
《골절》 315
《공기》 324, 325, 326
《공기에 대하여》 315
《관절》 315, 329
괴테 38, 245
《구름》 427, 436, 441, 464, 465
궤변학 437
《규범》 342, 344
그노몬 132
《급성 질환을 위한 식이요법》 315, 327, 332
기곤 440
기독교 136
《기사들》 360, 362, 413
기하학 124, 127

ㄴ

나사모네스족 283, 284, 285
나일 강 109, 122, 123, 132, 257, 284~286, 289
남아시아 267, 268
남아프리카 267
《내부 질환》 306, 307
네그릴로족 285
네메아제 송가 231
네부카드네자르 264
네우로이인 274, 275
네일로스 강 284, 288, 289, 292
네카오 2세 267
네펠로코퀴기아 389, 390
노예제도 422, 425
니누스 264
니제르 강 285
니체 184, 198
니토크리스 264

ㄷ

다나에 231
다나이스 231
다레이오스(다리우스) 294
다리우스 261
다이몬 457, 476, 486
대화편 424, 440
데모스(민중) 361, 362, 414
데모크리토스 135~148, 320
데모크리토스의 원자설 138~143
데스포낭드레스 354
델로스 224, 483, 485
델포이 70, 83, 156, 211, 223, 245, 388, 393, 426, 445, 451

델포이 제전 241
도나우 강 269, 274
도리스 353
도리스인 316
도센누스 354
돈 강 268, 269
드네프르 강 257, 269
디아고라스 472
디아푸아뤼스 박사 354
디오뉘소스 379
디카이오폴리스 357, 359, 371, 372
디퓔론 도기 123

ㄹ

라다만토스 238
라릿사 344
라마코스 359
라브뤼예르 96
라블레 321, 352
라신 416
라우리온 425
라이오스 158, 159~164, 168, 169, 234
라케다이몬(스파르타) 213
라케다이몬인 407
라퐁텐 134, 148, 320, 376
레아 238
레우킵포스 136
렘노스의 아테네 100
로고스 175
로도스 282
로크리스 243
롱사르 210, 230
루이 부르제 324
루크레티우스 137

뤼시스트라테 373~375
《뤼시스트라테》 373, 375, 376
뤼시아스 477
뤼시포스 61
뤼콘 469, 475
륀케우스 232
르네상스 148
리뷔에(리비아) 251, 267, 268, 282, 284, 289
리트레 316

ㅁ

마갈레-빌레나, M. 439
마그나 그라이키아 243
마라톤 전투 217
마르두크 130
마타모로스 358~360, 369
만두쿠스 357
《말벌》 410, 413, 416, 417, 422
《머리의 상처》 328
메가라 353, 357, 362, 371, 372
메난드로스 354
메두사 231
메디아 264, 266
메디아인 12, 13, 252, 264
메로페 162
메소포타미아 260
메손 357, 362
메테오라 118, 119
멜레토스 469, 478
멜로스 408, 409
멤피스 289
모이라이 223
모이리스 호수 288
몰리에르 333, 345, 354

몽테뉴 133, 294
《물》 324, 325, 326
《물과 장소에 대하여》 315
뮈론 61, 75, 86~88, 93
뮈케나이 문명 110
뮈틸레네 407
뮤즈 215, 219, 224, 225, 390, 397, 398
미켈란젤로 65
민회 405, 407
밀레스 글로리오수스 358
밀레토스 118
밈네르모스 115

ㅂ

《바람》 304
바르톨로 357
바빌로니아 260
바빌론 120, 130, 257, 260, 261, 264~266
바빌론인 131
박코스 367
박퀼리데스 226, 239, 245
버넷 440
베네치아 폭탄 폭발 사건 97
베르베르족 283
베이컨 346
벤 존슨 357
벨 탑 264
보뤼스테네스 강(드네프르 강) 272
보스포로스 276, 277
보이오티아 224, 405
보이오티아인 224
볼가 강 274
볼테르 209
볼포네 357

북아프리카 260, 282
북해 288
브델뤼클레온 417, 419
비극 11~14, 16, 17, 52, 53, 55, 151, 167, 168, 174
빌레나 440

ㅅ

사라 293
사모스 282
사모스의 헤라 67, 69
사실주의 조각 89~92
사튀로스 454
《살》 303
살라미스 해전 13, 217~220
삽포 206
《새》 358, 381, 390, 395, 409
새뮤얼 버틀러 287
샤를 페기 463
서정시 114
《세계 일주》 266
세멜레 237
세미라미스 264
세소스트리스 왕 292
셰익스피어 354
《소송인》 416
소크라테스 103, 137, 360, 412, 424, 429, 431, 435~489
《소크라테스의 변명》 478
소포클레스 13, 14, 18, 19, 25, 28, 32, 38, 40, 45, 46, 48, 49, 53, 151~153, 155, 164, 166, 169~172, 174, 176~178, 180, 182, 183, 186~188, 191, 202~204, 206, 379, 409
소피스트 142, 326, 360, 449, 459, 461~465,

469, 478
솔로빈, M. 146
솔론 11, 113, 406, 421, 422
송가 213, 222, 226, 230, 231, 234
송아지를 들고 가는 사람 86
수메르 신화 130
수사 257, 265
쉬라쿠사이(시라쿠사) 132, 221, 241, 243, 313
쉬리아 288, 289
스퀴티아 260, 268, 269, 272, 274, 276, 277, 424
스퀴티아 왕 269, 270, 272
스퀴티아인 269, 270, 272, 274, 275, 277
스퀼락스 268
스튐팔로스 221
스파르타 211, 213, 232, 284, 353, 405~407, 411, 412, 425, 471
스핑크스 155, 160
승리의 머리띠를 맨 청년(디아두메노스) 95
시모니데스 226, 239, 245
시민 법정 410, 436, 465, 466
시베리아 267
시켈리아(시칠리아) 225, 236, 247, 359, 373, 381
시켈리아 학파 312
《식이요법》 304
식인종 274, 275
신도이인 277
《신성병》 301, 302
《심장에 관한 소고》 312, 314

ㅇ
아가멤논 282

아게시아스 221, 222, 224
아고라크리토스 361, 362
아글라이아 216
아낙사고라스 132, 280, 465, 472
아낙시만드로스 131, 132
아뉘토스 469~471, 475, 476
아라비아 280, 281, 288, 289
아라비아 만 288, 289
아레스 196, 233, 243
아르고스 100
아르골리스 231
아르골리스인 231
아르기누사이 해전 458
아르카디아 221, 226
아르케실라오스(퀴레네의 왕) 210, 246, 247
아르키메데스 138, 148
아르킬로코스 114, 116, 117, 206
아르타크세르크세스 320
아르테미스 228
아르파공 357
아를레키노 357
아리스타르코스 148
아리스토텔레스 128, 130, 136, 281, 287, 352, 357, 368, 210, 304, 349
아리스토파네스 351~354, 357~360, 362, 363, 366, 368~374, 376, 380~382, 384, 386, 389, 391~398, 401, 409, 410, 413, 417~419, 426, 428, 429, 436, 437, 441, 463~466, 468
아리스팁포스 438, 441
아모르 파티 184
아브라함 293
아소피코스 216
아스클레피아다이 316
아스클레피오스 226, 228, 229, 298, 300,

316, 336
아스파시아 372
아시아 12, 118, 251, 252, 267, 325, 326, 459
아우길라 283
아이기나 219, 366
아이기나인 220
아이도스 65
아이스퀼로스 81, 87, 168, 169, 206, 210, 282, 297, 359, 369, 397, 463
아이티오피아(에티오피아) 137, 288, 289
아인슈타인 139, 148
《아카르나이인들》 358, 359, 366, 371
아크라가스 236
아크로폴리스 76, 78, 82, 374, 395
아킬레우스 238
아테나이 11~13, 64, 98, 191, 194, 205, 206, 218, 220, 232, 298, 320, 349, 352, 359, 360, 363, 370~373, 381, 382, 404, 405~409, 411, 412, 416~419, 421~424, 426, 427, 429, 431, 451~453, 458~461, 463, 468~474, 476~483, 487
아테나이 학당 429
아테나이인 64, 76, 166, 206, 220, 224, 371, 378, 381, 428, 438, 453, 459, 464, 465, 470, 471, 475, 481~483
아테네 여신 98, 233, 375, 394, 395
아폴론 70, 158, 169, 173, 179, 211, 213, 215, 221~223, 226, 228, 336, 398, 483, 484,
아폴론 신전 445
아프로디테 99, 115, 217, 222, 375,
아프리카 267, 283, 285
아흐리만(앙그라 마이뉴) 266
안드로메다 369
안티고네 17~22, 24~27, 29~48, 50~55, 78,

191, 192, 195, 196, 201, 409
《안티고네》 16, 27, 28, 49, 55, 177
안티스테네스 438, 441, 465
알레우아다이 211
알렉산드리아 학파 302
알크메네 231
알키비아데스 471
알페이오스 강 222, 223, 225
암몬 제우스 284
암브로시아 298
압데라 136, 147
앗쉬리아인 123
앗티케 12, 78, 113, 187, 194, 363, 367, 371, 411, 415, 421, 422, 424, 426
에게해 257
에레보스 392
에레크테움 신전 64
에로스 22, 40, 392
에뤼트레볼로스 292
에르곤 175
에리트레아해 267, 288
에우로타스 강 222
에우로페(유럽) 251
에우뤼디케 26
에우리피데스 360, 369, 379, 463
에우메니데스 192, 193
에우아드네 221, 222
에우엘피데스 382, 383, 385, 389
에우클리온 357
에우파트리다이 11, 12, 405
에우프로쉬네 216
에일레이튀아(출산의 여신) 223
에코 216
에테아르코스 284

에테오클레스 16, 17, 50, 195
에트루리아 111
에파포스 231
에피니키온(송가) 211, 221, 234
에피다우로스 298, 300, 427
에피스톨레 226
에피쿠로스 137
엘긴 경 97
엘레판티네 257
《엘렉트라》 409
엠메니데스 234
엠페도클레스 132, 300, 317
엥겔스 142
오뒷세우스 107~109, 266
《오뒷세이아》 66, 113, 298
오드(서정 단시) 210, 211, 221, 222, 231, 236
오라두르 407
오란테스 82
오레스테스 282
《오레스테이아》 282
오르마즈드(아후라 마즈다) 266
오이디푸스 16, 29, 152, 155~165, 167~188, 191~206, 234
《오이디푸스 왕》 152, 165, 166, 168, 169, 171, 174, 186, 193, 199, 200, 204
오케아노스 266, 267
오포라 378, 379, 401, 403
올림포스 70, 96, 231, 233, 237, 376, 377, 386, 398
올림포스 신 60, 387
올림피아 70, 83, 103, 221, 222
올림피아 경기 221
올림피아의 제우스 100, 102
올림피아제 송가 236, 247

요셉 293
우라노스(하늘) 128
우크라이나 257, 268, 273, 274
울리히 츠빙글리 426
원반 던지는 사람 86~89, 93
유럽 267, 325, 326
유스티아누스 황제 429
유프라테스 강 109, 264
《의사에 대하여》 341
이다스 232
이란 265
이븐 파질란 273
이솝 우화 133
이스메네 17~19, 21, 22, 30, 31, 34, 36, 38, 42, 46, 195, 202
이아모스 223
이아미다이 221
이아손 247
이오 81
이오니아 78, 107, 112, 113, 115, 116, 119, 121, 128, 132, 134, 140, 148, 220
이오니아 문명 316
이오니아인 116, 134
이오카스테 161~164, 169, 172, 173
이집트 111, 113, 118, 137, 252, 257, 259, 266, 267, 274, 282, 285~293, 313
이집트 만 289
이집트 조각 74
이집트인 119, 123, 124, 287
이탈리아 113, 132, 257, 424, 459
이피게네이아 78, 359
익시온 243
《인간 안에 있는 장소들》 311, 312
인더스 강 109, 268

인도 267
인도양 267
인도인 279, 280, 294
일 도토레 354
《일리아스》 66, 102, 113, 297, 298, 368
일처다부제 283

ㅈ

자연철학자 447
자크 카레 97
장 콕토 153
《장소》 324~326
《전염병》 321, 324, 328, 330, 340, 343
《전염병 Ⅰ》 315, 322
《전염병 Ⅲ》 315
《전염병 Ⅴ》 333, 344, 345
《정결》 300
정면성의 법칙 74, 86
제네바 선서 339
제우스 70, 102, 103, 222, 224, 229, 231, 233, 234, 237, 238, 240, 376, 383, 388, 390, 391, 394
졸리오-퀴리 139
지리학 251, 260
지중해 111
《질병》 306
《질병 Ⅱ》 307

ㅊ

창을 든 청년(도뤼포로스) 93, 95
《7개월짜리 태아》 303, 305

ㅋ

카드모스 237

카립디스 415
카르파티아 268
카리아 112
카리테스(우아함의 여신) 216, 396, 398
카스토르 232, 233, 234
카스파튀로스 268
카스페를 357, 358
카이우스 박사 354
카잔 276
카피탄 358
카피텐 프라카스 358, 359
칼데아 118
칼데아인 119, 137
칼라티아이 294
칼리노스 114
칼무크족 275, 276
케르소네소스(크림 반도) 277
케이론 226, 228
켄타우로스 81, 97, 226
코레 70, 76, 78, 79, 82
코로니스 226, 229
코린토스 160, 162, 163, 164
코스 섬 316, 317
코스 학파(힙포크라테스 학파) 302, 306, 316, 327, 329, 332, 336
콜로노스 188, 192, 201, 205
《콜로노스의 오이디푸스》 152, 172, 186, 187, 198~201, 204
콜키스 111
쾌락주의 학파 438
쿠로스 70~72, 74, 76, 82, 116
퀴레나이카 257
퀴레네 282~284
퀴루스 265

크니도스 학파 302, 306~312, 314, 327, 329
크레밀로스 426~428
크레온 17~21, 25~27, 29~36, 41~48, 50~55, 156, 159, 160, 188
크로노스 223
크로노스 성 237~240
크로이소스 118
크뤼소스토모스 103
크리톤 484~488
크리티아스 471
크림 반도 274
크세노파네스 132, 280
크세노폰 423, 438, 441
크소아논 64~67
클레온(《기사들》의 등장인물) 362, 413~415
클레이스테네스 406
클로드 베르나르 312
클뤼타임네스트라 282
키르케고르 463
키예프 257, 269
키케로 136
키타이론의 목동 163, 164
킴메리오이 276

ㅌ

타르타로스 196, 392
탄탈로스 219, 247
탈레스 107, 108, 111, 112, 116~124, 127, 128, 130, 131, 133, 135
탈레스의 4원소설 119, 121, 122
탈리아 216
테론 210, 226, 234, 236~239, 246
테바이 17, 155, 156, 158, 160, 162, 187, 196, 218, 220, 222

테바이인 220
테세우스 192, 195, 197, 205
테아이오스 231
테오로스 417
테오리아 378
테오프라스토스 136
테이레시아스 25, 26, 29, 35, 43, 50, 158~161, 175, 179
테일러 440
텟살리아 213, 484
토로스 산맥 274
투아레그족 283
투퀴디데스 320, 372, 408, 411, 413, 415, 419
튀폰 414
트라케 136, 412
트뤼가이오스 357, 376~380
트리폴리타니아 257, 282, 285
트릭카 298

ㅍ

파나케이아(치료의 여신) 336
파로스 132
파르메니데스 학파 135
파르테논 신전 60, 81, 92, 97, 99, 449
파우사니아스 65, 99
파우스트 박사 354
《파이돈》 441
파인베르크, J. C. 138
파푸스 357
판 신 397
판탈론 357
《8개월짜리 태아》 303, 305
팔라스 237
팔로스 367, 368

펀자브 268
페니키아인 112, 260, 267
페로스 292
페르세우스 215, 231
페르세포네 216, 239
페르세폴리스 265
페르시아 218, 252, 265, 266, 373, 386, 424, 471
페르시아 전쟁 64, 76, 92, 100, 217, 252, 253, 404
페르시아인 12, 132, 252, 265, 279
페리오데우테스 319
페리클레스 103, 371, 372, 410~414, 416, 453
페이디아스 60, 69, 92, 96~100, 102, 103, 319, 423
페이라이에우스 487
페잔 283, 285
펠로폰네소스 221, 247, 412
펠로폰네소스 전쟁 373, 404, 405~408, 418, 424, 425
펠롭스 247
《평화》 358, 380
포세이돈 222, 223, 388, 391, 415
포이니케인(페니키아인) 267, 268
포이보스 383
포카이아 283
포티파르 293
폴레모스 376
폴로스 132
폴뤼네이케스 16, 17, 18, 31, 33, 34, 39, 43, 50, 51, 188, 194, 195, 196
폴뤼데우케스 232, 233, 234
폴뤼보스 162
폴뤼비오스 218

폴뤼크라테스 439
폴뤼클레이토스 61, 92, 93, 95, 319, 423
폴리시넬 354, 357
풀치넬라 357
퓌르고폴리니케스 358
퓌타고라스 95, 124
퓌티아 216, 426, 457
퓌티아제 송가 226, 241, 244, 247
프락시텔레스 60, 69
프로디코스 459
프로메테우스 297
프로타고라스 459, 472
프뤼니코스 397
플라우투스 357, 358
플라타이아이 217, 407
플라타이아이 전투 13
플라톤 107, 108, 120, 133, 135, 137, 236, 239, 247, 300, 319, 396, 412, 423, 424, 437, 438, 440, 441, 445, 465, 478, 487
플루타르코스 423
플루토스 426, 427
《플루토스》 426~428
피라미드 259, 289
피스테타이로스 382, 385~391, 394
피에르 앙리 라르셰 292, 293
피타네 221, 222
핀다로스 209~211, 213, 215~226, 228~232, 234, 236~241, 243~248, 294, 446
핀족 275
필로멜라 383
필로클레온 417
필록테테스 244
필리스티온 313, 314

ㅎ

하이몬 19~22, 26, 27, 31~33, 37, 42, 43
한스 부르스트 357
헤라 67, 243
헤라클레스 213, 231, 391
헤라클레스의 기둥 267
헤라클레이토스 135
헤로도토스 218, 220, 251~257, 259~261, 264~270, 272~289, 291~294
헤르메스 70, 376, 378, 471,
헤베 231
헤시오도스 206, 210, 220, 446
헤카타이오스 266, 288
헤파이스토스 98, 228
헥토르 115
헬레네 369
헬레니즘 60, 425
헬리아이아 410
호메로스 70, 72, 113, 206, 298, 316, 395, 446
황금률 90
휘브리스 65
휘페르보레오이 213, 215
휘페름네스트라 231
흑해 111, 113, 257, 269
희망봉 267
히기에이아(건강·위생의 여신) 336
《히스토리아이》 253, 254, 256
히에론 210, 221, 226, 229, 230, 241, 243, 244, 246, 247
힙포크라테스 131, 147, 297, 300, 302, 304, 315, 316, 319~321, 323~329, 331~336, 339, 340, 343, 346
힙포크라테스 선서 338, 339

《힙포크라테스 전집》 302, 304, 306, 309, 312, 314, 315, 327, 330, 333, 336, 340, 343
힙포크라테스 학파 330, 335, 340
힙포클레아스 211, 215

그리스인 이야기 2
소포클레스에서 소크라테스까지

1판 1쇄 2011년 3월 31일
1판 4쇄 2018년 10월 26일

지은이 | 앙드레 보나르
옮긴이 | 양영란

펴낸이 | 류종필
편집 | 이정우, 최형욱
마케팅 | 김연일, 김유리
표지·본문 디자인 | 이석운, 김미연

펴낸곳 | (주)도서출판 책과함께
　　　　주소 (04022) 서울시 마포구 동교로 70 소와소빌딩 2층
　　　　전화 (02) 335-1982
　　　　팩스 (02) 335-1316
　　　　전자우편 prpub@hanmail.net
　　　　블로그 blog.naver.com/prpub
　　　　등록 2003년 4월 3일 제25100-2003-392호

ISBN 978-89-91221-79-6 03920
ISBN 978-89-91221-77-2 (세트)

이 도서의 국립중앙도서관 출판예정도서목록(CIP)은
서지정보유통지원시스템 홈페이지(http://seoji.nl.go.kr)와
국가자료공동목록시스템(http://www.nl.go.kr/kolisnet)에서 이용하실 수 있습니다.
(CIP제어번호 : CIP2011001025)